맹자

빅데이터 시대에 10대가 꼭 알아야 할

맹자

초판 인쇄일　2025년 12월 17일
초판 발행일　2026년　1월　7일

지은이　　맹　자
옮긴이　　유　진
펴낸이　　김순일
펴낸곳　　주니어미래
신고번호　제2024-000016호
주소　　　경기도 고양시 덕양구 삼송로 222, 현대헤리엇 업무시설동(101동) 301호
전화　　　02-715-4507
팩스　　　02-713-4805
이메일　　mirae715hanmail.net
홈페이지　www.miraepub.co.kr
블로그　　blog.naver.com/miraepub

ISBN 978-89-7299-591-3 (44140)
ISBN 978-89-7299-565-4 (세트)

주니어미래는 미래문화사의 청소년 브랜드입니다.

- 미래문화사에서 여러분의 원고를 기다립니다.
  단행본 원고를 mirae715hanmail.net으로 보내 주세요.
- 이 책은 저작권법에 따라 보호받는 저작물이므로 무단 전재와 무단 복제를 금지하며,
  이 책 내용의 전부 또는 일부를 이용하려면 반드시 저작권자와 미래문화사의
  서면 동의를 받아야 합니다.
- 잘못 만들어진 책은 바꾸어 드립니다.
- 책값은 뒤표지에 있습니다.

온고지신 시리즈

빅데이터 시대에 10대가 꼭 알아야 할

맹자

맹자 지음 | 유진 옮김

주니어미래

당당하게 마음을 지키며 사는 법

맹자孟子는 추騶나라 사람으로 이름은 가軻입니다. 공자가 죽고 나서 100년쯤 뒤에 태어났습니다. 공자의 손자인 자사子思의 문인門人에게서 학문을 배웠습니다.

맹자가 살았던 시기는 춘추전국 시대 후반기로, 연燕, 위魏, 제齊, 조趙, 진秦, 초楚, 한韓의 강력한 일곱 나라가 영토 확장과 전쟁을 끊임없이 벌인 극심한 혼란기였습니다.

맹자는 인의仁義의 덕을 바탕으로 하는 왕도王道 정치가 당시의 정치적 분열 상태를 극복할 유일한 길이라고 믿고, 왕도 정치를 시행하라고 제후들에게 유세하고 다녔습니다. 하지만 그의 사상은 어디를 가도 받아들여지지 않았고, 결국 맹자는 물러나 제자들과 함께 《시경詩經》과 《서경書經》을 풀이하고, 《맹자孟子》를 저술했습니다.

맹자의 사상을 받아들이지 않고 이익만을 좇으며 다른 나라를 공격하는 데 골몰했던 제후들은 전쟁을 치르다 대부분 망해 버렸습니다. 그런데 왕도 정치를 주장하고, 사람의 본성은 선하며 마음속에 있는 인의를 따르며 살아야 한다고 했던 맹자의 사상은 2,500년이 지난 지금까지도 살아남아 인류의 삶에 깊은 영향을 미치고 있습니다.

《맹자》에는 전국 시대라는 고난과 환란의 시대를 당당하게 맞서 나갔던 한 사람의 마음가짐이 담겨 있습니다. 맹자는 강한 나라가 약한 나라를 힘으로 지배하고, 힘을 가진 사람이 백성을 수탈하는 일이 흔하게 일어났던 시대를 살면서도 인간은 본래 선한 본성을 가지고 태어난다고 믿었습니다.

그리고 그러한 선한 마음을 키우고 지켜 나가는 것을 개인과 사회의 가장 중요한 과제로 삼았습니다. 맹자가 강조한 인의는 단순한 도덕적 가르침이 아니라 사람과 사람이 함께 살아가기 위해 꼭 필요한 원칙이었습니다.

여러분은 저마다의 꿈과 목표를 품고서 세상으로 나아갈 준비를 하고 있을 것입니다. 목표를 향해 가는 길이 탄탄대로일 수만은 없겠지요. 예상치 못한 난관을 만날 수도 있고, 성공의 문턱에서 좌절을 맛볼 수도 있겠지요.

그런데 목표에만 집중하다 보면 그 과정에서 이 일이 올바른지, 해도 될 일인지 고민하지 않고 넘어가기도 합니다. 남들보다 앞서 나가려다 부정이나 불의의 유혹에 빠지기도 하고요. 그러한 순간에 맹자의 가르침은 여러분이 흔들리지 않고 올곧게 나아갈 수 있는 버팀목이 될 것입니다.

이 책을 통해 맹자가 말한 마음속에 있는 선한 본성인 인과 의를 꾸준히 키워 나가고, 어떠한 순간에도 흔들리지 않을 수 있는 마음의 힘을 길러 나가길 바랍니다.

유진

제1편 양혜왕 상梁惠王上

오직 인의만 있을 뿐

제2편 양혜왕 하梁惠王下

즐거움도 걱정도 백성과 함께하라

제3편 공손추 상公孫丑上

남의 고통을 차마 지나치지 못하는 마음

제6편 등문공 하 滕文公下

자기를 굽히면 남을 바르게 할 수 없다

제7편 이루 상 離婁上

인을 좋아하면 대적할 자가 없다

제8편 이루 하 離婁下

하지 않는 바가 있어야 큰 일을 할 수 있다

제9편 만장 상 萬章上

하려 하지 않아도 이루어지는 것이 천명

제10편 만장 하 萬章下

의는 길이고 예는 문이다

제11편 고자 상告子上

아래로 흐르지 않는 물이 없듯 선하지 않은 사람도 없다

제12편 고자 하告子下

하늘은 큰 일을 시키려는 자에게 시련을 먼저 준다

제13편 진심 상盡心上

마음을 다하면 하늘의 뜻을 알게 된다

제14편 진심 하 盡心下

차마 하지 못하는 마음, 기꺼이 하지 않으려는 마음

양혜왕 상 梁惠王上
오직 인의만 있을 뿐

이 편은 맹자와 양梁나라 혜왕惠王과 양왕襄王, 제齊나라 선왕宣王과
의 대회를 중심으로 구성되어 있습니다. 전쟁을 통해 영토를 넓히
려 하기보다 백성들과 희로애락을 함께하여 인한 정치를 실현해
야 한다고 말합니다.

인의만 있을 뿐

맹자가 양梁 혜왕惠王을 만났다. 양 혜왕이 말했다.

"노 선생께서 천 리 길을 멀다 하지 않고 이곳에 오셨으니 장차 우리나라에 이득을 주시겠지요?"

맹자가 대답했다.

"임금께서는 하필 이익을 말하십니까? 다만 인의만 있을 뿐입니다."

孟子見梁惠王. 王曰: "叟不遠千里而來, 亦將有以利吾國乎?"
맹 자 견 양 혜 왕　왕 왈　　수 불 원 천 리 이 래　역 장 유 이 리 오 국 호

孟子對曰: "王何必曰利? 亦有仁義而已矣."
맹 자 대 왈　　왕 하 필 왈 리　역 유 인 의 이 이 의

해설

양 혜왕은 전국 시대 위魏나라의 왕입니다. 《사기史記》에 따르면 BC 370년부터 335년까지 임금 자리에 있었다고 합니다. 그가 BC 362년 도읍을 안읍安邑에서 대량大梁으로 옮겼기에 위 혜왕이 아닌 양 혜왕이라 부릅니다.

왜 하필 이익을 말하십니까

"임금께서 '어떻게 내 나라만 이롭게 할까?' 주장하신다면, 제후나 대부들도 '어떻게 내 집안만 이롭게 할까?' 하고 말할 것이며, 또 선비나 백성들도 '어떻게 나 자신만 이롭게 할까?' 하고 말하게 될 것입니다.

만 대의 수레를 지닌 나라에서 임금을 시해할 자는 수레 천 대를 가진 제후의 가문의 사람이고, 천 대의 수레를 가진 나라에서 제후를 시해할 자는 백 대의 수레를 가진 대부의 집안 사람일 것입니다.

만 대에서 천 대를 취하고, 천 대에서 백 대를 취함이 결코 적다 할 수는 없습니다. 그러나 만약에 의로움을 뒤로하고 오직 이익만을 내세운다면 10분의 1뿐 아니라 전부를 빼앗지 않고서는 그만두지 않을 것입니다.

인仁하면서 자기 어버이를 버린 자가 없으며, 의로우면서 자기 임금을 뒤로한 자가 없습니다. 그러니 임금께서도 오직 인의만을 높이셔야지, 왜 하필 이익을 말하십니까?"

"王曰 '何以利吾國?' 大夫曰 '何以利吾家?' 士庶人曰 '何以利吾身?
　왕 왈　하 이 리 오 국　　대 부 왈　하 이 리 오 가　　사 서 인 왈　하 이 리 오 신

上下交征利而國危矣. 萬乘之國弑其君者, 必千乘之家;
　상 하 교 정 리 이 국 위 의　만 승 지 국 시 기 군 자　필 천 승 지 가

千乘之國弑其君者, 必百乘之家. 萬取千焉, 千取百焉,
　천 승 지 국 시 기 군 자　필 백 승 지 가　만 취 천 언　천 취 백 언

不爲不多矣. 苟爲後義而先利, 不奪不饜. 未有仁而遺其親者也,
　불 위 부 다 의　구 위 후 의 이 선 리　불 탈 불 염　미 유 인 이 유 기 친 자 야

未有義而後其君者也. 王亦曰仁義而已矣, 何必曰利?"
　미 유 의 이 후 기 군 자 야　왕 역 왈 인 의 이 이 의　하 필 왈 리

　정征은 '취하고 뺏다'의 뜻으로, 위가 아래에서 뺏고 아래가 위에서 뺏으므로 교정交征(서로 뺏음)이라고 한 것입니다. 승乘은 네 마리 말이 이끄는 전투용 수레를 세는 단위로 대臺에 해당합니다. 만승지국萬乘之國은 천자의 기내 사방 천 리에서 수레 만 대를 동원할 수 있는 큰 나라를 말합니다. 사방 백 리에서 수레 천 대를 차출할 수 있는 천승지국千乘之國은 제후의 나라, 백승지가百乘之家는 제후 밑에 있는 대부의 집안입니다.

　위의 내용을 풀이하면 다음과 같습니다. '신하가 군주에 대해 저마다 10분의 1을 취해 가졌으니, 역시 그만하면 많은 것이다. 의로움을 뒤로하고 이익만을 앞세우는 자는 결국 군주를 시해하고 모든 것을 탈취하지 않으면, 욕심이 채워지지 않을 것이다. 인한 이는 반드시 자기 어버이를 친애하고, 의로운 이는 자기 군주를 긴요하게 생각하고 받든다. 그러므로 임금이 몸소 인의를 행하고, 이익을 취하려는 마음이 없으면, 곧 아래의 신하도 감화되어 임금을 친애하고 추대한다.'

인자라야 즐길 수 있다

맹자가 양 혜왕을 만났다. 왕은 연못 가에 서서 크고 작은 기러기와 사슴들을 둘러보며 물었다.

"옛날의 인자도 이런 것을 즐겼을까요?"

맹자가 아뢰었다.

"인자라야 비로소 이런 것을 즐거워할 수 있습니다. 인하지 못한 자는 비록 이런 것들을 가져도 진정으로 즐길 수 없습니다."

孟子見梁惠王, 王立於沼上, 顧鴻鴈麋鹿曰: "賢者亦樂此乎?"
맹 자 견 양 혜 왕　 왕 립 어 소 상　 고 홍 안 미 록 왈　 현 자 역 락 차 호

孟子對曰: "賢者而後樂此. 不賢者雖有此, 不樂也."
맹 자 대 왈　 현 자 이 후 락 차　 불 현 자 수 유 차　 불 락 야

백성들과 함께 즐기라

"《시경》에 이르기를 '주 문왕이 영대를 짓기 시작하여 터를 잡고 측량하고 표식을 세우자, 모든 백성이 자진해 와서 공사를 하여 며칠이 되지 않아 완성되었네. 짓는 것을 급하게 하지 말라고 일렀으나, 백성들이 어버이를 따르는 자식같이 자진해서 달려와 영대를 꾸몄네.

문왕이 영유靈囿에 계시니, 새끼 밴 암사슴이 태연하게 엎드려 있고, 그 암사슴은 살이 오르고 윤이 나며, 흰 새들도 산뜻하게 맑고 빛이 나는구나. 문왕이 영대 못 가에 서 계시니, 못 가득히 물고기가 펄떡펄떡 뛰는구나.'라고 했습니다.

결국 문왕은 백성의 힘으로 누대와 연못을 만들었습니다. 백성들은 그것을 즐거워하여 그 누대를 영대, 그 못을 영소라 부르고, 또 그곳에서 사슴과 물고기, 자라들이 뛰놀고 자라는 것을 즐거워했습니다. 옛날의 성군은 백성과 함께 즐겼으므로 진실로 즐길 수 있었던 것입니다."

"詩云: '經始靈臺, 經之營之, 庶民攻之, 不日成之. 經始勿亟,
　시운　경시영대　경지영지　서민공지　불일성지　경시물극

庶民子來. 王在靈囿, 麀鹿攸伏, 麀鹿濯濯, 白鳥鶴鶴. 王在靈沼,
　서민자래　왕재영유　우록유복　우록탁탁　백조학학　왕재영소

於牣魚躍.' 文王以民力爲臺爲沼. 而民歡樂之, 謂其臺曰靈臺,
　어인어약　문왕이민력위대위소　이민환락지　위기대왈영대

謂其沼曰靈沼, 樂其有麋鹿魚鼈. 古之人與民偕樂, 故能樂也."
　위기소왈영소　낙기유미록어별　고지인여민해락　고능락야

영유란 고대 제왕이 짐승을 기르던 동산을 말합니다. 문왕은 비록 백성들의 힘을 빌렸지만, 백성들이 도리어 기쁘고 즐거워했습니다. '영대'라는 이름까지 붙이고 임금이 갖는 것을 즐겁게 여겼습니다. 문왕이 백성들을 아꼈기에 백성도 왕의 즐거움을 즐겁게 여겼고, 문왕 역시 즐거움을 누릴 수 있었다는 것입니다.

어찌 혼자 즐기랴

"〈탕서湯誓〉에서 말하길 '저 해는 언제 없어질까? 나도 너와 함께 죽고 망하리라.' 했으니, 이렇게 백성들이 임금과 함께 망해 없어지고자 하면 누대나 연못에 새나 동물이 있다 한들 어찌 임금 혼자 즐거워할 수 있겠습니까?"

"湯誓曰: '時日害喪? 予及女偕亡.' 民欲與之偕亡, 雖有臺池鳥獸,
　탕 서 왈　시 일 갈 상　여 급 여 해 망　민 욕 여 지 해 망　수 유 대 지 조 수
豈能獨樂哉?"
기 능 독 락 재

해설

'탕서'는 《서경書經》의 편명 중 하나로, 상나라 탕왕湯王이 폭군 걸왕桀王을 정벌하러 가면서 그 정당성을 말하고자 백성의 원성을 인용한 대목입니다. 맹자가 이 말을 인용해 '임금 혼자 즐기고 백성들을 긍휼히 여기지 않으면 곧 백성들이 임금을 원망한다. 따라서 그 즐거움도 지닐 수 없게 된다.'라고 한 것이지요.

오십보백보 1

양 혜왕이 말했다.

"과인은 나라를 다스림에 있어 마음을 다하고 있습니다. 하내에 흉년이 들면 그곳 백성들을 하동에 옮기고, 또 양곡을 하내로 수송해 줍니다. 하동에 흉년이 들어도 역시 그렇게 합니다. 그런데 이웃 나라가 다스리는 모양을 살펴보면 과인처럼 마음을 쓰는 자가 없습니다. 그럼에도 이웃 나라 백성의 수가 감소하지 않고, 반대로 우리나라 백성의 수가 더 증가하지도 않으니 그 이유가 무엇이겠습니까?"

梁惠王曰: "寡人之於國也, 盡心焉耳矣. 河内凶,
양 혜 왕 왈　과 인 지 어 국 야　진 심 언 이 의　하 내 흉

則移其民於河東, 移其粟於河内. 河東凶亦然. 察鄰國之政,
즉 이 기 민 어 하 동　이 기 속 어 하 내　하 동 흉 역 연　찰 린 국 지 정

無如寡人之用心者. 鄰國之民不加少, 寡人之民不加多, 何也?"
무 여 과 인 지 용 심 자　인 국 지 민 불 가 소　과 인 지 민 불 가 다　하 야

해설

옛날에는 황하의 북쪽을 하내河内, 황하의 동쪽을 하동河東이라 했습니다. 모두 위魏나라의 영토입니다.

오십보백보 2

맹자가 대답했다.

"임금께서 전쟁에 능통하시니 전쟁을 비유로 들어 아뢰겠습니다. 바야흐로 싸움이 벌어져 둥둥 북을 쳐서, 양쪽 군사들이 서로 무기를 맞대고 싸우다가 한쪽이 패하여 갑옷을 버리고 무기를 끌며 달아났습니다.

어떤 자는 100보를 가다가 멈추고, 어떤 자는 50보를 가다가 멈추었습니다. 50보를 도망간 자가 100보를 도망간 자를 보고 비웃었다면 어떻겠습니까?"

양 혜왕이 말했다.

"안 되지요. 다만 100보가 아닐 뿐, 그자 또한 도망간 것 아닙니까?"

맹자가 말했다.

"임금께서 이를 알고 계신다면 이웃 나라보다 백성이 많아지기를 바라지 마십시오."

孟子對曰: "王好戰, 請以戰喩. 塡然鼓之, 兵刃旣接,
맹 자 대 왈　왕 호 전　청 이 전 유　전 연 고 지　병 인 기 접

棄甲曳兵而走. 或百步而後止, 或五十步而後止. 以五十步笑百步,
기 갑 예 병 이 주　혹 백 보 이 후 지　혹 오 십 보 이 후 지　이 오 십 보 소 백 보

則何如?" 曰: "不可, 直不百步耳, 是亦走也." 曰: "王如知此,
즉 하 여　왈　불 가 직 불 백 보 이　시 역 주 야　왈　왕 여 지 차

則無望民之多於鄰國也."
즉 무 망 민 지 다 어 린 국 야

농사철을 놓치게 하지 말라

"농사지을 때를 어기지 않으면 곡식을 이루 다 먹을 수 없고, 촘촘한 그물을 웅덩이나 못에 집어넣지 않으면 물고기와 자라를 이루 다 먹을 수 없으며, 자귀와 도끼를 때에 맞추어 산림에 들이면 목재를 이루 다 쓸 수 없게 됩니다.

곡식과 물고기, 자라 등의 식량이 풍족하고, 목재가 쓰고 남을 정도로 많으면, 이는 백성들로 하여금 산 사람을 봉양하고, 죽은 사람을 장사 지내는 데 여한이 없게 할 것입니다. 여한 없이 산 사람을 봉양하고 죽은 사람을 장사 지내게 하는 것이 곧 '왕도 정치'의 시작입니다."

"不違農時, 穀不可勝食也; 數罟不入洿池, 魚鼈不可勝食也;
　불 위 농 시　곡 불 가 승 식 야　촉 고 불 입 오 지　어 별 불 가 승 식 야

斧斤以時入山林, 材木不可勝用也. 穀與魚鼈不可勝食,
　부 근 이 시 입 산 림　재 목 불 가 승 용 야　곡 여 어 별 불 가 승 식

材木不可勝用, 是使民養生喪死無憾也, 養生喪死無憾,
　재 목 불 가 승 용　시 사 민 양 생 상 사 무 감 야　양 생 상 사 무 감

王道之始也."
　왕 도 지 시 야

왕도 정치의 시작

“5무(약 260평) 넓이의 집 주변에 뽕나무를 심고 양잠을 하면 쉰 넘은 사람이 비단옷을 입고, 닭과 돼지, 개를 기르는데 번식하는 때를 놓치지 않으면 일흔 넘은 사람이 고기를 먹을 수 있습니다. 100무 넓이 땅에 농사지을 때를 빼앗지 않으면 여러 식구가 있는 집안이 굶지 않을 수 있습니다.

학교 교육을 성실하고 근엄하게 하고, 거듭 백성에게 효제孝悌의 도리를 가르치면, 머리가 희끗희끗한 노인들이 길에서 짐을 지고 가지 않게 됩니다. 일흔 노인이 비단옷을 입고 고기를 먹으며, 일반 백성들이 굶주리지 않고 추위에 떨지 않게 될 것입니다.

그와 같이 하고도 왕 노릇을 하지 못한 예는 아직 없었습니다.”

“五畝之宅, 樹之以桑, 五十者可以衣帛矣;
오 무 지 택　수 지 이 상　오 십 자 가 이 의 백 의

雞豚狗彘之畜, 無失其時, 七十者可以食肉矣; 百畝之田,
계 돈 구 체 지 휵　무 실 기 시　칠 십 자 가 이 식 육 의　백 무 지 전

勿奪其時, 數口之家可以無飢矣; 謹庠序之教, 申之以孝悌之義,
물 탈 기 시　수 구 지 가 가 이 무 기 의　근 상 서 지 교　신 지 이 효 제 지 의

頒白者不負戴於道路矣. 七十者衣帛食肉, 黎民不飢不寒,
반 백 자 불 부 대 어 도 로 의　칠 십 자 의 백 식 육　여 민 불 기 불 한

然而不王者, 未之有也.”
연 이 불 왕 자　미 지 유 야

죄를 흉년에 돌리지 말라

"개와 돼지가 백성들이 먹을 곡식을 먹어도 단속할 줄 모르고, 길가에 굶어 죽은 시체가 있어도 곡식 창고를 열 줄 모르면서, 사람이 굶어 죽으면 말하길 '내 탓이 아니다. 흉년 탓이다.'라고 한다면, 사람을 찔러 죽이고도 '내가 그렇게 한 것이 아니라 무기 때문이다.'라고 하는 것과 무엇이 다릅니까?

임금께서 죄를 흉년에 돌리지 않으시면 그때 비로소 천하의 백성이 올 것입니다."

"狗彘食人食而不知檢, 塗有餓莩而不知發; 人死, 則曰:
　구 체 사 인 식 이 부 지 검　도 유 아 표 이 부 지 발　인 사　즉 왈

'非我也, 歲也' 是何異於刺人而殺之, 曰: '非我也, 兵也' 王無罪歲,
　비 아 야 세 야　시 하 이 어 자 인 이 살 지 왈　비 아 야 병 야　왕 무 죄 세

斯天下之民至焉."
　사 천 하 지 민 지 언

칼로 죽이나 정치로 죽이나

양 혜왕이 말했다.

"과인이 기꺼이 가르침을 듣고자 합니다."

맹자가 물었다.

"사람을 죽이는 데 몽둥이를 쓴 것과 칼을 쓴 것이 다릅니까?"

혜왕이 말했다.

"다를 바 없지요."

맹자가 물었다.

"칼로 죽이는 것과 정치를 잘못해서 죽이는 것이 다를 바 있습니까?"

혜왕이 말했다.

"다를 바 없지요."

梁惠王曰: "寡人願安承教." 孟子對曰: "殺人以梃與刃, 有以異乎?"
양 혜 왕 왈　　과 인 원 안 승 교　　맹 자 대 왈　　살 인 이 정 여 인　유 이 이 호

曰: "無以異也." "以刃與政, 有以異乎?"
왈　　무 이 이 야　　　이 인 여 정　유 이 이 호

曰: "無以異也."
왈　　무 이 이 야

백성의 부모가 되어 다스리면서

"왕과 귀족의 푸줏간에는 기름진 고기가 넘치고, 마구간에는 살찐 말이 있는데, 백성들 얼굴에는 굶주린 기색이 돌고, 들판에는 허기 져 쓰러진 시체가 있으니, 이는 바로 위정자가 짐승을 데려다가 백성이 먹을 곡식을 먹게 한 것입니다.

짐승들이 서로 잡아먹는 것조차 사람들은 나쁘게 여기거늘, 백성의 부모가 되어 다스리면서 짐승을 몰아다가 사람을 잡아먹게 하는 것을 면치 못하면, 어찌 그를 백성의 부모라 하겠습니까?"

曰: "庖有肥肉, 廏有肥馬, 民有飢色, 野有餓莩, 此率獸而食人也.
왈　포유비육　구유비마　민유기색　야유아표　차솔수이식인야

獸相食, 且人惡之, 爲民父母, 行政不免於率獸而食人.
수상식　차인오지　위민부모　행정불면어솔수이식인

惡在其爲民父母也?"
오재기위민부모야

어찌 백성을 굶어 죽게 하는가

"공자께서 '최초로 나무 인형을 만든 사람은 아마 후손이 없었을 것이다.'라고 말씀하셨으니, 그 이유는 사람을 닮은 인형을 장례에 사용했기 때문입니다. 어떻게 백성의 부모 되는 임금이 백성을 굶어 죽게 내버려둘 수 있단 말입니까?"

"仲尼曰: '始作俑者, 其無後乎!' 爲其象人而用之也.
중 니 왈　　시 작 용 자　기 무 후 호　　위 기 상 인 이 용 지 야

如之何其使斯民飢而死也?"
여 지 하 기 사 사 민 기 이 사 야

옛날 사람들은 장례를 할 때 풀을 엮어 사람 모양으로 만들고 관을 지키게 했는데, 이를 추령芻靈이라 했습니다. 이후 나무 인형인 용俑으로 대체했는데, 얼굴과 눈, 움직임이 사람과 매우 흡사했습니다. 그래서 공자가 이와 같은 잔인한 짓을 미워하고, 그런 자는 반드시 후손이 없을 것이라고 한 것입니다.

사람을 닮은 나무 인형을 만들고 순장한 것을 가지고도 미워했는데, 실제로 백성을 굶게 죽게 하면 어떠하겠느냐고 맹자는 말하고 있습니다.

설욕하는 법

양 혜왕이 말했다.

"진晉나라가 천하에 막강했던 것은 노인장도 아시는 바입니다. 그러나 과인의 대에 와서 동으로는 제齊나라에게 패해 태자가 죽었고, 서로는 진秦나라에게 영토를 7백 리나 빼앗겼으며, 남으로는 초楚나라에게 치욕을 당했습니다. 과인은 이를 부끄럽게 여겨, 죽은 사람을 위해서라도 설욕하고 싶은데 어찌하면 되겠습니까?"

梁惠王曰: "晉國, 天下莫强焉, 叟之所知也. 及寡人之身,
양 혜 왕 왈　진 국　천 하 막 강 언　수 지 소 지 야　급 과 인 지 신

東敗於齊, 長子死焉; 西喪地於秦七百里; 南辱於楚, 寡人恥之,
동 패 어 제　장 자 사 언　서 상 지 어 진 칠 백 리　남 욕 어 초　과 인 치 지

願比死者壹洒之, 如之何則可?"
원 비 사 자 일 세 지　여 지 하 즉 가

해설

진晉 문공文公은 제齊 환공桓公 다음으로 패자가 되었습니다. 그러나 후에 한韓나라, 위魏나라, 조趙나라로 나뉘었고, 세 나라를 삼진三晉이라 했습니다. 그중에도 위사魏斯가 세운 '위'가 가장 강했으며, 양 혜왕은 바로 위사의 후손입니다. 그래서 양 혜왕이 현재의 위나라를 진이라고 말한 것입니다.

인한 정치를 베풀라

맹자가 대답했다.

"땅이 사방 백 리여도 인한 정치를 베풀면 왕 노릇을 할 수 있습니다. 임금께서 만약 백성에게 인한 정치를 베풀어 형벌을 적게 하고, 세금을 적게 거두며, 백성으로 하여금 밭을 깊이 갈고 김을 잘 매게 한다면, 장성한 자들이 '효제충신孝悌忠信'을 닦으며 집안에서는 부모 형제를 섬기고 밖에 나가서는 연장자나 윗사람을 잘 섬길 것입니다.

그렇게 하면 백성들이 몽둥이를 무기로 삼아 진나라와 초나라의 견고한 갑옷과 예리한 창칼을 무찌르게 할 수 있습니다."

孟子對曰: "地方百里而可以王, 王如施仁政於民, 省刑罰,
맹 자 대 왈　　지 방 백 리 이 가 이 왕　왕 여 시 인 정 어 민　생 형 벌

薄稅斂, 深耕易耨, 壯者以暇日修其孝悌忠信, 入以事其父兄,
박 세 렴　심 경 이 누　장 자 이 가 일 수 기 효 제 충 신　입 이 사 기 부 형

出以事其長上, 可使制梃, 以撻秦楚之堅甲利兵矣."
출 이 사 기 장 상　가 사 제 정　이 달 진 초 지 견 갑 리 병 의

인자는 적이 없다

"저들(진왕과 초왕)이 백성들의 농사지을 시간을 빼앗아 밭 갈고 김 매어 부모를 봉양하지 못하게 하면, 부모가 추위에 떨고 굶주리며 형제 처자가 흩어질 것입니다.

저들이 그 백성들을 함정에 빠뜨렸을 때 임금께서 가서 정벌하신 다면 누가 막고 대항할 수 있겠습니까? 그래서 인자仁者는 적이 없 다고 하는 것이니 임금께서는 제 말을 의심하지 마십시오."

"彼奪其民時, 使不得耕耨以養其父母, 父母凍餓, 兄弟妻子離散.
　피탈 기 민 시　사 부 득 경 누 이 양 기 부 모　부 모 동 아　형 제 처 자 리 산

彼陷溺其民, 王往而征之, 夫誰與王敵? 故曰: '仁者無敵.'
　피 함 닉 기 민　왕 왕 이 정 지　부 수 여 왕 적　고 왈　인 자 무 적

王請勿疑!"
　왕 청 물 의

어찌해야 천하가 통일될까

맹자가 양梁나라 양왕襄王을 만나고 나와서 말했다.

"멀리서 바라보아도 그 풍모가 군주 같지 않고, 가까이 대해도 위엄이 보이지 않았다. 그런데 느닷없이 '천하가 어떻게 되겠습니까?' 하고 묻기에, 내가 대답하기를 '결국은 하나로 통일됩니다.'라고 했다.

'누가 통일할 수 있겠습니까?' 하고 묻기에, 내가 '사람 죽이기를 좋아하지 않으면 천하를 통일할 수 있습니다.'라고 답했다."

孟子見梁襄王. 出, 語人曰: "望之不似人君, 就之而不見所畏焉.
맹 자 견 양 양 왕　출　어 인 왈　　망 지 불 사 인 군　취 지 이 불 견 소 외 언

卒然問曰: '天下惡乎定?' 吾對曰: '定於一.' '孰能一之?' 對曰:
졸 연 문 왈　천 하 오 호 정　　오 대 왈　정 어 일　숙 능 일 지　대 왈

'不嗜殺人者能一之.'"
불 기 살 인 자 능 일 지

사람 죽이기를 좋아하지 않으면

"양왕이 '누가 그를 따르겠습니까?' 묻기에 다음과 같이 대답했다. '천하에 따르지 않는 이가 없을 것입니다. 임금께서는 모(벼의 싹)를 아십니까? 7, 8월 사이에 가물면 모가 바짝 마릅니다. 그러다가 하늘에 뭉게구름이 일어나고 비가 한바탕 쏟아지면 즉시 시들었던 묘가 다시 세차게 일어납니다. 그와 같은 것을 어느 누가 막을 수 있겠습니까?

지금 천하의 군주 중에 살인을 좋아하지 않는 자가 없습니다. 만약 살인을 즐기지 않는 자가 나타나면 천하의 백성이 목을 길게 빼고 우러러볼 것입니다. 진실로 이와 같다면 백성이 그에게 귀의하는 것이 물이 아래로 흘러내리는 것과 같을 것이니, 세차게 흘러가는 것을 누가 가로막을 수 있겠습니까?"

"'孰能與之?' 對曰: '天下莫不與也. 王知夫苗乎? 七八月之間旱,
　　수 능 여 지　　대 왈　　천 하 막 불 여 야　 왕 지 부 묘 호　 칠 팔 월 지 간 한

則苗槁矣. 天油然作雲, 沛然下雨, 則苗浡然興之矣. 其如是,
　　즉 묘 고 의　　천 유 연 작 운　 패 연 하 우　 즉 묘 발 연 흥 지 의　 기 여 시

孰能禦之? 今夫天下之人牧, 未有不嗜殺人者也, 如有不嗜殺人者,
　　숙 능 어 지　　금 부 천 하 지 인 목　 미 유 불 기 살 인 자 야　 여 유 불 기 살 인 자

則天下之民皆引領而望之矣. 誠如是也, 民歸之, 由水之就下,
　　즉 천 하 지 민 개 인 령 이 망 지 의　 성 여 시 야　 민 귀 지　 유 수 지 취 하

沛然誰能禦之?'"
　　패 연 수 능 어 지

참다운 왕이 되는 법

제齊나라 선왕宣王이 맹자에게 물었다.

"제 환공과 진 문공의 일을 들을 수 있습니까?"

맹자가 대답했다.

"공자의 제자들 중에는 제 환공과 진 문공에 대해 말한 사람이 없어서 후세에 전해지지 않았고, 저도 듣지 못했습니다. 그래도 말을 그만두지 말라고 하시면 왕도에 대해 말씀드리겠습니다."

선왕이 말했다.

"덕이 어떠해야 참다운 왕이 될 수 있습니까?"

맹자가 말했다.

"백성을 잘 보호하면서 왕 노릇 하면 아무도 막을 수 없습니다."

齊宣王問曰: "齊桓晉文之事可得聞乎?" 孟子對曰:
제 선 왕 문 왈　　제 환 진 문 지 사 가 득 문 호　　맹 자 대 왈

"仲尼之徒無道桓文之事者, 是以後世無傳焉. 臣未之聞也. 無以,
중 니 지 도 무 도 환 문 지 사 자　시 이 후 세 무 전 언　신 미 지 문 야　무 이

則王乎?" 曰: "德何如, 則可以王矣?" 曰: "保民而王, 莫之能禦也."
즉 왕 호　　왈　덕 하 여　즉 가 이 왕 의　　왈　보 민 이 왕　막 지 능 어 야

나도 백성을 보호할 수 있을까

선왕이 말했다. "나와 같은 사람도 백성을 보호할 수 있습니까?"

맹자가 말했다. "가능합니다."

선왕이 말했다. "무엇으로 내가 할 수 있다는 것을 아십니까?"

맹자가 선왕에게 말했다.

"신은 호흘胡齕(제나라의 신하)에게 다음과 같은 말을 들었습니다. 임금께서 당상에 앉아 계실 때 어떤 사람이 소를 몰고 당 아래를 지나가자 그를 보고 '그 소는 어디로 가느냐?'라고 물으셨고, 그는 '흔종을 주조하면서 소의 피를 주물 틈에 바르는 의식에 쓰려고 합니다.'라고 답했습니다.

임금께서는 '그만두어라. 나는 그 소가 겁에 질려 떨고, 죄도 없이 사지에 끌려가는 것을 차마 볼 수 없구나.'라고 하셨고, 이에 '그러면 흔종을 없앨까요?' 하고 되묻자 임금께서 '어찌 없앨 수 있겠느냐? 양으로 바꾸어라.' 하셨다는데, 실로 그런 일이 있었습니까?"

曰: "若寡人者, 可以保民乎哉?" 曰: "可." 曰: "何由知吾可也?"
왈　약과인자　가이보민호재　　왈　가　왈　　하유지오가야

曰: "臣聞之胡齕曰, 王坐於堂上, 有牽牛而過堂下者, 王見之,
왈　신문지호흘왈　왕좌어당상　유견우이과당하자　왕견지

曰: '牛何之?' 對曰: '將以釁鐘.' 王曰: '舍之! 吾不忍其觳觫,
왈　우하지　대왈　장이흔종　왕왈　사지　오불인기곡속

若無罪而就死地.' 對曰: '然則廢釁鐘與?' 曰: '何可廢也?
약무죄이취사지　대왈　연즉폐흔종여　왈　이양역지

以羊易之!' 不識有諸?"
이양역지　불식유제

차마 하지 못하는 마음, 불인지심

선왕이 말했다.

"사실 그런 일이 있었소."

맹자가 말했다.

"그런 마음이면 충분히 왕 노릇을 하실 수 있습니다. 백성은 모두
임금께서 비싼 소를 아꼈다고 생각하지만 저는 임금께서 불인지심不
忍之心으로 그리하셨음을 알고 있습니다."

선왕이 말했다.

"그렇습니다. 실로 그리 생각하는 백성들이 있습니다. 제나라가
비록 좁고 작아도 어찌 내가 소 한 마리를 아까워하겠습니까? 다만
소가 겁에 질려 떨고, 죄도 없이 사지에 끌려가는 것을 차마 볼 수
없어 양으로 바꾸게 한 것입니다."

日: "有之." 日: "是心足以王矣. 百姓皆以王爲愛也,
　왈　유지　왈　　시심족이왕의　백성개이왕위애야

臣固知王之不忍也." 王曰: "然. 誠有百姓者. 齊國雖褊小,
　신고지왕지불인야　　왕왈　　연　성유백성자　제국수편소

吾何愛一牛? 卽不忍其轂觫, 若無罪而就死地, 故以羊易之也."
　오하애일우　즉불인기곡속　약무죄이취사지　고이양역지야

아낀 것이 아니라 측은히 여긴 것

맹자가 말했다.

"백성들이 임금께서 비싼 소를 아까워했다고 생각하는 것을 괴이하게 여기지 마십시오. 작은 양으로 큰 소를 대신하게 한 것이니, 백성이 어떻게 왕의 뜻을 알겠습니까? 임금께서 그와 같이 죄 없이 사지에 들어가는 것을 측은하게 여기셨다면 소나 양을 어찌 가리셨겠습니까?"

그러자 선왕이 웃으며 말했다.

"이는 진실로 어떤 마음이었겠습니까? 내가 재물이 아까워 양으로 바꾸게 한 것은 아니었습니다. 그러나 백성이 내가 재물을 아꼈다 여길 만도 합니다."

曰: "王無異於百姓之以王爲愛也. 以小易大, 彼惡知之?
왈　왕무이어백성지이왕위애야　이소역대　피오지지

王若隱其無罪而就死地, 則牛羊何擇焉?" 王笑曰: "是誠何心哉?
왕약은기무죄이취사지　즉우양하택언　왕소왈　시성하심재

我非愛其財. 而易之以羊也, 宜乎百姓之謂我愛也."
아비애기재　이역지이양야　의호백성지위아애야

군자가 푸줏간을 멀리하는 이유

맹자가 말했다.

"상심하지 마십시오, 그것이 바로 인을 이룩하는 방법입니다. 그 때 임금께서는 눈앞의 소는 보았으나, 아직 양은 보지 못하셨기 때문에 그리하신 것입니다.

군자는 살아 있는 것을 보고 차마 그 죽는 꼴을 보지 못하고, 또 죽어 가는 소리를 듣고는 차마 그 고기를 먹지 못합니다. 이 때문에 군자는 푸줏간을 멀리하는 것입니다."

曰: "無傷也, 是乃仁術也, 見牛未見羊也. 君子之於禽獸也,
왈　무상야　시내인술야　견우미견양야　군자지어금수야

見其生, 不忍見其死; 聞其聲, 不忍食其肉. 是以君子遠庖廚也."
견기생　불인견기사　문기성　불인식기육　시이군자원포주야

해설

원래 인간과 동물은 같은 생명체이며 다만 종류가 다를 뿐입니다. 그러므로 저마다 예禮, 즉 도리에 맞게 해야 합니다. 사람의 불인지심도 직접 보고 듣는 곳에서는 더 심하게 나타나게 마련입니다. 푸줏간을 멀리하는 이유도 인심仁心을 미리 키우려는 것이며, 인을 넓히는 방법입니다.

남의 마음을 미루어 헤아리다

선왕이 기뻐하며 말했다.

"《시경》〈소아小雅·교언巧言〉편에서 '타인의 마음을 내가 미루어 헤아린다.'라고 했는데, 선생을 두고 한 말이군요. 내가 행했으면서 돌이켜 보아도 내 마음을 잘 알 수 없었는데, 선생의 말을 들으니 그때의 마음이 새삼스럽게 되살아나는군요. 이 마음이 왕 노릇에 합당한 까닭은 무엇입니까?"

王說曰: "詩云: '他人有心, 予忖度之.' 夫子之謂也.
왕 열 왈   시 운   타 인 유 심   여 촌 탁 지   부 자 지 위 야

夫我乃行之, 反而求之, 不得吾心. 夫子言之, 於我心有戚戚焉.
부 아 내 행 지 반 이 구 지 부 득 오 심 부 자 언 지 어 아 심 유 척 척 언

此心之所以合於王者, 何也?"
차 심 지 소 이 합 어 왕 자   하 야

해설

맹자의 말로 인해 왕은 전에 느꼈던 측은지심이 다시 일어나기 시작했고, 그 마음이 외부에서 얻어지는 것이 아님을 알게 되었습니다. 그러나 왕도가 바로 자기의 본성으로 돌아가 속에 있는 인한 마음을 추진해 나가는 것임은 미처 알지 못합니다.

왕의 은덕이 미치지 않는 이유

맹자가 말했다.

"임금께 아뢰는 자가 '저의 힘은 족히 백 균(3천 근)의 무게를 들어 올릴 수 있으나 깃털 하나를 들기에는 부족합니다. 또 저의 눈은 밝아서 족히 추호(가을철 털갈이하는 짐승의 가는 털끝)도 볼 수 있지만, 수레에 실은 장작더미는 보이지 않습니다.'라고 말하면, 임금께서는 그자의 말을 인정하겠습니까?"

선왕이 말했다. "인정하지 않을 겁니다."

"지금 왕의 은혜가 짐승에게 미쳤으나 공덕이 백성에게 이르지 못한 것은 대체 왜 그러합니까? 그러한즉 깃털 하나를 들지 못하는 것은 힘을 쓰지 않았기 때문이고, 수레에 실은 장작을 못 본 것은 밝은 눈으로 보지 않았기 때문입니다.

백성들이 왕에게 보호받지 못하는 것은 왕이 은덕을 베풀지 않았기 때문입니다. 그러므로 임금께서 왕 노릇을 하지 못하는 것은 안 하는 것이지, 못 하는 것이 아닙니다."

曰: "有復於王者曰: '吾力足以擧百鈞', 而不足以擧一羽;
왈　유복어왕자왈　오력족이거백균　이부족이거일우

'明足以察秋毫之末', 而不見輿薪, 則王許之乎?" 曰: "否."
명족이찰추호지말　이불견여신　즉왕허지호　왈　부

"今恩足以及禽獸, 而功不至於百姓者, 獨何與? 然則一羽之不擧,
금은족이급금수　이공부지어백성자　독하여　연즉일우지불거

爲不用力焉; 輿薪之不見, 爲不用明焉. 百姓之不見保,
위불용력언　여신지불견　위불용명언　백성지불견보

爲不用恩焉. 故王之不王, 不爲也, 非不能也."
위불용은언　고왕지불왕　불위야　비불능야

안 하는 것과 못 하는 것의 차이

선왕이 물었다.

"하지 않는 것과 할 수 없는 것은 그 형상이 어떻게 다릅니까?"

맹자가 말했다.

"태산太山을 끼고 북해北海를 넘어야 할 경우 남에게 '나는 못 한다'고 말하면, 이것은 진짜로 할 수 없는 것입니다. 그러나 어른을 위해 나뭇가지를 꺾을 때 '나는 못 한다'고 말하면, 이것은 하지 않는 것이지 할 수 없는 것은 아닙니다.

그러므로 임금께서 왕도를 행하지 않는 것은 태산을 끼고 북해를 뛰어넘는 종류가 아니고, 임금께서 왕도를 행하지 않는 것은 나뭇가지를 꺾는 일과 같은 종류입니다."

曰: "不爲者與不能者之形何以異?" 曰: "挾太山以超北海, 語人曰
왈　불위자여불능자지형하이이　왈　협태산이초북해　어인왈

'我不能', 是誠不能也. 爲長者折枝, 語人曰 '我不能', 是不爲也,
아불능　시성불능야　위장자절지　어인왈　아불능　시불위야

非不能也. 故王之不王, 非挾太山以超北海之類也;
비불능야　고왕지불왕　비협태산이초북해지류야

王之不王, 是折枝之類也."
왕지불왕　시절지지류야

인한 마음을 널리 베풀라

"자기 집의 노인을 잘 섬겨 다른 집의 노인에까지 이르고, 내 아이를 사랑하여 남의 아이에게까지 이른다면, 천하를 자기 손바닥 위에 놓고 굴리듯이 잘 다스릴 수 있습니다.

《시경》〈대아大雅·사제思齊〉편에서 '문왕이 자기 부인에게 법도대로 하여 형제에게 이르고 일가친척 및 나라를 다스리노라.'라고 했으니, 이는 곧 본성 속에 있는 인한 마음을 들어서 널리 베풀 뿐임을 말한 것입니다.

그러므로 은덕을 뻗어 넓히면 사해 만민을 보호할 수 있지만, 뻗어 넓히지 않으면 자기 아내와 자식도 보호할 수 없습니다. 옛 성현이 다른 사람보다 크게 뛰어났던 것은 자기가 하는 바를 잘 넓혀 갔기 때문입니다. 지금 임금의 은혜가 짐승까지 미쳤는데도 공덕이 백성에게 이르지 못한 것은 대체 무슨 까닭입니까?"

"老吾老, 以及人之老; 幼吾幼, 以及人之幼. 天下可運於掌.
　노 오 로　이 급 인 지 로　유 오 유　이 급 인 지 유　천 하 가 운 어 장

詩云: '刑于寡妻, 至于兄弟, 以御于家邦.'
　시 운　형 우 과 처　지 우 형 제　이 어 우 가 방

言擧斯心加諸彼而已. 故推恩足以保四海, 不推恩無以保妻子.
　언 거 사 심 가 제 피 이 이　고 추 은 족 이 보 사 해　불 추 은 무 이 보 처 자

古之人所以大過人者無他焉, 善推其所爲而已矣. 今恩足以及禽獸,
　고 지 인 소 이 대 과 인 자 무 타 언　선 추 기 소 위 이 이 의　금 은 족 이 급 금 수

而功不至於百姓者, 獨何與?"
　이 공 부 지 어 백 성 자　독 하 여

왕이 은혜를 펼치지 않으면, 백성들이 등을 돌리고 친족들이 이탈하게 됩니다. 그리고 나라를 잃고 왕으로서 처자도 보호할 수 없게 됩니다.

옛사람들은 반드시 친부모 형제를 친애하는 것을 바탕으로 사랑을 펼쳐 나갔습니다. 그런 다음에 백성을 사랑하고, 다른 사람에게 미루어 뻗고, 그다음에 동물과 만물을 사랑했습니다.

먼저 가까운 데 용이한 것을 하고 다음에 어려운 것을 해야 합니다. 그런데 선왕은 반대로 한 것입니다. 그래서 맹자가 다시 근본을 세워 이유를 물었던 것입니다.

마음도 재보아야 깊이를 알 수 있다

"저울로 재어 보아야 경중輕重을 알 수 있고, 자로 재어 보아야 장단長短을 알 수 있습니다. 모든 사물이 다 그러하나, 특히 보이지 않고 미묘하게 작용하는 마음은 더욱 그러합니다. 그러므로 청하오니, 부디 마음을 잘 헤아리십시오.

임금께서는 무장한 병사들을 동원하여 전쟁을 일으키고, 군사와 신하를 위험 속에 빠뜨려 다른 나라의 제후들과 원한을 맺고자 하십니다. 그렇게 하셔야만 마음이 즐거우십니까?"

선왕이 말했다.

"아닙니다. 내가 어찌 그런 일을 즐거워하겠습니까? 장차 크게 원하는 바를 얻으려 합니다."

"權, 然後知輕重; 度, 然後知長短. 物皆然, 心爲甚. 王請度之!
　권　연후지경중　도　연후지장단　물개연　심위심　왕청탁지

抑王興甲兵, 危士臣, 構怨於諸侯, 然後快於心與?" 王曰: "否.
　억왕흥갑병　위사신　구원어제후　연후쾌어심여　　왕왈　부

吾何快於是? 將以求吾所大欲也."
　오하쾌어시　장이구어소대욕야

나무에 올라가 물고기를 구하는 격

맹자가 말했다.

"임금께서 크게 바라는 바가 무엇인지 들을 수 있겠습니까?"

선왕이 빙그레 웃으며 말하지 않자, 맹자가 물었다.

"기름지고 맛 좋은 음식이 먹기에 부족해서입니까? 가볍고 따뜻한 옷이 입기에 부족해서입니까? 혹은 아름답게 꾸민 미녀들이 보기에 부족해서입니까? 아름다운 음악 소리가 듣기에 부족해서입니까? 총애하는 자들이 앞에서 부리기에 부족해서입니까?

그러한 모든 것은 여러 신하가 충분히 바칠 것이니, 임금께서 어찌 이런 것 때문에 그러시겠습니까?"

선왕이 말했다.

"그렇습니다. 그런 것들 때문이 아닙니다."

맹자가 또 말했다.

"그렇다면 임금께서 크게 원하시는 바를 알 만합니다. 영토를 더 넓히고, 진나라와 초나라를 조공 들게 하며, 제나라가 천하의 중심이 되어 사방의 오랑캐를 다스리려는 것입니다. 하지만 전쟁으로써 그러한 것을 추구하신다면, 나무에 올라가 물고기를 잡으려 하는 것과 같습니다."

曰: "王之所大欲可得聞與?" 王笑而不言. 曰: "爲肥甘不足於口與?
왈　왕지소대욕가득문여　　왕소이불언　왈　위비감부족어구여

輕煖不足於體與? 抑爲采色不足視於目與? 聲音不足聽於耳與?
경난부족어체여　　억위채색부족시어목여　　성음부족청어이여

便嬖不足使令於前與? 王之諸臣皆足以供之, 而王豈爲是哉?"
편폐부족사령어전여　　왕지제신개족이공지　이왕기위시재

曰: "否. 吾不爲是也." 曰: "然則王之所大欲可知已.
왈　부　오불위시야　　왈　　연즉왕지소대욕가지이

欲辟土地, 朝秦楚, 蒞中國而撫四夷也. 以若所爲求若所欲,
욕벽토지　조진초　서중국이무사이야　이약소위구약소욕

猶緣木而求魚也."
유연목이구어야

　편폐便嬖는 가까이서 시중드는 총애하는 사람을 말합니다. 벽辟은 '영토
를 넓히고 확대한다', 조朝는 '조공을 들게 한다'는 뜻입니다. 연목구어緣木
求魚란 나무에 올라가서 생선이나 물고기를 얻으려고 한다는 뜻으로 수고
만 하고 아무것도 얻지 못함을 비유한 말입니다.

힘으로 얻으려 하면 재앙이 따른다

선왕이 "그렇게 심각합니까?" 하고 물었다. 이에 맹자가 말했다.

"그 이상으로 심각합니다. '연목구어'는 물고기를 얻지 못해도, 뒤따르는 재앙은 없습니다. 그러나 전쟁으로써 정복욕을 채우려 하면, 아무리 마음을 다 기울여도 뒤에는 반드시 재앙이 따를 것입니다."

선왕이 "더 들을 수 있겠습니까?" 하고 맹자에게 말하자, 맹자가 되물었다.

"추鄒나라 사람과 초楚나라 사람이 싸우면 임금께서는 어느 쪽이 이긴다고 생각하십니까?"

선왕이 대답했다.

"초나라 사람이 이깁니다."

이에 맹자가 다시 말했다.

"작은 나라는 당연히 큰 나라에 대적할 수 없고, 약자는 당연히 강자에 대적할 수 없습니다. 천하에 사방 천 리가 되는 큰 나라가 아홉인데, 제나라 땅을 다 합해도 그중의 하나에 불과합니다.

하나로써 여덟 개를 정복하려는 것이, 추鄒 같은 작은 나라가 초楚 같은 큰 나라와 싸우려는 것과 어찌 다르겠습니까? 무엇 때문에 근본으로 돌아가 시작하지 않으십니까?"

王曰: "若是其甚與?" 曰: "殆有甚焉. 緣木求魚, 雖不得魚, 無後災.
왕 왈　약 시 기 심 여　　왈　태 유 심 언　연 목 구 어　수 부 득 어　무 후 재

以若所爲, 求若所欲, 盡心力而爲之, 後必有災." 曰: "可得聞與?"
이 약 소 위　구 약 소 욕　진 심 력 이 위 지　후 필 유 재　왈　가 득 문 여

曰: "鄒人與楚人戰, 則王以爲孰勝?" 曰: "楚人勝."
왈　추 인 여 초 인 전　즉 왕 이 위 숙 승　　왈　초 인 승

曰: "然則小固不可以敵大, 寡固不可以敵衆, 弱固不可以敵彊.
왈　연즉소고불가이적대　과고불가이적중　약고불가이적강

海內之地方千里者九, 齊集有其一. 以一服八,
해 내 지 지 방 천 리 자 구　제 집 유 기 일　이 일 복 팔

何以異於鄒敵楚哉? 蓋亦反其本矣."
하 이 이 어 추 적 초 재　합 역 반 기 본 의

해설

추나라는 소국, 초나라는 대국입니다. 제집유기일齊集有其一은 제나라
땅을 다 합해도 구주九州의 하나라는 뜻입니다. 다시 말해, 제나라의 땅을
다 합해도 사방 천 리로 천하의 9분의 1에 해당하므로, 하나로써 여덟 개
를 정복하려고 하면 반드시 이기지 못할 뿐 아니라 재난이 뒤따른다는 것
입니다.

진정한 천하 통일을 이루는 법

"지금부터 임금께서 바른 정치를 발동하시어 인덕仁德을 베푸시고, 천하의 모든 선비가 왕의 조정에서 벼슬하고자 하게 하며, 농사짓는 사람이 모두 왕의 밭에서 밭 갈고자 하게 하십시오.

장사꾼들이 모두 왕의 시장에 물건을 쌓고자 하게 하고, 여행자들이 모두 왕의 길을 길을 지나게 하며, 또 천하에 자기 군주의 잘못을 미워하는 사람들 모두가 왕에게 와서 호소하게 하십시오.

그렇게 된다면 누가 임금께서 천하 만민의 진정한 왕이 되는 것을 막겠습니까?"

"今王發政施仁, 使天下仕者皆欲立於王之朝,
금 왕 발 정 시 인　사 천 하 사 자 개 욕 립 어 왕 지 조

耕者皆欲耕於王之野, 商賈皆欲藏於王之市,
경 자 개 욕 경 어 왕 지 야　상 고 개 욕 장 어 왕 지 시

行旅皆欲出於王之途, 天下之欲疾其君者皆欲赴愬於王.
행 려 개 욕 출 어 왕 지 도　천 하 지 욕 질 기 군 자 개 욕 부 소 어 왕

其若是, 孰能禦之?"
기 약 시　숙 능 어 지

항산 없이는 항심도 없다

선왕이 말했다.

"나는 사리에 어두워 그런 경지에 나아갈 수 없습니다. 선생께서 나의 뜻을 도와 지향할 바를 밝게 가르쳐 주십시오. 내가 비록 영민하지는 못해도 일단 시험 삼아 애는 써보겠습니다."

맹자가 말했다.

"항산恒産(일정한 생업)이 없어도 항심恒心(일정한 마음)을 가지는 것은 오직 선비만이 할 수 있습니다. 일반 백성은 항산이 없으면, 항심도 없게 됩니다.

항심을 간직하지 못하면 방탕하고 편벽되며, 간사하고 사치하는 나쁜 짓을 끝없이 하게 될 것이니, 죄악에 빠져든 다음에 쫓아가 형벌을 가하는 것은 백성을 그물질하여 잡는 것입니다.

어찌 인덕을 갖춘 군주가 왕위에 있으면서 백성에게 그물을 치고 걸리게 하겠습니까?"

王曰: "吾惛, 不能進於是矣. 願夫子輔吾志, 明以教我.
왕 왈　오 혼　불 능 진 어 시 의　원 부 자 보 오 지　명 이 교 아

我雖不敏, 請嘗試之." 曰: "無恒産而有恒心者, 惟士爲能. 若民,
아 수 불 민　청 상 시 지　왈　무 항 산 이 유 항 심 자　유 사 위 능　약 민

則無恒産, 因無恒心. 苟無恒心, 放辟, 邪侈, 無不爲己. 及陷於罪,
즉 무 항 산　인 무 항 심　구 무 항 심　방 벽　사 치　무 불 위 이　급 함 어 죄

然後從而刑之, 是罔民也. 焉有仁人在位, 罔民而可爲也?"
연 후 종 이 형 지　시 망 민 야　언 유 인 인 재 위　망 민 이 가 위 야

먼저 생업을 마련해 주라

"그러므로 현명한 군주는 백성의 생업을 마련해 주어, 반드시 위로는 부모를 잘 봉양할 수 있게 하고, 아래로는 족히 아내와 자식을 기를 수 있게 했습니다.

풍년에는 항상 배부르게 하고, 흉년에는 굶어 죽는 것을 면하게 한 다음에, 백성들을 교육하고 독려하여 선한 길을 가게 했습니다. 그렇게 해야만 백성들이 윤리 도덕을 따르고 행하기가 쉬운 것입니다.

지금은 백성의 생업을 마련해 주지만, 위로는 부모조차 잘 봉양할 수 없고, 아래로는 아내와 자식을 족히 기를 수 없습니다. 풍년에도 죽도록 고생해야 하고, 흉년에는 죽음을 면치 못합니다. 죽음에서 벗어나려고 해도 그것조차 이룰 수 없으니, 어느 겨를에 예의를 돌보고 다스리겠습니까?"

"是故明君制民之産, 必使仰足以事父母, 俯足以畜妻子,
　시 고 명 군 제 민 지 산　필 사 앙 족 이 사 부 모　부 족 이 휵 처 자

樂歲終身飽, 凶年免於死亡. 然後驅而之善, 故民之從之也輕.
　낙 세 종 신 포　흉 년 면 어 사 망　연 후 구 이 지 선　고 민 지 종 지 야 경

今也制民之産, 仰不足以事父母, 俯不足以畜妻子, 樂歲終身苦,
　금 야 제 민 지 산　앙 부 족 이 사 부 모　부 부 족 이 휵 처 자　낙 세 종 신 고

凶年不免於死亡, 此惟救死而恐不贍, 奚暇治禮義哉?"
　흉 년 불 면 어 사 망　차 유 구 사 이 공 불 섬　해 가 치 례 의 재

왕도 정치의 근본

"임금께서 왕도 정치를 행하길 원하신다면 왜 근본으로 돌아가려 하지 않으십니까?

5무 넓이의 집 주위에 뽕나무를 심어 양잠에 힘쓰게 하면 쉰 넘은 사람이 비단옷을 입을 수 있고, 닭과 돼지, 개를 기르는데 번식할 때를 놓치지 않으면 일흔 넘은 사람이 고기를 먹을 수 있습니다.

100무 넓이의 땅을 주고 농사지을 때를 빼앗지 않으면 주면 일가 여덟 식구의 집안이 굶지 않고 살 수 있습니다. 그다음에 학교 교육을 엄격하게 하고, 효제의 도리를 거듭 밝히고 행하게 하면, 머리가 희끗희끗한 사람이 길에서 짐을 지고 가는 일이 없을 것입니다.

일흔 노인이 비단옷을 입고 고기를 먹으며, 백성들이 굶주리거나 추위에 떠는 일이 없게 하고서도, 왕 노릇을 못 하는 사람은 아직 없었습니다."

"王欲行之, 則盍反其本矣. 五畝之宅, 樹之以桑, 五十者可以衣帛矣;
왕 욕 행 지　즉 합 반 기 본 의　오 무 지 택　수 지 이 상　오 십 자 가 이 의 백 의

雞豚狗彘之畜, 無失其時, 七十者可以食肉矣; 百畝之田,
계 돈 구 체 지 휵　무 실 기 시　칠 십 자 가 이 식 육 의　백 무 지 전

勿奪其時, 八口之家可以無飢矣; 謹庠序之敎, 申之以孝悌之義,
물 탈 기 시　팔 구 지 가 가 이 무 기 의　근 상 서 지 교　신 지 이 효 제 지 의

頒白者不負戴於道路矣. 老者衣帛食肉, 黎民不飢不寒,
반 백 자 불 부 대 어 도 로 의　노 자 의 백 식 육　여 민 불 기 불 한

然而不王者, 未之有也."
연 이 불 왕 자　미 지 유 야

제 2 편

양혜왕 하 梁惠王下

즐거움도 걱정도 백성과 함께하라

이 편은 맹자와 제나라 선왕, 추鄒나라 목공穆公, 등滕나라 문공文公 사이의 대화를 중심으로, 인한 정치에 대한 다양한 논의가 실려 있습니다.

예악을 좋아하면 도에 가까워진다

장포莊暴(제나라의 신하)가 맹자를 만나 말했다.

"제가 왕을 뵈니 임금께서 음악을 즐기신다고 말하셨습니다. 저는 아무 답도 하지 못했습니다. 음악을 즐기는 것은 어떠합니까?"

맹자가 말했다.

"임금께서 음악을 크게 즐기시면, 바로 제나라의 정치가 도에 가까워질 것입니다."

다른 날 맹자가 왕을 만나 물었다.

"임금께서 전에 장포에게 음악을 즐기신다고 말씀하셨다고 하던데, 그런 일이 있었습니까?"

왕이 얼굴빛이 바뀌며 말했다.

"과인은 선왕의 예악을 좋아하는 것이 아니고, 다만 세속적인 음악을 즐길 뿐입니다."

莊暴見孟子, 曰: "暴見於王, 王語暴以好樂, 暴未有以對也."
장포견맹자 왈 포현어왕 왕어포이호악 포미유이대야

曰: "好樂何如?" 孟子曰: "王之好樂甚, 則齊國其庶幾乎!"
왈 호악하여 맹자왈 왕지호악심 즉제국기서기호

他日, 見於王曰: "王嘗語莊子以好樂, 有諸?" 王變乎色, 曰:
타일 견어왕왈 왕상어장자이호악 유저 왕변호색 왈

"寡人非能好先王之樂也, 直好世俗之樂耳."
과인비능호선왕지악야 직호세속지악이

함께 즐기는 것만 못하다

맹자가 말했다.

"임금께서 음악을 매우 좋아하신다면, 제나라가 머지않아 잘 다스려질 것입니다. 오늘의 음악도 옛날의 음악과 같습니다."

"자세히 들려주실 수 있습니까?"

맹자가 왕에게 되물어 말했다.

"혼자 음악을 즐기는 것과 다른 사람과 함께 음악을 즐기는 것, 어느 쪽이 더 즐겁습니까?"

"혼자 즐기는 것은 다른 사람과 함께 즐기는 것만 못합니다."

맹자가 또 물었다.

"소수의 사람과 함께 음악을 즐기는 것과 다수의 사람과 음악을 즐기는 것, 어느 쪽이 더 즐겁습니까?"

"많은 사람들과 함께 즐기는 것만 못합니다."

曰: "王之好樂甚, 則齊其庶幾乎! 今之樂猶古之樂也." 曰:
왈　왕지호악심　즉제기서기호　금지악유고지악야　왈

"可得聞與?" 曰: "獨樂樂, 與人樂樂, 孰樂?" 曰: "不若與人." 曰:
가득문여　왈　독락악 여인락악 숙락　왈　불약여인　왈

"與少樂樂, 與眾樂樂, 孰樂?" 曰: "不若與眾."
여소락악 여중락악 숙락　왈　불약여중

백성들이 찌푸리는 이유

"신이 청하건대 음악에 대해서 말씀드리겠습니다. 지금 이곳에서 임금께서 음악을 즐기시는데, 백성들은 종소리와 북소리, 피리 소리를 듣고, 모두 골치를 앓고 이마를 찌푸리며 서로 말합니다.

'우리 임금께서 북을 치고 음악을 즐기시거늘, 어째서 우리는 이렇게 극심한 궁지에 이르게 하셨는가. 아버지와 아들이 서로 돌보지도 못하고 형제 처자가 뿔뿔이 흩어져 있거늘.'

지금 이곳에서 임금께서 사냥을 하시는데, 백성들이 왕의 수레와 말 소리를 듣거나 아름답게 새털로 장식한 깃발을 보고, 모두 골치를 앓고 이마를 찌푸리며 서로 말합니다.

'우리 임금께서 사냥을 즐기시는데, 어째서 우리는 이렇게 극심한 궁지에 이르게 하셨는가. 부자가 서로 돌보지도 못하고 형제 처자가 뿔뿔이 흩어지고 있도다.'

그들이 이렇게 불평하는 이유는 다름이 아니라, 음악과 사냥을 백성들과 함께 즐기지 않으시기 때문입니다."

"臣請爲王言樂: 今王鼓樂於此, 百姓聞王鐘鼓之聲, 管籥之音,
　신 청 위 왕 언 악　금 왕 고 악 어 차　백 성 문 왕 종 고 지 성　관 악 지 음

擧疾首蹙頞而相告曰: '吾王之好鼓樂, 夫何使我至於此極也?
　거 질 수 축 알 이 상 고 왈　오 왕 지 호 고 악　부 하 사 아 지 어 차 극 야

父子不相見, 兄弟妻子離散.' 今王田獵於此, 百姓聞王車馬之音,
　부 자 불 상 견　형 제 처 자 리 산　금 왕 전 렵 어 차　백 성 문 왕 거 마 지 음

見羽旄之美, 擧疾首蹙頞而相告曰: '吾王之好田獵,
　견 우 모 지 미　거 질 수 축 알 이 상 고 왈　오 왕 지 호 전 렵

夫何使我至於此極也? 父子不相見, 兄弟妻子離散.’ 此無他,
부 하 사 아 지 어 차 극 야　　부 자 불 상 견　형 제 처 자 리 산　　차 무 타

不與民同樂也.”
불 여 민 동 락 야

　종고種鼓와 관악管籥은 모두 악기입니다. 거擧는 ‘모두’, 질수疾首는 ‘두통’, 축蹙은 ‘찌푸리다’, 알頞은 ‘이마’를 뜻합니다. 사람은 울적하면 이마를 찌푸립니다. 극極은 ‘궁핍’의 뜻이고, 불여민동락不與民同樂은 ‘임금 혼자 즐기고 백성을 구휼하지 않으며 곤궁하게 만든다’는 뜻입니다.

함께 즐겨야 진정한 왕

"이제 임금께서 이곳에서 음악을 연주하고 즐기시면, 백성들이 종소리와 북소리, 피리 소리를 듣고 모두 싱글벙글 기쁜 낯으로 서로 '우리 임금께서 제발 무병하셔야지, 그렇지 않으면 어떻게 음악을 연주하고 즐기실 수 있겠는가.' 하고 말할 것입니다.

이제 임금께서 이곳에서 사냥을 하시면, 백성들이 임금님의 수레와 말 소리를 듣거나 아름답게 새털로 장식한 깃발을 보고 모두 싱글벙글 기쁜 낯으로 서로 '우리 임금께서 제발 무병하셔야지, 그렇지 않으면 어떻게 사냥을 즐기실 수 있겠는가.' 하고 말할 것입니다.

이는 다른 이유가 아닙니다. 백성들과 함께 음악과 사냥을 즐기시기 때문입니다. 지금에라도 백성들과 함께 즐기신다면 바로 훌륭한 임금이 되실 것입니다."

"今王鼓樂於此, 百姓聞王鐘鼓之聲, 管籥之音,
금 왕 고 악 어 차　백 성 문 왕 종 고 지 성　관 약 지 음

擧欣欣然有喜色而相告曰:'吾王庶幾無疾病與? 何以能鼓樂也?'
거 흔 흔 연 유 희 색 이 상 고 왈　오 왕 서 기 무 질 병 여　하 이 능 고 악 야

今王田獵於此, 百姓聞王車馬之音, 見羽旄之美,
금 왕 전 렵 어 차　백 성 문 왕 거 마 지 음　견 우 모 지 미

擧欣欣然有喜色而相告曰 '吾王庶幾無疾病與? 何以能田獵也?'
거 흔 흔 연 유 희 색 이 상 고 왈　오 왕 서 기 무 질 병 여　하 이 능 전 렵 야

此無他, 與民同樂也. 今王與百姓同樂, 則王矣."
차 무 타　여 민 동 락 야　금 왕 여 백 성 동 락　즉 왕 의

백성들이 작다고 느낀 이유

제나라 선왕이 물었다.

"주나라 문왕의 원유는 사방 70리라고 하는데 사실입니까?"

맹자가 대답했다. "전하는 바 그렇다고 합니다."

"그렇게나 컸습니까?"

"백성들은 그래도 그것을 작다고 생각했습니다."

"과인의 원유는 사방 40리에 지나지 않는데 백성들은 오히려 크다고 생각하니 어째서 그러합니까?"

맹자가 말했다.

"문왕의 원유는 사방 70리였지만 꼴을 베고 나무하는 사람도 들어갈 수 있으며, 또 꿩과 토끼 잡는 사람도 거기 들어갈 수 있었습니다. 즉 문왕은 원유를 백성들과 함께 공유하고 있었던 것입니다. 그러니 백성들이 작다고 생각한 것도 당연하지 않겠습니까?"

齊宣王問曰: "文王之囿方七十里, 有諸?" 孟子對曰: "於傳有之."
제 선 왕 문 왈　　문 왕 지 유 방 칠 십 리　유 저　　맹 자 대 왈　　어 전 유 지

曰: "若是其大乎?" 曰: "民猶以爲小也." 曰: "寡人之囿方四十里,
왈　약 시 기 대 호　　왈　　민 유 이 위 소 야　　왈　　과 인 지 유 방 사 십 리

民猶以爲大, 何也?" 曰: "文王之囿方七十里, 芻蕘者往焉,
민 유 이 위 대　하 야　　왈　　문 왕 지 유 방 칠 십 리　추 요 자 왕 언

雉兔者往焉, 與民同之. 民以爲小, 不亦宜乎?"
치 토 자 왕 언　여 민 동 지　민 이 위 소　불 역 의 호

함께 누리지 않으면 함정이 된다

“신이 처음 제나라 국경에 이르렀을 때 나라에서 크게 금하는 것이 무엇인가를 물어본 후에 감히 들어왔습니다. 그때 제가 들은 바, 교외에 사방 40리 넓이의 원유가 있고, 그 안에서 크나 작으나 사슴을 죽이면 살인과 같은 죄로 벌준다고 합니다.

이는 바로 나라 안에 사방 40리 넓이의 함정을 파놓은 것이니, 백성들이 크다고 생각하는 것 역시 당연하지 않습니까?”

“臣始至於境, 問國之大禁, 然後敢入. 臣聞郊關之內有囿方四十里,
　신 시 지 어 경　문 국 지 대 금　연 후 감 입　신 문 교 관 지 내 유 유 방 사 십 리

殺其麋鹿者如殺人之罪. 則是方四十里, 爲阱於國中. 民以爲大,
　살 기 미 록 자 여 살 인 지 죄　즉 시 방 사 십 리　위 정 어 국 중　민 이 위 대

不亦宜乎?”
　불 역 의 호

해설

수도 밖 백 리를 교외라 하며, 교외 밖에는 관문이 있습니다. 정阱은 ‘구덩이’란 뜻입니다. 구덩이에 동물을 빠뜨려 잡는다는 것은 ‘백성을 함정에 빠뜨려 죽게 한다’는 뜻입니다.

이웃 나라와 잘 지내는 법

제나라 선왕이 물었다.

"이웃 나라와 사귀는 좋은 도리가 있습니까?"

맹자가 대답했다.

"있습니다. 오직 인한 임금만이 나라가 커도 작은 나라를 잘 다룰 수 있습니다. 그러므로 은의 탕왕이 갈백葛伯을 잘 도왔고, 주의 문왕이 오랑캐 곤이를 잘 다루었습니다. 또 지혜로운 임금만이 나라가 적어도 큰 나라를 잘 다룰 수 있습니다. 그래서 주의 태왕이 훈육獯鬻을 잘 달랬고, 월의 구천句踐이 오나라를 잘 섬겼던 것입니다."

齊宣王問曰: "交鄰國有道乎?"
제 선 왕 문 왈　　교 린 국 유 도 호

孟子對曰: "有. 惟仁者爲能以大事小, 是故湯事葛, 文王事昆夷;
맹 자 대 왈　　유　유 인 자 위 능 이 대 사 소　시 고 탕 사 갈　문 왕 사 곤 이

惟智者爲能以小事大, 故大王事獯鬻, 句踐事吳."
유 지 자 위 능 이 소 사 대　고 태 왕 사 훈 육　구 천 사 오

해설

갈葛은 갈나라 왕 갈백을 가리킵니다. 갈백은 조상에 대한 제사도 지내지 않고 백성들의 생업을 돌보지 않았는데, 탕왕이 이를 듣고 제사에 쓸 가축과 백성들에게 나눠 줄 곡식을 보냈을 뿐 아니라 사람을 보내 농사를 지어 주었다고 합니다. 훈육은 춘추 전국 시대 북방의 소수 민족을 말하고, 구천은 월나라의 임금으로 와신상담臥薪嘗膽의 주인공입니다.

용맹은 크게

"큰 나라이면서 작은 나라를 잘 도와주는 왕은 하늘의 도를 즐겨 따르는 사람입니다. 작은 나라이면서 큰 나라를 잘 섬기는 왕은 하늘의 도를 두려워하는 사람입니다. 하늘의 도를 즐겨 따르고 순종하는 왕은 천하를 잘 보전할 수 있고, 하늘의 도를 두려워하는 왕은 나라를 잘 보전할 수 있습니다. 《시경》에 이르기를 '하늘의 위엄을 두려워함으로써, 나라를 잘 보전한다.'라고 했습니다."

선왕이 말했다.

"선생의 말씀은 참으로 훌륭합니다. 그런데 과인에게는 용맹을 좋아하는 병이 있습니다."

맹자가 말했다.

"임금께서는 사소한 용맹을 좋아하지 마십시오. 무릇 칼을 잡고 눈을 부릅뜨며 '저자가 감히 어디라고 나에게 덤비느냐.' 하는 따위는 필부의 용맹으로 고작 한 사람을 상대로 하는 것입니다. 임금께서는 용맹을 크게 가지십시오."

"以大事小者, 樂天者也; 以小事大者, 畏天者也. 樂天者保天下,
이 대 사 소 자　낙 천 자 야　이 소 사 대 자　외 천 자 야　낙 천 자 보 천 하

畏天者保其國. 詩云: '畏天之威, 于時保之.'" 王曰: "大哉言矣!
외 천 자 보 기 국　시 운　　외 천 지 위　우 시 보 지　　왕 왈　　대 재 언 의

寡人有疾, 寡人好勇." 對曰: "王請無好小勇. 夫撫劍疾視曰,
과 인 유 질　과 인 호 용　　대 왈　　왕 청 무 호 소 용　부 무 검 질 시 왈

彼惡敢當我哉! 此匹夫之勇, 敵一人者也. 王請大之!"
피 오 감 당 아 재　차 필 부 지 용　적 일 인 자 야　왕 청 대 지

왕이 한번 노하여 백성이 편안해진다면

"《시경》〈대아·황의皇矣〉편에서 '문왕이 크게 노하고서 무력을 정비하여 거莒나라를 치러 가는 무리를 막고, 주나라의 복을 돈독하게 하여 천하의 기대에 보답했노라.' 하였으니, 이것이 문왕의 용맹입니다. 문왕이 한번 노하자 천하 만민이 편안해졌습니다.

《서경》〈주서周書·태서泰誓〉편에 이르기를, '하늘이 백성을 내려주시고 다스리고 지도할 임금과 스승을 세우셨으니, 이는 오직 상제上帝를 도와 백성을 사랑하도록 한 것이다. 하늘에 죄를 짓느냐, 안 짓느냐 하는 것이 오직 나에게 달려 있으니, 천하에 어찌 감히 그 뜻을 거스르는 자가 있겠는가?'라고 하였습니다.

그러나 단 한 사람 주왕紂王이 천하를 제멋대로 어지럽히면서 포학무도한 짓을 했습니다. 그래서 주周 무왕이 이를 부끄럽게 여기고 그를 토벌했으니, 이것이 무왕의 용맹입니다. 무왕 역시 한번 노하여 천하의 백성을 편안하게 해준 것입니다.

이제 임금께서도 한번 노하여 천하의 백성을 편안하게 해주신다면, 백성들은 오직 임금께서 용맹을 좋아하지 않을까 두려워할 것입니다."

"詩云:'王赫斯怒, 爰整其旅, 以遏徂莒, 以篤周祜, 以對于天下.'
　시 운　왕 혁 사 노　원 정 기 려　이 알 조 거　이 독 주 호　이 대 우 천 하

此文王之勇也. 文王一怒而安天下之民. 書曰:'天降下民, 作之君,
　차 문 왕 지 용 야　문 왕 일 노 이 안 천 하 지 민　서 왈　천 강 하 민　작 지 군

作之師. 惟曰其助上帝, 寵之四方. 有罪無罪, 惟我在,
　작 지 사　유 왈 기 조 상 제　총 지 사 방　유 죄 무 죄　유 아 재

天下曷敢有越厥志?' 一人衡行於天下, 武王恥之. 此武王之勇也.
천 하 갈 감 유 월 궐 지　　일 인 횡 행 어 천 하　무 왕 치 지　차 무 왕 지 용 야

而武王亦一怒而安天下之民. 今王亦一怒而安天下之民,
이 무 왕 역 일 노 이 안 천 하 지 민　금 왕 역 일 노 이 안 천 하 지 민

民惟恐王之不好勇也."
민 유 공 왕 지 불 호 용 야

　주나라 문왕과 무왕의 큰 용맹에 대해서 말하고 있습니다. 임금이 문왕, 무왕과 같이 할 수 있다면, 천하의 백성들은 임금이 노하여 난동을 제거하고, 자기들을 구해 주기를 바랄 것이고, 임금이 용맹을 좋아하지 않을까 두려워할 것이라는 내용입니다.

즐거움도 걱정도 백성과 함께하라

제나라 선왕이 별궁인 설궁雪宮에서 맹자를 보고 물었다.

"현자 또한 이러한 즐거움이 있습니까?"

맹자가 대답했다.

"있습니다. 백성은 함께 즐거움을 누리지 못하면 위를 비방합니다. 임금과 함께 즐거움을 누리지 못한다고 임금을 비난하는 것은 잘못입니다. 그러나 위에서 백성을 다스리면서 백성과 함께 즐기지 않는 것도 역시 잘못입니다.

임금이 백성의 즐거움을 즐겁게 여기면, 백성 역시 임금의 즐거움을 즐겁게 여기고, 임금이 백성과 함께 근심 걱정을 하면, 백성 또한 임금과 함께 근심 걱정을 합니다. 즐거움을 천하와 함께하고, 근심 걱정을 천하와 함께하고도 왕 노릇을 하지 못하는 자는 없습니다."

齊宣王見孟子於雪宮. 王曰: "賢者亦有此樂乎?"
제선왕견맹자어설궁 왕왈 현자역유차락호

孟子對曰: "有. 人不得, 則非其上矣. 不得而非其上者, 非也;
맹자대왈 유 인부득 즉비기상의 부득이비기상자 비야

爲民上而不與民同樂者, 亦非也. 樂民之樂者, 民亦樂其樂;
위민상이불여민동락자 역비야 낙민지락자 민역락기락

憂民之憂者, 民亦憂其憂. 樂以天下, 憂以天下, 然而不王者,
우민지우자 민역우기우 낙이천하 우이천하 연이불왕자

未之有也."
미지유야

한 번 유람하고 한 번 즐기다

"옛날에 제나라 경공景公이 재상 안자晏子에게 물었습니다.

'내가 전부산과 조무산을 두루 보고 바다를 따라 남쪽으로 내려가, 낭야까지 시찰하려고 하는데, 어떻게 채비해야 옛 선왕들과 비등할 수 있겠습니까?'

그러자 안자가 다음과 같이 대답했습니다.

'좋은 질문입니다. 천자가 제후국에 가는 것을 순수巡狩라 합니다. 순수는 제후가 지키고 있는 지역을 두루 돌아본다는 뜻입니다. 그리고 제후가 입조入朝하여 천자에게 가서 알현하는 것을 술직述職이라고 합니다. 술직은 제후가 맡은 바 직무에 대해 보고한다는 뜻입니다.

순수나 술직 모두 일 아닌 것이 없습니다. 봄에는 백성들의 밭 가는 것을 살펴 부족한 것을 보충해 주고, 가을에는 백성들의 추수를 살펴 모자란 것을 보조해 주었습니다.

하夏나라의 속담에 다음과 같은 말이 있습니다. 「만약에 우리 왕이 유람하지 않으면 우리가 어찌 안심하고 쉬겠는가? 우리 왕이 즐기지 않으면 우리가 어찌 도움을 받겠는가?」 이렇듯 한번 유람하고 한번 즐기는 일유일예一遊一豫가 제후들에게 본보기가 되었던 것입니다.'"

"昔者齊景公問於晏子曰:'吾欲觀於轉附朝儛, 遵海而南,
석 자 제 경 공 문 어 안 자 왈　　오 욕 관 어 전 부 조 무　준 해 이 남

放於琅琊. 吾何脩而可以比於先王觀也?'晏子對曰:'善哉問也!
방 우 랑 야　오 하 수 이 가 이 비 어 선 왕 관 야　　안 자 대 왈　선 재 문 야

天子適諸侯曰巡狩, 巡狩者巡所守也; 諸侯朝於天子曰述職,
천자적제후왈순수 순수자순소수야   제후조어천자왈술직

述職者述所職也. 無非事者. 春省耕而補不足, 秋省斂而助不給.
술직자술소직야   무비사자   춘성경이보부족   추성렴이조불급

夏諺曰: 吾王不遊, 吾何以休? 吾王不豫, 吾何以助? 一遊一豫,
하언왈 오왕불유 오하이휴   오왕불예 오하이조   일유일예

爲諸侯度.'"
위 제 후 도

하언夏諺은 하나라 때의 속담입니다. 일이나 목적 없이 공연히 유람하는 것이 아니라, 백성들의 부족한 것을 살피고 보조해 주었으므로 제후들도 그와 같은 법도를 따라 일없이 함부로 여행하며 백성들을 힘들게 하지 않았다는 것입니다.

즐거움과 방탕함 사이

'오늘날에는 그렇지 않으니, 임금 행차에 많은 무리가 수행하므로 굶주린 백성들이 더욱 먹지 못하고 지친 백성들이 쉬지 못합니다. 백성들이 모두 성난 눈으로 흘겨보며 비방하고 나쁜 마음을 품게 됩니다.

백성을 사랑하라는 선왕의 명을 어기고 백성을 학대하며, 먹고 마시는 것을 물 흐르듯 무절제하게 하니, 유연황망流連荒亡이 제후들의 걱정거리가 되고 있는 것입니다.

뱃놀이에서 물길 따라 내려가서 돌아오기를 잊는 것을 유流라 하고, 거슬러 올라가서 돌아오는 것을 잊는 것을 연連이라 하며, 짐승을 쫓는 것에 빠져 싫증 내지 않는 것을 황荒이라 하고, 술 마시는 것에 빠져 싫증 내지 않는 것을 망亡이라 합니다.

선왕先王들은 유연流連의 즐거움과 황망荒亡의 행실이 없으셨으니, 오직 임금께서 하시기에 달려 있습니다.'

'今也不然: 師行而糧食, 飢者弗食, 勞者弗息. 睊睊胥讒, 民乃作慝.
금 야 불 연 사 행 이 량 식 기 자 불 식 노 자 불 식 견 견 서 참 민 내 작 특

方命虐民, 飲食若流. 流連荒亡, 爲諸侯憂. 從流下而忘反謂之流,
방 명 학 민 음 식 약 류 유 연 황 망 위 제 후 우 종 류 하 이 망 반 위 지 류

從流上而忘反謂之連, 從獸無厭謂之荒, 樂酒無厭謂之亡.
종 류 상 이 망 반 위 지 연 종 수 무 염 위 지 황 낙 주 무 염 위 지 망

先王無流連之樂, 荒亡之行. 惟君所行也.'
선 왕 무 류 련 지 락 황 망 지 행 유 군 소 행 야

사師는 '무리'로서 2천5백 명을 말하며, 임금 행차에는 사가 따랐습니다. 종류하從流下는 '배를 풀어 물에 흘려 보낸다', 종류상從流上은 '배를 당겨 거슬러 올라간다'는 뜻입니다. 유연황망은 즉 나라와 시국을 문란케 하고 정사를 망친다는 뜻으로, '선왕의 법도를 따르느냐, 반대로 오늘의 기강을 망가지게 하느냐, 두 가지가 오직 임금의 행할 바에 달려 있음을 말한 것입니다.

욕심을 막는 것이 곧 사랑하는 것

"안자의 말을 듣고 경공이 기뻐했으며 대대적으로 전국에 영을 내리고, 몸소 교외에 나가서 묵고 백성들의 고생을 살폈습니다. 그러고 나서 나라의 창고를 열어 곤궁한 백성을 도와주었습니다.

그리고 음악을 관장하는 대사를 불러서 '나를 위해서 임금과 백성이 함께 즐길 수 있는 음악을 만들어라.'라고 했으니, 치소徵韶와 각소角韶가 그 음악입니다. 그 가사에 '군주의 욕심을 막는 것이 무슨 잘못인가?'라고 했으니, 임금의 욕심을 막는 것이 임금을 사랑하는 것입니다."

"景公說, 大戒於國, 出舍於郊. 於是始興發補不足. 召大師曰:
경공열 대계어국 출사어교 어시시흥발보부족 소대사왈

'爲我作君臣相說之樂!' 蓋徵招角招是也. 其詩曰: '畜君何尤?
위아작군신상열지악 개치소각소시야 기시왈 축군하우

畜君者, 好君也."
축군자 호군야

함부로 허물지 말라

제나라 선왕이 맹자에게 물었다.

"사람들이 모두 나를 보고 명당을 헐어 버리라고 하는데, 그것을 허물까요, 둘까요?"

맹자가 대답했다.

"명당은 왕 노릇 하는 자의 자리입니다. 임금께서 왕도 정치를 원하신다면, 헐어 버리지 마십시오."

齊宣王問曰: "人皆謂我毁明堂. 毁諸? 已乎?"
제 선 왕 문 왈　　인 개 위 아 훼 명 당　훼 저　　이 호

孟子對曰: "夫明堂者, 王者之堂也. 王欲行王政, 則勿毁之矣."
맹 자 대 왈　　부 명 당 자　왕 자 지 당 야　왕 욕 행 왕 정　즉 물 훼 지 의

해설

명당에 대해서는 두 가지 주장이 있습니다. 하나는 천자가 제후들의 조회를 받기 위해 설치한 곳이라는 것이고, 다른 하나는 천자의 종묘라는 것입니다.

환과 고독을 돌보라

제나라 선왕이 말했다.

"왕도 정치에 대해 들을 수 있겠습니까?"

맹자가 대답했다.

"옛날에 주 문왕이 기岐를 다스릴 때, 경작자는 9분의,1을 세금으로 바쳤고, 벼슬하는 자는 대대로 녹봉을 받았으며, 관문과 시장에서는 감시·감독할 뿐 별도로 세금을 징수하지는 않았습니다.

저수지에서 고기를 잡거나 강에 물고기 잡는 어량魚梁을 설치하는 것을 금하지 않았으며, 죄인을 벌하되 처자식까지 연루시키지 않았습니다.

늙고 아내 없는 사람을 환鰥, 늙고 남편 없는 사람을 과寡, 늙고 자식 없는 사람을 독獨, 어리면서 부모 없는 아이를 고孤라 합니다. 이들 넷은 천하의 궁민窮民이며 호소할 곳이 없는 불쌍한 사람들입니다.

그래서 문왕이 정치를 하고 인덕을 베풀 때 반드시 이들 네 부류에 속하는 사람들을 먼저 구제했습니다. 《시경》〈소아·정월正月〉편에 이르기를, '부유한 사람들은 괜찮겠지만 애처롭구나. 이들 의지할 데 없는 사람들이여.'라고 했습니다."

王曰: "王政可得聞與?" 對曰: "昔者文王之治岐也, 耕者九一,
　왕왈　　왕정가득문여　　대왈　　석자문왕지치기야　경자구일

仕者世祿, 關市譏而不征, 澤梁無禁, 罪人不孥. 老而無妻曰鰥.
　사자세록　관시기이부정　택량무금　죄인불노　노이무처왈환

老而無夫曰寡. 老而無子曰獨. 幼而無父曰孤. 此四者,
　노이무부왈과　노이무자왈독　유이무부왈고　차사자

天下之窮民而無告者. 文王發政施仁, 必先斯四者. 詩云:
천 하 지 궁 민 이 무 고 자 문 왕 발 정 시 인 필 선 사 사 자 시 운

'哿矣富人, 哀此煢獨.'"
가 의 부 인 애 차 경 독

 **해설**

　세록世祿은 대대로 이어서 받는 나라의 녹봉을 말합니다. 벼슬한 자의
자손은 교육해 인재가 되면 관직을 맡겼고, 등용하기에 부족해도 녹봉을
잃지 않게 했습니다. 그의 선조가 국가나 백성에게 세운 공덕에 대한 보상
으로 그렇게 한 것입니다.

　또한 백성을 기르는 정치를 폈는데, 그 처자식을 잘 인도하여 그들로
하여금 저마다 자기 집안의 노인을 부양하고 아이들을 키우게 했습니다.
그럼에도 가족의 돌봄을 받을 수 없는 환과고독이 나타나면 나라에서 이
들을 구휼하고 돌보았습니다.

재물을 좋아해도 백성과 함께라면

제나라 선왕이 맹자에게 말했다.

"참으로 좋은 말씀입니다."

맹자가 왕에게 말했다.

"임금께서 제 말을 좋게 여기신다면 어찌하여 실행하지 않으십니까?"

선왕이 말했다.

"과인에게는 나쁜 버릇이 있으니, 재물을 좋아합니다."

그러자 맹자가 말했다.

"옛날의 공류公劉도 재물을 좋아했습니다. 《시경》〈대아·공류公劉〉편에 이르기를 '곡식을 들에도 쌓고 창고에도 쌓았도다. 마른 양식을 전대와 자루에 넣고서 백성들을 편안하게 하고 이로써 나라를 빛내고자 생각했노라. 그리고 창과 방패, 도끼 등 무기를 갖추고 비로소 길을 떠났노라.'라고 했습니다.

그러므로 남아 있는 사람들에게는 들과 창고에 쌓은 곡식을 먹게 했고, 이동하는 사람들에게는 전대나 자루에 넣은 마른 곡식이 준비된 후에야 행군을 시작하게 하였던 것입니다.

그러니 임금께서 재물을 좋아한다 해도 백성과 함께하신다면 왕 노릇 하는 데 무슨 문제가 있겠습니까?"

王曰: "善哉言乎!" 曰: "王如善之, 則何爲不行?" 王曰: "寡人有疾,
왕왈　선재언호　왈　왕여선지　즉하위불행　왕왈　과인유질

寡人好貨." 對曰: "昔者公劉好貨. 詩云:'乃積乃倉, 乃裹餱糧,
과인호화　대왈　석자공류호화　시운　내적내창　내과후량

于橐于囊. 思戢用光. 弓矢斯張, 干戈戚揚, 爰方啓行.'
우 탁 우 낭   사 집 용 광   궁 시 사 장   간 과 척 양   원 방 계 행

故居者有積倉, 行者有裹糧也, 然後可以爰方啓行. 王如好貨,
고 거 자 유 적 창   행 자 유 과 량 야   연 후 가 이 원 방 계 행   왕 여 호 화

與百姓同之, 於王何有?"
여 백 성 동 지   어 왕 하 유

해설

맹자의 말은 다음과 같은 뜻을 담고 있습니다. '주나라 공류 때 백성들이 부유하고 편안하게 살 수 있었던 것은 공류가 재물을 좋아하되, 능히 자기 마음을 미루어 백성에게 미쳤기 때문이다. 그러므로 지금 임금께서 재물을 좋아하는 태도를 그와 같이 한다면 왕 노릇 하는 데 어려움이 없을 것이다.'

여색을 좋아해도 백성과 함께라면

선왕이 말했다.

"과인에게는 나쁜 버릇이 있으니, 여색을 좋아합니다."

맹자가 대답했다.

"옛날의 태왕이 여색을 좋아하여 그 후비를 사랑했습니다. 《시경》〈대아·면綿〉편에 이르기를, '고공단보가 아침이 되자 말을 달려서 서쪽 물가를 따라 기산 아래에 이르러 강씨의 딸을 맞이하고 함께 와서 집터를 보았네.'라고 했습니다.

당시 안으로는 원한을 품은 여자가 없고, 바깥으로는 홀아비가 없었으니, 임금께서 여자를 좋아하더라도 백성과 함께하신다면 왕 노릇 하는 데 무슨 문제가 있겠습니까?"

王曰: "寡人有疾, 寡人好色." 對曰: "昔者太王好色, 愛厥妃. 詩云:
왕왈　과인유질　과인호색　대왈　석자태왕호색　애궐비　시운

'古公亶父, 來朝走馬, 率西水滸, 至于岐下. 爰及姜女, 聿來胥宇.'
고공단보　내조주마　솔서수호　지우기하　원급강녀　율래서우

當是時也, 内無怨女, 外無曠夫. 王如好色, 與百姓同之, 於王何有?"
당시시야　내무원녀　외무광부　왕여호색　여백성동지　어왕하유

나라가 다스려지지 않으면

맹자가 제나라 선왕에게 물었다.

"임금의 신하 중에 친구에게 처자를 맡기고 초나라에 가서 유람하던 자가 있었는데, 돌아와 보니 그 친구가 돌보지 않아서 자기 처자가 추위에 떨고 굶주렸다면 어떻게 하시겠습니까?"

선왕이 말했다. "그런 친구는 버려야 합니다."

맹자가 말했다.

"법을 집행하는 관리가 부하를 다스리지 못하면 어떻게 하십니까?"

선왕이 말했다. "그만두게 해야지요."

맹자가 말했다.

"사방의 국경 안이 다스려지지 않으면 그 임금을 어떻게 해야 할까요?"

왕이 좌우를 둘러보고는 딴소리했다.

孟子謂齊宣王曰: "王之臣有託其妻子於其友, 而之楚遊者.
맹 자 위 제 선 왕 왈　왕 지 신 유 탁 기 처 자 어 기 우　이 지 초 유 자

比其反也, 則凍餒其妻子, 則如之何?" 王曰: "棄之." 曰:
비 기 반 야　즉 동 뇌 기 처 자　즉 여 지 하　왕 왈　기 지　왈

"士師不能治士, 則如之何?" 王曰: "己之." 曰: "四境之內不治,
사 사 불 능 치 사　즉 여 지 하　왕 왈　이 지　왈　사 경 지 내 불 치

則如之何?" 王顧左右而言他.
즉 여 지 하　왕 고 좌 우 이 언 타

현명하면 등용하라

맹자가 제나라 선왕을 만나 말했다.

"이른바 오래된 나라란 큰 나무가 있는 나라가 아니라 대를 이어 가면서 공을 세운 신하가 많이 있는 나라를 말합니다. 그런데 임금께는 친근한 신하조차 없습니다. 뿐만 아니라 예전에 등용했던 자가 지금은 어디로 갔는지도 알지 못하고 계십니다."

선왕이 말했다.

"내가 어떻게 미리 그들에게 재능이 없다는 것을 알고 등용하지 않을 수 있었겠습니까?"

맹자가 말했다.

"나라를 다스리는 군주는 현명한 사람을 등용해야 하며, 부득이하게 신분이 비천한 사람이라도 현명하면 존귀한 사람 위에 써야 합니다. 또 임금과 사이가 소원한 사람이라도 현명하면 친척 위에 올려 써야 합니다. 그러니 어찌 신중하지 않을 수 있겠습니까?"

孟子見齊宣王 曰: "所謂故國者, 非謂有喬木之謂也,
맹 자 견 제 선 왕 왈　　소 위 고 국 자　비 위 유 교 목 지 위 야

有世臣之謂也. 王無親臣矣, 昔者所進, 今日不知其亡也." 王曰:
유 세 신 지 위 야　왕 무 친 신 의　석 자 소 진　금 일 부 지 기 망 야　　왕 왈

"吾何以識其不才而舍之?" 曰: "國君進賢, 如不得已, 將使卑踰尊,
오 하 이 식 기 부 재 이 사 지　　왈　　국 군 진 현　여 부 득 이　장 사 비 유 존

疏踰戚, 可不愼與?"
소 유 척　가 불 신 여

백성의 부모가 될 자격

"좌우 측근의 신하들이 모두 현명하다고 말해도 듣지 말고, 여러 대부가 다 현명하다고 말해도 듣지 말며, 나라 사람 모두가 현명하다고 한 다음에 임금께서 몸소 살펴보아 현명하다는 것을 확인하고 나서 그를 등용해야 합니다.

좌우 측근의 신하들이 모두 안 된다고 말해도 듣지 말고, 여러 대부가 다 안 된다고 말해도 듣지 말며, 나라 사람 모두가 안 된다고 한 다음에 몸소 살펴보아 안 되는 점을 알아낸 다음에 그를 버려야 합니다.

좌우 측근의 신하들이 다 죽여야 한다고 해도 듣지 말고, 여러 대부가 다 죽여야 한다고 해도 듣지 말며, 나라 사람 모두가 다 죽여야 한다고 한 다음에 몸소 살펴보아 죽여야 할 죄를 알아낸 다음에 사형에 처해야 합니다. 그래야 나라 사람들이 죽였다고 말하는 것입니다. 이처럼 하고 난 뒤에야 백성의 부모가 될 수 있습니다."

"左右皆曰賢, 未可也; 諸大夫皆曰賢, 未可也; 國人皆曰賢,
좌 우 개 왈 현　미 가 야　제 대 부 개 왈 현　미 가 야　국 인 개 왈 현

然後察之; 見賢焉, 然後用之. 左右皆曰不可, 勿聽;
연 후 찰 지　견 현 언　연 후 용 지　좌 우 개 왈 불 가　물 청

諸大夫皆曰不可, 勿聽; 國人皆曰不可, 然後察之; 見不可焉,
제 대 부 개 왈 불 가　물 청　국 인 개 왈 불 가　연 후 찰 지　견 불 가 언

然後去之. 左右皆曰可殺, 勿聽; 諸大夫皆曰可殺, 勿聽;
연 후 거 지　좌 우 개 왈 가 살　물 청　제 대 부 개 왈 가 살　물 청

國人皆曰可殺, 然後察之; 見可殺焉, 然後殺之. 故曰國人殺之也.
국 인 개 왈 가 살　연 후 찰 지　견 가 살 언　연 후 살 지　고 왈 국 인 살 지 야

如此, 然後可以爲民父母."
여 차　연 후 가 이 위 민 부 모

인의가 없는 왕은 필부에 불과하다

제나라 선왕이 맹자에게 물었다.

"은의 탕왕이 걸왕을 추방하고 주 무왕이 주왕을 토벌했다고 하는데, 그런 일이 있었습니까?"

맹자가 대답했다.

"전하는 바 그렇다고 합니다."

왕이 되물었다.

"신하가 자기 임금을 시해해도 됩니까?"

맹자가 말했다.

"인仁을 해치는 것을 적賊이라 하고, 의義를 해치는 것을 잔殘이라 합니다. 잔적殘賊한 사람은 일개 필부匹夫라 합니다. 제가 듣고 아는 바, 일개 필부 주紂를 처단한 것이지 임금을 시해한 것이 아닙니다."

齊宣王問曰: "湯放桀, 武王伐紂, 有諸?"
제 선 왕 문 왈　　탕 방 걸　무 왕 벌 주　유 저

孟子對曰: "於傳有之." 曰: "臣弑其君可乎?" 曰: "賊仁者謂之賊,
맹 자 대 왈　어 전 유 지　왈　신 시 기 군 가 호　왈　적 인 자 위 지 적

賊義者謂之殘, 殘賊之人謂之一夫. 聞誅一夫紂矣, 未聞弑君也."
적 의 자 위 지 잔　잔 적 지 인 위 지 일 부　문 주 일 부 주 의　미 문 시 군 야

옥은 옥공에게 맡기면서 정치는 왜

맹자가 제나라 선왕을 보고 말했다.

"큰 궁궐을 지을 때는 반드시 우두머리 목수로 하여금 큰 재목을 구하게 합니다. 그가 큰 재목을 얻으면 임금께서 기뻐하며 능히 그 일을 감당할 수 있다 여기실 것입니다. 그런데 그 밑에 있는 목수가 큰 재목을 깎아서 작게 토막 내면 임금께선 바로 노하여 그 일을 감당할 수 없다 여기실 것입니다.

대체로 사람이 어려서 배우는 목적은 장성하여 그 도를 실행하기 위해서입니다. 그런데 임금께서 '지금은 잠시 네가 배운 바를 버리고 무조건 나를 따라야 한다'고 하시면 어떻게 되겠습니까?

지금 여기에 원석 옥돌이 있다면 그 값이 만 일鎰이 들더라도 반드시 옥공에게 쪼고 다듬게 하실 것입니다. 그런데 나라를 다스리는 일에 있어서는 '잠시 네가 배운 학문을 버리고 나의 방식을 따르라'고 하시니, 어째서 옥공에게 옥을 쪼고 다듬게 하는 것과 다르게 하십니까?"

孟子見齊宣王曰: "爲巨室, 則必使工師求大木. 工師得大木,
맹 자 견 제 선 왕 왈　　위 거 실　즉 필 사 공 사 구 대 목　공 사 득 대 목

則王喜, 以爲能勝其任也. 匠人斷而小之, 則王怒,
즉 왕 희　이 위 능 승 기 임 야　장 인 착 이 소 지　즉 왕 노

以爲不勝其任矣. 夫人幼而學之, 壯而欲行之.
이 위 불 승 기 임 의　부 인 유 이 학 지　장 이 욕 행 지

王曰 '姑舍女所學而從我', 則何如? 今有璞玉於此, 雖萬鎰,
왕 왈　고 사 여 소 학 이 종 아　즉 하 여　금 유 박 옥 어 차　수 만 일

必使玉人彫琢之. 至於治國家, 則曰 '姑舍女所學而從我',
필사옥인조탁지 지어치국가 즉왈 고사여소학이종아

則何以異於敎玉人彫琢玉哉?"
즉하이이어교옥인조탁옥재

정벌의 정당성

제나라가 연나라를 정벌하여 승리했다.

그리고 선왕이 맹자에게 물었다.

"어떤 사람은 과인에게 연나라를 취하지 말라 하고, 어떤 사람은 빼앗으라고 합니다. 하지만 만승의 나라가 다른 만승의 나라를 쳐서, 50일 만에 정복한 것은 사람의 힘만으로는 할 수 없는 일입니다.

그러므로 탈취하지 않으면 반드시 하늘의 재앙이 내릴 것이니, 연나라를 취하는 것이 어떻겠습니까?"

齊人伐燕, 勝之. 宣王問曰: "或謂寡人勿取, 或謂寡人取之.
제 인 벌 연 승 지 선 왕 문 왈   혹 위 과 인 물 취 혹 위 과 인 취 지

以萬乘之國伐萬乘之國, 五旬而擧之, 人力不至於此. 不取,
이 만 승 지 국 벌 만 승 지 국 오 순 이 거 지 인 력 부 지 어 차 불 취

必有天殃. 取之, 何如?"
필 유 천 앙 취 지 하 여

해설

《사기》에 따르면, 연나라 왕인 쾌噲가 재상 자지子之에게 나라를 양보하자 연나라가 크게 혼란해졌고, 제나라가 이 틈을 타 공격했다고 합니다. 그때 연나라 병사들은 싸우지 않고, 성문도 닫지 않았습니다. 그래서 제나라가 연나라에게 대승을 거둔 것입니다.

백성이 기뻐하면 취하라

맹자가 대답했다.

"탈취해서 연나라 사람들이 좋아한다면 취하십시오. 옛사람 가운데 그와 같이 한 사람이 바로 주 무왕입니다. 탈취해서 연나라 사람들이 좋아하지 않는다면 취하지 마십시오. 옛사람 가운데 그와 같이 한 사람이 주 문왕입니다.

만승의 제나라가 만승의 연나라를 쳤는데, 연나라 백성이 대그릇에 밥을 담고 항아리에 국물을 담아 와서 왕의 군대를 환영했으니 어찌 다른 이유가 있겠습니까? 물과 불 같은 재난에서 벗어나려는 것입니다.

그런데 만일 더욱 깊은 물에 빠지고 더욱 심한 불에 타는 듯한 고생을 하게 된다면, 그들은 또 다른 데로 옮겨 가려 할 것입니다."

孟子對曰: "取之而燕民悅, 則取之. 古之人有行之者,
맹 자 대 왈　　취 지 이 연 민 열　 즉 취 지　 고 지 인 유 행 지 자

武王是也. 取之而燕民不悅, 則勿取. 古之人有行之者,
무 왕 시 야　 취 지 이 연 민 불 열　 즉 물 취　 고 지 인 유 행 지 자

文王是也. 以萬乘之國伐萬乘之國, 簞食壺漿, 以迎王師.
문 왕 시 야　 이 만 승 지 국 벌 만 승 지 국　 단 사 호 장　 이 영 왕 사

豈有他哉? 避水火也. 如水益深, 如火益熱, 亦運而已矣."
기 유 타 재　 피 수 화 야　 여 수 익 심　 이 화 익 열　 역 운 이 이 의

중요한 것은 민심

제나라가 연나라를 쳐 점령하자, 여러 나라의 제후들이 연나라를 구제하려 했다. 이에 선왕이 맹자에게 물었다.

"제후들 다수가 결탁하여 과인을 치려고 도모하고 있으니, 어떻게 대처해야 합니까?"

맹자가 대답했다.

"신이 사방 70리 크기의 땅으로 천하를 다스린 자를 들었으니, 그가 탕왕입니다. 그러나 땅이 사방 천 리나 되면서 남들을 겁냈다는 자는 들어보지 못했습니다.

《서경》〈상서尙書·중훼지고仲虺之誥〉편에 이르기를, '탕왕이 첫 정벌을 갈나라부터 시작했다.'라고 했습니다. 천하의 모든 사람이 그를 믿었기에, 동쪽으로 가서 정벌하면 서쪽 오랑캐가 원망했고 남쪽으로 가서 토벌하면, 북쪽의 오랑캐들이 원망하여 말하길 '왜 우리를 뒤로 돌리는가?'라고 했습니다.

백성들이 정벌해 주기를 바라는 것이 마치 심한 가뭄에 비구름과 무지개를 바라보듯 했습니다. 그래서 시장으로 오가는 사람들이 걸음을 멈추지 않았고, 또 밭 가는 사람들도 변함없이 농사를 지었습니다.

나쁜 군주를 벌주고 그 백성을 위로하니, 단비가 내린 것처럼 백성들이 크게 기뻐했습니다. 그래서 《서경》에서 '우리 임금님을 기다리니, 임금님이 오시면 우리가 다시 살아나겠지.'라고 한 것입니다."

齊人伐燕, 取之. 諸侯將謀救燕. 宣王曰: "諸侯多謀伐寡人者,
제 인 벌 연　취 지　제 후 장 모 구 연　선 왕 왈　　제 후 다 모 벌 과 인 자

何以待之?" 孟子對曰: "臣聞七十里爲政於天下者, 湯是也.
하 이 대 지　　맹 자 대 왈　　신 문 칠 십 리 위 정 어 천 하 자　탕 시 야

未聞以千里畏人者也. 書曰: '湯一征, 自葛始.' 天下信之.
미 문 이 천 리 외 인 자 야　서 왈　　탕 일 정　자 갈 시　천 하 신 지

東面而征, 西夷怨; 南面而征, 北狄怨. 曰, '奚爲後我?' 民望之,
동 면 이 정　서 이 원　남 면 이 정　북 적 원　왈　해 위 후 아　　민 망 지

若大旱之望雲霓也. 歸市者不止, 耕者不變. 誅其君而弔其民,
약 대 한 지 망 운 예 야　귀 시 자 부 지　경 자 불 변　주 기 군 이 조 기 민

若時雨降, 民大悅. 書曰: '徯我后, 后來其蘇.'"
약 시 우 강　민 대 열　서 왈　　혜 아 후　후 래 기 소

땅만 키우고 인한 정치를 펼치지 않으면

"지금 연나라가 자기 백성들을 학대하고 있는데 임금께서 가서 공격하시니 백성들이 물과 불 같은 재난에서 자신을 구제해 주는 것으로 여겨, 대나무 그릇에 밥을 담고 항아리에 국물을 담아 와서 임금의 군대를 환영했던 것입니다.

그런데 만약 그 부형을 죽이고 자제를 잡아 가두며 그 종묘를 파괴하거나 나라의 귀중한 보물을 옮겨 간다면 어찌 좋다고 하겠습니까?

천하 모든 사람이 굳게 제나라의 강함을 두려워하고 있는데, 지금 다시 연나라를 점령해 영토를 배로 늘리고 인한 정치를 펼치지 않으신다면, 그때는 천하의 제후들이 단결하여 제나라에 대항할 것입니다.

임금께서 속히 명령을 내려 잡아서 억류하고 있는 노약자를 돌려보내시고, 나라의 귀중한 보물을 옮겨 오는 것을 그만두게 하시며, 또 연나라 백성들과 상의해서 군주를 세워 준 뒤에 떠나신다면, 오히려 제후들이 합동해 군대를 동원하는 것을 막을 수 있을 것입니다."

"今燕虐其民, 王往而征之. 民以爲將拯己於水火之中也, 簞食壺漿,
금 연 학 기 민　왕 왕 이 정 지　민 이 위 장 증 기 어 수 화 지 중 야　단 사 호 장

以迎王師. 若殺其父兄, 係累其子弟, 毁其宗廟, 遷其重器,
이 영 왕 사　약 살 기 부 형　계 루 기 자 제　훼 기 종 묘　천 기 중 기

如之何其可也? 天下固畏齊之彊也. 今又倍地而不行仁政,
여 지 하 기 가 야　천 하 고 외 제 지 강 야　금 우 배 지 이 불 행 인 정

是動天下之兵也. 王速出令, 反其旄倪, 止其重器, 謀於燕衆,
시 동 천 하 지 병 야　왕 속 출 령　반 기 모 예　지 기 중 기　모 어 연 중

置君而後去之, 則猶可及止也."
치 군 이 후 거 지　즉 유 가 급 지 야

맹자는 제와 양 두 나라의 임금을 섬겼는데, 도덕을 논할 때는 요임금과 순임금을, 위에서처럼 무력 정벌을 논할 때는 반드시 탕왕과 무왕을 높였습니다. 백성을 다스림에 있어 요임금과 순임금을 법도로 삼지 않으면 폭정이 되고, 무력을 행사할 때 탕왕과 무왕을 본받지 않으면 난동이 된다 여겼습니다.

이제야 백성들이 되갚은 것

추郰나라와 노魯나라가 전쟁을 했다. 추나라 목공穆公이 맹자에게 말했다.

"우리 관리는 죽은 자가 서른세 명인데, 그들을 구하다 죽은 백성은 없습니다. 이들을 죽이자니 그 수가 너무 많아 다 죽일 수 없고, 죽이지 않자니 윗사람들이 죽는 것을 보고만 있으면서 구하지 않았으니 어떻게 하면 좋겠습니까?"

맹자가 대답했다.

"흉년이 들어 굶주릴 때 백성들 중에 노약자는 굶어 죽어 도랑과 구덩이에 뒹굴고, 장성한 자는 사방으로 흩어진 사람이 수천 명이나 되었습니다.

그러나 임금의 곡식 창고는 꽉 차고 재물 창고는 재화로 가득했는데, 백성들의 실상을 고하는 관리가 없었습니다. 이는 곧 윗사람이 게을러 아랫사람을 잔인하게 대한 것입니다.

이제야 백성들이 되갚은 것이니, 임금께서는 그들을 탓하지 마십시오. 임금께서 인한 정치를 행하시면 백성들이 윗사람을 친애하고, 또 어른을 위해 죽을 것입니다."

鄒與魯鬨, 穆公問曰: "吾有司死者三十三人, 而民莫之死也. 誅之,
추 여 로 홍　목 공 문 왈　　오 유 사 사 자 삼 십 삼 인　이 민 막 지 사 야　주 지
則不可勝誅; 不誅, 則疾視其長上之死而不救, 如之何則可也?"
즉 불 가 승 주　부 주　즉 질 시 기 장 상 지 사 이 불 구　여 지 하 즉 가 야

孟子對曰: "凶年饑歲, 君之民老弱轉乎溝壑, 壯者散而之四方者,
맹자대왈　흉년기세　군지민로약전호구학　장자산이지사방자

幾千人矣; 而君之倉廩實, 府庫充, 有司莫以告, 是上慢而殘下也.
기천인의　이군지창름실　부고충　유사막이고　시상만이잔하야

夫民今而後得反之也. 君無尤焉. 君行仁政, 斯民親其上. 死其長矣."
부민금이후득반지야　군무우언　군행인정　사민친기상　사기장의

임금이 인하지 못하고 재물만 구하면, 관리들이 거두어들이는 것만 알고 백성을 구휼하는 것은 알지 못합니다. 임금이 인한 정치를 행하면 관리도 백성을 사랑하게 되고, 백성도 윗사람을 사랑하게 될 것이라고 맹자는 말하고 있습니다.

두 나라 사이에 끼다

등滕나라 문공文公이 맹자에게 물었다.

"등나라는 작은 나라입니다. 제나라와 초나라 사이에 끼어 있는데, 제나라를 섬겨야 합니까? 초나라를 섬겨야 합니까?"

맹자가 대답했다.

"그러한 계략은 제가 말할 수 있는 바가 아닙니다. 그래도 부득이 말해야 한다면 즉 한 가지 방도가 있을 뿐입니다.

성 밖에 방비용 연못을 깊이 파고, 또 방비용 성벽을 굳게 축성해 백성들과 함께 지키는데 죽는 한이 있어도 백성들이 이 나라를 버리지 않는다면 해봄직한 일입니다."

滕文公問曰: "滕小國也, 間於齊楚. 事齊乎? 事楚乎?" 孟子對曰:
등 문 공 문 왈　등 소 국 야　간 어 제 초　사 제 호　사 초 호　맹 자 대 왈

"是謀非吾所能及也. 無已, 則有一焉: 鑿斯池也, 築斯城也,
시 모 비 오 소 능 급 야　무 이　즉 유 일 언　착 사 지 야　축 사 성 야

與民守之, 效死而民弗去, 則是可爲也."
여 민 수 지　효 사 이 민 불 거　즉 시 가 위 야

오직 선을 행하라

등나라의 문공이 물었다.

"제齊나라가 설薛 땅에 새로 성을 축조하려 하니, 매우 겁이 납니다. 어찌하면 좋겠습니까?"

맹자가 말했다.

"옛날에 태왕이 빈邠 땅에 살 때 오랑캐가 침입하자, 그곳을 떠나 기산岐山 아래에서 거처하셨습니다. 그것은 태왕이 스스로 택해서 취한 것이 아니고 부득이 옮겨 온 것입니다.

선을 행하면 후세의 자손 중에 반드시 왕 노릇 하는 자가 나타날 것입니다. 군자는 나라를 일으켜 좋은 전통을 내려 주어 이어 나갈 수 있게 해 주면 됩니다.

공을 이루느냐는 하늘에 달린 일입니다. 그러니 임금께서 저들에게 어찌하시겠습니까? 오직 힘써 선을 행하십시오."

滕文公問曰: "齊人將築薛, 吾甚恐. 如之何則可?" 孟子對曰:
등 문 공 문 왈　제 인 장 축 설　오 심 공　여 지 하 즉 가　　맹 자 대 왈

"昔者大王居邠, 狄人侵之, 去之岐山之下居焉. 非擇而取之,
석 자 태 왕 거 빈　적 인 침 지　거 지 기 산 지 하 거 언　비 택 이 취 지

不得已也. 苟爲善, 後世子孫必有王者矣. 君子創業垂統,
부 득 이 야　구 위 선　후 세 자 손 필 유 왕 자 의　군 자 창 업 수 통

爲可繼也. 若夫成功, 則天也. 君如彼何哉? 彊爲善而已矣."
위 가 계 야　약 부 성 공　즉 천 야　군 여 피 하 재　강 위 선 이 이 의

작은 나라의 비애

등나라의 문공이 물었다.

"우리 등나라는 작은 나라입니다. 힘을 다해서 큰 나라를 섬기는데도 재앙을 피할 수 없으니, 어찌하면 좋겠습니까?"

맹자가 대답했다.

"옛날에 태왕이 빈 땅에 사실 때, 오랑캐가 침략해 왔습니다. 가죽과 폐백을 바쳐도 화를 면하지 못했고, 개와 말을 바쳐도 화를 면하지 못했으며, 진주와 옥을 바쳐도 화를 면하지 못했습니다."

滕文公問曰: "滕, 小國也. 竭力以事大國, 則不得免焉.
등문공문왈　등　소국야　갈력이사대국　즉부득면언

如之何則可?" 孟子對曰: "昔者大王居邠, 狄人侵之. 事之以皮幣,
여지하즉가　맹자대왈　석자태왕거빈　적인침지　사지이피폐

不得免焉; 事之以犬馬, 不得免焉; 事之以珠玉, 不得免焉."
부득면언　사지이견마　부득면언　사지이주옥　부득면언

토지냐, 백성이냐

"이에 태왕이 원로들을 모아 놓고 말했습니다.

'오랑캐가 바라는 것은 우리의 토지입니다. 제가 들으니 군자는 사람이 살 수 있게 하는 것으로 사람을 해치지 않는다고 하였습니다. 여러분은 어찌 임금인 내가 없는 것을 걱정합니까? 나는 떠나겠습니다.'

그리고 태왕은 빈을 떠나 양산을 넘어 기산 밑에 새로 도읍을 정하고 살았습니다. 그러자 빈의 사람들이 '태왕은 참으로 인한 임금이시다. 저분을 잃을 수 없다.'라고 하였고 뒤를 따라온 이들이 앞다투어 시장에 모여들 듯 많았습니다.

혹자는 '선조 때부터 대대로 지킨 토지이니 마음대로 어떻게 할 수 있는 바가 아닙니다. 목숨을 바치더라도 절대로 떠나지 마십시오.'라고 했으니, 청컨대 임금께서는 이 두 가지 중에서 하나를 택하십시오."

"乃屬其耆老而告之曰: '狄人之所欲者, 吾土地也. 吾聞之也:
내 속 기 기 로 이 고 지 왈　적 인 지 소 욕 자　오 토 지 야　오 문 지 야

君子不以其所以養人者害人. 二三子何患乎無君? 我將去之.'
군 자 불 이 기 소 이 양 인 자 해 인　이 삼 자 하 환 호 무 군　아 장 거 지

去邠, 踰梁山, 邑于岐山之下居焉. 邠人曰: '仁人也, 不可失也.'
거 빈　유 량 산　읍 우 기 산 지 하 거 언　빈 인 왈　인 인 야　불 가 실 야

從之者如歸市. 或曰: '世守也, 非身之所能爲也. 效死勿去.'
종 지 자 여 귀 시　혹 왈　세 수 야　비 신 지 소 능 위 야　효 사 물 거

君請擇於斯二者."
군 청 택 어 사 이 자

영토는 선조로부터 물려받고, 또 대대로 지켜온 귀중한 터전이기에 혼자서 마음대로 처리할 수 있는 것이 아닙니다. 버리고 떠나서도 안 됩니다. 그래서 땅을 빼앗기고 나라가 망하면 사직과 더불어 임금이 죽는 것이 정도正道라 여겼습니다. 하지만 여기서 맹자는 다른 의견을 제시하고 있습니다.

맹자를 만나지 않은 이유

노나라 평공平公이 출타하려 하자, 측근 장창臧倉이라는 자가 가로막고 말했다.

"다른 날에는 임금께서 출타하실 때 반드시 담당 관리에게 갈 곳을 명하시더니, 지금은 수레에 말까지 다 매어 놓았으나 아직도 담당 관리가 행선지를 모르고 있습니다. 감히 가실 곳을 여쭙겠습니다."

평공이 말했다.

"맹자를 만나 보고자 한다."

그러자 장창이 말했다.

"어찌 된 일이십니까? 임금께서 몸을 가볍게 낮춰서 먼저 나서서 필부를 만나려고 하시는 것은 그를 현명한 사람이라 생각해서 그런 것입니까? 예禮와 의義는 현자로부터 나옵니다. 그런데 맹자는 나중에 지낸 어머니의 상례가 먼저 지낸 아버지의 상례보다 더 성대했습니다. 그러니 맹자를 만나지 마십시오."

평공이 대답했다.

"그렇게 하마."

魯平公將出. 嬖人臧倉者請曰: "他日君出, 則必命有司所之.
노 평 공 장 출　폐 인 장 창 자 청 왈　　타 일 군 출　즉 필 명 유 사 소 지

今乘輿已駕矣, 有司未知所之. 敢請." 公曰: "將見孟子." 曰:
금 승 여 이 가 의　유 사 미 지 소 지　감 청　　공 왈　　장 견 맹 자　　왈

"何哉? 君所爲輕身以先於匹夫者, 以爲賢乎? 禮義由賢者出.
하 재　군 소 위 경 신 이 선 어 필 부 자　이 위 현 호　　예 의 유 현 자 출

而孟子之後喪踰前喪. 君無見焉!" 公曰: "諾."
이 맹 자 지 후 상 유 전 상　군 무 견 언　　공 왈　　낙

　승여乘輿는 임금의 수레이고, 가駕는 '말을 매다'의 뜻입니다. 맹자는 먼저 부친상을 치르고 후에 모친상을 치렀는데, 유踰는 '지나치다'는 뜻입니다. 즉 모친에게는 후하게 하고, 부친에게는 박하게 했음을 말합니다. 낙諾은 승낙하는 말입니다.

형식보다는 실질

악정자樂正子(맹자의 제자)가 들어가서 평공을 뵙고 말했다.

"임금께서는 어찌하여 맹자를 만나 보지 않으십니까?"

평공이 말했다.

"어떤 이가 '맹자가 뒤에 치른 모친상을 앞에 치른 부친상보다 더 성대하게 지냈다'고 하더군. 그 때문에 가서 만나지 않았다."

악정자가 말했다.

"임금께서 하신 '더 성대하게 지냈다'는 말씀은 무슨 뜻입니까? 맹자는 먼저 치른 부친상은 선비의 신분으로 지냈고, 뒤에 치른 모친상은 대부大夫의 신분으로 지냈습니다. 그래서 먼저는 삼정三鼎을 바쳤고, 나중에는 오정五鼎을 바쳤습니다. 그것을 두고 '더 성대하게 지냈다'고 하신 것입니까?"

평공이 말했다.

"아닙니다. 관곽棺槨과 수의를 좋게 했다는 뜻입니다."

악정자가 변명해서 말했다.

"이는 더 성대하게 지냈다 할 것이 아닙니다. 빈부가 같지 않기 때문입니다."

樂正子入見, 曰: "君奚爲不見孟軻也?" 曰 "或告寡人曰,
악정자입현 왈 군해위불견맹가야   왈 혹고과인왈

'孟子之後喪踰前是', 是以不往見也." 曰: "何哉君所謂踰者?
맹자지후상유전상 시이불왕견야   왈 하재군소위유자

前以士, 後以大夫; 前以三鼎, 而後以五鼎與?" 曰: "否.
전이사 후이대부 전이삼정 이후이오정여   왈 부

謂棺槨衣衾之美也." 曰: "非所謂踰也, 貧富不同也."
위관곽의금지미야 왈 비소위유야 빈부부동야

악정자는 맹자의 제자로 노나라에서 벼슬을 했습니다. 고대의 제사에는 정을 이용해 고기류를 담았는데, 세 발 솥인 삼정은 사의 제례에, 다섯 발 솥인 오정은 대부의 제례에 쓰였습니다. 관棺은 시신을 모시는 내관內棺을, 곽槨은 바깥의 관인 외곽外槨을 가리키며, 의금衣衾은 임금의 수의나 위에 덮는 이불을 말합니다.

사람의 만남은 하늘의 뜻

악정자가 맹자를 뵙고 말했다.

"제가 임금께 아뢰니 임금께서 와서 선생님을 뵈려 했는데, 측근인 장창이라고 하는 자가 가지 못하게 저지하여 결국 오시지 못했습니다."

맹자가 악정자에게 말했다.

"행할 때는 무엇인가 행하게 하는 힘이 있고, 멈출 때는 무엇인가 막는 힘이 있는 법이다. 행하고 멈추고는 다 사람의 힘만으로 되는 것이 아니다. 내가 노나라의 임금을 만나지 못한 것은 하늘의 뜻이니, 장씨 같은 인간이 어찌 나를 못 만나게 할 수 있었겠는가?"

樂正子見孟子, 曰: "克告於君, 君爲來見也. 嬖人有臧倉者沮君,
악정자현맹자 왈 극고어군 군위래견야 폐인유장창자저군

君是以不果來也." 曰: "行或使之, 止或尼之. 行止, 非人所能也.
군시이불과래야 왈 행혹사지 지혹니지 행지 비인소능야

吾之不遇魯侯, 天也. 臧氏之子焉能使予不遇哉?"
오지불우로후 천야 장씨지자언능사여불우재

해설

맹자가 말한 뜻은 다음과 같습니다. '사람이 가는 것도 반드시 가게 하는 사람이 있고, 멈추게 하는 것도 반드시 멈추게 하는 사람이 있다. 그러나 가게 하는 바탕이나 멈추게 하는 바탕에는 마땅히 천명이 있어야 하고, 사람의 힘만으로 가게 하거나 못 가게 막는 것도 아니다. 그러니 내가 임금을 못 만난 것도 어찌 장창의 힘만으로 그렇게 된 것이겠느냐?'

공손추 상 公孫丑上
남의 고통을 차마 지나치지 못하는 마음

이 편은 제자 공손추公孫丑가 스승 맹자에게 질문하고 답변하는 형식으로 구성되어 있습니다. 왕도 정치에 대해 설명하고 있는데, 왕도를 패도와 분리하고 힘보다는 덕에 의한 정치를 하라고 말합니다.

요직에 오른다면

공손추公孫丑(맹자의 제자)가 맹자에게 물었다.

"만약 선생님께서 제나라 요직에 오르시면 관중管仲, 안자와 같은 공적을 다시 펼치실 수 있겠습니까?"

맹자가 말했다.

"자네는 참으로 제나라 사람이군. 관중과 안자만 아네그려."

公孫丑問曰: "夫子當路於齊, 管仲晏子之功, 可復許乎?"
공 손 추 문 왈　　부 자 당 로 어 제　관 중 안 자 지 공　가 부 허 호

孟子曰: "子誠齊人也, 知管仲晏子而已矣."
맹 자 왈　　자 성 제 인 야　지 관 중 안 자 이 이 의

관중과 안자는 모두 춘추 시대 제나라의 명재상입니다. 관중은 40여 년 동안 재상 자리에 있으면서 환공을 도와 패자가 되게 했고, 안자, 즉 안영晏嬰은 3대에 걸쳐 30여 년 동안 재상을 지내면서 제나라를 부흥시켰습니다.

함부로 비교하지 말라

"어떤 사람이 증서曾西(공자의 제자인 증자의 아들)에게 '선생님과 자로 子路 중 어느 분이 더 현명하십니까?' 하고 묻자, 증서는 송구한 표정으로 '자로는 돌아가신 내 아버지께서도 경외하신 분이오.' 하고 말했다.

또다시 '그렇다면 선생님과 관중 중 어느 분이 더 현명하십니까?' 하고 묻자, 증서는 불쾌한 듯 '자네는 어찌 나를 관중과 비교하는가. 관중은 그렇게 전적으로 임금의 총애를 받고, 그토록 오래도록 국정을 맡았는데도 공적이 보잘것없었다. 당신은 어찌하여 나를 그런 자와 비교한단 말인가?'라고 탓했다."

"或問乎曾西曰: '吾子與子路孰賢?' 曾西蹴然曰:
혹 문 호 증 서 왈　오 자 여 자 로 숙 현　증 서 축 연 왈

'吾先子之所畏也.' 曰: '然則吾子與管仲孰賢?' 曾西艴然不悅,
오 선 자 지 소 외 야　왈　연 즉 오 자 여 관 중 숙 현　증 서 불 연 불 열

曰: '爾何曾比予於管仲? 管仲得君, 如彼其專也; 行乎國政,
왈　이 하 증 비 여 어 관 중　관 중 득 군　여 피 기 전 야　행 호 국 정

如彼其久也; 功烈, 如彼其卑也. 爾何曾比予於是?'"
여 피 기 구 야　공 열　여 피 기 비 야　이 하 증 비 여 어 시

손바닥 뒤집기처럼 쉬운 일

맹자가 덧붙여 말했다.

"관중은 증서조차도 쳐주지 않던 사람인데, 그대는 내가 관중같이 되기를 원하는가?"

공손추가 말했다.

"관중은 그의 임금을 패자가 되게 했고, 안자는 그의 임금의 이름을 빛나게 했습니다. 그런데도 관중과 안자가 본받기 부족하다고 여기시는 것입니까?"

맹자가 말했다.

"제나라의 왕 노릇 하는 것은 손바닥을 뒤집는 것과 같다."

공손추가 말했다.

"그렇게 말씀하시면, 제 의혹은 더욱 심하게 됩니다. 덕이 높으신 문왕은 백 년을 살다 돌아가셨지만 천하에 교화가 두루 미치지 못했고, 무왕과 주공이 그것을 이은 다음에야 크게 행해졌습니다.

지금 왕 노릇 하는 것을 쉬운 것처럼 말씀하시니, 그렇다면 문왕 또한 모범으로 삼기에 부족합니까?"

曰: "管仲, 曾西之所不爲也, 而子爲我願之乎?"
왈　관중　증서지소불위야　이자위아원지호

曰: "管仲以其君霸, 晏子以其君顯. 管仲晏子猶不足爲與?"
왈　관중이기군패　안자이기군현　관중안자유부족위여

曰: "以齊王, 由反手也." 曰: "若是, 則弟子之惑滋甚. 且以文王之德,
왈　이제왕　유반수야　왈　약시　즉제자지혹자심　차이문왕지덕

百年而後崩, 猶未洽於天下; 武王, 周公繼之, 然後大行.
백년이후붕　유미흡어천하　무왕　주공계지　연후대행

今言王若易然, 則文王不足法與?"
금 언 왕 약 이 연 즉 문 왕 부 족 법 여

　여기 나온 '제나라의 왕 노릇 하는 것은 손바닥을 뒤집는 것 같다以齊王由反手也'라는 말에서 고사성어 '여반장如反掌'이 유래했습니다. 손바닥을 뒤집는 것처럼 쉬운 일이라는 뜻입니다.

　주 문왕은 97세에 세상을 떠났습니다. 그럼에도 백 년이라고 말한 것은 수를 채워서 말한 것입니다. 문왕은 천하의 3분의 2를 덕으로 귀속시켰고, 그 뒤를 이은 무왕이 은나라를 쳐 비로소 천하를 평정했습니다. 주공은 성왕成王을 도와서 예악禮樂을 제정했으며, 그런 다음에 교화가 크게 이루어졌습니다.

오래되면 변하기 어려우니

맹자가 말했다.

"어찌 문왕을 당할 수 있겠느냐? 은나라는 시조 탕왕부터 무정武丁 (20대 임금)까지 현명하고 인한 군주가 예닐곱 명이나 있었다. 천하가 은에 귀순한 지가 오래되었으니, 오래된 나라는 변하기 어렵다. 무 정은 제후들의 조회를 받고 천하를 소유하기를 흡사 손바닥 위에 놓 고 굴리듯이 했다.

주왕은 무정으로부터 오래되지 않았고, 은 왕조의 남겨진 기풍과 습속, 선량한 정치도 여전히 남아 있었다. 또한 미자微子, 미중微仲, 왕자 비간比干과 기자箕子, 교격膠鬲은 모두 현인으로 주왕을 보필했 다. 그래서 은나라가 오래 지속되다 망했던 것이다.

한 뼘의 땅도 그의 소유가 아닌 것이 없었고, 한 사람의 백성도 그 의 신하가 아닌 사람이 없었다. 그러나 문왕은 백 리 넓이의 땅에서 일어났기 때문에 왕 노릇 하는 데 어려움을 겪었던 것이다."

曰: "文王何可當也? 由湯至於武丁, 賢聖之君六七作.
왈　문왕하가당야　유탕지어무정　현성지군육칠작

天下歸殷久矣, 久則難變也. 武丁朝諸侯有天下, 猶運之掌也.
천하귀은구의　구즉난변야　무정조제후유천하　유운지장야

紂之去武丁未久也, 其故家遺俗, 流風善政, 猶有存者;
주지거무정미구야　기고가유속　유풍선정　유유존자

又有微子微仲王子比干箕子膠鬲皆賢人也, 相與輔相之,
우유미자미중왕자비간기자교격개현인야　상여보상지

故久而後失之也. 尺地莫非其有也, 一民莫非其臣也,
고구이후실지야　척지막비기유야　일민막비기신야

然而文王猶方百里起, 是以難也."
연이문왕유방백리기　시이난야

문왕의 덕은 높았으나 은나라의 전통이 깊고 또 현인이 많았으므로 문왕이 생전에 임금이 되지 못했다고 말하고 있습니다. 은나라는 탕왕에서 무정에 이르는 사이에, 태갑太甲, 태무太戊, 조을組乙, 반경盤庚 등 현명하고 인한 임금들이 많았습니다. 무정에서 주왕까지는 대략 7대입니다.

중요한 것은 타이밍

"제나라의 속담에 '비록 지혜가 있어도 시류를 타는 것만 못하고, 비록 농기구가 있어도 농사철을 기다리는 것만 못하다.'라는 말이 있다. 지금의 시기는 제나라가 왕업을 이룰 수 있는 때다.

하은주가 흥성했을 때도 사방 천 리를 넘지 못했는데, 제나라는 이미 그 정도의 땅을 가지고 있으며, 닭이 울고 개 짖는 소리가 서로 들려서 사방의 국경까지 닿고, 이미 그 정도의 백성들을 가지고 있다.

그러므로 땅을 더 넓히지 않아도 되고, 백성을 더 모으지 않아도 된다. 인한 정치를 펼쳐 왕도를 이루려 하면 아무도 막지 못할 것이다."

"齊人有言曰: '雖有智慧, 不如乘勢; 雖有鎡基, 不如待時.'
제 인 유 언 왈　수 유 지 혜　불 여 승 세　수 유 자 기　불 여 대 시

今時則易然也. 夏后殷周之盛, 地未有過千里者也, 而齊有其地矣;
금 시 즉 이 연 야　하 후 은 주 지 성　지 미 유 과 천 리 자 야　이 제 유 기 지 의

雞鳴狗吠相聞, 而達乎四境, 而齊有其民矣. 地不改辟矣,
계 명 구 폐 상 문　이 달 호 사 경　이 제 유 기 민 의　지 불 개 벽 의

民不改聚矣, 行仁政而王, 莫之能禦也."
민 불 개 취 의　행 인 정 이 왕　막 지 능 어 야

지금이 바로 인한 정치를 베풀 때

"또한 참다운 왕 노릇 하는 자가 나타나지 않은 지 이보다 더 길었던 때가 없고, 백성들이 학정에 시달려 초췌하게 된 것도 이보다 더 심했던 때가 없었으니, 굶주린 사람은 쉽게 먹일 수 있고, 목마른 사람은 쉽게 마시게 할 수 있다.

공자께서 말씀하시길 '덕의 감화가 퍼져 나가는 것은 역마驛馬가 명령을 전하는 것보다 빠르다.'라고 하셨다.

지금의 시운을 맞아서 만승의 나라가 인한 정치를 행한다면, 백성들이 기뻐함이 흡사 거꾸로 매달려 있다가 풀려난 것과 같을 것이다. 그러므로 수고는 옛사람의 절반이지만 그 공은 옛사람의 배가 되니 이때만 그럴 것이다."

"且王者之不作, 未有疏於此時者也; 民之憔悴於虐政,
차 왕 자 지 부 작　미 유 소 어 차 시 자 야　민 지 초 췌 어 학 정

未有甚於此時者也. 飢者易爲食, 渴者易爲飲. 孔子曰:
미 유 심 어 차 시 자 야　기 자 이 위 식　갈 자 이 위 음　공 자 왈

'德之流行, 速於置郵而傳命.' 當今之時, 萬乘之國行仁政,
덕 지 류 행　속 어 치 우 이 전 명　당 금 지 시　만 승 지 국 행 인 정

民之悅之, 猶解倒懸也. 故事半古之人, 功必倍之, 惟此時爲然."
민 지 열 지　유 해 도 현 야　고 사 반 고 지 인　공 필 배 지　유 차 시 위 연

흔들리지 않는 마음을 갖는 법

공손추가 맹자에게 물었다.

"선생님께서 제나라의 재상 자리에 올라 도를 행하신다면, 이로 말미암아 패자나 왕자가 되게 하더라도 아무도 이상하게 여기지 않을 것입니다. 그래도 마음이 흔들리지 않으시겠습니까?"

맹자가 말했다. "아니다. 나는 마흔 살부터 마음에 흔들림이 없다."

공손추가 말했다.

"그렇다면 선생님은 맹분孟賁을 크게 뛰어넘었습니다."

맹자가 말했다.

"그것은 어렵지 않다. 고자告子(전국 시대의 사상가)가 나보다 먼저 마음이 흔들리지 않았다."

공손추가 맹자에게 물었다.

"흔들리지 않는 마음을 갖는 방법이 있습니까?"

맹자가 말했다. "있다."

公孫丑問曰: "夫子加齊之卿相, 得行道焉, 雖由此霸王不異矣.
공 손 추 문 왈　　부 자 가 제 지 경 상　득 행 도 언　수 유 차 패 왕 불 이 의

如此, 則動心否乎?" 孟子曰: "否. 我四十不動心."
여 차　즉 동 심 부 호　　맹 자 왈　부　아 사 십 부 동 심

曰: "若是, 則夫子過孟賁遠矣." 曰: "是不難, 告子先我不動心."
왈　약 시　즉 부 자 과 맹 분 원 의　왈　시 불 난　고 자 선 아 부 동 심

曰: "不動心有道乎?" 曰: "有."
왈　부 동 심 유 도 호　　왈　유

북궁유와 맹시사의 용기

"북궁유北宮黝는 이렇게 용기를 얻었다. 그는 칼과 창에 찔려도 피부가 움츠러들지 않고, 눈동자도 깜박이지 않았다. 남에게 털끝만큼이라도 모욕당하면 시장 바닥에서 매를 맞은 것처럼 생각했다.

비천한 사람에게 수모를 당하지 않았고, 또 만승의 군주에게도 모욕을 받지 않아, 만승의 군주를 죽이는 것을 비천한 사람 죽이는 것처럼 여겼다. 제후들을 두려워하지 않았으며, 자기를 욕하는 말을 들으면 반드시 반격했다.

맹시사孟施舍가 용기를 기르는 것에 대해 말하기를, '이길 수 없어 보여도 이길 수 있다고 여긴다. 적의 수를 헤아린 뒤 나아가고 승패를 고려한 다음 싸운다면, 많은 적을 두려워하는 것이다. 난들 반드시 이기기만 할 수 있겠는가? 다만 두려워하지 않을 뿐이다.'라고 했다."

"北宮黝之養勇也, 不膚撓, 不目逃, 思以一豪挫於人, 若撻之於市朝.
북 궁 유 지 양 용 야 불 부 요 불 목 도 사 이 일 호 좌 어 인 약 달 지 어 시 조

不受於褐寬博. 亦不受於萬乘之君. 視刺萬乘之君, 若刺褐夫.
불 수 어 갈 관 박 역 불 수 어 만 승 지 군 시 자 만 승 지 군 약 자 갈 부

無嚴諸侯. 惡聲至, 必反之. 孟施舍之所養勇也, 曰: '視不勝猶勝也.
무 엄 제 후 오 성 지 필 반 지 맹 시 사 지 소 양 용 야 왈 시 불 승 유 승 야

量敵而後進, 慮勝而後會, 是畏三軍者也. 舍豈能爲必勝哉?
양 적 이 후 진 여 승 이 후 회 시 외 삼 군 자 야 사 기 능 위 필 승 재

能無懼而已矣.'"
능 무 구 이 이 의

두려워하지 않는 핵심

"맹시사는 증자曾子와 비슷하고, 북궁유는 자하子夏와 비슷하다. 두 사람의 용기 중 어느 쪽이 현명한지는 알 수 없다. 그러나 맹시사는 두려워하지 않는 핵심을 파악하여 지켰다.

예전에 증자가 제자 자양子襄에게 말했다.

'자네는 용맹을 좋아하는가? 나는 일찍이 선생님께 위대한 용기에 대한 말씀을 들은 바 있네. 선생님께서 말씀하시길 「스스로 돌이켜 보아 떳떳하지 못하다면, 비천한 사람이라도 어찌 두렵지 않을 수 있겠는가? 그러나 스스로 돌이켜 보아 떳떳하다면 비록 천군만마일지라도 앞으로 나가서 싸우겠다.」라고 하셨네.'

맹시사가 용기를 지켰다 해도, 그것은 증자가 핵심을 파악하여 지킨 것만 못하다."

"孟施舍似曾子, 北宮黝似子夏. 夫二子之勇, 未知其孰賢.
맹 시 사 사 증 자　 북 궁 유 사 자 하　 부 이 자 지 용　 미 지 기 숙 현

然而孟施舍守約也. 昔者曾子謂子襄曰: '子好勇乎?
연 이 맹 시 사 수 약 야　 석 자 증 자 위 자 양 왈　　자 호 용 호

吾嘗聞大勇於夫子矣: 自反而不縮, 雖褐寬博, 吾不惴焉;
오 상 문 대 용 어 부 자 의　 자 반 이 불 축　 수 갈 관 박　 오 불 췌 언

自反而縮, 雖千萬人, 吾往矣.' 孟施舍之守氣, 又不如曾子之守約也."
자 반 이 축　 수 천 만 인　 오 왕 의　　맹 시 사 지 수 기　 우 불 여 증 자 지 수 약 야

북궁유와 맹시사 중 누구의 용기가 더 낫다고 할 수는 없으나, 자신을 다스리는 면에서 있어서는 맹시사가 낫다고 말하고 있습니다.

뜻을 지키고 기운을 함부로 하지 말라

공손추가 맹자에게 물었다.

"감히 여쭙건대 선생님이 말씀하시는 부동심不動心과 고자가 말하는 부동심에 대해 들을 수 있겠습니까?"

맹자가 말했다.

"고자는 '말에서 터득할 수 없으면 마음에서 구하지 말고, 마음에서 터득할 수 없으면 기氣에서 구하지 마라.'라고 했다. 마음에서 터득하지 못하면 기에서 구하지 말라는 것은 괜찮지만, 말에서 터득하지 못하면 마음에서 구하지 말라는 것은 안 된다.

무릇 뜻은 기의 통솔자이고, 기는 몸에 채우는 것이다. 뜻이 가면 기가 따른다. 그러므로 '그 뜻을 지키고 그 기를 어지럽히지 마라.'라고 한 것이다."

공손추가 물었다.

"'뜻이 가면 기가 따른다'고 하셨는데, '그 뜻을 견지하고 그 기를 어지럽히지 말라'고 하신 말씀은 무슨 뜻입니까?"

맹자가 대답했다.

"뜻을 한결같이 지녀야 기가 움직이지만, 간혹 기가 한쪽으로 쏠리면 이에 따라 뜻이 동하기도 한다. 당장 넘어지려 해서 달리게 되는 것이 바로 순간적인 기의 발동인데, 마음이 기를 따라 움직이는 예이다."

曰: "敢問夫子之不動心, 與告子之不動心, 可得聞與?" "告子曰:
왈　감문부자지부동심　여고자지부동심　가득문여　　고자왈

'不得於言, 勿求於心; 不得於心, 勿求於氣.' 不得於心, 勿求於氣,
부득어언　물구어심　부득어심　물구어기　부득어심　물구어기

116 ·

可; 不得於言, 勿求於心, 不可. 夫志, 氣之帥也; 氣, 體之充也.
가 부득어언 물구어심 불가 부지 기지수야 기 체지충야

夫志至焉, 氣次焉. 故曰: '持其志, 無暴其氣.'" "旣曰 '志至焉,
부지지언 기차언 고왈 지기지 무폭기기 기왈 지지언

氣次焉', 又曰 '持其志無暴其氣' 者, 何也?" 曰: "志壹則動氣,
기차언 우왈 지기지무폭기기 자 하야 왈 지일즉동기

氣壹則動志也. 今夫蹶者趨者, 是氣也, 而反動其心."
기일즉동지야 금부궐자추자 시기야 이반동기심

천지 간에 가득 찬 기운, 호연지기

공손추가 물었다.

"감히 여쭙건대 선생님께서는 어떤 점에서 뛰어나셨습니까?"

맹자가 말했다.

"나는 남의 말을 잘 이해하며, 호연지기浩然之氣를 잘 기른다."

"감히 여쭙건대 무엇을 '호연지기'라고 합니까?"

맹자가 말했다.

"말로 설명하기 어렵다. 그 기는 지극히 크고 지극히 강하다. 곧게 길러서 해치지 않으면 천지 간에 차고 넘칠 것이다. 그 기는 의義와 도道에 합치해야 하니, 그렇지 않으면 위축된다.

호연지기는 의가 모여 나타나는 것이지, 어쩌다 의로운 일을 행한다고 해서 얻어지는 것이 아니다. 행동이 자기 마음에 흡족하지 않으면 호연지기는 이내 위축된다.

그래서 내가 '고자는 정당함의 참뜻을 처음부터 모르는 자'라고 말한 것이니, 기가 외형적 용력勇力이라고 잘못 알고 있기 때문이다."

"敢問夫子惡乎長?" 曰: "我知言, 我善養吾浩然之氣."
감 문 부 자 오 호 장　　왈　　아 지 언　아 선 양 오 호 연 지 기

"敢問何謂浩然之氣?" 曰: "難言也. 其爲氣也, 至大至剛,
감 문 하 위 호 연 지 기　　왈　　난 언 야　기 위 기 야　지 대 지 강

以直養而無害, 則塞于天地之間. 其爲氣也, 配義與道; 無是, 餒也.
이 직 양 이 무 해　즉 색 어 천 지 지 간　기 위 기 야　배 의 여 도　무 시　뇌 야

是集義所生者, 非義襲而取之也. 行有不慊於心, 則餒矣. 我故曰,
시 집 의 소 생 자　비 의 습 이 취 지 야　행 유 불 겸 어 심　즉 뇌 의　아 고 왈

告子未嘗知義, 以其外之也."
고 자 미 상 지 의　이 기 외 지 야

맹자가 지언知言을 먼저 언급했으나 공손추가 호연지기에 대해 물은 것은 앞에서 지와 기에 대해 논한 것을 이어받아 한 말입니다. 말로 설명하기 어렵다는 것은 무릇 마음으로 홀로 터득하는 것이며, 형체나 소리로 나타나게 할 수 없으므로 쉽사리 말로 형용할 수 없다는 뜻입니다.

호연지기를 기르려면

"호연지기를 기르는 일은 결과를 기약해서는 안 되고, 마음이 잊지 말아야 하며, 자라는 것을 무리하게 부추겨서도 안 된다.

송나라 사람처럼 해서는 안 되는데, 송나라 사람 중에 벼가 빨리 자라지 않는 것을 근심해 벼의 싹을 잡아 뽑아 올린 사람이 있었다. 그리고 피곤한 모습으로 돌아와 집안 사람에게 말했다.

'오늘 매우 피곤하구나! 내가 벼가 잘 자라게 거들었다.'

그 아들이 뛰어나가 살펴보니, 벼가 시들어 있었다.

세상에는 벼가 자라도록 돕지 않는 사람이 적다. 호연지기를 무익하다고 생각하여 버려두는 사람은 모를 심고도 김을 매지 않는 사람이라 하겠다. 반면 무리하게 조장하는 사람은 벼의 싹을 뽑아 올리는 사람이라 하겠다. 이 모두는 무익할 뿐만 아니라 도리어 해가 된다."

"必有事焉而勿正, 心勿忘, 勿助長也. 無若宋人然:
필유사언이물정 심물망 물조장야 무약송인연

宋人有閔其苗之不長而之揠者, 芒芒然歸. 謂其人曰:
송인유민기묘지부장이알지자 망망연귀 위기인왈

'今日病矣, 予助苗長矣.' 其子趨而往視之, 苗則槁矣.
금일병의 여조묘장의 기자추이왕시지 묘즉고의

天下之不助苗長者寡矣. 以爲無益而舍之者, 不耘苗者也;
천하지부조묘장자과의 이위무익이사지자 불운묘자야

助之長者, 揠苗者也. 非徒無益, 而又害之."
조지장자 알묘자야 비도무익 이우해지

벼를 내버려두고 김을 매지 않는 사람은 자기가 할 일을 망각한 사람이고, 벼의 싹을 뽑아 올린 자는 바르게 얻지 못하고 수작을 부린 사람이라 할 수 있습니다.

김을 안 매면 키우지 못할 뿐이지만, 벼의 싹을 뽑으면 도리어 해가 됩니다. 의를 모을 줄 모르고 자기 마음을 몰아대면 호연지기를 기를 수 없을 뿐 아니라 해가 된다는 것을 말하고 있습니다.

말을 안다는 것

공손추가 물었다.

"무엇을 지언知言이라 합니까?"

맹자가 말했다.

"한쪽으로 치우친 말을 들으면 그 가려짐을 알고, 도에 넘치는 난잡한 말을 들으면 그 빠져 있음을 알며, 사특한 말을 들으면 그 벗어남을 알고, 회피하려는 말을 들으면 그 궁색함을 알 수 있다.

이들은 다 마음속에서 태어나니, 마음에 생기면 정치에 해를 끼치고, 또 정치에 드러나면 나라의 사업에 해를 끼친다. 성인 공자께서 다시 나타나셔도 반드시 내 말에 찬동하실 것이다."

"何謂知言?" 曰: "詖辭知其所蔽, 淫辭知其所陷, 邪辭知其所離,
하 위 지 언　　왈　피 사 지 기 소 폐　음 사 지 기 소 함　사 사 지 기 소 리

遁辭知其所窮. 生於其心, 害於其政; 發於其政, 害於其事.
둔 사 지 기 소 궁　생 어 기 심　해 어 기 정　발 어 기 정　해 어 기 사

聖人復起, 必從吾言矣."
성 인 부 기　필 종 오 언 의

성인의 경지

공손추가 화제를 바꿔 말했다.

"재아宰我나 자공子貢은 말을 잘했고, 또 염우冉牛, 민자閔子, 안연顔淵은 덕행에 뛰어났습니다. 공자께서는 둘을 겸하셨음에도, '나는 응대하는 언사辭命에는 능하지 못하다.'라고 하셨습니다."

공손추가 또 맹자에게 말했다.

"그렇다면 선생님은 이미 성인의 경지에 드신 것입니까?"

"宰我子貢善爲說辭, 冉牛閔子顔淵善言德行. 孔子兼之, 曰:
재아 자공 선 위 설 사　염우 민자 안연 선 언 덕행　공자 겸지　왈

'我於辭命則不能也.'" "然則夫子旣聖矣乎?"
아 어 사 명 즉 불 능 야　　연 즉 부 자 기 성 의 호

해설

맹자가 남의 말을 이해하고, 호연지기를 길렀으므로 공손추가 그를 성인이라고 말한 것입니다.

공자께서도 자처하지 않았거늘

맹자가 말했다.

"아니, 그게 무슨 소리인가? 예전에 자공이 공자께 '선생님은 성인이십니까?' 여쭙자 공자께서 말씀하셨다.

'나는 성인의 경지에 들었다고 할 수 없다. 다만 배우는 데 싫증 내지 않고, 가르치는 데 게으르지 않을 뿐이다.'

그러자 자공이 '배우는 데 싫증 내지 않는 것이 지智이고, 가르치는 데 게으르지 않는 것이 인仁입니다. 인과 지를 겸하셨으니, 선생님은 이미 성인이십니다.' 하고 말했다. 공자께서도 성인이라 자처하지 않았거늘, 이게 무슨 말인가?"

공손추가 말했다.

"전에 제가 듣기를, 자하, 자유, 자장은 성인의 한 부분을 체득했으며, 염우, 민자, 안연은 대체로 갖추었으나 미약했다고 합니다. 감히 여쭙건대 선생님은 어느 쪽에 해당하십니까?"

맹자가 대답했다.

"그런 것은 거론하지 말라."

曰: "惡! 是何言也? 昔者子貢問於孔子曰: '夫子聖矣乎?' 孔子曰:
왈　오　시하언야　석자자공문어공자왈　부자성의호　공자왈

'聖則吾不能, 我學不厭而敎不倦也.' 子貢曰: '學不厭, 智也;
성즉오불능　아학불염이교불권야　자공왈　학불염　지야

敎不倦, 仁也. 仁且智, 夫子旣聖矣!' 夫聖, 孔子不居, 是何言也?"
교불권　인야　인차지　부자기성의　부성　공자불거　시하언야

"昔者竊聞之: 子夏子游子張皆有聖人之一體,
석자절문지　자하자유자장개유성인지일체

冉牛閔子顔淵則具體而微. 敢問所安." 曰: "姑舍是."
염 우 민 자 안 연 즉 구 체 이 미　감 문 소 안　　왈　　고 사 시

자하, 자유, 자장은 다 공자의 높은 제자들이나, 염우, 민자, 안연은 그
보다 한 단계 높은 수제자들이라 할 수 있습니다.

길이 달랐다

공손추가 물었다.

"백이伯夷와 이윤伊尹은 어떠한 사람입니까?"

맹자가 대답했다.

"그들은 길이 달랐다. 임금다운 임금이 아니면 섬기지 않았고, 백성다운 백성이 아니면 부리지 않았으며, 다스려지면 나아가 벼슬하지만 어지러워지면 물러난 자가 백이였다.

내가 모시는데 누가 임금이 아니고 내가 부리는데 누가 백성이 아닌가 하며, 다스려져도 나아가고 어지러워도 나아가는 이가 이윤이었다.

벼슬할 만하면 출사出仕하고, 그만두어야 할 만하면 그만두고, 오래 있을 만하면 오래 있고, 빨리 떠날 수 있으면 빨리 물러나신 분이 바로 공자셨다.

이들은 다 옛 성인이다. 나는 아직 그들같이 행하지 못한다. 내가 소원하는 바는 공자를 본받는 것이다."

曰: "伯夷伊尹何如?" 曰: "不同道, 非其君不事, 非其民不使;
왈　백이이윤하여　왈　부동도　비기군불사　비기민불사

治則進, 亂則退, 伯夷也. 何事非君, 何使非民; 治亦進, 亂亦進,
치즉진　난즉퇴　백이야　하사비군　하사비민　치역진　난역진

伊尹也. 可以仕則仕, 可以止則止, 可以久則久, 可以速則速,
이윤야　가이사즉사　가이지즉지　가이구즉구　가이속즉속

孔子也. 皆古聖人也, 吾未能有行焉; 乃所願, 則學孔子也."
공자야　개고성인야　오미능유행언　내소원　즉학공자야

백이는 고죽국孤竹國의 왕자였습니다. 왕위를 형제에게 양보하고 숨어 살았는데, 주 무왕이 은나라를 평정하자 이를 부끄럽게 여겨 수양산에 들어갔습니다. 고사리를 캐어 먹으며 살다가 굶어 죽었습니다. 이윤은 은나라 초기에 활약한 재상입니다. 탕왕을 도와 하나라의 폭군 걸왕을 쫓아내는 데 기여했습니다.

백이와 이윤, 공자의 공통점

공손추가 물었다.

"백이와 이윤이 공자와 이렇듯 비등합니까?"

맹자가 대답했다.

"아니다. 인류가 생긴 이래 공자 같은 성인은 아무도 없었다."

공손추가 물었다.

"그들이 다 성인이라면 즉 그들 사이에 공통점이 있습니까?"

맹자가 말했다.

"있다. 사방 백 리가 되는 땅을 얻어 임금이 되면 그들 세 사람은 다 덕으로써 제후들을 순복順服시키고 천하를 소유하게 될 것이다. 하지만 하나라도 불의를 행하거나 한 사람이라도 무고한 사람을 죽여 천하를 얻는다면, 세 사람 모두 하지 않을 것이다. 이런 점이 바로 그들의 공통점이다."

"伯夷伊尹於孔子, 若是班乎?" 曰: "否. 自有生民以來,
백 이 이 윤 어 공 자　약 시 반 호　　왈　부　자 유 생 민 이 래

未有孔子也." 曰: "然則有同與?" 曰: "有. 得百里之地而君之,
미 유 공 자 야　왈　연 즉 유 동 여　　왈　유　득 백 리 지 지 이 군 지

皆能以朝諸侯有天下. 行一不義, 殺一不辜而得天下, 皆不爲也.
개 능 이 조 제 후 유 천 하　행 일 불 의　살 일 불 고 이 득 천 하　개 불 위 야

是則同."
시 즉 동

백이와 이윤, 공자의 차이점

공손추가 물었다.

"감히 여쭙건대 그들의 다른 점은 무엇입니까?"

맹자가 말했다.

"재아, 자공, 유약有若은 지혜가 충분하여, 성인을 알 수 있었다. 그들이 비루하더라도 존경하는 사람에게 아첨하는 데는 이르지 않았을 것이다.

재아가 말하길 '내가 선생님을 관찰한 바 요순보다 훨씬 현명하시다.'라고 했다. 자공이 말하길 '예를 보면 그 나라의 정치를 알 수 있고, 음악을 들으면 그 덕을 알 수 있으니, 백 대 이후에 백 대 이래의 임금을 평가해도 이 기준을 벗어나지 않을 것이다. 인류가 생긴 이래로 아직 선생님만 한 분은 없었다.'라고 했다.

유약이 말하길 '어찌 사람만 그러하겠는가? 들짐승 중에 기린이, 날짐승 중에 봉황이, 흙더미 중에 태산이, 고인 물 중에 바다가 같은 부류이듯, 사람들 중에 성인도 같은 부류이다. 하지만 그 부류 가운데 뛰어나고, 무리 가운데 드높으니, 인류가 생긴 이래 공자보다 더 훌륭한 분은 없었다.'라고 했다."

曰: "敢問其所以異?" 曰: "宰我子貢有若智足以知聖人. 汙,
왈　감문기소이이　왈　재아자공유약지족이지성인　오

不至阿其所好. 宰我曰: '以予觀於夫子, 賢於堯舜遠矣.'
부지아기소호　재아왈　이여관어부자　현어요순원의

子貢曰: '見其禮而知其政, 聞其樂而知其德. 由百世之後,
자공왈　견기례이지기정　문기악이지기덕　유백세지후

等百世之王, 莫之能違也. 自生民以來, 未有夫子也.'
등백세지왕　막지능위야　자생민이래　미유부자야

有若曰: '豈惟民哉? 麒麟之於走獸, 鳳凰之於飛鳥, 太山之於邱垤,
유약왈　기유민재　기린지어주수　봉황지어비조　태산지어구질

河海之於行潦, 類也. 聖人之於民, 亦類也. 出於其類, 拔乎其萃,
하해지어행료　유야　성인지어민　역류야　출어기류　발호기췌

自生民以來, 未有盛於孔子也.'"
자생민이래　미유성어공자야

해설

　기린은 들짐승 중 으뜸이고, 봉황은 날짐승 중 으뜸입니다. 구질邱垤은 작은 언덕을 말하고, 행료行潦는 길가에 고인 물을 말합니다. 출出은 '높이 뛰어나다', 발拔은 '홀로 서다'는 뜻입니다. 췌萃는 '취聚(무리)'와 같습니다. 그러므로 성인은 일반 백성보다 훌륭하지만 공자처럼 인덕이 특출한 사람은 없음을 말한 것입니다.

패자와 왕자의 차이

맹자가 말했다.

"힘으로 인仁을 가장하는 자가 패자霸者이니, 패자는 반드시 나라가 커야 한다. 덕으로써 왕 노릇 하는 자는 왕자王者이니, 왕자는 큰 나라를 기다리지 않는다. 탕왕은 사방 70리로 그렇게 했고, 문왕은 사방 백 리의 나라로 그렇게 했다.

힘에 눌려 굴복하는 것은 진심으로 복종하는 것이 아니라 힘이 모자라서이다. 덕 때문에 복종하는 것은 70제자가 공자에게 복종하는 것처럼, 즐거워서 참으로 복종하는 것이다.

《시경》〈대아·문왕유성文王有聲〉편에서 '서쪽에서 동쪽에서 남쪽에서 북쪽에서 누구도 마음속으로 복종하지 않는 이가 없다.'라고 한 것은 이를 말한 것이다."

孟子曰: "以力假仁者霸, 霸必有大國, 以德行仁者王, 王不待大.
맹 자 왈　이 력 가 인 자 패　패 필 유 대 국　이 덕 행 인 자 왕　왕 부 대 대

湯以七十里, 文王以百里. 以力服人者, 非心服也, 力不贍也;
탕 이 칠 십 리　문 왕 이 백 리　이 력 복 인 자　비 심 복 야　역 불 섬 야

以德服人者, 中心悅而誠服也, 如七十子之服孔子也. 詩云:
이 덕 복 인 자　중 심 열 이 성 복 야　여 칠 십 자 지 복 공 자 야　시 운

'自西自東, 自南自北, 無思不服.' 此之謂也."
자 서 자 동　자 남 자 북　무 사 불 복　차 지 위 야

인한 정치를 베풀면 번영한다

맹자가 말했다.

"인한 정치를 베풀면 영화로울 것이고, 인한 정치를 베풀지 않으면 모욕을 받게 될 것이다. 모욕을 싫어하면서 인한 정치를 베풀지 않는다면, 이는 곧 축축한 물기를 싫어하면서 낮은 습지에 있는 것과 같다.

모욕을 싫어한다면 무엇보다 덕을 귀하게 여기고 선비를 존중해야 한다. 현명한 사람을 자리에 앉히고 능력 있는 사람에게 직분을 맡기면, 나라가 무사태평하게 된다. 그렇게 된 다음에 정사와 형법을 분명히 한다면, 대국이라도 반드시 두렵게 여길 것이다.

《시경》〈빈풍豳風·치효鴟鴞〉편에 이르기를, '하늘이 미처 비를 내리기 전에, 뽕나무 뿌리의 껍질을 벗겨 둥지를 고치리라. 이제 저 아래의 인간들이 어찌 감히 나를 모욕할 수 있겠는가?'라고 했다.

공자께서는 '이 시를 지은 사람은 도를 알고 있구나! 나라를 잘 다스릴 수 있다면 누가 감히 모욕하겠는가?'라고 말씀하셨다."

孟子曰: "仁則榮, 不仁則辱. 今惡辱而居不仁, 是猶惡濕而居下也.
맹 자 왈　　인 즉 영　불 인 즉 욕　금 오 욕 이 거 불 인　시 유 오 습 이 거 하 야

如惡之, 莫如貴德而尊士, 賢者在位, 能者在職. 國家閒暇,
여 오 지　막 여 귀 덕 이 존 사　현 자 재 위　능 자 재 직　국 가 한 가

及是時明其政刑. 雖大國, 必畏之矣. 詩云: '迨天之未陰雨,
급 시 시 명 기 정 형　수 대 국　필 외 지 의　시 운　태 천 지 미 음 우

徹彼桑土, 綢繆牖戶. 今此下民, 或敢侮予?' 孔子曰: '爲此詩者,
철 피 상 두　주 모 유 호　금 차 하 민　혹 감 모 여　공 자 왈　위 차 시 자

其知道乎! 能治其國家, 誰敢侮之?'"
기 지 도 호 능 치 기 국 가 수 감 모 지

　주공周公이 지은 시입니다. 태迨는 급及과 같고, 철徹은 취取의 뜻이며, 상두桑土는 뽕나무 뿌리의 껍질을 말합니다. 주모綢繆는 '얽어 묶고 보수한다'는 뜻이고, 유호牖戶는 둥지의 창과 문을 말합니다.

스스로 지은 재앙은 피할 수 없다

"지금 나라가 태평한데, 위정자가 멋대로 향락하고 게으름 피우고 또 오만을 떤다면, 이는 곧 스스로 화를 부르는 것이다. 화와 복은 스스로 구하지 않는 것이 없다.

〈대아·문왕文王〉편에 이르기를 '영원히 천명을 따를 것을 생각함이 스스로 많은 복을 구하는 것이니라.'라고 했고, 또 《서경》〈상서·태갑太甲〉편에서 '하늘이 내린 재앙은 피할 수 있으나, 스스로 지은 재앙은 살아남을 수 없다.'라고 했으니, 바로 이것을 말한 것이다."

"今國家閒暇, 及是時般樂怠敖, 是自求禍也. 禍福無不自己求之者.
금 국 가 한 가 급 시 시 반 락 태 오 시 자 구 화 야 화 복 무 부 자 기 구 지 자

詩云: '永言配命, 自求多福.' 太甲曰: '天作孽, 猶可違; 自作孽,
시 운 영 언 배 명 자 구 다 복 태 갑 왈 천 작 얼 유 가 위 자 작 얼

不可活.' 此之謂也."
불 가 활 차 지 위 야

왕도 정치의 다섯 가지 조건

맹자가 말했다.

"현인을 존경하고 능력 있는 사람을 부리고 걸출한 자를 자리에 앉히면 이내 천하의 선비들이 모두 기꺼운 마음으로 그 조정에서 벼슬하기를 원할 것이다. 시장에서 자릿세만 받고 세금은 징수하지 않거나, 법에 따라 질서를 유지하되 자릿세도 받지 않으면 천하의 상인들이 모두 기뻐하며 물건을 그 시장에 쌓아 둘 것이다.

관문에서 인적 사항만 조사할 뿐 세금을 걷지 않으면, 천하의 여행자들이 모두 기뻐하며 그 나라의 길을 통과하려 할 것이다. 농사짓는데 공전을 도와 경작하게만 하고 별도의 세금을 거두어들이지 않으면, 천하의 농부가 모두 기뻐하며 그 나라 들에서 경작하려 할 것이다. 각 가구에게 기타 잡세를 부과하지 않으면, 천하의 사람들 모두가 기뻐하며 그 나라에 와서 살려 할 것이다."

孟子曰: "尊賢使能, 俊傑在位, 則天下之士皆悅而願立於其朝矣.
맹 자 왈　 존 현 사 능　 준 걸 재 위　 즉 천 하 지 사 개 열 이 원 립 어 기 조 의

市廛而不征, 法而不廛, 則天下之商皆悅而願藏於其市矣.
시 전 이 부 정　 법 이 부 전　 즉 천 하 지 상 개 열 이 원 장 어 기 시 의

關譏而不征, 則天下之旅皆悅而願出於其路矣.
관 기 이 부 정　 즉 천 하 지 려 개 열 이 원 출 어 기 로 의

耕者助而不稅, 則天下之農皆悅而願耕於其野矣. 廛無夫里之布,
경 자 조 이 불 세　 즉 천 하 지 농 개 열 이 원 경 어 기 야 의　 전 무 부 리 지 포

則天下之民皆悅而願爲之氓矣."
즉 천 하 지 민 개 열 이 원 위 지 맹 의

하늘이 낸 관리

"진실로 이 다섯 가지를 행할 수 있다면, 이웃 나라 백성들이 그를 부모와 같이 우러러볼 것이다. 반대로 이웃 나라 왕이 자제들을 이 끌고 부모와 같은 그 왕을 공격한다면, 인류가 생긴 이래 이러한 일 이 한 번도 성공한 예가 없었다.

이와 같이 한다면 천하에 대적할 자가 없을 것이다. 천하에 대적 할 자가 없으면 하늘이 낸 관리天吏이니, 그러고도 천하의 왕자가 되 지 못한 자는 없었다."

"信能行此五者, 則鄰國之民仰之若父母矣. 率其子弟, 攻其父母,
　신 능 행 차 오 자　즉 린 국 지 민 앙 지 약 부 모 의　솔 기 자 제　공 기 부 모

自有生民以來, 未有能濟者也. 如此, 則無敵於天下. 無敵於天下者,
　자 유 생 민 이 래　미 유 능 제 자 야　여 차　즉 무 적 어 천 하　무 적 어 천 하 자

天吏也. 然而不王者, 未之有也."
　천 리 야　연 이 불 왕 자　미 지 유 야

남의 고통을 차마 지나치지 못하는 마음

맹자가 말했다.

"모든 사람에게는 불인인지심不忍人之心이 있다. 옛 성왕聖王들은 불인인지심을 가지고 있었으며, 그래서 불인인지정不忍人之政을 폈던 것이다. 불인인지심을 가지고 불인인지정을 펴면 천하 다스리기를 손바닥 위에 놓고 굴리듯 할 수 있다."

孟子曰: "人皆有不忍人之心. 先王有不忍人之心,
맹 자 왈   인 개 유 불 인 인 지 심   선 왕 유 불 인 인 지 심

斯有不忍人之政矣. 以不忍人之心, 行不忍人之政,
사 유 불 인 인 지 정 의   이 불 인 인 지 심   행 불 인 인 지 정

治天下可運之掌上."
치 천 하 가 운 지 장 상

해설

하늘과 땅은 만물을 낳고 살게 하는 것을 마음으로 삼고 있으며, 태어나 살고 있는 만물도 저마다 '천지생물지심天地生物之心'을 마음으로 삼고 있습니다. 그러므로 모든 사람에게는 '불인인지심'이 있습니다.

우물가의 아이를 본다면

"사람에게 모두 '불인인지심'이 있다고 말하는 까닭은 다음과 같다. 어린아이가 우물에 빠지려는 것을 보게 된다면 모두 깜짝 놀라고 측은히 여길 것이다.

이는 어린아이의 부모와 깊이 사귀겠다는 계산이 있어 그러는 것도 아니고, 마을 사람과 친구에게 명예를 얻을 욕심에 그러는 것도 아니다. 또 모른 척하면 남들이 욕할까 두려워서 그러는 것도 아니다."

"所以謂人皆有不忍人之心者, 今人乍見孺子將入於井,
소 이 위 인 개 유 불 인 인 지 심 자　금 인 사 견 유 자 장 입 어 정

皆有怵惕惻隱之心. 非所以內交於孺子之父母也,
개 유 출 척 측 은 지 심　비 소 이 내 교 어 유 자 지 부 모 야

非所以要譽於鄉黨朋友也, 非惡其聲而然也."
비 소 이 요 예 어 향 당 붕 우 야　비 오 기 성 이 연 야

해설

사乍는 홀忽과 같고, 출척怵惕은 '놀라 움직인다'는 뜻입니다. '깜짝 놀라고 측은한 마음'이 바로 불인인지심인 것이지요. 내內는 '맺다'의 뜻이고, 요要는 '구하다'는 뜻입니다. 우물에 빠지려는 어린아이를 보자 '불인인지심'이 즉각 나타나고 발동한 것이지, 세 가지 계산으로 그렇게 한 것이 아니라고 설명하고 있습니다.

측은지심, 수오지심, 사양지심, 시비지심

"이것으로 볼 때, 측은하게 여기는 마음惻隱之心이 없으면 사람이 아니고, 자기의 잘못을 부끄러워하고 미워하는 마음羞惡之心이 없으면 사람이 아니며, 사양하는 마음辭讓之心이 없으면 사람이 아니고, 옳고 그름을 판단하는 마음是非之心이 없으면 사람이 아니다.

측은하게 여기는 마음이 인仁의 단서이고, 부끄러워하고 미워하는 마음이 의義의 단서이며, 사양하는 마음이 예禮의 단서이고, 옳고 그름을 판단하는 마음이 곧 지智의 단서이다."

"由是觀之, 無惻隱之心, 非人也; 無羞惡之心, 非人也; 無辭讓之心,
유 시 관 지　무 측 은 지 심　비 인 야　무 수 오 지 심　비 인 야　무 사 양 지 심

非人也; 無是非之心, 非人也. 惻隱之心, 仁之端也; 羞惡之心,
비 인 야　무 시 비 지 심　비 인 야　측 은 지 심　인 지 단 야　수 오 지 심

義之端也; 辭讓之心, 禮之端也; 是非之心, 智之端也."
의 지 단 야　사 양 지 심　예 지 단 야　시 비 지 심　지 지 단 야

본성에 내재된 네 가지 단서

"사람이 이 네 가지 단서, 사단四端을 가지고 있음은 사지를 가지고 있는 것과 같다.

사단을 지니고 있으면서 스스로 '나는 행할 수 없다'고 말하는 자는 자기를 해치는 자이고, '그 임금은 행할 수 없다'고 말하는 자는 그 임금을 해치는 자이다.

무릇 이 사단이 선천적으로 나에게 있으니 이것을 넓히고 채울 줄 알면 불이 막 타오르거나, 샘물이 막 솟아나는 것과 같을 것이다. 만약 이를 확충해 간다면 충분히 천하를 보호할 수 있겠지만, 확충하지 못하면 자기 부모도 제대로 섬기지 못할 것이다."

"人之有是四端也, 猶其有四體也. 有是四端而自謂不能者,
인 지 유 시 사 단 야　유 기 유 사 체 야　유 시 사 단 이 자 위 불 능 자

自賊者也; 謂其君不能者, 賊其君者也. 凡有四端於我者,
자 적 자 야　위 기 군 불 능 자　적 기 군 자 야　범 유 사 단 어 아 자

知皆擴而充之矣, 若火之始然, 泉之始達. 苟能充之, 足以保四海;
지 개 확 이 충 지 의　약 화 지 시 연　천 지 시 달　구 능 충 지　족 이 보 사 해

苟不充之, 不足以事父母."
구 불 충 지　부 족 이 사 부 모

생업을 신중히 택해야 하는 이유

맹자가 말했다.

"화살을 만드는 사람이 어째서 갑옷을 만드는 사람보다 더 인하지 못하겠느냐? 그러나 화살 만드는 사람은 자기가 만든 화살이 오직 사람을 상하게 하지 못할까 걱정하고, 갑옷을 만드는 사람은 자기가 만든 갑옷이 오직 사람을 상하게 할까 걱정한다. 무당이나 관을 만드는 목수 또한 같다. 그러므로 생업의 방법을 신중하게 택하지 않으면 안 된다."

孟子曰: "矢人豈不仁於函人哉? 矢人唯恐不傷人, 函人唯恐傷人.
맹 자 왈　시 인 기 불 인 어 함 인 재　시 인 유 공 불 상 인　함 인 유 공 상 인

巫匠亦然, 故術不可不愼也."
무 장 역 연　고 술 불 가 불 신 야

해설

시인矢人은 '화살을 만드는 사람'이고, 함인函人은 '갑옷을 만드는 사람' 입니다. 기불인어豈不仁於는 '어찌 ~보다 더 불인하겠는가'의 뜻입니다.

인은 하늘이 내린 벼슬

"공자께서 말씀하시길 '인한 마을에 사는 것이 좋으니, 택하여 인한 곳에 있지 않는다면 어찌 지혜롭다 하겠는가?'라고 하셨다. 본래 인은 하늘이 내린 존귀한 벼슬이고, 사람이 편안하게 살 수 있는 집이다. 아무도 막는 사람이 없는데도 인하지 못하다면, 이는 지혜롭지 못한 것이다."

"孔子曰: '里仁爲美. 擇不處仁, 焉得智?' 夫仁, 天之尊爵也,
공자왈 이인위미 택불처인 언득지 부인 천지존작야

人之安宅也. 莫之禦而不仁, 是不智也."
인지안택야 막지어이불인 시부지야

해설

《논어論語》〈이인里仁〉편에 나오는 문장입니다. 주자朱子는 '인의예지 중에서도 첫 번째 인이 가장 존귀하다'고 풀었고, 조기趙岐는 '인한 정치를 베풀면 천하에서 으뜸가는 왕 노릇을 한다'는 뜻으로 해석했습니다. 여기서는 '인이 최고의 가치이며, 하늘이 내린 최고의 벼슬자리'라고 풀이했습니다.

돌이켜 자신에게서 찾으라

"인하지 않고 지혜롭지 않으면, 예禮도 없고 의義도 없게 되며, 결국 남에게 부림을 받게 된다.

남의 종이 되어 부림 당하는 것을 부끄럽게 여기는 것은 흡사 활 만드는 사람이 활 만들기를 부끄러워하고, 화살 만드는 사람이 화살 만들기를 부끄러워하는 것과 같다. 만일 부끄럽게 여긴다면 인을 행하는 것만 못하다.

인이란 활쏘기와 같으니, 활을 쏘는 자는 먼저 자기의 자세를 바르게 취한 다음에 활을 쏜다. 화살이 과녁을 명중하지 않아도, 자기를 이긴 사람을 원망하지 않고 돌이켜 자신에게서 원인을 찾는다."

"不仁不智無禮無義, 人役也. 人役而恥爲役, 由弓人而恥爲弓,
불 인 부 지 무 례 무 의　인 역 야　인 역 이 치 위 역　유 궁 인 이 치 위 궁

矢人而恥爲矢也. 如恥之, 莫如爲仁. 仁者如射, 射者正己而後發.
시 인 이 치 위 시 야　여 치 지　막 여 위 인　인 자 여 사　사 자 정 기 이 후 발

發而不中, 不怨勝己者, 反求諸己而已矣."
발 이 부 중　불 원 승 기 자　반 구 제 기 이 이 의

더불어 선을 행함보다 더 큰 덕은 없다

맹자가 말했다.

"자로는 남이 그의 허물을 알려 주면 좋아했다. 우임금은 선한 말을 들으면 즉시 절을 했다.

위대한 순임금은 더욱 훌륭해서 선행을 남과 함께했고, 자신의 허물을 버리고 남의 장점을 따랐으며, 남의 훌륭한 점을 취해서 선한 일 하기를 즐겼다. 밭 갈고 곡식 심고 도자기 만들고 물고기 잡을 때부터 임금이 되었을 때까지 남의 장점을 취하지 않은 적이 없었다.

모든 사람으로부터 장점을 받아들여 선을 행하는 것은 그들과 더불어 선행을 하는 것이다. 그러므로 군자로서 남들과 더불어 선을 행하는 것보다 더 중대한 것은 없다."

孟子曰: "子路, 人告之以有過則喜. 禹聞善言則拜. 大舜有大焉,
맹자왈　자로　인고지이유과즉희　우문선언즉배　대순유대언

善與人同. 捨己從人, 樂取於人以爲善. 自耕稼陶漁以至爲帝,
선여인동　사기종인　낙취어인이위선　자경가도어이지위제

無非取於人者. 取諸人以爲善, 是與人爲善者也.
무비취어인자　취제인이위선　시여인위선자야

故君子莫大乎與人爲善."
고군자막대호여인위선

백이의 처신

맹자가 말했다.

"백이는 섬길 만한 임금이 아니면 섬기지 않았고, 사귈 만한 친구가 아니면 벗하지 않았으며, 악한 사람의 조정에서는 벼슬하지 않았고, 악한 사람과는 말도 하지 않았다. 악한 사람의 조정에 서고 악한 사람과 말하는 것을, 마치 관복을 입고 관모를 쓰고 진흙과 숯 더미에 앉은 것처럼 기피했다.

백이가 악을 미워하는 마음을 미루어 생각하건대, 그는 마을 사람과 함께 서 있다가도 그 모자가 바르지 않으면 떠났고, 마치 자신을 더럽힌 듯이 생각했다. 그러므로 여러 제후가 듣기 좋은 소리로 모셔 가려 해도 받아들이지 않았다. 받아 주지 않은 이유 또한 나아가는 것조차 달갑게 여기지 않았기 때문이다."

孟子曰: "伯夷, 非其君不事, 非其友不友. 不立於惡人之朝,
맹 자 왈　　백 이　비 기 군 불 사　비 기 우 불 우　불 립 어 악 인 지 조

不與惡人言. 立於惡人之朝, 與惡人言, 如以朝衣朝冠坐於塗炭.
불 여 악 인 언　입 어 악 인 지 조　여 악 인 언　여 이 조 의 조 관 좌 어 도 탄

推惡惡之心, 思與鄕人立, 其冠不正, 望望然去之, 若將浼焉.
추 오 악 지 심　사 여 향 인 립　기 관 부 정　망 망 연 거 지　약 장 매 언

是故諸侯雖有善其辭命而至者, 不受也. 不受也者, 是亦不屑就已."
시 고 제 후 수 유 선 기 사 명 이 지 자　불 수 야　불 수 야 자　시 역 불 설 취 이

유하혜의 처신

"유하혜는 더러운 임금을 섬기는 것을 부끄럽게 여기지 않았고, 낮은 벼슬도 천하게 여기지 않았으며, 조정에 나아가서는 현명함을 숨기지 않고 반드시 자기의 도리를 다했다. 등용되지 않아도 원망하지 않았고, 곤궁하게 되어도 걱정하지 않았다. 그리고 '너는 너고, 나는 나다. 비록 내 옆에서 윗도리를 벗고 알몸을 드러낸다 해도 네가 어찌 나를 더럽힐 수 있겠는가?'라고 말했다.

유연한 자세로 그들 곁에 함께 있으면서도 자신을 잃지 않았으므로, 남이 만류하여 머무르게 하면 머물렀다. 붙잡고 만류한다고 머물렀던 까닭은 또한 떠나는 것을 달갑게 여기지 않았기 때문이다."

"柳下惠, 不羞汙君, 不卑小官. 進不隱賢, 必以其道. 遺佚而不怨,
유하혜 불수오군 불비소관 진불은현 필이기도 유일이불원

阨窮而不憫. 故曰: '爾爲爾, 我爲我, 雖袒裼裸裎於我側,
액궁이불민 고왈 이위이 아위아 수단석라정어아측

爾焉能浼我哉?' 故由由然與之偕而不自失焉, 援而止之而止.
이언능매아재 고유유연여지해이부자실언 원이지지이지

援而止之而止者, 是亦不屑去已."
원이지지이지자 시역불설거이

유하혜는 노나라의 대부 전금展禽입니다. 유하柳下 지방에 살고 혜惠라는 시호를 받아 유하혜라고 불렀습니다. 단석袒裼은 '어깨와 팔을 노출한다'는 뜻이고, 나정裸裎은 '알몸이 된다'는 뜻입니다. 부자실不自失은 '자기의 바른 도리를 잃지 않는다'는 뜻이고, 원이지지이지자援而止之而止者는 '떠나려고 하다가 그냥 머무를 수 있다'는 뜻입니다.

군자는 지나친 것을 따르지 않는다

맹자가 말했다.

"백이는 도량이 좁고, 유하혜는 공경스럽지 않다. 도량이 좁고 공경스럽지 않은 것을 군자는 따르지 않는다."

孟子曰: "伯夷隘, 柳下惠不恭, 隘與不恭, 君子不由也."
맹 자 왈　　백 이 애　 유 하 혜 불 공　 애 여 불 공　 군 자 불 유 야

애隘는 '편협하고 좁다'는 뜻이고, 불공不恭은 '신중하지 못하고 오만하다'는 뜻입니다. 백이나 유하혜의 행동은 물론 지극한 처지에서 이루어진 것이나, 양쪽 다 폐단이 없지 않으므로 따르고 행하면 안 된다는 것입니다.

공손추 하 公孫丑下
싸우지 않을지언정 싸우면 반드시 승리한다

❁ ❁ ❁

이 편은 〈공손추 상〉편과 달리 공손추가 전면에 등장하지 않고 맹자가 하는 말로 구성되어 있습니다. 주로 정치에 대한 맹자의 생각이 담겨 있습니다.

천시는 지리만 못하다

맹자가 말했다.

"천시天時는 지리地利만 못하고, 지리는 인화人和만 못하다. 내성內城이 3리밖에 안 되고, 외성外城이 7리밖에 안 되는 작은 성을 포위하고 공격하고도 이기지 못하는 경우가 있다.

포위하고 공격한 것은 천시를 얻은 것이나, 그럼에도 이기지 못한 것은 천시가 지리만 못하기 때문이다."

孟子曰: "天時不如地利, 地利不如人和. 三里之城, 七里之郭,
맹 자 왈   천 시 불 여 지 리   지 리 불 여 인 화   삼 리 지 성   칠 리 지 곽
環而攻之而不勝. 夫環而攻之, 必有得天時者矣; 然而不勝者,
환 이 공 지 이 불 승   부 환 이 공 지   필 유 득 천 시 자 의   연 이 불 승 자
是天時不如地利也."
시 천 시 불 여 지 리 야

해설

천시란 하늘의 때를 말하고, 지리란 험난한 산악이나 계곡 등 땅의 유리함을 말하며, 인화란 임금과 백성의 화합 단결을 말합니다. 성을 사면으로 공격하고 포위하더라도 금방 이기지 못하면 지구전으로 이어지게 됩니다. 하늘이 내려 준 좋은 때에 공격해도 지형적 조건의 유리함을 이기기는 어렵다는 뜻입니다.

지리는 인화만 못하다

"성이 높지 않은 것이 아니고, 성 밖에 판 해자가 깊지 않은 것이 아니며, 무기와 갑옷이 견고하고 예리하지 않은 것이 아니고, 군량미가 많지 않은 것이 아니다. 그런데도 성을 적에게 넘기고 도망을 가는 것은 지리가 인화만 못하기 때문이다."

"城非不高也, 池非不深也, 兵革非不堅利也, 米粟非不多也;
　성비불고야　지비불심야　병혁비불견리야　미속비부다야

委而去之, 是地利不如人和也."
　위이거지　시지리불여인화야

해설

　지형적 조건이 유리해도 인화가 없으면 성을 지키지 못하고 망한다고 말하고 있습니다. 혁革은 '갑옷'이고, 속粟은 '곡식'이며, 위委는 '포기한다'는 뜻입니다. 민심을 얻지 못하면 성을 지킬 수 없음을 이른 것입니다.

싸우지 않을지언정 싸우면 승리한다

"그래서 말하길, 백성의 범위를 정하되 국경으로 경계를 삼지 않고, 나라를 굳게 지키되 산이나 계곡의 험난함에만 의존하지 않으며, 천하에 위세를 떨치되 병기의 예리함으로만 하지 않는다고 한다.

도를 얻은 사람은 돕는 사람이 많지만, 도를 잃은 사람은 돕는 사람이 적다. 돕는 사람이 적어지면 끝에 가서는 친척마저 배반하고, 돕는 사람이 늘어나면 결국 천하 만민이 따를 것이다. 천하 만민이 따르게 한 덕으로써 친척마저 배반한 자를 공격한다.

그러므로 군자는 싸우지 않으며, 싸우면 반드시 승리한다."

"故曰: 域民不以封疆之界, 固國不以山谿之險,
　고 왈　역 민 불 이 봉 강 지 계　고 국 불 이 산 계 지 험

威天下不以兵革之利. 得道者多助, 失道者寡助. 寡助之至,
　위 천 하 불 이 병 혁 지 리　득 도 자 다 조　실 도 자 과 조　과 조 지 지

親戚畔之; 多助之至, 天下順之. 以天下之所順, 攻親戚之所畔;
　친 척 반 지　다 조 지 지　천 하 순 지　이 천 하 지 소 순　공 친 척 지 소 반

故君子有不戰, 戰必勝矣."
　고 군 자 유 부 전　전 필 승 의

올바른 부름이 아니면 가지 않는다

맹자가 제나라 왕을 만나려 했는데, 왕이 사람을 보내와서 말했다.

"과인이 마땅히 만나러 오려 했으나 감기에 걸려서 바람을 쐴 수 없습니다. 조정에 나와 준다면 나도 만나러 갈 수 있을 것 같은데, 과인이 그대를 만날 수 있을지 모르겠습니다."

맹자가 대답했다.

"불행히 저도 병이 있어서 조정에 들어갈 수 없습니다."

다음 날 맹자는 동곽씨東郭氏에게 조문하러 갔다. 그러자 공손추가 말했다.

"어제는 병을 핑계로 왕명을 사양했는데, 오늘 조문하시는 것은 혹 잘못이 아닌지요?"

그러자 맹자가 말했다.

"어제는 아팠으나, 오늘은 다 나았다. 어찌 조문하지 않겠느냐?"

孟子將朝王, 王使人來曰: "寡人如就見者也. 有寒疾, 不可以風.
맹자장조왕 왕사인래왈 과인여취견자야 유한질 불가이풍

朝將視朝, 不識可使寡人得見乎?" 對曰: "不幸而有疾, 不能造朝."
조장시조 불식가사과인득견호 대왈 불행이유질 불능조조

明日, 出弔於東郭氏. 公孫丑曰: "昔者辭以病, 今日弔,
명일 출조어동곽씨 공손추왈 석자사이병 금일조

或者不可乎?" 曰: "昔者疾, 今日愈, 如之何不弔?"
혹자불가호 왈 석자질 금일유 여지하부조

동곽씨는 제齊나라 대부의 집안입니다. 병을 핑계로 왕을 만나는 것을 사양하고 다음 날 동곽씨에게 조문하러 간 것은 공자가 유비孺悲를 만나지 않고 비파를 울리며 노래한 것과 같은 맥락으로 '공자불견유비 취슬이가 公子不見孺悲 取瑟而歌'는《논어》〈양화梁貨〉편에 있습니다.

어찌 임금을 공경하지 않는가

왕이 사람을 보내어 맹자를 문병하고 의원을 맹자 집으로 오게 했다. 이에 맹중자孟仲子(맹자의 제자)가 그에게 말했다.

"어제는 왕명을 받고도 병 때문에 조정에 나가지 못하시더니, 오늘은 병이 좀 나으셔서 조정에 달려가셨습니다. 도착하셨는지는 잘 모르겠습니다."

그러고는 여러 사람을 보내 길목을 지키고 있다가 맹자에게 말하게 했다.

"부디 집에 돌아오지 마시고, 조정으로 나가십시오."

맹자가 어쩔 수 없이 대부 경추씨景丑氏의 집에 가서 묵었다. 그러자 경추가 말했다.

"안으로는 부자간, 밖에서는 군신 간이 사람의 큰 윤리입니다. 부자간에는 사랑이 중요하고, 군신 간에는 공경이 중요합니다. 저는 임금께서 선생을 공경하는 것은 보았으나, 선생께서 임금을 공경하는 것은 아직 보지 못했습니다."

그러자 맹자가 말했다.

"아니, 그게 무슨 말씀이오! 제나라 사람들은 인의로써 왕에게 진언하는 자가 없는데, 어찌 인의가 좋지 않다고 여기기 때문이겠습니까?

그들은 마음속으로 '어찌 이 임금과 함께 인의를 논할 수 있으랴.' 하고 생각할 뿐입니다. 그러니 불경함이 이보다 더 클 수 없습니다.

나는 요순의 도가 아니면 감히 왕 앞에 나타나 진언하지 않습니다. 그러니 제나라 사람 중에 나만큼 임금을 공경하는 사람은 없을 것입니다."

경추가 말했다.

"아닙니다. 제가 말한 것은 그런 뜻이 아닙니다. 《예기禮記》〈곡례曲禮〉편에 '아버지가 부르면 느리게 대답하지 않고, 임금께서 부르시면 가마를 기다리지 않는다.'라고 했습니다. 그런데 선생께서는 본디 조정에 들려 했으나 왕명을 듣고는 오히려 가지 않았습니다. 《예기》의 가르침과 맞지 않는 듯합니다."

王使人問疾, 醫來. 孟仲子對曰: "昔者有王命, 有采薪之憂,
왕사인문질 의래 맹중자대왈 석자유왕명 유채신지우

不能造朝. 今病小愈, 趨造於朝, 我不識能至否乎?" 使數人要於路,
불능조조 금병소유 추조어조 아불식능지부호 사수인요어로

曰: "請必無歸, 而造於朝!" 不得已而之景丑氏宿焉. 景子曰:
왈 청필무귀 이조어조 부득이이지경추씨숙언 경자왈

"內則父子, 外則君臣, 人之大倫也. 父子主恩, 君臣主敬.
내즉부자 외즉군신 인지대륜야 부자주은 군신주경

丑見王之敬子也, 未見所以敬王也." 曰: "惡! 是何言也!
추견왕지경자야 미견소이경왕야 왈 오 시하언야

齊人無以仁義與王言者, 豈以仁義爲不美也?
제인무이인의여왕언자 기이인의위불미야

其心曰 '是何足與言仁義也' 云爾, 則不敬莫大乎是. 我非堯舜之道,
기심왈 시하족여언인의야 운이 즉불경막대호시 아비요순지도

不敢以陳於王前, 故齊人莫如我敬王也." 景子曰: "否, 非此之謂也.
불감이진어왕전 고제인막여아경왕야 경자왈 부 비차지위야

禮曰: '父召, 無諾; 君命召, 不俟駕.' 固將朝也, 聞王命而遂不果,
예왈 부소 무낙 군명소 불사가 고장조야 문왕명이수불과

宜與夫禮若不相似然."
의여부예약불상사연

세상에서 존중받는 세 가지

맹자가 말했다.

"어찌 그런 것을 말하려는 것이겠습니까? 증자가 말하길 '진晉나라나 초楚나라의 부유함을 따라갈 수 없다. 그들이 부유함으로 나를 대하면 나는 나의 인으로써 상대하고, 그들이 작위를 가지고 나를 대하면 나는 나의 의로써 상대할 것이니, 나에게 무슨 부족함이 있겠는가?'라고 했으니, 증자가 어찌 의에 어긋나는 말씀을 했겠습니까? 이 역시 하나의 도리입니다.

세상에서 널리 존중받는 요소에는 세 가지가 있으니, 작위와 나이, 인덕입니다. 조정에서는 작위만 한 것이 없고, 고을에서는 나이만 한 것이 없으며, 세상을 돕고 백성을 자라게 하는 데는 인덕만 한 것이 없습니다. 그러니 어찌 작위만 중하게 여기고, 나머지 둘을 소홀히 할 수 있겠습니까?

그러므로 장차 큰일을 할 임금에게는 반드시 부를 수 없는 신하가 있게 마련입니다. 도모하려는 일이 있으면 몸소 그 사람을 찾아가야 합니다. 덕을 존중하고 도를 즐거워함이 그와 같지 않으면 더불어 큰일을 할 수 없습니다."

曰: "豈謂是與? 曾子曰: '晉楚之富, 不可及也. 彼以其富,
왈　기위시여　증자왈　진초지부　불가급야　피이기부

我以吾仁; 彼以其爵, 我以吾義, 吾何慊乎哉?'
아이오인　피이기작　아이오의　오하겸호재

夫豈不義而曾子言之? 是或一道也. 天下有達尊三: 爵一, 齒一,
부기불의이증자언지　시혹일도야　천하유달존삼　작일　치일

德一. 朝廷莫如爵, 鄕黨莫如齒, 輔世長民莫如德. 惡得有其一,
덕일　조정막여작　향당막여치　보세장민막여덕　오득유기일

以慢其二哉? 故將大有爲之君, 必有所不召之臣. 欲有謀焉,
이 만 기 이 재   고 장 대 유 위 지 군   필 유 소 불 소 지 신   욕 유 모 언

則就之. 其尊德樂道, 不如是不足與有爲也."
즉 치 지   기 존 덕 락 도   불 여 시 부 족 여 유 위 야

겸慊은 '한스럽다, 부족하다'의 뜻이며, 겸嗛으로 쓰기도 합니다. 입에
물건을 물고 있다는 의미이므로 '마음속에 품고 있다'는 뜻이 됩니다. '즐
겁고 족하거나, 한스럽고 부족하다'는 뜻으로 풀 수도 있습니다. '일에 따
라서 마음에 품고 있는 생각이 다르게 마련이다'로 풀이할 수 있습니다.

먼저 배우고 신하로 삼으라

"그래서 탕왕은 이윤에게 배운 다음 그를 신하로 삼아서 힘들이지 않고 참다운 왕이 되었습니다. 제 환공은 관중에게 배운 다음 그를 신하로 삼아서 힘들이지 않고 첫 번째 패자가 되었습니다.

지금 천하의 여러 나라는 영토의 넓이가 비슷하고 임금의 덕도 비등해서, 서로 엇비슷한데 그 이유는 다른 것이 아닙니다. 자신이 가르침을 받을 만한 사람을 신하로 삼는 것을 좋아하지 않기 때문입니다.

탕왕은 이윤을, 제 환공은 관중을 감히 불러들일 수 없었습니다. 관중조차 감히 부르지 않았거늘, 하물며 관중처럼 하려고 하지 않는 나 같은 사람을 부르겠습니까?"

"故湯之於伊尹, 學焉而後臣之, 故不勞而王; 桓公之於管仲,
　고 탕 지 어 이 윤　학 언 이 후 신 지　고 불 로 이 왕　환 공 지 어 관 중

學焉而後臣之, 故不勞而霸. 今天下地醜德齊, 莫能相尙. 無他,
　학 언 이 후 신 지　고 불 로 이 패　금 천 하 지 추 덕 제　막 능 상 상　무 타

好臣其所敎, 而不好臣其所受敎. 湯之於伊尹, 桓公之於管仲,
　호 신 기 소 교　이 불 호 신 기 소 수 교　탕 지 어 이 윤　환 공 지 어 관 중

則不敢召. 管仲且猶不可召, 而況不爲管仲者乎?"
　즉 불 감 소　관 중 차 유 불 가 소　이 황 불 위 관 중 자 호

재물을 받을 때와 받지 않을 때

진진陳臻(맹자의 제자)이 물었다.

"전에 제齊나라에서 임금이 좋은 금 100일鎰을 보냈으나 안 받으셨습니다. 송宋나라에서는 금 70일을 보냈는데 받으셨고, 또 설薛나라에서는 금 50일을 보냈는데 받으셨습니다.

전에 받지 않으신 것이 옳다면 이번에 받으신 것은 잘못이고, 이번에 받으신 것이 옳다면, 전에 안 받으신 것이 잘못이니, 선생님께서는 어느 한쪽을 취하셔야 합니다."

그러자 맹자가 말했다.

"양쪽이 다 옳았다."

陳臻問曰: "前日於齊, 王餽兼金一百而不受; 於宋, 餽七十鎰而受;
진 진 문 왈　　전 일 어 제　왕 궤 겸 금 일 백 이 불 수　어 송　궤 칠 십 일 이 수

於薛, 餽五十鎰而受. 前日之不受是, 則今日之受非也;
어 설　궤 오 십 일 이 수　전 일 지 불 수 시　즉 금 일 지 수 비 야

今日之受是, 則前日之不受非也. 夫子必居一於此矣."
금 일 지 수 시　즉 전 일 지 불 수 비 야　부 자 필 거 일 어 차 의

孟子曰: "皆是也."
맹 자 왈　　개 시 야

매수하려는 돈은 받지 않는다

"송나라에 있을 때 나는 장차 멀리 여행하려고 했다. 먼 길을 가는 사람에게는 반드시 노잣돈을 주는 법이다. 송나라 임금이 '노잣돈을 드립니다.'라고 말하니, 어찌 내가 안 받겠느냐?

설나라에 있을 때 나는 경계하는 마음이 있었다. 설나라 임금이 '선생께서 경계를 하신다고 들었습니다. 병기를 마련하시라고 돈을 드립니다.'라고 말하니 어찌 내가 안 받겠느냐?

제나라에 있을 때는 돈을 받을 상황이 전혀 없었다. 아무 일이 없는데도 금을 보내는 것은, 바로 재물로 매수하려는 것이다. 어찌 군자로서 매수하려는 재물을 받을 수 있겠느냐?"

"當在宋也, 予將有遠行. 行者必以贐, 辭曰: '餽贐.'
　당 재 송 야　여 장 유 원 행　행 자 필 이 신　사 왈　궤 신

予何爲不受? 當在薛也, 予有戒心. 辭曰: '聞戒.' 故爲兵餽之,
　여 하 위 불 수　당 재 설 야　여 유 계 심　사 왈　문 계　고 위 병 궤 지

予何爲不受? 若於齊, 則未有處也. 無處而餽之, 是貨之也.
　여 하 위 불 수　약 어 제　즉 미 유 처 야　무 처 이 궤 지　시 화 지 야

焉有君子而可以貨取乎?"
　언 유 군 자 이 가 이 화 취 호

병사가 하루 세 번 대오를 이탈하면

맹자가 평륙平陸에 가서, 그 대부에게 말했다.

"그대의 성을 지키는 병사가 하루에 세 번 대오를 이탈했다면 처단하겠는가? 그냥 두겠는가?"

대부가 말했다.

"세 번을 기다리지 않을 것입니다."

맹자가 말했다.

"그렇다면 당신이 대오를 이탈한 적 또한 많다. 흉년이 들어 굶주릴 때 당신의 백성들 중 노약자는 굶어 죽어 도랑과 구덩이에 뒹굴고, 장성한 자는 사방으로 흩어진 사람이 수천 명이나 되었다."

대부가 말했다.

"그것은 제가 감당할 수 있는 일이 아닙니다."

孟子之平陸. 謂其大夫曰: "子之持戟之士, 一日而三失伍,
맹 자 지 평 륙 위 기 대 부 왈   자 지 지 극 지 사 일 일 이 삼 실 오

則去之否乎?" 曰: "不待三." "然則子之失伍也亦多矣. 凶年饑歲,
즉 거 지 부 호   왈   부 대 삼   연 즉 자 지 실 오 야 역 다 의 흉 년 기 세

子之民, 老羸轉於溝壑, 壯者散而之四方者, 幾千人矣."
자 지 민 노 리 전 어 구 학 장 자 산 이 지 사 방 자   기 천 인 의

曰: "此非距心之所得爲也."
왈   차 비 거 심 지 소 득 위 야

책임질 줄 모르면 군주가 아니다

맹자가 말했다.

"남의 소나 양을 맡아서 그를 위해 기르는 자가 있다면, 그 사람은 반드시 소나 양을 위해서 목장과 풀을 구할 것이다. 그런데 그것을 찾다가 못 찾았다면 소나 양을 주인에게 돌려주어야 하겠는가? 아니면 그냥 서서 죽는 것을 보고만 있어야 하겠는가?"

대부가 말했다.

"이는 저의 죄입니다."

후일에 맹자가 제나라 왕을 만나 말했다.

"임금의 도읍을 다스리는 사람 중에 신이 다섯 명을 알고 있는데, 그 죄를 아는 사람은 오직 대부 공거심孔距心 한 사람뿐입니다."

그러고는 전에 있었던 말을 왕에게 알려 주자 왕이 말했다.

"이것은 과인의 죄입니다."

曰: "今有受人之牛羊而爲之牧之者, 則必爲之求牧與芻矣.
왈　금유수인지우양이위지목지자　즉필위지구목여추의

求牧與芻而不得, 則反諸其人乎? 抑亦立而視其死與?" 曰:
구목여추이부득　즉반제기인호　억역립이시기사여　왈

"此則距心之罪也." 他日, 見於王曰: "王之爲都者, 臣知五人焉.
차즉거심지죄야　타일　견어왕왈　왕지위도자　신지오인언

知其罪者, 惟孔距心. 爲王誦之." 王曰: "此則寡人之罪也."
지기죄자　유공거심　위왕송지　왕왈　차즉과인지죄야

아직도 간언하지 않은 것인가

맹자가 지와蚳鼃(제나라의 대부)에게 말했다.

"당신이 영구靈丘의 현령을 사양하고 사사士師가 되기로 한 것은 도리에 맞는 것 같다. 그 자리에 있으면 왕에게 간언을 할 수 있기 때문이다. 그런데 지금 여러 달이 지났거늘 아직도 간언하지 않은 것인가?"

왕에게 간언해도 받아들여지지 않자, 지와는 자리에서 물러나 떠났다.

孟子謂蚳鼃曰: "子之辭靈丘而請士師, 似也, 爲其可以言也.
맹 자 위 지 와 왈　　자 지 사 영 구 이 청 사 사　사 야　위 기 가 이 언 야

今旣數月矣, 未可以言與?" 蚳鼃諫於王而不用, 致爲臣而去.
금 기 수 월 의　미 가 이 언 여　　　지 와 간 어 왕 이 불 용　치 위 신 이 거

가이언可以言은 '사사가 되면 임금 가까이에서 형벌의 잘못된 것을 간할 수 있다'는 뜻입니다. 치致는 환還과 같은 뜻입니다.

간언할 수 없으면 물러나라

제나라 사람이 말했다.

"맹자가 지와에게 한 일은 그런대로 좋으나, 맹자 자신에게 한 것은 어떤지 알 수 없다."

공도자公都子(맹자의 제자)가 맹자에게 이것을 알려 주자 맹자가 말했다.

"나는 이렇게 들었다. 관직에 있는 자가 그 직분을 다할 수 없다면 자리에서 물러나고, 왕에게 간언을 올릴 책임이 있는 자가 그 간언을 할 수 없다면 자리에서 물러나야 한다.

그러나 나는 관직도 없고 간언할 책임도 없으니, 나의 진퇴에 어찌 또 여유가 있지 않겠는가?"

齊人曰: "所以爲蚳鼃, 則善矣; 所以自爲, 則吾不知也."
제 인 왈   소 이 위 지 와   즉 선 의   소 이 자 위   즉 오 부 지 야

公都子以告. 曰: "吾聞之也: 有官守者, 不得其職則去;
공 도 자 이 고   왈   오 문 지 야   유 관 수 자   부 득 기 직 즉 거

有言責者, 不得其言則去. 我無官守, 我無言責也, 則吾進退,
유 언 책 자   부 득 기 언 즉 거   아 무 관 수   아 무 언 책 야   즉 어 진 퇴

豈不綽綽然有餘裕哉?"
기 부 작 작 연 유 여 유 재

정해진 일에 무슨 말을 하겠는가

맹자가 제齊나라에서 객경客卿(다른 나라에서 와서 공경의 높은 지위에 오른 사람)이 되어, 등滕나라에 조문하러 갔다. 그때 제나라 왕은 개蓋읍의 대부 왕환王驩에게 사행을 보필하게 했다.

왕환은 아침저녁으로 맹자를 보러 왔으나, 제나라와 등나라를 오가는 동안 사행에 관한 일을 이야기하지 않았다.

제자 공손추가 말했다.

"제나라 객경의 벼슬은 작은 것이 아니고, 제나라와 등나라는 가까운 거리가 아닙니다. 오가시면서 사행에 대해서 아무 말씀을 하지 않으시니, 어찌 된 일입니까?"

맹자가 말했다.

"어떤 사람이 이미 처리했을 것인데, 내가 무슨 말을 하겠느냐?"

孟子爲卿於齊, 出弔於滕, 王使蓋大夫王驩爲輔行.
맹 자 위 경 어 제　출 조 어 등　왕 사 개 대 부 왕 환 위 보 행

王驩朝暮見, 反齊滕之路, 未嘗與之言行事也. 公孫丑曰:
왕 환 조 모 견　반 제 등 지 로　미 상 여 지 언 행 사 야　공 손 추 왈

"齊卿之位, 不爲小矣; 齊滕之路, 不爲近矣. 反之而未嘗與言行事,
제 경 지 위　불 위 소 의　제 등 지 로　불 위 근 의　반 지 이 미 상 여 언 행 사

何也?" 曰: "夫旣或治之, 予何言哉?"
하 야　　왈　　부 기 혹 치 지　여 하 언 재

관의 나무를 두껍게 한 이유

맹자가 노魯나라에 가서 모친의 장례를 치르고 다시 제나라로 돌아오는 길에 영嬴이라는 곳에 머물렀다. 그때 충우充虞(맹자의 제자)가 여쭈었다.

"지난번에는 저의 불초함을 모르셔서 제게 관 만드는 일을 감독하게 하셨습니다. 그때는 다급하여 감히 여쭙지 못했습니다. 지금 삼가 여쭤 보고자 하니, 관의 나무가 너무 두꺼운 것 같았습니다."

맹자가 말했다.

"옛날에는 관곽에 정해진 법도가 없었다. 중고 시대에는 관의 두께를 7촌寸으로 하고 곽의 두께도 그에 어울리게 했다. 천자부터 서민에 이르기까지 다 그 법도를 따랐다. 관을 두껍게 한 것은 보기 좋게 하기 위해서만이 아니고, 그렇게 해야만 사람의 마음을 다한 것이기 때문이다."

孟子自齊葬於魯, 反於齊, 止於嬴. 充虞請曰: "前日不知虞之不肖,
맹 자 자 제 장 어 로   반 어 제   지 어 영   충 우 청 왈   전 일 부 지 우 지 불 초

使虞敦匠事. 嚴, 虞不敢請. 今願竊有請也, 木若以美然."
사 우 돈 장 사   엄   우 불 감 청   금 원 절 유 청 야   목 약 이 미 연

曰: "古者棺槨無度, 中古棺七寸, 槨稱之. 自天子達於庶人.
왈   고 자 관 곽 무 도   중 고 관 칠 촌   곽 칭 지   자 천 자 달 어 서 인

非直爲觀美也, 然後盡於人心."
비 직 위 관 미 야   연 후 진 어 인 심

　맹자가 제나라에서 벼슬할 때 어머니가 돌아가셨고, 그래서 노나라에 돌아가 장례를 지냈습니다. 영은 제나라 남쪽의 읍邑입니다. 충우는 맹자의 제자로 전에 관을 만드는 일을 총괄한 사람입니다. 엄嚴은 '다급하다'는 뜻이고, 목木은 '관목棺木'을 뜻합니다. 이以는 '이已'와 통합니다. 이미以美는 태미太美와 같습니다.

　도度는 관에 쓰는 목재의 두께와 길이에 관한 법도이며, 중고中古는 주공이 예를 제정하던 때를 말합니다. 곽칭지槨稱之는 '관에 어울리고 서로 맞게 한다'는 뜻입니다. 관을 단단하고 두껍게 하려는 것은 미관상 보기 좋게 하기 위한 일만이 아님을 말하고 있습니다.

군자는 부모에게 인색하게 하지 않는다

"법도에 따라 관을 얇게 쓴다면 마음이 즐거울 수 없고, 재력이 부족하여 그렇게 할 수 없어도 마음이 즐겁지 않을 것이다. 법도에 어긋남이 없고 재력도 있다면, 옛사람들은 모두 관에 그런 목재를 썼다. 어찌 나만 홀로 그렇게 하지 않겠느냐?

하물며 흙이 직접 죽은 자의 피부에 닿지 않게 한다면, 사람의 마음에 어찌 흡족하지 않겠느냐? 내가 듣기로, 군자는 천하 때문에 자기 부모에게 인색하게 하지 않는다고 했다."

"不得, 不可以爲悅; 無財, 不可以爲悅. 得之爲有財, 古之人皆用之,
부득 불가이위열 무재 불가이위열 득지위유재 고지인개용지

吾何爲獨不然? 且比化者, 無使土親膚, 於人心獨無怓乎?
오하위독불연 차비화자 무사토친부 어인심독무교호

吾聞之也, 君子不以天下儉其親."
오문지야 군자불이천하검기친

해설

부득不得은 '법도에 따라 당연히 할 수 없다'는 뜻입니다. 득지위유재得之爲有財는 '법도로도 할 수 있고, 또 재력도 있다'는 뜻입니다. 비比는 위爲와 같습니다. 화자化者는 '죽은 사람'을 말하며, 교怓는 쾌快, 즉 '유쾌하다'는 뜻입니다. '흙이 직접 죽은 사람의 피부에 닿지 않게 해주면, 사람의 마음이 어찌 즐겁지 않고, 또 한恨이 되는 바도 없지 않겠느냐.'라고 말한 것입니다.

연나라를 쳐도 됩니까

심동沈同(제나라 선왕의 신하)이 사사로이 맹자에게 물었다.

"연나라를 쳐도 됩니까?"

이에 맹자가 말했다.

"된다. 제후 자쾌子噲는 연나라를 함부로 남에게 줄 수 없고, 재상 자지子之도 연나라를 자쾌로부터 받을 수 없다. 여기 벼슬하는 사람이 있는데, 당신이 그를 좋아한다고 왕에게 고하지 않고 사사로이 당신의 녹봉과 작위를 주고, 그 사람 또한 왕명에 의하지 않고 사사로이 당신으로부터 그것을 받는다면 옳겠는가? 자쾌가 사사로이 자지에게 나라를 준 것이 이와 무엇이 다르겠는가?"

沈同以其私問曰: "燕可伐與?" 孟子曰: "可.
심 동 이 기 사 문 왈　　연 가 벌 여　　맹 자 왈　　가

子噲不得與人燕, 子之不得受燕於子噲. 有仕於此, 而子悅之,
자 쾌 부 득 여 인 연　자 지 부 득 수 연 어 자 쾌　유 사 어 차　이 자 열 지

不告於王而私與之吾子之祿爵; 夫士也, 亦無王命而私受之於子,
불 고 어 왕 이 사 여 지 오 자 지 록 작　부 사 야　역 무 왕 명 이 사 수 지 어 자

則可乎? 何以異於是?"
즉 가 호　　하 이 이 어 시

자쾌는 연나라의 제후였으며, 자지는 그 밑에 있는 재상이었습니다. 자지는 권력을 독점하고자 간교한 녹모수鹿毛壽라는 부하를 시켜 연왕 자쾌

에게 이렇게 말했습니다.

"옛날의 요임금은 자리를 허유許由에게 물려주려고 해서 성왕聖王의 명성을 얻었습니다. 그러니 임금께서도 전권을 재상인 자지에게 넘기시면 성왕의 명성을 얻을 것입니다."

우매한 임금 자쾌는 계략에 넘어가 권력을 자지에게 넘겨주었고, 그 결과 연나라는 혼란에 빠졌습니다.

정벌에도 자격이 있다

제나라 사람이 연나라를 무력으로 쳤다. 어떤 사람이 맹자에게 물었다.

"제나라가 연나라를 치도록 권한 적이 있습니까?"

맹자가 말했다.

"없다. 심동이 '연나라를 쳐도 됩니까?'라고 묻기에 내가 '된다'라고 대답했다. 그는 그렇게 생각하고 연나라를 쳤을 것이다. 그가 만약 '누가 쳐도 됩니까?'라고 물었다면 나는 하늘이 낸 벼슬아치라야 칠 수 있다.'라고 대답했을 것이다.

지금 살인자가 있다고 하자. 어떤 사람이 '그 살인자를 죽여도 됩니까?'라고 묻는다면 나는 '된다'라고 대답할 것이다. 만약 그가 '누가 그를 죽일 수 있습니까?'라고 묻는다면, 나는 '사사라면 죽일 수 있다.'라고 대답할 것이다.

지금은 연나라와 다를 바 없는 제나라로 연나라를 친 것이니 내가 어찌 그런 것을 권했겠느냐?"

齊人伐燕. 或問曰: "勸齊伐燕, 有諸?" 曰: "未也. 沈同問
제 인 벌 연 혹 문 왈　권 제 벌 연 유 저　왈　미 야 심 동 문

'燕可伐與?' 吾應之曰 '可', 彼然而伐之也. 彼如曰 '孰可以伐之?'
연 가 벌 여　오 응 지 왈 가　피 연 이 벌 지 야 피 여 왈 숙 가 이 벌 지

則將應之曰: '爲天吏, 則可以伐之.' 今有殺人者, 或問之曰
즉 장 응 지 왈　위 천 리 즉 가 이 벌 지　금 유 살 인 자 혹 문 지 왈

'人可殺與?' 則將應之曰 '可'. 彼如曰 '孰可以殺之?' 則將應之曰
인 가 살 여　즉 장 응 지 왈 가　피 여 왈 숙 가 이 살 지　즉 장 응 지 왈

'爲士師, 則可以殺之.' 今以燕伐燕, 何爲勸之哉?"
위 사 사 즉 가 이 살 지　금 이 연 벌 연　하 위 권 지 재

왕이 부끄럽다고 한 이유

제나라가 연나라를 치자 연나라 사람들이 저항했다. 제나라 선왕이 말했다.

"나는 참으로 맹자에게 부끄럽다."

진가陳賈(제나라의 대부)가 말했다.

"임금께서는 걱정하지 마십시오. 스스로 주공과 비교해서 누가 더 어질고 슬기롭다고 생각하십니까?"

선왕이 말했다.

"아니, 그게 무슨 소리인가?"

진가가 말했다.

"주공이 관숙管叔으로 하여금 은나라를 감시하게 했는데, 관숙은 은나라와 한패가 되어 반역했습니다. 주공이 알고도 그렇게 했다면 인하지 못한 것이고, 모르고 그렇게 했다면 슬기롭지 못한 것입니다.

어짊과 지혜에 있어 주공도 완전하지 못했는데, 하물며 임금께서는 어떻겠습니까? 청컨대 제가 맹자를 만나 해명하겠습니다."

燕人畔. 王曰: "吾甚慚於孟子." 陳賈曰: "王無患焉.
연 인 반　왕 왈　　오 심 참 어 맹 자　　진 가 왈　　왕 무 환 언

王自以爲與周公, 孰仁且智?" 王曰: "惡! 是何言也?" 曰:
왕 자 이 위 여 주 공　숙 인 차 지　　왕 왈　　오　시 하 언 야　　왈

"周公使管叔監殷, 管叔以殷畔. 知而使之, 是不仁也; 不知而使之,
주 공 사 관 숙 감 은　관 숙 이 은 반　지 이 사 지　시 불 인 야　부 지 이 사 지

是不智也. 仁智, 周公未之盡也, 而況於王乎? 賈請見而解之."
시 부 지 야　인 지　주 공 미 지 진 야　이 황 어 왕 호　　가 청 견 이 해 지

　진가는 제나라의 대부입니다. 관숙은 주 무왕의 동생이자 주공의 형입니다. 무왕이 은나라를 치고 주왕을 죽인 뒤, 그의 아들 무경武庚을 은나라의 수도인 은殷의 제후로 봉해 제사를 잇게 했습니다. 그리고 동생 관숙과 채숙蔡叔, 곽숙霍叔으로 하여금 은나라를 감시하게 했습니다. 무왕이 죽은 뒤 어린 성왕成王이 뒤를 이었으며, 주공은 섭정攝政으로 그를 도왔습니다. 관숙이 무경과 어울려 반란하자, 주공은 이들을 토벌하고 처형했습니다.

잘못을 알면 즉시 고치라

진가가 맹자를 뵙고 물었다. "주공은 어떤 분입니까?"

맹자가 답했다.

"옛날의 성인이다."

그러자 진가가 말했다.

"주공이 관숙에게 은나라를 감시하게 했는데, 관숙이 은나라와 같이 배반한 것이 사실입니까?"

맹자가 대답했다.

"그렇다."

진가가 말했다.

"주공은 장차 배반할 것을 알고서 그렇게 했을까요?"

맹자가 대답했다.

"주공은 몰랐다."

"그렇다면 성인 역시 잘못이 있습니까?"

이에 맹자가 말했다.

"주공은 동생이고, 관숙은 동생이다. 주공의 잘못은 형을 섬기는 마음에서 나온 것이니 마땅하지 않은가? 또 옛날의 임금은 잘못이 있으면 즉시 고쳤다. 지금의 임금은 잘못이 있으면 그것을 따르고 행한다.

옛날의 임금은 잘못을 하면 흡사 일식과 월식과 같아 백성들이 다 쳐다보고, 임금이 잘못을 고치면 백성들이 다 우러러보았다. 그런데 지금의 임금은 잘못을 따르고 행할 뿐만 아니라 궤변으로 호도한다."

見孟子問曰: "周公何人也?" 曰: "古聖人也."
견 맹 자 문 왈　주 공 하 인 야　왈　고 성 인 야

曰: "使管叔監殷, 管叔以殷畔也, 有諸?" 曰: "然."
왈　사 관 숙 감 은　관 숙 이 은 반 야　유 저　왈　연

曰: "周公知其將畔而使之與?" 曰: "不知也." "然則聖人且有過與?"
왈　주 공 지 기 장 반 이 사 지 여　왈　부 지 야　연 즉 성 인 차 유 과 여

曰: "周公, 弟也; 管叔, 兄也. 周公之過, 不亦宜乎?
왈　주 공 제 야　관 숙　형 야　주 공 지 과　불 역 의 호

且古之君子, 過則改之; 今之君子, 過則順之. 古之君子, 其過也.
차 고 지 군 자　과 즉 개 지　금 지 군 자　과 즉 순 지　고 지 군 자　기 과 야

如日月之食, 民皆見之; 及其更也, 民皆仰之. 今之君子, 豈徒順之,
여 일 월 지 식　민 개 견 지　급 기 갱 야　민 개 앙 지　금 지 군 자　기 도 순 지

又從而爲之辭."
우 종 이 위 지 사

해설

순順은 '잘못을 끝까지 행한다'는 뜻이고, 갱更은 '고친다'는 뜻입니다. 사辭는 '궤변으로 변명한다'는 뜻입니다. 임금이 만약 잘못해도 그 잘못을 고치면 본래의 밝은 덕은 손상되지 않으므로 백성이 임금을 우러러 받들게 됩니다. 하지만 잘못을 알고도 그대로 행하고 변명하면 잘못이 더욱 커지게 됩니다.

맹자는 진가가 임금이 개과천선改過遷善하도록 권하지 않고, 반대로 '문과수비遂非文過(잘못이 아닌 것처럼 꾸며 고치지 않음)'하게 한 것을 책망한 것입니다.

임금과 신하의 인연

맹자가 신하 노릇을 그만두고 돌아가려고 하자, 왕이 찾아와 맹자를 보고 말했다.

"전날 뵙고자 했으나 못 뵈었습니다. 그러다가 같은 조정에서 모시게 되어 매우 기뻤습니다. 그런데 지금 다시 과인을 버리고 돌아가신다 하니, 앞으로도 계속 뵐 수 있겠습니까?"

맹자가 대답했다.

"감히 청하지 못했지만, 다시 뵙기를 소원합니다."

孟子致爲臣而歸. 王就見孟子, 曰:"前日願見而不可得, 得侍,
맹 자 치 위 신 이 귀 왕 취 견 맹 자 왈   전 일 원 견 이 불 가 득 득 시

同朝甚喜. 今又棄寡人而歸, 不識可以繼此而得見乎?" 對曰:
동 조 심 희 금 우 기 과 인 이 귀 불 식 가 이 계 차 이 득 견 호   대 왈

"不敢請耳, 固所願也."
불 감 청 이 고 소 원 야

군자는 부를 탐하지 않는다

그 후, 왕이 시자時子라는 신하에게 말했다.

"나는 나라의 중앙에 맹자에게 집을 마련해 주고 만 종鍾의 녹을 주어 제자를 기르게 해, 모든 대부와 나라 사람들이 맹자를 본받게 하고자 한다. 어찌 자네는 나를 위해 맹자에게 이를 말해 주지 않는 가?"

시자가 제자 진자陳子를 통해 맹자에게 알리자, 진자가 시자의 말을 맹자에게 고했다. 그러자 맹자가 말했다.

"시자 같은 자가 어찌 그것이 안 되는 일임을 알겠는가? 내가 부유해지려 한다면, 10만의 녹을 받는 경卿 자리를 마다하고 1만의 녹을 받는 것이 부유해지려는 것이겠는가?"

他日, 王謂時子曰: "我欲中國而授孟子室,
타 일 왕 위 시 자 왈   아 욕 중 국 이 수 맹 자 실

養弟子以萬鍾, 使諸大夫國人皆有所矜式. 子盍爲我言之?
양 제 자 이 만 종 사 제 대 부 국 인 개 유 소 긍 식   자 합 위 아 언 지

時子因陳子而以告孟子, 陳子以時子之言告孟子. 孟子曰: "然.
시 자 인 진 자 이 이 고 맹 자 진 자 이 시 자 지 언 고 맹 자 맹 자 왈   연

夫時子惡知其不可也? 如使予欲富, 辭十萬而受萬, 是爲欲富乎?"
부 시 자 오 지 기 불 가 야   여 사 여 욕 부 사 십 만 이 수 만 시 위 욕 부 호

종鍾은 수량 단위입니다. 1종은 곡식 64두斗(말)에 해당하므로 만 종은 상당한 물량입니다.

세금을 징수하게 된 연유

"계손季孫이 말하길, '자숙의子叔疑(맹자의 제자)는 이상하구나. 정치를 하다가 왕에게 등용되지 않으면 그만두어야 하는데, 그는 자신의 자제를 경卿으로 만들었다. 사람은 누구나 부귀를 탐내지 않겠는가? 그런데 자숙의가 부귀의 중심을 독차지하고 사사로이 농단하고 있다.'라고 했다.

옛날에 시장은 자신에게 있는 물품으로 자기에게 없는 물품을 교환하는 곳이었고, 시장을 다스리는 사람도 쟁의만을 단속했다. 그런데 어떤 천박한 사나이가 나타나, 반드시 높은 곳을 찾아 혼자 올라가 좌우를 살펴보고 시장의 이득을 혼자 차지했다.

이에 모든 사람이 그를 천하게 여기고, 그에게서 세금을 걷었다. 장사꾼에게 세금을 징수하는 것은 이 천박한 자로부터 시작된 것이다."

"季孫曰: '異哉子叔疑! 使己爲政, 不用, 則亦已矣,
계 손 왈   이 재 자 숙 의   사 기 위 정   불 용   즉 역 이 의

又使其子弟爲卿. 人亦孰不欲富貴? 而獨於富貴之中, 有私壟斷焉.'
우 사 기 자 제 위 경   인 역 숙 불 욕 부 귀   어 독 어 부 귀 지 중   유 사 롱 단 언

古之爲市者, 以其所有易其所無者, 有司者治之耳. 有賤丈夫焉,
고 지 위 시 자   이 기 소 유 역 기 소 무 자   유 사 자 치 지 이   유 천 장 부 언

必求壟斷而登之, 以左右望而罔市利. 人皆以爲賤, 故從而征之.
필 구 롱 단 이 등 지   이 좌 우 망 이 망 시 리   인 개 이 위 천   고 종 이 정 지

征商, 自此賤丈夫始矣."
정 상   자 차 천 장 부 시 의

누가 절교한 것인가

맹자가 제나라를 떠나 주畫 땅에서 묵었다. 왕을 위해 떠나는 걸 만류하려는 사람이 무릎을 꿇고 앉아서 말했으나, 맹자는 대꾸도 하지 않고 안석에 기대 졸고 있었다. 손님이 불쾌해하며 말했다.

"제가 밤새 목욕재계한 다음에 와서 감히 말씀드렸으나 선생께서는 누워서 듣지 않으시니, 감히 다시는 찾아뵙지 않겠습니다."

그러자 맹자가 말했다.

"앉으시오. 내가 당신에게 말하리다. 옛날 노나라의 목공繆公은 자사의 곁에 마음을 전할 사람이 없으면 자사를 안심시키지 못했다 여겼고, 또 설류泄柳, 신상申詳도 목공 곁에 보좌하는 사람이 없으면 자기 몸도 편할 수 없었다고 했소. 당신이 나를 생각함이 자사에 미치지 못하니, 당신이 나를 버린 것이오, 내가 당신을 거절한 것이오?"

孟子去齊, 宿於晝. 有欲爲王留行者, 坐而言. 不應, 隱几而臥.
맹 자 거 제　숙 어 주　유 욕 위 왕 류 행 자　좌 이 언　불 응　은 궤 이 와

客不悅曰: "弟子齊宿而後敢言, 夫子臥而不聽, 請勿復敢見矣."
객 불 열 왈　　제 자 제 숙 이 후 감 언　부 자 와 이 불 청　청 물 부 감 견 의

曰: "坐! 我明語子. 昔者魯繆公無人乎子思之側, 則不能安子思;
왈　좌　아 명 어 자　석 자 로 목 공 무 인 호 자 사 지 측　즉 불 능 안 자 사

泄柳申詳, 無人乎繆公之側, 則不能安其身. 子爲長者慮,
설 류 신 상　무 인 호 목 공 지 측　즉 불 능 안 기 신　자 위 장 자 려

而不及子思, 子絶長者乎? 長者絶子乎?"
이 불 급 자 사　자 절 장 자 호　　장 자 절 자 호

윤사의 비난

맹자가 제나라를 떠나자, 윤사尹士란 사람이 사람들에게 말했다.

"맹자가 처음부터 우리 임금이 탕왕과 무왕 같을 수 없음을 몰랐다면 그것은 맹자가 현명하지 않은 것이고, 왕도를 펼 수 없음을 알면서도 왔다면 그것은 맹자가 은택을 구한 것이다.

맹자는 천 리나 떨어진 곳에서 와서 임금을 만났으면서 맞지 않는다고 물러났다. 그런데 사흘이나 머물다 주晝 땅을 떠났으니, 어찌 그리 꾸물댄 것인가. 나는 그런 태도를 좋게 여기지 않는다."

孟子去齊. 尹士語人曰: "不識王之不可以爲湯武, 則是不明也;
맹 자 거 제   윤 사 어 인 왈   불 식 왕 지 불 가 이 위 탕 무   즉 시 불 명 야

識其不可, 然且至, 則是干澤也. 千里而見王, 不遇故去.
식 기 불 가   연 차 지   즉 시 간 택 야   천 리 이 견 왕   불 우 고 거

三宿而後出晝, 是何濡滯也? 士則茲不悅."
삼 숙 이 후 출 주   시 하 유 체 야   사 즉 자 불 열

해설

윤사는 제齊나라 사람입니다. 간干은 구求이고, 택澤은 은택이며, 유체濡滯는 '꾸물대고 지체한다'는 뜻입니다.

어찌 임금을 버리겠는가

고자高子(맹자의 제자)가 윤사의 말을 고하자 맹자가 말했다.

"윤사가 어찌 나를 알겠느냐? 천 리 길을 와서 왕을 만난 것은 내가 원해서 한 일이나, 뜻을 얻지 못하고 떠난 것이 어찌 내가 원한 바이겠느냐? 내겐 부득이한 일이었다. 3일을 머물다 주 땅을 떠났어도, 내 마음에는 빠르게 느껴졌다. 나는 왕께서 생각을 바꾸길 바랐다. 왕께서 생각을 바꾼다면, 반드시 나를 돌아오게 할 것이다.

내가 주 땅을 떠날 때까지 왕께서는 나를 좇지 않았다. 그런 다음 후련한 마음으로 돌아올 뜻을 확실히 했던 것이다. 그렇다고 어찌 내가 왕을 버리겠는가? 왕께서 도를 행하기를 바라는 마음은 여전하다. 왕께서는 충분히 선정을 펼칠 분이니, 나를 등용한다면 어찌 제나라 백성들만 편안하겠는가? 천하 모든 백성이 편안할 것이다. 나는 왕께서 생각을 바꾸길 매일 바라고 있다."

高子以告. 曰: "夫尹士惡知予哉? 千里而見王, 是予所欲也;
고 자 이 고 왈   부 윤 사 오 지 여 재   천 리 이 견 왕 시 여 소 욕 야

不遇故去, 豈予所欲哉? 予不得已也. 予三宿而出晝,
불 우 고 거 기 여 소 욕 재   여 부 득 이 야 여 삼 숙 이 출 주

於予心猶以爲速. 王庶幾改之. 王如改諸, 則必反予.
어 여 심 유 이 위 속 왕 서 기 개 지 왕 여 개 제 즉 필 반 여

夫出晝而王不予追也, 予然後浩然有歸志. 予雖然, 豈舍王哉?
부 출 주 이 왕 불 여 추 야 여 연 후 호 연 유 귀 지 여 수 연 기 사 왕 재

王由足用爲善. 王如用予, 則豈徒齊民安, 天下之民擧安.
왕 유 족 용 위 선 왕 여 용 여 즉 기 도 제 민 안 천 하 지 민 거 안

王庶幾改之, 予日望之."
왕 서 기 개 지 여 일 망 지

윤사의 후회

"내가 어찌 졸장부같이 행동하겠느냐? 군주에게 간언했다가 들어주지 않는다고 성나 발끈 화난 기색을 내보이고 떠나면서는 하루 종일 힘을 다해 간 뒤에 머물겠는가?"

윤사가 이 말을 듣고 말했다.

"나는 참으로 소인이로구나."

"予豈若是小丈夫然哉? 諫於其君而不受, 則怒, 悻悻然見於其面.
여기약시소장부연재　간어기군이불수　즉노　행행연견어기면

去則窮日之力而後宿哉?" 尹士聞之曰: "士誠小人也."
거즉궁일지력이후숙재　윤사문지왈　사성소인야

행행悻悻은 '성난'의 뜻이고, 궁窮은 '다하다'는 뜻입니다. 이 장에는 성현이 도를 행하고 세상을 구제하려는 본심과, 애군택민愛君澤民(군주를 섬기고 백성을 윤택하게 함)하려는 성의가 담겨 있습니다.

그때는 그때고 지금은 지금

맹자가 제나라를 떠나자 충우가 길에서 물었다.

"선생님께서 기껍지 않아 보입니다. 지난날 선생님께 듣기로 '군자는 하늘을 원망하지 않고, 남을 탓하지 않는다.'라고 했습니다."

맹자가 말했다.

"그때는 그때이고 지금은 지금이다. 역사적으로 5백 년마다 반드시 훌륭한 임금이 나타났으며, 그 사이에는 반드시 세상에 이름을 떨칠 자가 나타났다.

주나라 7백여 년의 세월이 지났다. 연수가 이미 지났으니 그 시기를 보면 지금이 가능할 만하다. 하늘이 아직 천하가 평화롭게 되기를 원치 않는 듯하구나.

만약 천하가 평안하게 다스리기를 바란다면, 지금 세상에서 나를 놔두고 누구를 내세우겠는가? 그러니 내가 어찌 불안하지 않겠느냐?"

孟子去齊. 充虞路問曰: "夫子若有不豫色然. 前日虞聞諸夫子曰:
맹 자 거 제   충 우 로 문 왈   부 자 약 유 불 예 색 연   전 일 우 문 제 부 자 왈

'君子不怨天, 不尤人'" 曰: "彼一時, 此一時也. 五百年必有王者興,
군 자 불 원 천   불 우 인   왈   피 일 시   차 일 시 야   오 백 년 필 유 왕 자 흥

其間必有名世者. 由周而來, 七百有餘歲矣. 以其數則過矣,
기 간 필 유 명 세 자   유 주 이 래   칠 백 유 여 세 의   이 기 수 즉 과 의

以其時考之則可矣. 夫天, 未欲平治天下也; 如欲平治天下,
이 기 시 고 지 즉 가 의   부 천   미 욕 평 치 천 하 야   여 욕 평 치 천 하

當今之世, 舍我其誰也? 吾何爲不豫哉?"
당 금 지 세　사 아 기 수 야　　오 하 위 불 예 재

위의 내용은 다음과 같은 뜻을 담고 있습니다.

'이러한 때에, 나로 하여금 제나라에서 바른 임금을 못 만나게 한 것은 곧 하늘이 아직 천하를 평화롭게 다스려지기를 원치 않는 것이다. 그러나 하늘의 뜻은 아직 모른다 해도, 그 도리는 역시 내가 갖추고 있으니, 내가 왜 불안하고 불쾌하게 걱정만 하겠느냐? 인간의 차원에서는 불안하고 걱정이 되나 하늘의 차원에서는 하늘의 뜻을 따라야 한다.'

걱정하는 듯 보였으나 맹자는 전연 걱정하거나 불쾌하게 여기지 않았던 것입니다.

녹봉을 받지 않은 이유

맹자가 제나라를 떠나, 휴休 땅에 머물렀다. 공손추가 물었다.

"벼슬을 살면서 녹봉을 받지 않는 것이, 옛날의 도리입니까?"

맹자가 말했다.

"아니다. 숭崇 땅에서 임금을 뵈었고, 물러난 다음에 즉시 제나라를 떠나려는 생각을 했다. 나의 마음이 변하기를 원치 않았기 때문에, 그러므로 녹봉을 받지 않은 것이다. 이어서 전쟁이 일어나 물러나기를 감히 청할 수 없었다. 제나라에 오래 머문 것은 나의 뜻이 아니었다."

孟子去齊, 居休. 公孫丑問曰: "仕而不受祿, 古之道乎?" 曰: "非也.
맹 자 거 제　거 휴　공 손 추 문 왈　　사 이 불 수 록　고 지 도 호　　왈　　비 야

於崇, 吾得見王. 退而有去志, 不欲變, 故不受也. 繼而有師命,
어 숭　오 득 견 왕　퇴 이 유 거 지　불 욕 변　고 불 수 야　계 이 유 사 명

不可以請, 久於齊, 非我志也."
불 가 이 청　구 어 제　비 아 지 야

해설

숭崇은 지명입니다. 맹자가 제나라 왕을 만났으나 도道가 맞지 않아 떠나려는 뜻을 품었습니다. 변變은 '떠나려는 마음이 변한다'는 뜻입니다. 사명師命은 군사를 동원하는 명령, 즉 출전出戰 명령입니다. 나라가 이미 전란에 휩싸여 맹자로서는 떠나겠다고 말하기 어려웠다는 뜻입니다.

등문공 상 滕文公上

항산이 있어야 항심도 있다

이 편은 등나라 문공과 관련된 내용을 담고 있습니다. 맹자는 등 문공에게 인한 정치를 행하는 세 가지 방법을 알려 줍니다.

도는 하나

등나라 문공이 세자였을 때, 초나라로 가는 길에 송나라를 지나다 맹자를 만났다. 맹자는 성선설性善說을 말했으며, 말할 때마다 반드시 요임금과 순임금을 거론했다.

세자가 초나라에서 돌아오는 길에 다시 맹자를 만나자, 맹자가 말했다.

"세자께서는 나의 말을 의심하십니까? 무릇 도는 하나입니다."

滕文公爲世子, 將之楚, 過宋而見孟子. 孟子道性善, 言必稱堯舜.
등 문 공 위 세 자　장 지 초　과 송 이 견 맹 자　맹 자 도 성 선　언 필 칭 요 순

世子自楚反, 復見孟子. 孟子曰: "世子疑吾言乎? 夫道一而已矣."
세 자 자 초 반　부 견 맹 자　맹 자 왈　세 자 의 오 언 호　부 도 일 이 이 의

해설

세자는 태자이고, 도道는 '말한다'는 뜻입니다. 성性은 사람이 하늘로부터 받아 지니고 있는 바, 본성 속에 내재되어 있는 삶의 도리입니다. 그 삶의 도리는 우주 천지 만물과 혼연일체를 이루며 지극히 선합니다. 그러나 대부분 사사로운 욕심에 골몰하기 때문에 내재된 선함을 상실합니다.

맹자는 세자와 대화할 때 언제나 성선性善을 말했으며, 아울러 반드시 요·순임금이 본성적인 선한 도리를 충실히 실천했다고 칭송했습니다. 인의의 덕치는 오직 요·순임금 같은 성인을 배우고 본받을 때 도달할 수 있으니 끊임없이 노력하라고 말한 것입니다.

긴 것을 잘라 짧은 것에 보태니

"성간成覵이 제나라 경공에게 말하길 '그 사람이나 저나 대장부인데, 어찌 그를 두려워하겠습니까?'라고 했습니다. 안연은 '순임금은 어떤 사람이고, 나는 어떤 사람인가? 훌륭한 일을 하고자 하는 이는 순임금과 같이 될 것이다.'라고 했습니다. 또 공명의公明儀(노나라의 현인)는 '주공이 「문왕은 나의 스승이시다」라고 했거늘, 주공이 어찌 나를 속였겠습니까?'라고 했습니다.

지금 등나라는 긴 쪽을 잘라 짧은 쪽에 보태어도 사방 50리밖에 되지 않지만, 그래도 좋은 나라가 될 수 있습니다. 《서경》〈열명說命〉편에 이르기를 '약을 먹고서 눈앞이 어지럽지 않으면, 그런 약은 병을 고치지 못한다.'라고 했습니다."

"成覵謂齊景公曰: '彼丈夫也, 我丈夫也, 吾何畏彼哉?' 顏淵曰:
성 간 위 제 경 공 왈　　피 장 부 야　아 장 부 야　오 하 외 피 재　　안 연 왈

'舜何人也? 予何人也? 有爲者亦若是.' 公明儀曰: '文王我師也,
순 하 인 야　여 하 인 야　유 위 자 역 약 시　공 명 의 왈　문 왕 아 사 야

周公豈欺我哉?' 今滕, 絶長補短, 將五十里也, 猶可以爲善國.
주 공 기 기 아 재　　금 등　절 장 보 단　장 오 십 리 야　유 가 이 위 선 국

書曰: '若藥不暝眩, 厥疾不瘳.'"
서 왈　　약 약 불 명 현　궐 질 불 추

부모의 상례에 마음을 다하라

등滕나라 정공定公이 죽자, 세자가 스승 연우然友에게 말했다.

"전에 나는 맹자를 송에서 만나 이야기를 나눈 적이 있는데, 아직도 마음에서 잊히지 않습니다. 이제 불행하게도 부친상을 당하였으니, 스승님을 보내 맹자께 여쭙게 한 다음에 장례를 치르고자 합니다."

연우가 추鄒 땅에 가서 맹자에게 상례에 대해서 묻자, 맹자가 말했다.

"참으로 훌륭합니다. 부모의 상례는 마땅히 자신의 효성孝誠을 다해 치러야 합니다.

옛날에 증자가 말하길, '어버이 살아 계실 때는 예로써 섬기고, 돌아가시면 예로써 장사를 지내며, 제사를 모실 때도 예로써 해야 효라고 할 수 있다.'라고 했습니다.

제후들의 예는 아직 배우지 않았으며, 잘 알지 못합니다. 그러나 일찍이 들은 바가 있습니다. 삼년상에 베옷을 입고, 죽을 먹는 것은 천자부터 서민까지 하은주 삼 대 이래로 공통으로 따르던 예법입니다."

滕定公薨. 世子謂然友曰: "昔者孟子嘗與我言於宋,
등 정 공 훙　세 자 위 연 우 왈　　석 자 맹 자 상 여 아 언 어 송

於心終不忘. 今也不幸至於大故, 吾欲使子問於孟子, 然後行事."
어 심 종 불 망　금 야 불 행 지 어 대 고　오 욕 사 자 문 어 맹 자　연 후 행 사

然友之鄒問於孟子. 孟子曰: "不亦善乎! 親喪固所自盡也.
연 우 지 추 문 어 맹 자　맹 자 왈　　불 역 선 호　친 상 고 소 자 진 야

曾子曰: '生, 事之以禮; 死, 葬之以禮, 祭之以禮, 可謂孝矣.'
증 자 왈　생　사 지 이 례　사　장 지 이 례　제 지 이 례　가 위 효 의

諸侯之禮, 吾未之學也; 雖然, 吾嘗聞之矣. 三年之喪, 齊疏之服,
제 후 지 례　오 미 지 학 야　수 연　오 상 문 지 의　삼 년 지 상　자 소 지 복

飦粥之食, 自天子達於庶人, 三代共之."
전 죽 지 식　자 천 자 달 어 서 인　삼 대 공 지

해설

연우는 세자의 스승입니다. 대고大故는 부모상을 말하고, 사事는 상례를
말합니다.

세자의 삼년상

연우가 돌아와서 보고하자, 세자는 삼년상을 치르기로 결정했다. 그러자 부형과 백관들이 원하지 않으며 말했다.

"우리 종주국인 노나라의 선대 군주들도 삼년상을 지내지 않았으며, 우리 선대 군주들도 삼년상을 지내지 않았는데, 당신의 대에 이르러 이를 뒤집는 것은 불가합니다.

또 기록에 따르면 '상례와 제례는 선조의 법도를 따라야 한다.'라고 했고, 어떤 이는 '우리가 물려받은 것이 있다.'라고 했습니다."

然友反命, 定爲三年之喪. 父兄百官皆不欲, 曰:
연우반명 정위삼년지상 부형백관개불욕 왈

"吾宗國‧魯先君莫之行, 吾先君亦莫之行也, 至於子之身而反之,
오종국로선군막지행 오선군역막지행야 지어자지신이반지

不可. 且志曰: '喪祭從先祖.' 曰: '吾有所受之也.'"
불가 차지왈 상제종선조 왈 오유소수지야

군자의 덕은 바람과 같으니

세자가 연우에게 말했다.

"나는 지난날 학문을 배우지 않고 오직 말 타기와 검술 연습만을 좋아했습니다. 그래서 지금 부형들과 백관들이 나를 부족한 사람이라 여기고 부친상에서 예를 다하지 못할까 걱정하는 것 같습니다. 선생님이 저를 위해서 다시 맹자께 여쭈어 주십시오."

연우가 다시 추 땅에 가서 맹자에게 묻자 맹자가 말했다.

"그래도 아들이 부친상을 모시는 일에 있어 다른 사람의 말을 들으면 안 됩니다. 어디까지나 효성을 다해야 합니다.

공자께서는 '임금이 죽으면 세자는 나랏일을 재상에게 위임하고, 슬픔으로 얼굴이 짙은 검은색이 되어 상주의 자리를 지키며 통곡을 해야 한다. 그러면 모든 관리가 아무도 감히 슬퍼하지 않는 자가 없으니, 이는 솔선했기 때문이다.'라고 하셨습니다.

윗사람이 무엇을 좋아하면, 아랫사람은 더 심하게 좋아합니다. 군자의 덕은 바람과 같고, 소인의 덕은 풀과 같으니, 풀 위로 바람이 불면 풀은 반드시 바람 부는 쪽으로 쓰러집니다. 그러므로 이 일은 오직 세자에게 달려 있습니다."

謂然友曰: "吾他日未嘗學問, 好馳馬試劍.
위 연 우 왈　　오 타 일 미 상 학 문　　호 치 마 시 검

今也父兄百官不我足也, 恐其不能盡於大事, 子爲我問孟子."
금 야 부 형 백 관 불 아 족 야　　공 기 불 능 진 어 대 사　　자 위 아 문 맹 자

然友復之鄒問於孟子. 孟子曰: "然. 不可以他求者也."
연 우 부 지 추 문 어 맹 자　　맹 자 왈　　연　　불 가 이 타 구 자 야

孔子曰: '君薨, 聽於冢宰. 歠粥, 面深墨, 卽位而哭, 百官有司,
공 자 왈　　군 훙　　청 어 총 재　　철 죽　　면 심 묵　　즉 위 이 곡　　백 관 유 사

莫敢不哀, 先之也.' 上有好者, 下必有甚焉者矣. '君子之德, 風也;
막감불애 선지야 상유호자 하필유심언자의 군자지덕 풍야

小人之德, 草也. 草尚之風必偃.' 是在世子."
소인지덕 초야 초상지풍필언   시재세자

불아족不我足은 '나를 그들의 뜻에 만족하지 않게 여긴다'는 뜻입니다. 불가타구자不可他求者는 '마땅히 자신이 책임을 진다'는 뜻을 말한 것입니다. 철歠은 음飮이고, 심묵深墨은 '안색이 심하게 검다'는 뜻입니다. 즉卽은 취就와 같습니다. 상尙은 《논어》에는 상上으로 쓰여 있는데, 옛날에는 두 글자가 통했다고 합니다. 언偃은 복伏의 뜻입니다.

상례로 솔선하다

연우가 돌아와 보고하였고, 세자가 말했다.

"그러합니다. 이 일은 정녕 저에게 달려 있습니다."

그리고 다섯 달 동안 여막에 살면서 정사에 관한 명령이나 금지령을 내리지 않았다. 그러자 모든 관리와 집안사람들이 세자는 예를 안다고 하였다. 장례 때에 사방에서 사람들이 와서 세자가 초췌한 안색으로 소리 내어 곡하는 것을 보고는 조문객들이 모두 흡족해했다.

然友反命. 世子曰: "然. 是誠在我." 五月居廬, 未有命戒.
연우반명　세자왈　연　시성재아　오월거려　미유명계

百官族人可謂曰知. 及至葬, 四方來觀之, 顔色之戚, 哭泣之哀,
백관족인가위왈지　급지장　사방래관지　안색지척　곡읍지애

弔者大悅.
조자대열

해설

천자는 일곱 달, 제후는 다섯 달, 대부는 세 달, 선비는 한 달 동안 시신을 빈소에 모셨고, 그 기간이 지나야 매장했습니다. 그동안 상주는 여막에 거처했는데, 거적 위에서 자고, 죽을 먹고, 주야로 곡을 하며 애통해합니다. 따라서 상주의 얼굴이 초췌해지고 안색이 검게 됩니다.

백성의 농사를 소홀히 하지 말라

등나라 문공이 맹자에게 나라를 다스리는 것에 대해서 물었다.
맹자가 말했다.

"백성들의 농사를 소홀히 하면 안 됩니다. 《시경》〈빈풍·칠월七月〉
편에 이르기를 '낮에는 띠 풀을 베고 밤에는 새끼를 꼬아 서둘러 지
붕을 손질해야 비로소 백곡의 씨를 뿌릴 수 있네.'라고 했습니다."

滕文公問爲國. 孟子曰: "民事不可緩也. 詩云: '晝爾于茅,
등 문 공 문 위 국　맹 자 왈　　민 사 불 가 완 야　시 운　　주 이 우 모

宵爾索綯; 亟其乘屋, 其始播百穀.'"
소 이 삭 도　극 기 승 옥　기 시 파 백 곡

민사民事는 농사를 말합니다. 우于는 '가서 취한다'는 뜻이고, 도綯는 '새
끼를 꼰다'는 뜻입니다. 극極은 급急입니다. 승乘은 '올라가다'의 뜻이고,
파播는 '뿌리다'의 뜻입니다. 농사가 지극히 중대하므로 임금이 가볍게 여
기거나 소홀히 하면 안 된다는 뜻을 말한 것입니다.

백성이 살아가는 도리

"백성들이 살아가는 도리가 있으니, 항산이 있는 자는 항심을 지니게 되지만, 항산이 없으면 항심도 없게 된다는 것입니다. 만약 항심이 없게 되면 방탕하고 편벽되며 간사하고 사치한 행동을 하게 됩니다.

백성들이 죄에 빠지고 난 후에 이들에게 형벌을 내리는 것은, 백성을 법망에 걸리게 하는 격입니다. 어찌 인한 사람이 자리에 있으면서 백성을 법망에 걸려들게 하겠습니까?

그러므로 현명한 임금은 반드시 공손하고 검소하며 아랫사람을 예로써 대하고 백성들에게 세금을 거둘 때도 절제해야 합니다."

"民之爲道也, 有恒産者有恒心, 無恒産者無恒心. 苟無恒心,
민 지 위 도 야　유 항 산 자 유 항 심　무 항 산 자 무 항 심　구 무 항 심

放辟邪侈, 無不爲己. 及陷乎罪, 然後從而刑之, 是罔民也.
방 벽 사 치　무 불 위 이　급 함 호 죄　연 후 종 이 형 지　시 망 민 야

焉有仁人在位, 罔民而可爲也? 是故賢君必恭儉禮下, 取於民有制."
언 유 인 인 재 위　망 민 이 가 위 야　시 고 현 군 필 공 검 례 하　취 어 민 유 제

공법과 조법, 철법

"양호가 말하길, '부자가 되려면 인할 수 없고, 인하려면 부자가 될 수 없다.'라고 했습니다.

하나라 때는 50무畝씩 땅을 나누어 주고 공법을 시행했고, 은나라 때는 70무씩 땅을 나누어 주고 조법을 시행했으며, 주나라 때는 백 무씩 땅을 나누어 주고 철법을 시행했는데, 실제 세금은 모두 10분의 1이었습니다. '철徹'은 통한다는 뜻이고, '조助'는 빌린다는 뜻입니다."

"陽虎曰: '爲富不仁矣, 爲仁不富矣.' 夏后氏五十而貢,
양 호 왈　위 부 불 인 의　위 인 불 부 의　　하 후 씨 오 십 이 공

殷人七十而助, 周人百畝而徹, 其實皆什一也. 徹者, 徹也; 助者,
은 인 칠 십 이 조　주 인 백 무 이 철　기 실 개 십 일 야　철 자　철 야　조 자

藉也."
자 야

해설

공법, 조법, 철법은 하은주 삼 대의 토지 제도입니다. 하나라 때는 50무의 땅을 주고 5무에서 산출되는 곡식을 바치게 했고, 은나라 때는 정전제井田制를 시행했습니다. 630무를 9등분하여, 여덟 집이 각각 70무의 사전私田을 경작하고, 공동으로 공전公田을 경작해서 그 소출을 나라에 바쳤습니다. 주나라 때는 각자에게 백 무의 땅을 주고, 일정 구역의 농사를 함께 짓게 한 후 수확량에 세금을 징수했습니다.

용자의 토지 정책

"용자龍子(고대 중국의 현인)는 '토지를 다스리는 데 조법이 가장 좋고, 공법이 가장 좋지 않다.'라고 말했습니다. 공법은 수 년간 생산의 중간치를 헤아려 일정액의 세금을 바치게 하는 제도입니다.

풍년에는 양식이 도처에 넘쳐나 과다하게 거두어도 가혹하다고 하지 않는데 세금을 적게 취하고, 흉년에는 비료를 밭에 뿌려도 수확이 부족한데 반드시 채워서 세금을 거둬 갑니다. 백성의 부모 된 임금이 1년 내내 쉬지 않고 부지런히 농사를 지어도 부모조차 봉양할 수 없게 합니다.

빚을 내서라도 정해진 세금을 채워 내게 하여 노인과 어린아이가 굶어 죽어 구덩이에 뒹굴게 한다면, 어찌 그런 임금을 백성의 부모라 할 수 있겠습니까?"

"龍子曰: '治地莫善於助, 莫不善於貢.' 貢者校數歲之中以爲常.
용 자 왈　치 지 막 선 어 조　막 불 선 어 공　공 자 교 수 세 지 중 이 위 상

樂歲, 粒米狼戾, 多取之而不爲虐, 則寡取之;
낙 세　입 미 랑 려　다 취 지 이 불 위 학　즉 과 취 지

凶年, 糞其田而不足, 則必取盈焉. 爲民父母, 使民盼盼然,
흉 년　분 기 전 이 부 족　즉 필 취 영 언　위 민 부 모　사 민 혜 혜 연

將終歲勤動, 不得以養其父母, 又稱貸而益之. 使老稚轉乎溝壑,
장 종 세 근 근　부 득 이 양 기 부 모　우 칭 대 이 익 지　사 로 치 전 호 구 학

惡在其爲民父母也?"
오 재 기 위 민 부 모 야

등과 주나라의 토지 제도

"자손 대대로 봉록을 주는 것은 본디 등나라가 시행하던 것입니다. 《시경》〈소아·대전大田〉편에서 '우리 공전公田에 먼저 비 내리고, 이어 우리 사전私田에도 내린다.'라고 하였는데, 조법이라야 공전이 있습니다. 이로써 볼 때, 주나라도 조법을 썼을 것입니다."

"夫世祿, 滕固行之矣. 詩云: '雨我公田, 遂及我私.' 惟助爲有公田.
부 세 록 등 고 행 지 의 시 운   우 아 공 전 수 급 아 사   유 조 위 유 공 전

由此觀之, 雖周亦助也."
유 차 관 지   수 주 역 조 야

해설

맹자는 앞서 '주나라 문왕이 기 땅을 다스릴 때, 경작자가 9분의 1을 세금으로 바쳤고, 벼슬하는 자는 대대로 녹봉을 받았다.'라고 말한 바 있습니다. 당시는 조법이 아직 시행되지 않았기 때문에 백성들로부터 세금을 징수하는 데 제약이 없었습니다.

우雨는 '비를 내린다'는 뜻입니다. 먼저 공전에 비를 내리고, 다음에 사전에 비를 내려 달라고 하늘에 기원했으니, 공을 앞세우고 사를 뒤로 돌린 것입니다. 당시 조법은 완전히 폐지되었으며, 기록도 남은 것이 없었습니다. 이 시가 있어 주周나라 역시 조법을 썼음을 알 수 있었고, 그래서 인용한 것입니다.

인륜을 바탕으로 백성을 교화하라

"상庠, 서序, 학學, 교校의 교육기관을 설치해 백성들을 가르쳐야 합니다. 상은 기른다는 뜻이고, 교는 가르친다는 뜻이며, 서는 활쏘기를 익힌다는 뜻입니다. 하나라에서는 교라고 했고, 은나라에서는 서라고 했으며, 주나라에서는 상이라 했습니다. 학이란 이름은 하은 주 삼 대가 같았습니다.

이들은 모두 인륜을 밝히는 바탕을 가르쳤습니다. 위에서 먼저 인륜을 밝히면, 일반 백성들도 아래에서 서로 친목하게 됩니다."

"設爲庠序學校以敎之: 庠者, 養也; 校者, 敎也; 序者, 射也. 夏曰校,
설 위 상 서 학 교 이 교 지 상 자 양 야 교 자 교 야 서 자 사 야 하 왈 교

般曰序, 周曰庠, 學則三代共之, 皆所以明人倫也. 人倫明於上,
은 왈 서 주 왈 상 학 즉 삼 대 공 지 개 소 이 명 인 륜 야 인 륜 명 어 상

小民親於下."
소 민 친 어 하

해설

상은 노인을 부양하는 것을, 교는 백성을 가르치는 것을 기본 의로 삼았으며, 서는 활쏘기를 익히는 것을 기본 의로 삼았습니다. 이들은 다 향학鄕學입니다. 학은 왕도에 있는 태학太學이며, 하은주 삼 대에서 모두 이름이 같았습니다.

윤倫은 위계, 서열 등 질서의 뜻으로, 부자유친父子有親, 군신유의君臣有義, 부부유별夫婦有別, 장유유서長幼有序, 붕우유신朋友有信의 다섯 가지가 인륜에서 가장 중요한 것들입니다. 상, 서, 학, 교는 이러한 인륜을 가르치고 밝히는 바탕입니다.

힘써 행하여 나라를 새롭게 하라

"왕 노릇 하는 자가 나오면 반드시 와서 배우고 법도를 취할 것이니, 이것이 왕 노릇 하는 자의 스승이 되는 것입니다.

《시경》〈대아·문왕〉편에서 '주나라는 비록 오래된 나라이지만 그 천명이 새롭구나.'라고 한 것은 문왕을 말한 것입니다. 임금께서 힘써 행한다면 등나라를 새롭게 하실 수 있을 것입니다."

"有王者起, 必來取法. 是爲王者師也. 詩云: '周雖舊邦, 其命惟新',
유왕자기 필래취법 시위왕자사야 시운 주수구방 기명유신

文王之謂也. 子力行之, 亦以新子之國."
문왕지위야 자력행지 역이신자지국

해설

등나라는 작은 나라라 인한 정치를 펼친다 해도 반드시 천하를 지배하고 왕업王業을 흥성케 할 것이라고 말할 수는 없습니다. 그러나 왕자王者의 스승이 되면 그 은택이 천하에 미칠 것입니다. 주나라는 후직后稷 이래, 오래된 제후의 나라였습니다. 천명을 받고 천하를 다스린 것은 문왕 때에 비롯했음을 말합니다.

인한 정치는 토지를 다스리는 것부터

등나라 문공이 필전畢戰을 보내 정전법丁田法에 대해 물었다. 그러자 맹자가 말했다.

"그대의 임금이 인한 정치를 행하려고 그대를 뽑아 보냈으니, 그대는 반드시 힘써야 할 것이다.

무릇 인한 정치는 반드시 토지의 경계를 바르게 하는 데서 시작된다. 경계가 정확하지 않으면 정전丁田의 토지가 고르지 않고, 따라서 녹봉도 공평하지 않게 된다. 때문에 폭군과 탐관오리들은 경계 확정을 소홀히 하게 마련이다.

경계를 정확하게 하면 토지를 분배하고 녹봉을 정하는 것을 앉아서도 할 수 있게 된다."

使畢戰問井地. 孟子曰: "子之君將行仁政, 選擇而使子,
사 필 전 문 정 지　맹 자 왈　　자 지 군 장 행 인 정　선 택 이 사 자

子必勉之! 夫仁政, 必自經界始. 經界不正, 井地不均, 穀祿不平,
자 필 면 지　부 인 정　필 자 경 계 시　경 계 부 정　정 지 불 균　곡 록 불 평

是故暴君汙吏必慢其經界. 經界旣正, 分田制祿可坐而定也."
시 고 폭 군 오 리 필 만 기 경 계　경 계 기 정　분 전 제 록 가 좌 이 정 야

해설

필전은 등나라의 신하입니다. 문공이 맹자의 말을 듣고 필전에게 정전의 일을 주관하게 했으므로 필전이 맹자에게 와서 자세하게 물은 것입니다. 정지井地는 토지를 정井으로 9등분하는 것이고, 경계經界는 농지를 다스리고 밭을 분할하여 그 도랑과 길을 구획하고 나누어서 경작케 함을 말합니다.

교내와 교외의 토지 제도를 달리하라

"무릇 등나라는 토지가 협소하지만 군자 될 만한 이가 있고, 농사 짓는 야인이 될 사람도 있을 것이다. 군자가 없으면 야인들을 다스리지 못하고, 야인이 없으면 군자를 부양하지 못한다.

청하건대 교외는 9분의 1을 바치는 조법을 쓰고, 수도에서는 10분의 1을 바치는 철법을 적용해 스스로 내게 하며, 경 이하의 관리는 50무의 전을 갖게 하고, 여부는 25무를 주시오."

"夫滕壤地褊小, 將爲君子焉, 將爲野人焉. 無君子莫治野人,
부 등 양 지 편 소　장 위 군 자 언　장 위 야 인 언　무 군 자 막 치 야 인

無野人莫養君子. 請野九一而助, 國中什一使自賦.
무 야 인 막 양 군 자　청 야 구 일 이 조　국 중 십 일 사 자 부

卿以下必有圭田, 圭田五十畝. 餘夫二十五畝."
경 이 하 필 유 규 전　규 전 오 십 무　여 부 이 십 오 무

해설

규전은 제사에 올릴 곡식을 재배하는 전답을 말합니다. 한 집안에서 한 사람의 장정이 백 무畝의 사전을 받는데, 여덟 집안이 합동해서 중앙의 공전을 경작하고 나라에 바칩니다. 이때의 장정은 부모, 아내, 자식 등 5~6명의 가족을 부양해야 합니다. 한편 장정의 동생으로 나이가 16세 이상이면서 미혼인 경우는 별도로 25무의 땅을 추가로 내려 주라는 것입니다.

정전제는 공동체를 강화한다

"이렇게 하면 죽거나 이사를 해도 고향을 떠나지 않으며, 마을의 정전을 함께 일구고 출입할 때도 서로 친하게 지내고, 도둑으로부터 마을을 지키고 망볼 때 서로 도우며, 질병에 걸렸을 때도 서로 의지하고 도우므로 결국 백성들이 서로 친애하고 화목하게 될 것이다."

"死徙無出鄕, 鄕田同井, 出入相友, 守望相助, 疾病相扶持,
 사 사 무 출 향 향 전 동 정 출 입 상 우 수 망 상 조 질 병 상 부 지
則百姓親睦."
즉 백 성 친 목

해설

사死는 '장례'의 뜻이고, 사徙는 '거처를 옮긴다'는 뜻입니다. 동정자同井者는 '여덟 가구'를 말하고, 우友는 '짝한다'는 뜻입니다. 수망守望은 '도둑을 방어함'을 뜻합니다.

정전법의 운용은 군주에게 달렸다

"사방이 1리의 땅이 정이므로 1정은 9백 무가 된다. 이 땅을 우물 정井 자 모양으로 9등분하니 그 가운데가 곧 공전公田이다. 여덟 집에서 사전私田 백 무를 소유하고 공동으로 공전을 경작하는데 공전의 일을 마친 다음에 비로소 사전의 일을 해야 하니, 이는 군자와 야인을 구별하기 위함이다. 이상이 정전제의 대략이니, 무릇 이를 잘 운용하는 것은 군주와 당신에게 달려 있다."

"方里而井, 井九百畝, 其中爲公田. 八家皆私百畝, 同養公田.
방 리 이 정 정 구 백 무 기 중 위 공 전 팔 가 개 사 백 무 동 양 공 전

公事畢, 然後敢治私事, 所以別野人也. 此其大略也. 若夫潤澤之,
공 사 필 연 후 감 치 사 사 소 이 별 야 인 야 차 기 대 략 야 약 부 윤 택 지

則在君與子矣."
즉 재 군 여 자 의

해설

정전제의 형식과 제도를 자세히 설명하고 있습니다. 이것이 곧 주나라의 조법입니다. 공전은 군자의 녹祿이 되고, 사전은 야인이 받은 땅입니다. 선공후사先公後私라고 말한 것은 군자와 야인을 분별하기 때문입니다. 군자에 대한 말을 하지 않고 야인만을 들어 말한 것은 글을 생략한 것입니다. 제후들이 전적典籍을 없애 버렸으므로 여기선 다만 대략을 말했을 뿐입니다.

인한 정치는 백성을 부른다

신농씨神農氏(농사와 종자를 관장하는 신)의 말을 실천하는 허행許行이 초나라에서 등나라로 왔다. 그는 대궐 문에 이르러 문공에게 말했다.

"먼 나라 사람이 임금께서 인한 정치를 행하신다는 말을 듣고 왔습니다. 원컨대 살 집을 얻어 이 나라 백성이 되고 싶습니다."

문공이 그에게 거처할 곳을 주었다. 그러자 그의 무리 수십 명이 거친 베옷을 입고 짚신을 삼으며 자리를 짜서 먹고살았다.

진량陳良의 제자인 진상陳相이 동생 진신陳辛과 함께 쟁기와 보습을 등에 메고 송나라에서 등나라로 와서 말했다.

"저희는 임금께서 성인의 정치를 행하신다고 들었습니다. 그렇다면 임금께서 바로 성인이시니, 성인의 백성이 되고 싶습니다."

有爲神農之言者許行, 自楚之滕, 踵門而告文公曰:
유 위 신 농 지 언 자 허 행　자 초 지 등　종 문 이 고 문 공 왈

"遠方之人聞君行仁政, 願受一廛而爲氓." 文公與之處,
원 방 지 인 문 군 행 인 정　원 수 일 전 이 위 맹　　문 공 여 지 처

其徒數十人, 皆衣褐, 捆屨織席以爲食. 陳良之徒陳相與其弟辛,
기 도 수 십 인　개 의 갈　곤 구 직 석 이 위 식　진 량 지 도 진 상 여 기 제 신

負耒耜而自宋之滕, 曰: "聞君行聖人之政, 是亦聖人也,
부 뇌 사 이 자 송 지 등　왈　문 군 행 성 인 지 정　시 역 성 인 야

願爲聖人氓."
원 위 성 인 맹

군주도 직접 농사지어야 하는가

진상이 허행을 만나 보고 크게 기뻐했으며 자기가 배운 것을 다 버리고, 허행에게 배웠다. 그 후 진상이 맹자를 만나 허행의 학설에 대해 이렇게 말했다.

"등나라 문공은 참으로 현명하기는 합니다만, 아직도 임금의 도를 터득하진 못했습니다. 현자는 백성과 함께 농사를 지어서 먹고, 손수 밥을 지어 먹으면서 백성을 다스려야 합니다.

그런데 지금 등나라에는 곡식 창고와 재물 창고가 있습니다. 이는 곧 임금이 백성들로부터 심하게 거두어들여서 자기만 편안하게 살겠다는 것입니다. 그러니 어찌 현명하다고 하겠습니까?"

陳相見許行而大悅, 盡棄其學而學焉. 陳相見孟子, 道許行之言曰:
진상견허행이대열　진기기학이학언　진상견맹자　도허행지언왈

"滕君, 則誠賢君也; 雖然, 未聞道也. 賢者與民並耕而食, 饔飧而治.
등군　즉성현군야　수연　미문도야　현자여민병경이식　옹손이치

今也滕有倉廩府庫, 則是厲民而以自養也, 惡得賢?"
금야등유창름부고　즉시려민이이자양야　오득현

허행은 전국 시대 초나라 사람으로 농가農家의 대표적 인물입니다. 모든 갈등은 남보다 더 소유하려고 착취하고 빼앗는 데서 생겨나므로 군주 역시 일반 백성과 함께 농사를 지으며 자급자족해야 한다고 주장했습니다.

허행에 대한 반박

맹자: "허행은 반드시 손수 농사지어 먹느냐?"

진상: "그렇습니다."

맹자: "허행은 반드시 손수 베를 짜서 옷을 입느냐?"

진상: "아닙니다. 허행은 거친 베 옷을 입습니다."

맹자: "허행은 관을 쓰느냐?"

진상: "관을 씁니다."

맹자: "어떠한 관이냐?"

진상: "흰 비단으로 만든 관입니다."

맹자: "손수 만든 것이냐?"

진상: "아닙니다. 곡물과 교역한 것입니다."

맹자: "허행은 왜 손수 베를 짜지 않느냐?"

진상: "농사짓는 데 방해가 되기 때문입니다."

맹자: "허행은 솥과 시루로 밥을 짓고, 또 쇠로 만든 농기구로 밭을 가느냐?"

진상: "그러합니다."

맹자: "손수 만든 것들이냐?"

진상: "아닙니다. 곡식과 교역한 것입니다."

孟子曰: "許子必種粟而後食乎?" 曰: "然." "許子必織布而後衣乎?"
맹 자 왈　　허 자 필 종 속 이 후 식 호　　왈　　연　　　허 자 필 직 포 이 후 의 호

曰: "否. 許子衣褐." "許子冠乎?" 曰: "冠." 曰: "奚冠?" 曰: "冠素."
왈　부　허 자 의 갈　　허 자 관 호　　왈　관　왈　해 관　왈　관 소

曰: "自織之與?" 曰: "否. 以粟易之." 曰: "許子奚爲不自織?" 曰:
왈　자 직 지 여　　왈　부　이 속 역 지　　왈　허 자 해 위 부 자 직　　왈

“害於耕.” 曰: “許子以釜甑爨, 以鐵耕乎?” 曰: “然.” “自爲之與?”
해 어 경　왈　허 자 이 부 증 찬　이 철 경 호　　왈　연　　자 위 지 여

曰: “否. 以粟易之.”
왈　부　이 속 역 지

부釜는 ‘삶는 그릇’, 증甑은 ‘취사용 시루’이고, 찬爨은 ‘불을 땐다’는 뜻입니다. 철鐵은 ‘쇠로 만든 보습 같은 농기구’를 말합니다. 맹자는 여덟 번 반문했는데, 모두 맹자가 묻고 진상이 답한 것입니다.

기술은 전문가에게

"곡물을 기물과 바꾸는 것이 도공陶工이나 야공冶工에게 손해를 끼치는 것이 아니라면, 도공과 야공 역시 자기가 만든 기물을 곡물과 바꾸는 것이 어찌 농부에게 손해를 끼치는 일이겠느냐?

또 허행은 어찌하여 손수 도공과 야공 일을 해서 모든 기물을 자기 집에다 가져다 쓰지 않느냐? 어찌하여 번거롭게 다른 장인들과 교역을 하느냐? 허행은 어찌하여 번거로운 일을 꺼리지 않느냐?"

진상이 말했다.

"여러 직공의 일은 원래 농사를 하면서 할 수 있는 일이 아닙니다."

"以粟易械器者, 不爲厲陶冶 陶冶亦以其械器易粟者,
이 속 역 계 기 자 불 위 려 도 야 도 야 역 이 기 계 기 역 속 자

豈爲厲農夫哉? 且許子何不爲陶冶. 舍皆取諸其宮中而用之?
기 위 려 농 부 재   차 허 자 하 불 위 도 야 사 개 취 제 기 궁 중 이 용 지

何爲紛紛然與百工交易? 何許子之不憚煩?" 曰: "百工之事,
하 위 분 분 연 여 백 공 교 역   하 허 자 지 불 탄 번   왈   백 공 지 사

固不可耕且爲也."
고 불 가 경 차 위 야

이 구절은 맹자가 묻고 진상이 대답한 것입니다. 계기械器는 가마나 시루 같은 것을 말하고, 도陶는 시루를 만드는 사람, 야冶는 솥이나 쇠의 농기구를 만드는 사람입니다. 사舍는 '안 한다'는 뜻입니다. '사'를 앞 구절에 붙여 읽고 도공이나 야공의 집으로 풀기도 합니다.

각자 할 일이 따로 있다

맹자가 말했다.

"그러하거늘 천하를 다스리는 사람은 홀로 농사도 짓고, 또 다스리기도 해야 하는가?

세상에는 대인이 할 일이 있고, 소인이 할 일이 있는 법이다. 또한 사람에게는 여러 직공이 만든 기물들이 다 필요한데, 만약 그 모든 것을 손수 만들어 써야 한다면, 천하의 모든 사람을 지쳐 버리게 할 것이다.

그러므로 어떤 사람은 마음을 수고롭게 하고, 어떤 사람은 몸을 수고롭게 한다. 마음을 수고롭게 하는 사람은 남을 다스리고, 몸을 수고롭게 하는 사람은 남에게 다스림을 받는다.

다스림을 받는 자는 남을 먹여 살리고, 다스리는 자는 남에게 얻어 먹는 것이 천하에 두루 통하는 이치이다."

"然則治天下獨可耕且爲與? 有大人之事, 有小人之事. 且一人之身,
연 즉 치 천 하 독 가 경 차 위 여　유 대 인 지 사　유 소 인 지 사　차 일 인 지 신

而百工之所爲備. 如必自爲而後用之, 是率天下而路也. 故曰:
이 백 공 지 소 위 비　여 필 자 위 이 후 용 지　시 솔 천 하 이 로 야　고 왈

或勞心, 或勞力; 勞心者治人, 勞力者治於人; 治於人者食人,
혹 로 심　혹 로 력　노 심 자 치 인　노 력 자 치 어 인　치 어 인 자 사 인

治人者食於人; 天下之通義也."
치 인 자 사 어 인　천 하 지 통 의 야

군주가 농사지을 틈이 있겠는가

"요임금 때만 해도 천하가 평안하지 못했다. 홍수가 멋대로 넘쳐 흘러 천하에 범람하고, 초목이 울창하고 무성하여 금수가 번식했다. 오곡이 여물지 못하고 금수가 사람에게 달려들어 위협했으며, 들짐승과 날짐승의 발자국이 나라 가운데 어지럽게 나 있었다.

요임금 홀로 이 상태를 걱정하여 순임금에게 다스리게 하였다. 순임금은 백익伯益을 시켜 불을 다루게 했는데, 백익은 산과 늪에 불을 놓아 모조리 태워 버렸다. 이에 금수들이 도망가 숨었다.

한편 우임금은 아홉 개의 물길을 통하게 해, 제수濟水와 탑수漯水를 바다로 흘러들게 했다. 또 여수汝水와 한수漢水의 막힌 물줄기를 트고, 회수淮水와 사수泗水를 터서 장강長江으로 흐르게 했다.

그렇게 한 후에야 온 나라가 농사를 지어 먹고살 수 있게 되었다. 당시 우임금은 8년 동안 외지에 머물렀고 세 번이나 자기 집 앞을 지나고도 들어가지 못했으니, 농사를 짓고 싶어도 할 수 있었겠는가?"

"當堯之時, 天下猶未平, 洪水橫流, 氾濫於天下. 草木暢茂,
당 요 지 시 천 하 유 미 평 홍 수 횡 류 범 람 어 천 하 초 목 창 무

禽獸繁殖, 五穀不登, 禽獸偪人. 獸蹄鳥跡之道, 交於中國.
금 수 번 식 오 곡 부 등 금 수 핍 인 수 제 조 적 지 도 교 어 중 국

堯獨憂之, 擧舜而敷治焉. 舜使益掌火, 益烈山澤而焚之,
요 독 우 지 거 순 이 부 치 언 순 사 익 장 화 익 렬 산 택 이 분 지

禽獸逃匿. 禹疏九河, 瀹濟漯, 而注諸海; 決汝漢, 排淮泗,
금 수 도 닉 우 소 구 하 약 제 탑 이 주 제 해 결 여 한 배 회 사

而注之江, 然後中國可得而食也. 當是時也, 禹八年於外,
이 주 지 강 연 후 중 국 가 득 이 식 야 당 시 시 야 우 팔 년 어 외

三過其門而不入, 雖欲耕, 得乎?"
삼 과 기 문 이 불 입   수 욕 경   득 호

홍洪은 '크다'는 뜻이고, 횡류橫流는 '강물이 물줄기를 타지 않고 넘치고 마구 흐른다'는 뜻이며, 창무暢茂는 '수목이 자라 무성하다'는 뜻입니다. 오곡은 벼, 수수, 피, 보리, 콩이며, 등登은 '곡물이 자라고 익는다'는 뜻입니다. 익益은 백익으로 순임금의 신하입니다. 열烈은 '세차게 불로 태운다'는 뜻이고, 소疏는 '강물을 나누어 통하게 한다'는 뜻입니다.

구하九河는 도해徒駭, 태사太史, 마협馬頰, 복부覆釜, 호소胡蘇, 간簡, 결潔, 구반鉤盤, 격진鬲津의 9개의 강을 말합니다. 제濟와 탑漯은 두 개의 강 이름이고 약瀹은 '소통'의 뜻입니다. 결決과 배排는 '막힌 곳을 터서 소통하게 한다'는 뜻입니다. 여汝, 한漢, 회淮, 사泗도 다 강물의 이름입니다.

우공禹貢의 기록이나 현재의 수로를 보면, 한수만 장강으로 흘러들고, 여수나 사수는 회수로 들어갔으며, 회수는 바다에 흘러 들어간다고 되어 있습니다. 그러므로 앞에서 네 강이 다 장강으로 들어간다고 한 것은 기술한 사람의 잘못입니다.

사람이 따라야 할 다섯 가지 윤리

"후직后稷은 백성에게 농사짓는 법을 가르쳐 오곡을 심고 가꾸게 했다. 오곡이 익자 만민이 먹고살게 되었다. 하지만 사람에게는 따르고 지켜야 할 도리가 있으므로, 배부르게 먹고 따뜻하게 옷을 입으며 편안하게 살되 가르침이 없으면 금수와 비슷한 존재가 된다.

그래서 성인(순임금)은 이를 걱정하여 설契을 사도司徒로 삼고 인륜을 가르치게 했으니, 부자간에는 친함이 있고, 군신 간에는 의리가 있으며, 부부간에는 구별이 있고, 어른과 아이 사이에는 차례가 있으며, 친구 간에는 믿음이 있어야 한다는 것이다.

방훈放勳(요임금)이 말하길, '백성들을 격려하고 따라오게 하며 바로잡아 주고 곧게 펴주며, 도와주고 거들어 스스로 깨닫게 하고, 이에 따라 북돋워 주고 덕을 베풀어라.'라고 했다.

성인이 백성을 걱정함이 이와 같으니, 어느 겨를에 농사를 지을 수 있었겠느냐?"

"后稷敎民稼穡. 樹藝五穀, 五穀熟而民人育. 人之有道也,
후 직 교 민 가 색　수 예 오 곡　오 곡 숙 이 민 인 육　인 지 유 도 야

飽食煖衣逸居而無敎, 則近於禽獸. 聖人有憂之, 使契爲司徒,
포 식 난 의 일 거 이 무 교　즉 근 어 금 수　성 인 유 우 지　사 설 위 사 도

敎以人倫: 父子有親, 君臣有義, 夫婦有別, 長幼有序, 朋友有信.
교 이 인 륜　부 자 유 친　군 신 유 의　부 부 유 별　장 유 유 서　붕 우 유 신

放勳曰: '勞之來之, 匡之直之, 輔之翼之, 使自得之, 又從而振德之.'
방 훈 왈　노 지 래 지　광 지 직 지　보 지 익 지　사 자 득 지　우 종 이 진 덕 지

聖人之憂民如此, 而暇耕乎?"
성 인 지 우 민 여 차　이 가 경 호

　후직은 농사를 관장하는 관직명이자 주나라의 시조 자체를 이르는 말입니다. 후직의 어머니 강원姜嫄은 거인의 발자국을 밟고 잉태하여 아들을 낳았습니다. 불길하게 생각해 여러 차례 내다 버렸으나 기적이 일어났으므로 다시 데리고 와서 키웠습니다. 그래서 이름을 '기棄(버릴 기)'라고 한 것입니다. 기는 농경에 탁월한 재주가 있었고, 그래서 순임금이 그를 농업 장관 '후직'에 임명한 것입니다.

임금의 걱정, 농사꾼의 걱정

"요임금은 순임금 같은 사람을 얻지 못하는 것을 자기의 걱정으로 여겼고, 순임금은 우임금과 고요 같은 사람을 얻지 못하는 것을 자기의 걱정으로 여겼다. 백 무의 땅을 가지고 농사짓기가 쉽지 않다고 걱정하는 사람이 바로 농부다."

"堯以不得舜爲己憂, 舜以不得禹皐陶爲己憂.
요 이 부 득 순 위 기 우　순 이 부 득 우 고 요 위 기 우

夫以百畝之不易爲己憂者, 農夫也."
부 이 백 무 지 불 이 위 기 우 자　농 부 야

해설

이 易는 '다스린다'는 뜻입니다. 요임금과 순임금의 우민憂民은 천하 만민을 위해 다급하고 먼저 힘써야 할 일을 걱정한 것입니다. 백성을 위한 걱정이 큰 것만도 이와 같았으니, 즉 손수 경작할 틈이 없을뿐더러 경작할 필요도 없었다고 말한 것입니다.

훌륭한 인재를 얻는 것이 인

"남에게 재물을 나누어 주는 것을 은혜롭다 하고, 남에게 선을 가르치는 것을 충실하다 하며, 천하 만민을 위하여 훌륭한 인재를 얻는 것을 어질다고 한다. 그러므로 천하를 남에게 주기는 쉬워도, 천하를 위해서 인재를 얻기는 어렵다.

공자께서 말씀하시길, '위대하다, 요임금의 임금 됨이여! 오직 하늘만이 크거늘, 요임금이 그것을 본받으셨으니, 그의 덕이 넓고 아득하여 백성들은 무어라 이름할 수 없구나. 임금답다, 순임금이여! 그의 덕이 높고 또 커서 천하를 물려받고도 관여하지 않았다.'라고 했다.

요임금과 순임금이 천하를 다스릴 때 어찌 마음을 쓰는 바가 없었겠는가? 다만 농사짓는 데 쓰지 않았을 뿐이다."

"分人以財謂之惠, 教人以善謂之忠, 爲天下得人者謂之仁.
분 인 이 재 위 지 혜　교 인 이 선 위 지 충　위 천 하 득 인 자 위 지 인

是故以天下與人易, 爲天下得人難. 孔子曰: '大哉堯之爲君!
시 고 이 천 하 여 인 이　위 천 하 득 인 난　공 자 왈　대 재 요 지 위 군

惟天爲大, 惟堯則之, 蕩蕩乎民無能名焉! 君哉舜也!
유 천 위 대　유 요 칙 지　탕 탕 호 민 무 능 명 언　군 재 순 야

巍巍乎有天下而不與焉!' 堯舜之治天下, 豈無所用其心哉?
외 외 호 유 천 하 이 불 여 언　요 순 지 치 천 하　기 무 소 용 기 심 재

亦不用於耕耳."
역 불 용 어 경 이

스승을 배반한 진상

"나는 중화中華의 가르침으로써 오랑캐를 변화시킨다는 말은 들었어도, 중원이 오랑캐로 인해 변했다는 말은 듣지 못했다.

진량은 초나라 태생이나 주공과 공자의 도를 좋아하여 북쪽의 중원에서 그들의 학문을 배웠다. 그래서 북방의 학자도 그를 앞서지 못하는 경우가 있었으니, 걸출한 선비라 하겠다.

자네 형제가 진량을 스승으로 섬긴 지가 수십 년이 되었거늘, 스승이 죽자 배반하고 말았구나."

"吾聞用夏變夷者, 未聞變於夷者也. 陳良, 楚産也.
오 문 용 하 변 이 자   미 문 변 어 이 자 야   진 량   초 산 야

悅周公, 仲尼之道, 北學於中國. 北方之學者, 未能或之先也.
열 주 공   중 니 지 도   북 학 어 중 국   북 방 지 학 자   미 능 혹 지 선 야

彼所謂豪傑之士也. 子之兄弟事之數十年, 師死而遂倍之."
피 소 위 호 걸 지 사 야   자 지 형 제 사 지 수 십 년   사 사 이 수 배 지

해설

변이變夷는 '오랑캐들을 변화시킨다'는 뜻이고, 변어이變於夷는 반대로 '오랑캐에게 변화된다'는 뜻입니다. 진량은 중국의 남쪽인 초나라에서 출생했습니다. 그래서 북쪽으로 와서 중원의 문화를 배웠다고 한 것입니다.

선先은 '앞서다'의 뜻이며, 호걸豪傑은 재주나 덕이 출중한 사람을 일컫는 말로 진량이 무리보다 뛰어났음을 뜻합니다. 진량은 중원의 문화를 배워 걸출한 선비가 되었지만, 진상은 도리어 야만적으로 퇴보했다고 꾸짖고 있습니다.

형식적으로 추모하지 말라

"옛날에 공자께서 돌아가시고 3년이 지나 문인들이 각자 짐을 꾸리고 고향으로 돌아가기에 앞서 자공의 처소에 들어가서 읍하고, 서로 마주 보고 통곡하여, 모두 목이 쉰 뒤에 돌아갔다. 자공은 혼자 되돌아와 무덤 곁에 여막盧幕을 짓고 혼자 3년을 더 머문 뒤에 돌아갔다.

그 후에 자하, 자장, 자유가 '유약이 공자를 닮았으니 공자를 섬기던 예로써 유약을 섬기자'고 증자에게 강요했다. 그러자 증자가 '그럴 수 없다. 선생님의 학문과 덕은 장강과 한수의 물로 맑게 씻고 가을 햇볕에 말린 듯 고결하여 더할 나위 없다.'라고 말했다."

"昔者孔子沒, 三年之外, 門人治任將歸, 入揖於子貢, 相嚮而哭,
석 자 공 자 몰　삼 년 지 외　문 인 치 임 장 귀　입 읍 어 자 공　상 향 이 곡

皆失聲, 然後歸. 子貢反, 築室於場, 獨居三年, 然後歸. 他日,
개 실 성　연 후 귀　자 공 반　축 실 어 장　독 거 삼 년　연 후 귀　타 일

子夏子張子游以有若似聖人, 欲以所事孔子事之, 彊曾子.
자 하 자 장 자 유 이 유 약 사 성 인　욕 이 소 사 공 자 사 지　강 증 자

曾子曰: '不可. 江漢以濯之, 秋陽以暴之, 皓皓乎不可尙已.'"
증 자 왈　불 가　강 한 이 탁 지　추 양 이 폭 지　호 호 호 불 가 상 이

어찌 오랑캐의 말을 따르는가

"지금 남쪽 오랑캐(허행)가 뱁새 소리로 선왕의 도를 비난하고 있거늘, 그대는 스승을 배반하고 허행을 배우고 따르니 참으로 증자와 다르다. 나는 새가 그윽한 계곡에서 나와 높은 나무로 옮아 간다는 말은 들었어도, 높은 나무에서 내려와 그윽한 계곡으로 들어간다는 말은 들은 바 없다.

《시경》〈노송魯頌·비궁閟宮〉편에 이르기를, '서쪽 오랑캐와 북쪽 오랑캐를 치고, 남쪽의 초나라와 서舒나라를 응징했네.'라고 했다. 주공도 그들을 치고자 했거늘, 그대는 이러한 것을 배우고 따르니 잘못 변한 것이다."

"今也南蠻鴂舌之人, 非先王之道, 子倍子之師而學之,
　금 야 남 만 결 설 지 인　비 선 왕 지 도　자 배 자 지 사 이 학 지

亦異於曾子矣. 吾聞出於幽谷遷於喬木者,
　역 이 어 증 자 의　오 문 출 어 유 곡 천 어 교 목 자

末聞下喬木而入於幽谷者. 魯頌曰: '戎狄是膺, 荊舒是懲.'
　미 문 하 교 목 이 입 어 유 곡 자　노 송 왈　융 적 시 응　형 서 시 징

周公方且膺之, 子是之學, 亦爲不善變矣."
　주 공 방 차 응 지　자 시 지 학　역 위 불 선 변 의

허행의 동종동가론

진상이 말했다.

"허행의 도를 따르면, 시장의 물건 값이 일정해져 나라 안에 거짓이 없게 됩니다. 5척의 아이를 시장에 가게 해도 아무도 속일 수 없을 것입니다.

배와 비단은 길이만 같으면 값이 서로 같고, 삼과 실, 생사와 솜도 무게가 같으면 값이 서로 같으며, 오곡은 분량이 같으면 값이 서로 같고, 신발도 크기만 같으면 값이 서로 같을 것입니다."

"從許子之道, 則市賈不貳, 國中無僞. 雖使五尺之童適市, 莫之或欺
종 허 자 지 도　즉 시 가 불 이　국 중 무 위　수 사 오 척 지 동 적 시　막 지 혹 기

布帛長短同, 則賈相若; 麻縷絲絮輕重同, 則賈相若; 五穀多寡同,
포 백 장 단 동　즉 가 상 약　마 루 사 서 경 중 동　즉 가 상 약　오 곡 다 과 동

則賈相若; 屨大小同, 則賈相若."
즉 가 상 약　구 대 소 동　즉 가 상 약

해설

5척의 아이五尺之童는 어리고 무지한 아이를 말합니다. 허행은 시장에서 파는 물건의 고른 정도나 외양을 막론하고 길이, 무게, 양, 크기만으로 값을 정하려고 했습니다.

물건 값은 같을 수 없다

맹자가 말했다.

"본래 물건이 똑같지 않은 것이 물건들의 실정이다. 그 값이 어떤 것은 서로 배가 되고 다섯 배가 되며, 어떤 것은 열 배가 되고 백 배가 된다. 또 어떤 것은 천 배, 만 배가 되거늘, 그대가 크기만을 비교해 값이 같다고 하니, 이는 천하를 혼란하게 만드는 것이다.

아무렇게나 만든 신발과 정교하게 만든 신발이 크기가 같다고 값이 같다면, 어찌 사람들이 정교한 신발을 만들겠느냐? 허자의 도를 따르는 것은 서로 이끌어 거짓을 행하는 것이니, 어찌 나라를 다스릴 수 있겠는가?"

曰: "夫物之不齊, 物之情也; 或相倍蓰, 或相什伯,
왈　부물지부제 물지정야 혹상배사 혹상십백

或相千萬. 子比而同之, 是亂天下也. 巨屨小屨同賈, 人豈爲之哉?
혹상천만 자비이동지 시란천하야 거구소구동가 인기위지재

從許子之道, 相率而爲僞者也, 惡能治國家?"
종 허 자 지 도　상 솔 이 위 위 자 야　오 능 치 국 가

배倍는 '한 배'의 뜻이고, 사蓰는 '다섯 배'의 뜻입니다. 십백천만什百千萬은 다 배수倍數입니다. 비比는 '옆에 늘어놓다'의 뜻입니다.

맹자는 다음과 같은 뜻을 말한 것입니다. '물품이 서로 같지 않은 것이 바로 자연의 도리다. 물품에는 정밀한 것도 있고 조잡한 것도 있고, 큰 것도 있고 작은 것도 있다. 만약 큰 신과 작은 신의 가격을 같게 한다면 누가 큰 것을 만들려고 하겠느냐. 만약 정밀한 것과 조잡한 것을 논하지

않고 값을 같게 한다면, 천하 모든 사람이 정밀한 것을 만들지 않고, 서로 다투어 조잡한 것을 만들고 서로 속이려 들 것이다.'

병이 낫거든 볼 것이다

묵자를 따르는 이지夷之가 서벽徐辟(맹자의 제자)을 통해 맹자를 뵙기를 청했다. 맹자가 말했다.

"진실로 만나고 싶지만 지금 내가 병중이라 병이 좋아지면 내가 가서 볼 것이다. 오지 않게 하라."

다른 날 거듭 뵙기를 청하자, 맹자가 말했다.

"지금은 그를 만나 볼 수 있다. 그에게 곧바로 직설적으로 말하지 않으면 바른 도가 드러나지 않을 것이니, 나는 직설적으로 말하겠다.

내가 듣기로 이지는 묵자墨者라고 하던데, 묵자는 상례를 치를 때 간소하게 하는 것을 도리로 삼는다. 이지가 묵자의 도리로 온 천하의 풍속을 바꿀 것을 생각하니, 어찌 이를 귀하게 여기지 않겠느냐?

그런데도 이지는 자기 부모의 장례를 성대하게 지냈으니, 이는 자신이 천하게 여기는 바로써 자기 부모를 섬긴 것이다."

墨者夷之, 因徐辟而求見孟子. 孟子曰: "吾固願見, 今吾尚病,
묵 자 이 지 인 서 벽 이 구 견 맹 자   맹 자 왈   오 고 원 견   금 오 상 병

病愈, 我且往見, 夷子不來!" 他日又求見孟子.
병 유 아 차 왕 견 이 자 불 래   타 일 우 구 견 맹 자

孟子曰: "吾今則可以見矣. 不直, 則道不見; 我且直之.
맹 자 왈   오 금 즉 가 이 견 의 부 직 즉 도 불 견   아 차 직 지

吾聞夷子墨者. 墨之治喪也, 以薄爲其道也. 夷子思以易天下,
오 문 이 자 묵 자 묵 지 치 상 야   이 박 위 기 도 야   이 자 사 이 역 천 하

豈以爲非是而不貴也? 然而夷子葬其親厚, 則是以所賤事親也."
기 이 위 비 시 이 불 귀 야   연 이 이 자 장 기 친 후 즉 시 이 소 천 사 친 야

맹자가 병을 핑계한 것은 아마 꾸민 말일 것입니다. 그의 뜻이 성실한지 아닌지를 보고자 한 것이지요. 이지가 또 만나기를 요청하자 그의 뜻이 성실함을 본 맹자는 서벽을 통해 그처럼 다짐한 것입니다. 직直은 직설적으로 말을 해서 바로잡는다는 뜻이고, 역천하易天下는 천하의 풍속을 바꾼다는 뜻입니다.

장자는 다음과 같이 말한 바 있습니다.

"사람이 출생해도 노래하지 않고, 사람이 죽어도 상복을 입지 않는다. 오동나무 관의 두께를 3촌으로 하고, 외곽은 안 쓴다. 이렇게 간소하게 하는 것이 묵자의 상례 방식이며, 소박하게 하는 것을 원칙으로 삼았다."

이지는 묵자에게 배웠으나 양심적으로 불안하게 여기는 바가 있어 따르지 않았고, 맹자가 그 부당함을 지적한 것입니다.

조카와 이웃 아이를 똑같이 사랑할 수 있는가

서벽이 이 말을 이지에게 알리자, 이지가 말했다.

"유가의 도에 따르면 '옛날 사람이 《서경》에 이르기를 백성을 사랑하기를 어린아이 돌보듯 한다.'라고 했으니, 그 말이 무슨 뜻이겠습니까? 사랑에 차등을 두지 않되, 사랑을 베풀 때는 부모로부터 시작하라는 뜻이지요."

서벽이 이 말을 맹자에게 아뢰자, 맹자가 말했다.

"이지는 정녕 자기 형의 아들을 사랑하는 것이 이웃집의 어린아이를 사랑하는 것과 같다고 믿는 것이냐?

《서경》은 다른 뜻을 적은 것이다. 어린아이가 엉금엉금 기어서 우물에 빠지려 하면 이는 어린아이의 잘못이 아니다.

또한 하늘이 만물을 낼 때 뿌리를 하나로 하였는데, 이지는 두 뿌리에서 나온다고 여겼기 때문에 그처럼 잘못 이해한 것이다."

徐子以告夷子. 夷子曰: "儒者之道, 古之人, '若保赤子',
서 자 이 고 이 자   이 자 왈   유 자 지 도   고 지 인   약 보 적 자

此言何謂也? 之則以爲愛無差等, 施由親始." 徐子以告孟子.
차 언 하 위 야   지 즉 이 위 애 무 차 등   시 유 친 시   서 자 이 고 맹 자

孟子曰: "夫夷子, 信以爲人之親其兄之子爲若親其鄰之赤子乎?
맹 자 왈   부 이 자   신 이 위 인 지 친 기 형 지 자 위 약 친 기 린 지 적 자 호

彼有取爾也. 赤子匍匐將入井, 非赤子之罪也. 且天之生物也,
피 유 취 이 야   적 자 포 복 장 입 정   비 적 자 지 죄 야   차 천 지 생 물 야

使之一本, 而夷子二本故也."
사 지 일 본   이 이 자 이 본 고 야

  '약보적자若保赤子'는 《서경》 〈주서·강고康誥〉편에 나오는 것으로 유가의 말입니다. 이지는 이 말을 묵자 사상에 넣어서 맹자가 자기를 비난하는 것을 막으려 했던 것입니다.

  또 이지가 '사랑에는 차등이 없다. 다만 베풀 때는 부모를 먼저 한다愛無差等 施由親始'라고 말한 것은, 묵자 사상을 억지로 유가에 결부시켜서 자기가 부모의 장례를 후하게 치른 것을 해명하려고 한 것으로, 궁지를 모면하기 위한 핑계라 할 수 있습니다.

부모의 장례를 정성껏 해야 하는 이유

"아득한 옛날에 부모를 장례 지내지 않은 자가 있었으니, 부모가 죽자 들어다가 골짜기에 버렸다.

나중에 그곳을 지나는데 여우와 살쾡이가 뜯어 먹고, 파리와 모기가 빨아 먹고 있자 이마에 진땀을 흘리며 똑바로 보지 못하고 고개를 돌려 곁눈으로 보았다.

그의 진땀은 남이 봐서가 아니라 마음속의 애통함이 얼굴에 드러난 것이다. 그는 집에 돌아가서 삼태기와 들것에 흙을 담아 부모의 시신을 덮어 가렸을 것이다.

시신을 가리는 것이 진실로 옳은 일이라면, 후세에 효자나 인한 사람이 부모의 시신을 매장하는 것 또한 반드시 도리가 있기 때문이다."

서벽이 이 말을 이지에게 전하자 이지는 멍하니 있다가 말했다.

"선생께서 저를 잘 깨우쳐 주셨습니다."

"蓋上世嘗有不葬其親者. 其親死, 則擧而委之於壑. 他日過之,
개 상 세 상 유 부 장 기 친 자　기 친 사　즉 거 이 위 지 어 학　타 일 과 지

狐狸食之, 蠅蚋姑嘬之. 其顙有泚, 睨而不視. 夫泚也, 非爲人泚,
호 리 식 지　승 예 고 최 지　기 상 유 차　예 이 불 시　부 차 야　비 위 인 차

中心達於面目. 蓋歸反虆梩而掩之. 掩之誠是也,
중 심 달 어 면 목　개 귀 반 나 리 이 엄 지　엄 지 성 시 야

則孝子仁人之掩其親, 亦必有道矣." 徐子以告夷子,
즉 효 자 인 인 지 엄 기 친　역 필 유 도 의　　서 자 이 고 이 자

夷子憮然爲間曰: "命之矣."
이 자 무 연 위 간 왈　　명 지 의

이지가 자기 부모의 장례를 후하게 지냈다는 사실을 바탕으로 맹자가 이와 같이 말한 것입니다. 아울러 진정한 사랑의 마음은 하나의 뿌리에서 나온다는 깊은 뜻을 밝힌 것입니다.

상세上世는 '태고'를 말하며, 위委는 '버린다'는 뜻입니다. 학壑은 '산의 물이 모여 흐르는 골짜기'이고, 예蚋는 모기의 종류입니다. 고姑는 어조사 혹은 누고螻蛄(땅강아지)로 풉니다. 최嘬는 '달려들어 함께 먹는다'의 뜻입니다.

상顙은 '이마', 차泚는 '흥건하게 땀이 나는 모양'을 말하며, 예睨는 '곁눈으로 보다'의 뜻입니다. 시視는 정시正視의 뜻으로, 애통함이 절박하여, 마음의 심한 충격을 어찌하지 못함을 말합니다. 비위인차非爲人泚는 남이 보기 때문에 꾸며서 식은땀을 흘리는 것이 아니고, 자연히 그렇게 된다는 뜻을 말한 것입니다.

반反은 복覆의 뜻이고, 나虆는 흙 삼태기, 이梩는 들것입니다. 무연憮然은 망연자실한 모양입니다. 위간자爲間者는 '잠시 있다'의 뜻이며, 명命은 교敎와 같은 뜻입니다. 즉 맹자가 자신을 가르쳐 주었다고 말한 것입니다.

등문공 하 滕文公下

자기를 굽히면 남을 바르게 할 수 없다

❀ ❀ ❀

앞의 〈등문공 상〉편과 달리 이 편에는 일정한 주제 없이 맹자가 생각하는 삶의 방식이란 어떤 것인지가 수록되어 있습니다.

굽히는 것은 작고 뻗는 것이 크다

진대陳代(맹자의 제자)가 말했다.

"선생님께서 제후들을 만나지 않는 것은 지나치게 작은 일에 매이신 것 같습니다. 지금이라도 한번 만나시면 크게는 왕자王者가 되게 하시고, 작게는 패자霸者가 되게 하실 것입니다. 또한 기록에 말하길 '한 자를 굽혀 여덟 자를 곧게 한다.'라고 했으니, 해볼 만한 일인 듯합니다."

맹자가 말했다.

"옛날 제나라 경공이 사냥할 때 새털 장식이 된 깃발로 사냥터 관리인虞人을 불렀는데, 그가 오지 않자 죽이려 했다. 그러자 공자께서 '뜻 있는 선비는 도랑과 골짜기에 버려질 것을 생각하고, 용감한 선비는 자기 목이 베어질 것을 잊지 않는다.'라고 하셨으니, 어떤 점을 취하신 것인가?

자신을 부르는 방법이 정당하지 않았기 때문에 가지 않는 것을 취하신 것이다. 만약 내가 제후가 예를 갖추어 부르기를 기다리지 않고, 경솔하게 찾아간다면 어찌 되겠는가?

또한 '한 자를 굽혀서 여덟 자를 곧게 한다'는 말은 이익을 가지고서 말한 것이다. 만약 이익으로 따질 경우, 여덟 자를 굽혀 한 자를 곧게 펴는 것도 이익이 된다면 할 수 있단 말이냐?"

陳代曰: "不見諸侯, 宜若小然; 今一見之, 大則以王, 小則以霸.
진 대 왈　불 견 제 후　의 약 소 연　금 일 견 지　대 즉 이 왕　소 즉 이 패

且志曰: '枉尺而直尋', 宜若可爲也." 孟子曰: "昔齊景公田,
차 지 왈　왕 척 이 직 심　의 약 가 위 야　맹 자 왈　석 제 경 공 전

招虞人以旌, 不至, 將殺之. 志士不忘在溝壑,
초 우 인 이 정　부 지　장 살 지　지 사 불 망 재 구 학

勇士不忘喪其元. 孔子奚取焉? 取非其招不往也, 如不待其招而往,
용 사 불 망 상 기 원　공 자 해 취 언　취 비 기 초 불 왕 야　여 부 대 기 초 이 왕

何哉? 且夫枉尺而直尋者, 以利言也. 如以利, 則枉尋直尺而利,
하 재　차 부 왕 척 이 직 심 자　이 리 언 야　여 이 리　즉 왕 심 직 척 이 리

亦可爲與?"
역 가 위 여

해설

직直은 신伸이고, 8척尺은 심尋이라 합니다. 왕척직심枉尺直尋은 자기를 굽혀 제후들을 만나면 그들을 왕자나 패자가 되게 할 수 있으니, 굽히는 것은 작은 일이고 펴는 것이 큰 일이라고 말한 것입니다.

천하의 으뜸가는 말몰이꾼

"옛날에 조간자趙簡子가 왕량王良에게 총애하는 신하 해奚와 함께 수레를 몰고 사냥하게 했는데, 종일 달려도, 새 한 마리도 잡지 못했다.

그러자 해가 돌아와서 보고하길 '왕량은 천하에 형편없는 말몰이꾼입니다.'라고 했다. 어떤 사람이 이 말을 왕량에게 전하자, 왕량이 '다시 하게 해주십시오.'라고 간청하여 겨우 허락을 얻어 냈다.

그리고 이번에는 하루 아침나절에 열 마리의 새를 잡았다. 해가 돌아와 보고하여 말하길, '왕량은 천하에서 으뜸가는 말몰이꾼입니다.'라고 했다.

그러자 조간자가 '내가 그에게 너만을 위해 수레를 몰게 하겠다.'라고 하고, 그 뜻을 왕량에게 전했다.

왕량이 거절하면서 말하길, '제가 그분을 모시고 법도대로 말을 몰았더니 종일토록 새 한 마리도 못 잡았는데, 법도에 어긋나게 몰았더니 아침나절에 새를 열 마리나 잡았습니다. 《시경》〈소아·차공車攻〉편에 「말 모는 법도를 잃지 않으니 화살을 쏘는 대로 명중하네.」라는 말이 있습니다. 저는 소인과 함께 수레를 타는 데 익숙하지 않아 사양하겠습니다.'라고 했다."

"昔者趙簡子使王良與嬖奚乘, 終日而不獲一禽. 嬖奚反命曰:
석 자 조 간 자 사 왕 량 여 폐 해 승　종 일 이 불 획 일 금　폐 해 반 명 왈

'天下之賤工也.' 或以告王良. 良曰: '請復之.' 彊而後可,
천 하 지 천 공 야　혹 이 고 왕 량　양 왈　청 부 지　강 이 후 가

一朝而獲十禽. 嬖奚反命曰: '天下之良工也.' 簡子曰: '我使掌與女乘.'
일 조 이 획 십 금　폐 해 반 명 왈　천 하 지 량 공 야　간 자 왈　아 사 장 여 여 승

謂王良. 良不可, 曰: ‘吾爲之範我馳驅, 終日不獲一; 爲之詭遇,
위왕량 양불가 왈　오위지범아치구　종일불획일　위지궤우

一朝而獲十. 詩云:「不失其馳, 舍矢如破」我不貫與小人乘, 請辭.’”
일조이획십　시운　불실기치　사시여파　아불관여소인승　청사

자기를 굽히면 남을 바르게 할 수 없다

"말몰이꾼이 활 쏘는 사람에게 아첨하는 것을 수치로 여겨, 맞춰주면서 산더미같이 짐승을 잡을 수 있다 해도 그렇게 하지 않는다. 그런데 내가 어찌 도를 굽혀 제후를 따를 수 있겠느냐?

너의 생각은 잘못이다. 자기를 굽힌 자는 절대로 다른 사람을 곧게 할 수 없는 법이다."

"御者且羞與射者比. 比而得禽獸, 雖若丘陵, 弗爲也. 如枉道而從彼,
어 자 차 수 여 사 자 비　비 이 득 금 수　수 약 구 릉　불 위 야　여 왕 도 이 종 피

何也? 且子過矣, 枉己者, 未有能直人者也."
하 야　차 자 과 의　왕 기 자　미 유 능 직 인 자 야

비比는 '아첨하고 한 패가 된다'는 뜻이고, 약구릉若丘陵은 '산같이 많다'는 뜻입니다. 혹자는 요즘 같은 세상에선 거취를 일일이 도리에 맞게 하려고 하면 자신이 뜻하는 바를 이룰 수 없다고 말합니다. 하지만 공자와 맹자는 험난한 춘추전국 시대라 해도, 반드시 정도正道를 밟아 벼슬을 하려고 했습니다. 그래서 결국은 벼슬길에 오르지 못하고 죽은 것입니다.

죽어도 거취에 대한 미련이 없어야 비로소 정도를 지키고 행할 수 있습니다. 공자와 맹자는 정도를 앞세운 성현입니다. 공자와 맹자 또한 벼슬자리에 올라 천하를 바르게 다스리려는 뜻이 없었겠습니까? 다만 아무렇게나 벼슬자리에 오르려고 하지 않았던 것입니다.

누가 대장부란 말인가

경춘景春(전국 시대의 종횡가)이 맹자에게 말했다.

"공손연公孫衍과 장의張儀는 참으로 대장부가 아닙니까? 그들이 한번 노하면 제후들이 두려움에 떨고, 반대로 가만히 있으면 천하에 전란이 멈춥니다."

맹자가 말했다.

"어찌 그런 것을 대장부라 말할 수 있겠는가? 그대는 예법도 배우지 않았는가?

남자가 관례를 치를 때 아버지가 사람의 도리를 일러 주고, 여자가 시집갈 때는 어머니가 도리를 가르치니, 대문까지 배웅하면서 타이르듯 말하길 '시댁에 가거든 반드시 시어른을 공경하고, 몸가짐을 삼가며, 남편의 뜻을 거역하지 말아라.'라고 한다.

이와 같이 순종하는 것을 올바른 것으로 여기는 것은 아녀자들이나 지킬 도리이다."

景春曰: "公孫衍張儀豈不誠大丈夫哉? 一怒而諸侯懼,
경 춘 왈　　공 손 연 장 의 기 불 성 대 장 부 재　　일 노 이 제 후 구

安居而天下熄." 孟子曰: "是焉得爲大丈夫乎? 子未學禮乎?
안 거 이 천 하 식　　맹 자 왈　　시 언 득 위 대 장 부 호　　자 미 학 례 호

丈夫之冠也, 父命之; 女子之嫁也, 母命之, 往送之門, 戒之曰:
장 부 지 관 야　부 명 지　여 자 지 가 야　모 명 지　왕 송 지 문　계 지 왈

'往之女家, 必敬必戒, 無違夫子!' 以順爲正者, 妾婦之道也."
왕 지 여 가　필 경 필 계　무 위 부 자　　이 순 위 정 자　첩 부 지 도 야

참다운 대장부의 도리

"천하의 넓은 집에 살고, 천하의 바른 자리에 서며, 천하의 큰 도를 따르고 행한다. 뜻을 얻으면 백성과 함께 도를 행하고, 뜻을 얻지 못하면 홀로 도를 행한다. 부귀에도 마음을 흩뜨리지 않고, 빈천에도 지조나 절개를 바꾸지 않으며, 위협과 무력에도 굴하지 않는다. 이런 사람을 대장부라고 한다."

"居天下之廣居, 立天下之正位, 行天下之大道. 得志與民由之,
거 천 하 지 광 거　입 천 하 지 정 위　행 천 하 지 대 도　득 지 여 민 유 지

不得志獨行其道. 富貴不能淫, 貧賤不能移, 威武不能屈.
부 득 지 독 행 기 도　부 귀 불 능 음　빈 천 불 능 이　위 무 불 능 굴

此之謂大丈夫."
차 지 위 대 장 부

해설

여민유지與民由之는 인의예仁義禮의 도덕을 남에게도 미루어 얻게 한다는 뜻입니다. 독행기도獨行其道는 인의예의 도를 자기 혼자만이라도 굳게 지킨다는 뜻입니다. 음淫은 '자기 마음을 흩트리게 한다', 이移는 '절개를 바꾼다', 굴屈은 '의지를 꺾는다'는 뜻입니다.

석 달간 임금을 섬기지 못하면

주소周霄(위나라 사람)가 맹자에게 물었다.

"옛날에 군자는 벼슬을 했습니까?"

맹자가 대답했다.

"벼슬했다. 전하는 바에 따르면 '공자는 석 달 이상 섬길 임금이 없으면 어쩔 줄 몰라 했고, 국경을 나갈 때는 반드시 예물을 수레에 싣고 갔다.'라고 했다. 한편 공명의는 '옛사람은 석 달간 임금을 섬기지 못하면 위문했다.'라고 했다."

周霄問曰: "古之君子仕乎?" 孟子曰: "仕. 傳曰: '孔子三月無君,
주소문왈　고지군자사호　맹자왈　사　전왈　공자삼월무군

則皇皇如也, 出疆必載質.' 公明儀曰: '古之人三月無君則弔.'"
즉황황여야　출강필재지　공명의왈　고지인삼월무군즉조

선비가 벼슬을 잃는 것은

주소가 말했다.

"석 달간 임금을 못 섬겼다고 가서 위문하는 것은 너무 성급한 것 아닙니까?"

맹자가 말했다.

"선비가 벼슬자리를 잃는 것은 제후가 나라를 잃는 것과 같다.《예기》에 이르기를, '제후가 밭을 갈면 백성들이 도와서 제사에 쓸 곡식을 바치고, 제후의 부인이 누에를 치고 실을 뽑아서 의복을 만든다. 희생으로 바칠 동물이 살찌지 않거나, 제물로 바칠 곡식이 정결하지 못하거나, 의복이 준비되지 않으면 감히 제사를 지내지 못하고, 선비가 제사용 전답이 없어도 제사를 올리지 못한다.'라고 했다.

희생과 제물, 의복이 준비되지 않아 제사를 올리지 못하면 잔치도 못 할 것이니 위문할 만하지 않은가?"

"三月無君則弔, 不以急乎?" 曰: "士之失位也, 猶諸侯之失國家也.
삼 월 무 군 즉 조 불 이 급 호   왈   사 지 실 위 야 유 제 후 지 실 국 가 야

禮曰: '諸侯耕助, 以供粢盛; 夫人蠶繅, 以爲衣服.
예 왈   제 후 경 조 이 공 자 성 부 인 잠 소 이 위 의 복

犧牲不成, 粢盛不潔, 衣服不備, 不敢以祭. 惟士無田, 則亦不祭.'
희 생 불 성 자 성 불 결 의 복 불 비 불 감 이 제 유 사 무 전 즉 역 부 제

牲殺器皿衣服不備, 不敢以祭, 則不敢以宴, 亦不足弔乎?"
생 살 기 명 의 복 불 비 불 감 이 제 즉 불 감 이 연 역 부 족 조 호

농부가 쟁기와 보습을 버리고 가겠는가

주소가 물었다.

"국경을 나갈 때 반드시 예물을 싣는 것은 무슨 까닭입니까?"

맹자가 말했다.

"선비가 벼슬하는 것은 농부가 밭을 가는 것과 같으니, 농부가 어찌 국경을 나가면서 쟁기와 보습을 버리고 가겠는가?"

"出疆必載質, 何也?" 曰: "士之仕也, 猶農夫之耕也,
　출 강 필 재 질　하야　　왈　　사 지 사 야　유 농 부 지 경 야

農夫豈爲出疆舍其未耜哉."
농 부 기 위 출 강 사 기 뢰 사 재

선비는 정도를 따른다

주소가 말했다.

"진晉(위나라) 또한 선비들이 벼슬할 만한 나라지만, 벼슬하는 것을 이처럼 성급하게 여긴다는 말은 듣지 못했습니다. 벼슬하는 것을 이처럼 성급하게 여긴다면 군자가 벼슬하는 것을 어찌 그리 어렵게 여기십니까?"

맹자가 말했다.

"남자가 태어나면 그 아들에게 좋은 아내가 있길 바라고 여자가 태어나면 좋은 남편에게 시집가기를 바라는 것은 모든 부모의 마음으로, 모든 사람이 지니고 있다. 그러나 부모의 명과 중매쟁이의 말을 기다리지 않고 멋대로 구멍을 뚫어 엿보고 담을 넘어가서 서로 어울리면 부모와 나라 사람들이 모두 천시할 것이다.

옛날 선비도 벼슬을 원치 않은 것이 아니나, 또한 정도를 따르지 않는 것을 싫어했다. 정도를 따르지 않고 벼슬하러 나가는 것은 구멍을 뚫고 틈을 엿보는 것과 같은 일이다."

曰: "晉國亦仕國也, 未嘗聞仕如此其急. 仕如此其急也,
왈   진국역사국야   미상문사여차기급   사여차기급야

君子之難仕, 何也?" 曰: "丈夫生而願爲之有室,
군자지난사   하야   왈   장부생이원위지유실

女子生而願爲之有家. 父母之心, 人皆有之. 不待父母之命,
여자생이원위지유가   부모지심   인개유지   부대부모지명

媒妁之言, 鑽穴隙相窺, 踰牆相從, 則父母國人皆賤之.
매작지언   찬혈극상규   유장상종   즉부모국인개천지

古之人未嘗不欲仕也, 又惡不由其道. 不由其道而往者,
고지인미상불욕사야   우오불유기도   불유기도이왕자

"

與鑽穴隙之類也."
여 찬 혈 극 지 류 야

전국 시대에는 여러 나라를 두루 다니면서 감언이설로 군주들에게 유세해 벼슬을 얻으려는 자들이 많았습니다. 그러나 맹자는 임금이 예를 갖춰 초빙하기를 기다릴 뿐 몸을 굽히고 찾아가지 않았습니다. 그래서 주소가 "옛날 군자는 벼슬을 했습니까?" 하고 물어본 것입니다.

이에 맹자는 다음과 같이 답했습니다. '출사하는 것이 원칙이다. 옛날 선비들도 출사를 갈망했다. 다만 정도를 따르고 지켰기에 함부로 벼슬하지 않은 것이다.'

도리에 맞다면 과분하지 않다

팽경彭更(맹자의 제자)이 물었다.

"뒤따르는 수레 수십 대와 따르는 사람 수백 명을 거느리고, 제후들을 찾아다니며 밥을 얻어먹는 것은 너무 지나친 것 아닙니까?"

맹자가 말했다.

"도리에 맞지 않는다면 남으로부터 한 그릇의 밥도 받아서는 안 될 것이다. 그러나 도리에 맞는다면 순임금이 요임금으로부터 천하를 물려받는 것도 지나치다고 하지 않으니, 그대는 내가 지나치다고 생각하는가?"

彭更問曰: "後車數十乘, 從者數百人, 以傳食於諸侯, 不以泰乎?"
팽 경 문 왈　　후 거 수 십 승　종 자 수 백 인　이 전 식 어 제 후　불 이 태 호

孟子曰: "非其道, 則一簞食不可受於人; 如其道, 則舜受堯之天下,
맹 자 왈　비 기 도　즉 일 단 사 불 가 수 어 인　여 기 도　즉 순 수 요 지 천 하

不以爲泰, 子以爲泰乎?"
불 이 위 태　자 이 위 태 호

인의를 행하는 자는 경시하는가

팽경이 말했다.

"그런 뜻이 아닙니다. 선비가 하는 일 없이 녹봉을 받아 먹는 것이 옳지 않다고 한 것입니다."

맹자가 말했다.

"그대가 생산한 성과를 서로 유통하고 교역하여 남는 물품을 가지고 부족한 것을 보충하는 그런 일을 못 하게 한다면 농사꾼에게는 곡식이 남아돌고, 여자들에게도 베가 남아돌 것이다.

그러나 그대가 그것을 유통하게 하면 목수와 수레를 만드는 사람 모두 그대에게서 먹을 것을 얻을 수 있게 될 것이다.

또 어떤 사람이 집안에서는 어버이에게 효도하고, 밖에 나가서는 어른을 공경하여 선왕의 도를 지켜 후세의 더 좋은 학자를 기다리는 데도, 그대의 주장대로 한다면 그는 밥을 얻어먹지 못할 것이다.

그대는 어찌하여 목수나 수레 만드는 사람은 높이면서 인의를 실천하는 사람은 경시하는가?"

曰: "否. 士無事而食, 不可也." 曰: "子不通功易事, 以羨補不足,
왈　부　사무사이식　불가야　왈　자불통공역사　이선보부족

則農有餘粟, 女有餘布; 子如通之, 則梓匠輪輿皆得食於子.
즉농유여속　여유여포　자여통지　즉재장륜여개득식어자

於此有人焉, 入則孝, 出則悌, 守先王之道, 以待後之學者,
어차유인언　입즉효　출즉제　수선왕지도　이대후지학자

而不得食於子. 子何尊梓匠輪輿而輕爲仁義者哉?"
이부득식어자　자하존재장륜여이경위인의자재

뜻으로 먹여 주는가, 공으로 먹여 주는가

팽경이 말했다.

"목수나 수레를 만드는 사람은 그 뜻이 먹을 것을 구하려는 데 있습니다. 군자가 인의의 도를 행하는 것 또한 먹을 것을 구하기 위해서입니까?"

맹자가 말했다.

"그대는 어찌하여 뜻을 문제로 삼는가? 공이 있어 밥을 먹여 줄 만하면 먹여 주는 것이다. 그대는 뜻으로 먹여 주는가? 아니면 공으로 먹여 주는가?"

팽경이 말했다.

"뜻을 따져 먹입니다."

맹자가 말했다.

"여기 어떤 사람이 있는데, 기와를 부수고 담을 더럽히기만 하는데도, 그 뜻이 먹을 것을 구함이라고 하면 그대는 그에게 밥을 먹게 하겠는가?"

팽경이 말했다. "아닙니다."

맹자가 말했다.

"그렇다면 그대는 뜻을 따져 먹게 하는 것이 아니라 공을 보고 먹게 하는 것이다."

曰: "梓匠輪輿, 其志將以求食也; 君子之爲道也,
왈　재장륜여　기지장이구식야　군자지위도야

其志亦將以求食與?" 曰: "子何以其志爲哉? 其有功於子,
기지역장이구식여　왈　자하이기지위재　기유공어자

可食而食之矣. 且子食志乎? 食功乎?" 曰: "食志."
가식이식지의 차자식지호 식공호　왈　식지

曰: "有人於此, 毁瓦畫墁, 其志將以求食也, 則子食之乎?"
왈　유인어차 훼와화만 기지장이구식야　즉자식지호

曰: "否." 曰: "然則子非食志也, 食功也."
왈　부　왈　연즉자비식지야 식공야

장차 왕도 정치를 행하려는데

만장萬章(맹자의 제자)이 물었다.

"송나라는 작은 나라입니다. 이제 왕도 정치를 시행하려 하는데, 제나라와 초나라가 반대하여 토벌하면 어찌합니까?"

맹자가 말했다.

"탕왕이 박읍(은나라의 수도)에 있을 때, 갈나라가 인접해 있었다. 갈백은 방탕하여 제사를 지내지 않았다. 그래서 탕왕이 사람을 시켜 '어째서 제사를 지내지 않는가?'라고 물었다.

갈백이 '제사에 바칠 희생이 없습니다.'라고 하자 탕왕이 희생으로 쓰라고 소와 양을 보내 주었다. 그러자 갈백은 소와 양을 잡아먹고, 또 제사를 지내지 않았다.

이에 탕왕이 사람을 시켜 '어째서 제사를 지내지 않는가?'라고 물었고, 갈백이 답하길 '제사에 바칠 곡식이 없습니다.'라고 했다."

萬章問曰: "宋, 小國也. 今將行王政, 齊楚惡而伐之, 則如之何?"
만장문왈　송　소국야　금장행왕정　제초오이벌지　즉여지하

孟子曰: "湯居亳, 與葛爲鄰, 葛伯放而不祀. 湯使人問之曰:
맹자왈　탕거박　여갈위린　갈백방이불사　탕사인문지왈

'何爲不祀?' 曰: '無以供犧牲也.' 湯使遺之牛羊. 葛伯食之,
하위불사　왈　무이공희생야　탕사유지우양　갈백식지

又不以祀. 湯又使人問之曰: '何爲不祀?' 曰: '無以供粢盛也.'"
우불이사　탕우사인문지왈　하위불사　왈　무이공자성야

탕왕이 갈나라를 정벌한 이유

"탕왕은 박읍의 백성을 갈에 보내 밭을 갈게 하고, 노약자들은 밥을 지어 농사짓는 사람들에게 갖다주게 했다. 그러자 갈백은 자기 나라 백성들을 거느리고 가서, 술과 밥, 곡식을 내오는 사람들을 가로막고 빼앗았으며, 안 주는 사람은 죽였다.

어린아이가 밥과 고기를 가지고 가는데, 갈백은 어린아이를 죽이고 음식을 빼앗았다. 《서경》〈상서·중훼지고〉에서 '갈백이 음식을 나르는 사람을 원수로 대했다.'라고 한 것이 바로 이를 두고 한 말이다.

이 어린아이를 죽였기 때문에 탕왕이 갈나라를 정벌하였는데, 천하 사람들이 모두 '천하를 욕심내서가 아니라 보통 사람들을 위해 원수를 갚은 것이다.'라고 했다."

"湯使亳衆往爲之耕, 老弱饋食. 葛伯率其民,
탕 사 박 중 왕 위 지 경　노 약 궤 식　갈 백 솔 기 민

要其有酒食黍稻者奪之, 不授者殺之. 有童子以黍肉餉, 殺而奪之.
요 기 유 주 식 서 도 자 탈 지　불 수 자 살 지　유 동 자 이 서 육 향　살 이 탈 지

書曰: '葛伯仇餉.' 此之謂也. 爲其殺是童子而征之, 四海之內皆曰:
서 왈　갈 백 구 향　차 지 위 야　위 기 살 시 동 자 이 정 지　사 해 지 내 개 왈

'非富天下也, 爲匹夫匹婦復讎也.'"
비 부 천 하 야　위 필 부 필 부 복 수 야

백성은 성군을 기다린다

"탕왕은 갈나라로부터 시작해 모두 11차례 정벌을 했지만, 천하에 대적할 자가 없었다.

탕왕이 동쪽을 향해 정벌을 가면 서쪽의 사람들이 원망했고, 탕왕이 남쪽을 향해 정벌을 가면 북쪽의 사람들이 원망하며 '어찌 우리를 뒤로 돌리는가?'라고 했다.

백성들이 자기 나라를 공격해 주길 바라길 큰 가뭄에 비 오기를 바라듯이 했다. 그래서 시장을 오가는 자가 멈추지 않았고, 밭 가는 자도 하던 일을 계속했다.

탕왕이 그들의 임금을 처단하고 백성을 위로하니, 단비가 내린 것처럼 백성들이 크게 기뻐했다. 《서경》〈상서·태갑〉에 이르기를 '우리 임금님을 기다리니, 임금님이 오시면 형벌은 없어지리.'라고 했다."

"湯始征, 自葛載, 十一征而無敵於天下. 東面而征, 西夷怨;
탕 시 정   자 갈 재 십 일 정 이 무 적 어 천 하   동 면 이 정   서 이 원

南面而征, 北狄怨, 曰: '奚爲後我?' 民之望之, 若大旱之望雨也.
남 면 이 정   북 적 원   왈   해 위 후 아   민 지 망 지   약 대 한 지 망 우 야

歸市者弗止, 芸者不變, 誅其君, 弔其民, 如時雨降. 民大悅. 書曰:
귀 시 자 불 지   운 자 불 변   주 기 군   조 기 민   여 시 우 강   민 대 열   서 왈

'徯我后, 后來其無罰.'"
혜 아 후   후 래 기 무 벌

백성을 구한 무왕

"또한 《서경》에 이르기를 '신하가 되지 않으려는 자가 있어 무왕이 동쪽을 정벌하고 그 나라의 남녀를 편안하게 하시자 그들이 흑색과 황색 비단을 광주리에 담아 와서 주나라 무왕을 섬기고 그 은택을 받아서 위대한 주나라에 신하로 복종한다.'라고 했다.

군자들은 흑색, 황색의 비단을 광주리에 가득 담아 와서 군자를 맞이하고, 소인들은 그릇에 밥을 담고 단지에 국을 담아 와서 주나라의 소인들을 맞이했다. 이는 무왕이 백성들을 물불 가운데서 구제하고 잔혹한 군주를 없앴기 때문이다.

《서경》〈주서·태서〉편에 이르기를, '우리 무왕이 위엄을 떨쳐 은나라로 쳐들어가 그 잔학한 자를 잡아 죽였노라. 토벌의 공이 크게 베풀어지니, 그 공적이 탕왕보다 빛나도다.'라고 했다."

"有攸不爲臣, 東征, 綏厥士女, 篚厥玄黃, 紹我周王見休,
　유유불위신　동정　수궐사녀　비궐현황　소아주왕견휴

惟臣附于大邑周. 其君子實玄黃于篚以迎其君子,
　유신부우대읍주　기군자실현황우비이영기군자

其小人簞食壺漿以迎其小人, 救民於水火之中, 取其殘而已矣.
　기소인단사호장이영기소인　구민어수화지중　취기잔이이의

太誓曰: '我武惟揚, 侵于之疆, 則取于殘, 殺伐用張, 于湯有光.'"
　태서왈　아무유양　침우지강　즉취우잔　살벌용장　우탕유광

왕도를 행하기만 하면

"왕도 정치를 실천하지 않아서 그렇지, 왕도 정치를 펼치기만 하면 천하의 백성들 모두가 머리를 높이 치켜들고 바라보면서 자신의 임금으로 삼고자 할 것이다. 제나라와 초나라가 비록 강대하다 해도 무엇이 두렵겠는가?"

"不行王政云爾, 苟行王政, 四海之內皆擧首而望之, 欲以爲君.
불 행 왕 정 운 이   구 행 왕 정   사 해 지 내 개 거 수 이 망 지   욕 이 위 군

齊楚雖大, 何畏焉?"
제 초 수 대   하 외 언

군주가 선하기를 바라는가

맹자가 대불승戴不勝(송나라의 신하)에게 말했다.

"그대는 그대의 임금이 선하기를 바라는가? 내가 그대에게 분명히 알려 주겠다. 가령 여기 초나라의 대부가 있는데, 그가 자기 아들이 제나라 말을 잘하기를 바란다면 제나라 사람에게 아들을 가르치게 하겠는가? 아니면 초나라 사람에게 가르치게 하겠는가?"

대불승이 대답했다.

"제나라 사람에게 가르치게 할 것입니다."

맹자가 말했다.

"제나라 사람 한 명이 그를 가르치는데 초나라 사람 여러 명이 시끄럽게 떠든다면, 매일 그에게 매질을 하며 제나라 말을 하라고 요구해도 안 될 것이다. 그런데 그를 제나라의 장莊이나 악嶽에 데리고 가서 수년간 살게 하면, 날마다 매질을 하며 초나라 말을 하라고 강요해도 역시 안 될 것이다."

孟子謂戴不勝曰: "子欲子之王之善與? 我明告子. 有楚大夫於此,
맹 자 위 대 불 승 왈　　자 욕 자 지 왕 지 선 여　아 명 고 자　유 초 대 부 어 차

欲其子之齊語也, 則使齊人傅諸? 使楚人傅諸?" 曰: "使齊人傅之."
욕 기 자 지 제 어 야　즉 사 제 인 부 제　사 초 인 부 제　　왈　　사 제 인 부 지

曰: "一齊人傅之, 衆楚人咻之, 雖日撻而求其齊也, 不可得矣;
왈　　일 제 인 부 지　중 초 인 휴 지　수 일 달 이 구 기 제 야　불 가 득 의

引而置之莊嶽之間數年, 雖日撻而求其楚, 亦不可得矣."
인 이 치 지 장 악 지 간 수 년　수 일 달 이 구 기 초　역 불 가 득 의

충신 한 명으로는 어렵다

"그대는 설거주薛居州가 선한 선비라 하여 그를 왕의 곁에 있게 했다. 그런데 임금 곁에 있는 사람들이 나이가 많든 적든, 지위가 낮든 높든 모두 설거주같이 선한 사람이면, 임금이 누구와 어울려 나쁜 일을 하겠는가?

한편 임금 곁에 있는 사람들이 나이가 많든 적든, 지위가 낮든 높든 모두가 설거주같이 선한 사람이 아니라면, 임금이 누구와 어울려 선한 일을 하겠는가? 설거주 한 명이 홀로 송나라 임금을 어찌하겠는가?"

"子謂薛居州, 善士也, 使之居於王所. 在於王所者, 長幼卑尊,
자 위 설 거 주   선 사 야   사 지 거 어 왕 소   재 어 왕 소 자   장 유 비 존

皆薛居州也, 王誰與爲不善? 在王所者, 長幼卑尊, 皆非薛居州也,
개 설 거 주 야   왕 수 여 위 불 선   재 왕 소 자   장 유 비 존   개 비 설 거 주 야

王誰與爲善? 一薛居州, 獨如宋王何?"
왕 수 여 위 선   일 설 거 주   독 여 송 왕 하

해설

설거주 역시 송나라의 신하입니다. 한 명의 신하로는 왕을 착하게 할 수 없다는 뜻을 암시하고 있습니다. 소인이 많은 가운데 군자가 한 명 있다고 임금을 바르게 할 수 없다는 것입니다.

출사 전에는 만나지 않는다

공손추가 물었다.

"제후를 만나지 않으시는데 무슨 뜻이 있습니까?"

맹자가 말했다.

"옛날에는 신하가 되지 않으면 찾아가 보지 않았다. 단간목段干木 (위나라의 은자)은 담을 넘어 몸을 피했고, 설류泄柳(노나라의 현인)는 문을 닫고 집안에 들이지 않았다. 이는 모두 너무 심한 경우이고, 임금이 만나기를 간절히 원한다면 만나 보아도 무방하다."

公孫丑問曰: "不見諸侯何義?" 孟子曰: "古者不爲臣不見.
공 손 추 문 왈　　불 견 제 후 하 의　　　맹 자 왈　　고 자 불 위 신 불 견

段干木踰垣而辟之, 泄柳閉門而不内, 是皆已甚. 迫, 斯可以見矣."
단 간 목 유 원 이 피 지　 설 류 폐 문 이 불 납　 시 개 이 심　 박　 사 가 이 견 의

해설

불위신不爲臣은 '그 나라에서 출사하지 않다'의 뜻입니다. 단간목은 위魏나라 문후文候 때의 사람이고, 설류는 노魯나라 목공繆公 때의 사람입니다. 문후와 목공이 만나고자 했으나, 그 두 사람은 만나 주지 않았습니다. 아마 벼슬하지 않았기 때문이었을 것입니다. 이심已甚은 '너무 심하다'는 뜻이고, 박迫은 '절실하게 만나고자 한다'는 뜻입니다.

형식적인 예에는 형식적인 예로

"양화陽貨는 공자가 찾아오게 하려 했으나, 예를 갖추지 않았다는 비난을 들을까 두려웠다.

대부가 선비에게 예물을 하사하는 경우, 자기 집에서 직접 받지 못했으면 나중에라도 대부의 집 앞에 가서 절하는 예가 있으므로, 공자가 집에 없을 때를 엿보았다가 공자에게 삶은 돼지를 보냈다.

공자께서도 양화가 없을 때를 엿보아 그의 집에 찾아가서 절했다. 당시 양화가 먼저 찾아왔다면, 공자께서도 어찌 그를 만나 보지 않았겠는가?"

"陽貨欲見孔子而惡無禮, 大夫有賜於士, 不得受於其家,
양 화 욕 견 공 자 이 오 무 례　대 부 유 사 어 사　부 득 수 어 기 가

則往拜其門. 陽貨瞰孔子之亡也. 而饋孔子蒸豚; 孔子亦瞰其亡也,
즉 왕 배 기 문　양 화 감 공 자 지 무 야　이 궤 공 자 증 돈　공 자 역 감 기 무 야

而往拜之. 當是時, 陽貨先, 豈得不見?"
이 왕 배 지　당 시 시　양 화 선　기 득 불 견

해설

양화는 노魯나라의 대부大夫입니다. 물건을 공자가 부재중일 때 보내, 공자가 찾아와서 절하게 하고 보려 했던 것입니다.

군자가 길러야 할 것

"증자가 말하길, '어깨를 움츠리며 아첨하는 웃음을 짓기는 여름에 밭 갈기보다 더 힘들다.'라고 했고, 자로가 말하길, '뜻이 같지 않은데 억지로 말하는 자의 얼굴을 보면 부끄러워 붉어지는데, 이는 내 알 바가 아니다.'라고 했다.

　이것으로 본다면 군자가 어떻게 수양해야 할지 알 수 있을 것이다."

"曾子曰: '脅肩諂笑, 病于夏畦' 子路曰: '未同而言, 觀其色赧赧然,
　증자왈　협견첨소　병우하휴　자로왈　미동이언　관기색난난연

非由之所知也.' 由是觀之, 則君子之所養可知已矣."
비유지소지야　유시관지　즉군자지소양가지이의

해설

　협견脅肩은 '몸을 움츠리고 송구한 체한다'는 뜻이고, 첨소諂笑는 '억지로 웃는 품'을 말합니다. 이 모두가 한쪽에 기울고, 아첨하는 소인들의 태도입니다. 병病은 '힘이 든다'는 뜻이고, 하휴夏畦는 '여름에 밭이랑을 다스린다'는 뜻입니다. 아첨하는 자가 여름에 밭을 가는 사람보다 더 고생스럽다는 뜻을 말한 것입니다.

　미동이언未同而言은 '남과 생각이나 뜻이 맞지 않는데도, 억지로 찬성하는 말을 한다'는 뜻입니다. 난난赧赧은 '부끄러워 얼굴이 붉어지는 모양'을 말하며, 유由는 공자의 제자 자로의 이름입니다.

옳지 않음을 알면 즉시 그만두라

대영지戴盈之(송나라의 대부)가 맹자에게 말했다.

"10분의 1을 거두는 세법을 실시하고 관문과 시장에서 징수하는 세금을 철폐하는 것을 올해는 할 수 없습니다. 대신 모든 세금을 가볍게 하고 내년까지 기다렸다가 폐지하는 것이 어떻겠습니까?"

맹자가 말했다.

"지금 어떤 사람이 매일 한 마리씩 이웃집의 닭을 훔쳐서 다른 사람이 그에게 '그런 짓은 군자의 도리로 할 일이 아닙니다.'라고 말하자, 그 사람이 '죄송합니다. 앞으로는 훔치는 양을 줄이겠습니다. 매월 한 마리만 훔치겠습니다. 그리고 내년이 되면 그만두겠습니다.'라고 했다.

옳지 않다는 것을 알았으면, 그 즉시 그만두어야지 어찌 내년까지 기다린단 말인가."

戴盈之曰: "什一, 去關市之征, 今茲未能. 請輕之, 以待來年,
대영지왈　십일　거관시지정　금자미능　청경지　이대래년

然後已, 何如?" 孟子曰: "今有人日攘其鄰之雞者, 或告之曰:
연후이　하여　맹자왈　금유인일양기린지계자　혹고지왈

'是非君子之道.' 曰: '請損之, 月攘一雞, 以待來年, 然後已.'
시비군자지도　왈　청손지　월양일계　이대래년　연후이

如知其非義, 斯速已矣, 何待來年."
여지기비의　사속이의　하대내년

어찌 변론을 좋아해서겠는가

공도자가 말했다.

"바깥사람들은 모두 선생님께서 변론하기를 좋아하신다고 말합니다. 왜 그러한지 묻고자 합니다."

맹자가 말했다.

"내가 어찌 변론을 좋아하겠느냐? 어쩔 수 없어서 그런 것이다.

천하에 사람이 산 지 오래되었거늘, 한 번 다스려지면 한 번 어지러워졌다. 요임금 때는 물이 역류하고 넘쳐, 나라 한가운데로 범람하여 뱀과 용이 사방에 득실댔다. 사람들이 편하게 살 곳이 없어 낮은 지대 사람들은 나무 위에 집을 짓고, 높은 지대 사람들은 굴을 파고 살았다.

《서경》〈우서虞書·대우모大禹謨〉편에서 '큰물이 우리를 놀라고 경계하게 했다.'라고 했으니, 큰물이란 바로 홍수다."

公都子曰: "外人皆稱夫子好辯, 敢問何也?" 孟子曰:
공도자왈　외인개칭부자호변 감문하야　맹자왈

"予豈好辯哉? 予不得已也. 天下之生久矣, 一治一亂. 當堯之時,
여기호변재　여부득이야 천하지생구의　일치일란 당요지시

水逆行, 氾濫於中國. 蛇龍居之, 民無所定. 下者爲巢, 上者爲營窟.
수역행 범람어중국 사룡거지 민무소정 하자위소 상자위영굴

書曰: '洚水警余.' 洚水者, 洪水也."
서왈　강수경여　강수자 홍수야

258 ·

물을 다스린 우임금

"요임금이 우임금에게 홍수를 다스리게 했다. 우임금은 땅을 파서 넘치는 물을 바다로 흘러들게 했고, 또 용과 뱀을 수초가 우거진 곳으로 쫓아 버렸다. 물이 강줄기를 따라 흘러가게 하니, 장강長江과 회수淮水, 황하黃河, 한수漢水가 그것이다.

위험이 사라지고 새와 짐승이 사람을 해치는 일이 없어진 후에야 비로소 사람들이 평지에 살 수 있게 되었다."

"使禹治之, 禹掘地而注之海, 驅蛇龍而放之菹. 水由地中行,
사 우 치 지   우 굴 지 이 주 지 해   구 사 룡 이 방 지 저   수 유 지 중 행

江淮河漢是也. 險阻旣遠, 鳥獸之害人者消, 然後人得平土而居之."
강 회 하 한 시 야   험 조 기 원   조 수 지 해 인 자 소   연 후 인 득 평 토 이 거 지

굴지掘地는 '막힌 것을 파서 제거한다'는 뜻입니다. 저菹는 '풀이 자라는 택지澤地'를 말하며, 지중地中은 '양쪽 강 언덕 사이'라는 뜻입니다. 험조險阻는 '범람하는 홍수'를 말합니다. 원遠은 '멀리한다'는 뜻이고, 소消는 '제거한다'는 뜻입니다. 이것은 바로 자연의 난을 사람의 힘으로 다스린 것입니다.

난세가 오다

"요임금과 순임금이 돌아가시자 성인의 도가 쇠퇴하고 폭군들이 대대로 일어났다. 백성의 집을 헐고 궁전을 짓고 연못을 파니 백성들은 편히 쉴 곳이 없었고, 농지를 몰수하여 원유苑囿를 만드니 백성들이 입고 먹지 못했다.

잘못된 학설과 포악한 행동이 또다시 생겨났다. 동산과 연못, 늪이 많아지자 새와 짐승들이 모여들었다. 주왕의 대에 이르러 천하가 다시 크게 혼란하게 되었다."

"堯舜旣沒, 聖人之道衰. 暴君代作, 壞宮室以爲汚池,
요 순 기 몰　성 인 지 도 쇠　폭 군 대 작　괴 궁 실 이 위 오 지

民無所安息, 棄田以爲園囿, 使民不得衣食. 邪說暴行又作,
민 무 소 안 식　기 전 이 위 원 유　사 민 부 득 의 식　사 설 폭 행 우 작

園囿汚池沛澤多而禽獸至. 及紂之身, 天下又大亂."
원 유 오 지 패 택 다 이 금 수 지　급 주 지 신　천 하 우 대 란

해설

폭군은 하夏나라의 태강太康, 공갑孔甲, 이규履揆와 은殷나라의 무을武乙 등을 말합니다. 궁실宮室은 '백성들의 집'을 말합니다. 패沛는 초목이 자라는 곳이고, 택澤은 물이 고여 있는 곳입니다. 요임금과 순임금이 죽은 후 치治와 난亂이 여러 차례 교차하다, 주왕 때에 이르러 다시 크게 난세가 되었다는 것입니다.

빛나는 무왕의 공적

"주공이 무왕을 도와 폭군 주왕을 죽였고, 주왕을 돕던 엄奄나라를 정벌했으며, 3년 만에 그 나라 임금을 죽였다. 또 비렴飛廉을 바닷가로 몰아내 죽이니 멸망시킨 나라가 50여 개였고, 호랑이, 표범, 코뿔소, 코끼리 등을 멀리 쫓아내서 천하 만민이 좋아했다.

《서경》〈주서·군아君牙〉편에 이르기를, '크게 빛나도다, 문왕의 계책이여! 크게 이었도다, 무왕의 공적이여! 후세 사람들을 도우시고 일깨워 주시니 우리 모두가 올바른 도를 따르고 결함이 없게 되었도다.'라고 했다."

"周公相武王, 誅紂伐奄, 三年討其君, 驅飛廉於海隅而戮之.
주공상무왕 주주벌엄 삼년토기군 구비렴어해우이륙지
滅國者五十, 驅虎豹犀象而遠之. 天下大悅. 書曰: '丕顯哉,
멸국자오십 구호표서상이원지 천하대열 서왈 비현재
文王謨! 丕承哉, 武王烈! 佑啓我後人, 咸以正無缺.'"
문왕모 비승재 무왕렬 우계아후인 함이정무결

엄은 동방의 나라로, 폭군 주를 도와 포학한 짓을 한 나라입니다. 비렴은 주가 사랑한 신하이며, 50국國은 모두 주에 붙어 백성을 학대한 나라들입니다. 비丕는 '크다', 현顯은 '빛나다'의 뜻입니다. 승承은 '계승한다'는 뜻이고, 열烈은 '빛난다'는 뜻입니다. 우佑는 '도와준다', 계啓는 '연다'는 뜻입니다.

《춘추》를 지은 이유

"주나라가 쇠락하고 올바른 도가 희미해지자 잘못된 학설과 포학한 행동이 또다시 나타났으니, 신하로서 자기 임금을 죽이는 자가 있는가 하면, 자식이면서 자기 아버지를 죽이는 자도 있었다. 공자께서 이러한 사태를 두려워하여 《춘추》를 지으셨다.

역사를 서술하는 것은 천자만이 할 수 있는 일이기 때문에, 공자께서 '나를 알게 하는 것도 오직 《춘추》이고, 나를 벌주게 하는 것도 오직 《춘추》이다!'라고 하신 것이다."

"世衰道微, 邪說暴行有作, 臣弑其君者有之,
세 쇠 도 미　사 설 폭 행 유 작　신 시 기 군 자 유 지

子弑其父者有之. 孔子懼, 作春秋. 春秋, 天子之事也. 是故孔子曰:
자 시 기 부 자 유 지　공 자 구　작 춘 추　춘 추　천 자 지 사 야　시 고 공 자 왈

'知我者其惟春秋乎! 罪我者其惟春秋乎!'"
지 아 자 기 유 춘 추 호　죄 아 자 기 유 춘 추 호

임금이 없는 양주, 부모가 없는 묵자

"성왕聖王이 나타나지 않자 제후들이 방자하게 굴었고, 초야의 선비들이 제멋대로 떠들었다. 그래서 양주와 묵자墨子의 사설邪說이 천하에 넘쳐났다. 천하의 주장이 양주에 기울지 않으면, 묵자에게 돌아갔다.

양주는 오직 자신만을 위주로 했으니 이는 임금이 없다는 것이고, 묵자는 친소의 구분 없이 똑같이 사랑한다는 것이니 부모가 없는 것이다. 부모도 무시하고, 임금도 무시하는 것은 바로 금수의 사상이다."

"聖王不作, 諸侯放恣, 處士橫議, 楊朱墨翟之言盈天下. 天下之言,
성왕부작 제후방자 처사횡의 양주묵적지언영천하 천하지언
不歸楊, 則歸墨. 楊氏爲我, 是無君也; 墨氏兼愛, 是無父也.
불귀양 즉귀묵 양씨위아 시무군야 묵씨겸애 시무부야
無父無君, 是禽獸也."
무부무군 시금수야

해설

양주와 묵자는 전국 시대 초기의 사상가입니다. 양주는 철저한 이기주의를, 묵자는 무차별적 박애를 주장했습니다. 양주는 자기 한 몸을 사랑할 줄 알지만 나라에 자신을 바쳐야 함을 알지 못했으므로 임금이 없는 사상이고, 묵자는 사랑에 차등이 없는 겸애를 주장했으므로 부모가 없는 사상이라 한 것입니다.

맹자는 임금이 없고 부모가 없는 사상은 인륜 도덕이 송두리째 단절되고 죽어 버린 것으로, 금수의 사상에 불과하다고 여겼습니다.

인의를 막지 말라

"공명의가 말하길, '푸줏간에 기름진 고기가 있고 마구간에 살찐 말들이 있는데도 백성이 굶주린 기색이 있고 들판에 굶어 죽은 시체가 있다면, 이는 짐승을 몰아서 사람을 잡아먹게 한 것이다.'라고 했다.

양주와 묵자의 도가 없어지지 않으면, 공자의 도가 드러나지 못할 것이니, 이는 잘못된 학설이 백성들을 속여 인의仁義로 가는 길을 막는 것이다. 인의의 길이 막혀 짐승들을 몰아서 사람을 잡아먹게 하다가는 장차 사람들이 서로를 잡아먹게 될 것이다."

"公明儀曰: '庖有肥肉, 廐有肥馬, 民有飢色, 野有餓莩,
　공 명 의 왈　　포 유 비 육　구 유 비 마　민 유 기 색　야 유 아 표
此率獸而食人也.' 楊墨之道不息, 孔子之道不著, 是邪說誣民,
　차 솔 수 이 식 인 야　양 묵 지 도 불 식　공 자 지 도 부 저　시 사 설 무 민
充塞仁義也. 仁義充塞, 則率獸食人, 人將相食."
　충 색 인 의 야　인 의 충 색　즉 솔 수 식 인　인 장 상 식

해설

공명의의 말은 〈등문공 상〉 제1장에도 보입니다. 충색인의充塞仁義는 곧 잘못된 학설이 세상에 넘치고, 인의에 방해가 된다는 뜻을 말한 것입니다.

사설이 정치를 해친다

"나는 이러한 사태를 걱정해서 옛 성인의 도를 지켜내 양주와 묵자를 막고, 잘못된 말을 추방하며 이단사설이 다시는 나타나지 못하게 하려는 것이다. 사악한 학설이 마음속에 일어나면 정사에 해를 끼치게 된다. 성인이 다시 살아나도 내 말을 바꾸지 않으실 것이다.

옛날에 우왕禹王이 홍수를 다스리자 천하가 평온해졌고, 주공이 오랑캐를 정벌하고 맹수를 쫓아내자 백성들이 편안해졌으며, 공자께서 《춘추》를 짓자 난신적자亂臣賊子들이 두려워했다."

"吾爲此懼, 閑先聖之道, 距楊墨, 放淫辭, 邪說者不得作.
오 위 차 구　한 선 성 지 도　거 양 묵　방 음 사　사 설 자 부 득 작

作於其心, 害於其事; 作於其事, 害於其政. 聖人復起, 不易吾言矣.
작 어 기 심　해 어 기 사　작 어 기 사　해 어 기 정　성 인 부 기　불 역 오 언 의

昔者禹抑洪水而天下平, 周公兼夷狄驅猛獸而百姓寧,
석 자 우 억 홍 수 이 천 하 평　주 공 겸 이 적 구 맹 수 이 백 성 녕

孔子成春秋而亂臣賊子懼."
공 자 성 춘 추 이 란 신 적 자 구

사설을 물리치는 것은 성인의 무리

"《시경》〈노송·비궁〉편에 이르기를, '서쪽 오랑캐와 북쪽 오랑캐를 정벌하고, 남쪽의 초나라와 서나라를 응징하면 나에게 감히 대적할 자가 없네.'라고 했으니, 아버지도 모르고, 임금도 모르는 금수 같은 자를 주공이 응징했던 것이다.

나 또한 사람의 마음을 바로잡고 사악한 학설을 없애며 비뚤어진 행동을 막고 잘못된 말을 추방해서 세 성인을 계승하려는 것이지, 어찌 변론하기를 좋아하겠는가? 나는 어쩔 수 없어서 한 것이다. 양주와 묵자를 물리치는 자는 성인의 무리이다."

"詩云: '戎狄是膺, 荊舒是懲, 則莫我敢承.' 無父無君,
시운 융적시응 형서시징 즉막아감승 무부무군

是周公所膺也. 我亦欲正人心, 息邪說, 距詖行, 放淫辭,
시주공소응야 아역욕정인심 식사설 거피행 방음사

以承三聖者; 豈好辯哉? 予不得已也. 能言距楊墨者, 聖人之徒也."
이승삼성자 기호변재 여부득이야 능언거양묵자 성인지도야

사흘이나 굶은 진중자

광장匡章(제나라 사람)이 말했다.

"진중자陳仲子는 참으로 청렴한 선비가 아닙니까? 오릉於陵에 살 때 그는 사흘이나 먹지 못하여 귀도 안 들리고, 눈도 안 보였습니다.

우물가에 있던 오얏나무에는 벌레가 파먹은 열매가 반 이상이나 되었는데, 진중자가 기어가서 그 열매를 주워 먹고 세 번을 삼킨 뒤에야 비로소 귀가 들리고, 눈이 보이게 되었다고 합니다."

匡章曰: "陳仲子豈不誠廉士哉? 居於陵, 三日不食, 耳無聞,
광 장 왈   진 중 자 기 불 성 렴 사 재   거 오 릉   삼 일 불 식   이 무 문

目無見也. 井上有李, 螬食實者過半矣, 匍匐往將食之, 三咽,
목 무 견 야   정 상 유 리   조 식 실 자 과 반 의   포 복 왕 장 식 지   삼 연

然後耳有聞, 目有見."
연 후 이 유 문   목 유 견

해설

광장과 진중자는 모두 제齊나라 사람입니다. 염廉은 '분별이 있고 재물을 함부로 취하지 않는다'는 뜻입니다. 오릉於陵은 지명이고, 조螬는 굼벵이 벌레입니다. 포복匍匐은 '기력이 없어 걸어갈 수 없다'는 뜻을 말한 것입니다. 인咽은 연嚥으로 읽는데, '삼킨다'는 뜻입니다.

어찌 청렴하다 하겠는가

맹자가 말했다.

"제나라 선비 가운데 나는 진중자를 엄지손가락으로 꼽는다. 그렇지만 진중자를 어찌 청렴하다고 말할 수 있겠느냐? 진중자의 지조를 지키려면 지렁이가 된 뒤에나 가능할 것이다."

孟子曰: "於齊國之士, 吾必以仲子爲巨擘焉. 雖然, 仲子惡能廉?
맹 자 왈　어 제 국 지 사　오 필 이 중 자 위 거 벽 언　수 연　중 자 오 능 렴

充仲子之操, 則蚓而後可者也."
충 중 자 지 조　즉 인 이 후 가 자 야

해설

거벽巨擘은 엄지손가락입니다. 제나라 사람 중에서 진중자 같은 사람이 있는 것은, 여러 손가락 중 엄지손가락이 있는 것과 같다는 뜻입니다. 충充은 '미루어 채운다'는 뜻이고, 조操는 '굳게 지킨다'는 뜻입니다. 인蚓은 지렁이입니다.

위의 내용은 다음과 같은 뜻을 말한 것입니다. '진중자의 태도는 청렴이라 할 수 없다. 만약 반드시 그가 뜻하는 바 생활 태도를 채우려면, 오직 지렁이처럼 인간 세상에서 살기를 구하지 않아야 비로소 그와 같은 청렴을 지키게 될 것이다.'

사람의 청렴이 아니다

"지렁이는 땅 위에서는 마른 흙을 먹고, 땅 밑에서는 흙탕물을 마신다. 진중자가 사는 집은 백이 같은 사람이 지은 집인가, 아니면 도척盜跖 같은 사람이 지은 집인가? 또 그가 먹는 곡식은 백이 같은 사람이 심고 키운 것인가, 아니면 도척 같은 사람이 심고 키운 것인가? 이것은 알 수가 없다."

광장이 말했다.

"그것이 무슨 문제입니까? 그는 손수 짚신을 삼고, 부인이 마를 길쌈해서 곡식과 바꾸어 먹습니다."

"夫蚓, 上食槁壤, 下飲黃泉. 仲子所居之室, 伯夷之所築與?
　부인　상식고양　하음황천　중자소거지실　백이지소축여

抑亦盜跖之所築與? 所食之粟, 伯夷之所樹與?
　억역도척지소축여　소식지속　백이지소수여

抑亦盜跖之所樹與? 是未可知也." 曰: "是何傷哉? 彼身織屨,
　억역도척지소수여　시미가지야　왈　시하상재　피신직구

妻辟纑, 以易之也."
　처벽로　이역지야

그가 지렁이라면 모를까

맹자가 말했다.

"진중자는 제나라의 세가 출신이다. 형 진대陳戴는 개蓋 땅에서 받는 녹봉이 만 종이었는데 형의 녹봉이 의롭지 못하다 여겨 그것을 먹지 않았고, 또 형의 집이 의롭지 못하다 여겨 살지 않았다. 그래서 형을 피하고 어머니와 떨어져 혼자 오릉에서 살았다.

어느 날 집에 돌아왔는데, 어떤 사람이 형에게 살아 있는 거위를 선사했다. 그는 이맛살을 찌푸리며 말했다. '이 꽥꽥거리는 것을 어디에 씁니까?' 어느 날 그의 어머니가 거위를 잡아 요리를 해서 그에게 먹게 했다. 마침 그의 형이 밖에서 돌아와 '그것이 꽥꽥거리던 고기이다.'라고 하니, 그는 밖에 나가서 토해 버렸다.

어머니가 해주는 음식은 먹지 않고 아내가 해주는 것은 먹었으며, 형의 집에는 살지 않고 오릉에는 살았으니, 이런 것이 어찌 그 지조를 지켰다고 할 수 있겠는가? 진중자 같은 사람은 오직 지렁이가 되어야만 그 지조를 지킬 수 있을 것이다."

曰: "仲子, 齊之世家也. 兄戴, 蓋祿萬鍾.
왈　중자　제지세가야　형대　개록만종

以兄之祿爲不義之祿而不食也, 以兄之室爲不義之室而不居也,
이형지록위불의지록이불식야　이형지실위불의지실이불거야

辟兄離母, 處於於陵. 他日歸, 則有饋其兄生鵝者, 己頻顣曰:
피형리모　처어오릉　타일귀　즉유궤기형생아자　기빈축왈

'惡用是鶃鶃者爲哉?' 他日, 其母殺是鵝也, 與之食之. 其兄自外至,
오용시역역자위재　타일　기모살시아야　여지식지　기형자외지

曰: '是鶃鶃之肉也.' 出而哇之. 以母則不食, 以妻則食之;
왈　시역역지육야　출이와지　이모즉불식　이처즉식지

以兄之室則弗居, 以於陵則居之. 是尙爲能充其類也乎? 若仲子者,
이 형 지 실 즉 불 거 이 오 릉 즉 거 지 시 상 위 능 충 기 류 야 호   약 중 자 자

蚓而後充其操者也."
인 이 후 충 기 조 자 야

세가世家란 대대로 경卿의 지위를 계승한 유력 귀족 가문을 말합니다. 진
중자의 형인 진대는 개읍蓋邑에서 받는 녹이 만 종이나 되었습니다. 귀歸는
'오릉에서 형의 집으로 돌아왔다'는 뜻입니다. 기己는 진중자 자신입니다.
역역鶃鶃은 '거위 우는 소리'이고, 와哇는 '토한다'는 뜻입니다.

제7편

이루 상 離婁上
인을 좋아하면 대적할 자가 없다

대체로 짧막하고 단편적인 내용으로 구성되어 있으며, 이 편도 역
시 인한 정치의 중요성에 대해 말하고 있습니다.

인의와 법도 모두 필요하다

맹자가 말했다.

"이루離婁같이 눈이 밝고, 공수자公輸子같이 기술이 뛰어나도 그림 쇠와 곱자를 쓰지 않으면 사각형과 원형을 만들 수 없고, 사광師曠같이 귀가 밝아도 육률六律을 쓰지 않으면 오음五音을 바로잡지 못한다. 그와 마찬가지로 아무리 요순의 도라도 인한 정치를 펴지 않으면, 천하를 화평하게 다스릴 수 없다.

지금 왕들 중 인한 마음이 있고, 인하다고 소문 난 사람이 있는데도 백성들이 실제로 그 혜택을 받지 못하고 후세의 모범이 되지 못하는 것은 그들이 선왕의 도를 실천하지 않기 때문이다. 그러므로 오직 선한 마음만으로는 다스리기에 부족하고, 한갓 법도만으로는 저절로 실행될 수 없다고 하는 것이다."

孟子曰: "離婁之明, 公輸子之巧, 不以規矩, 不能成方員:
맹 자 왈　이 루 지 명　공 수 자 지 교　불 이 규 구　불 능 성 방 원

師曠之聰, 不以六律, 不能正五音; 堯舜之道, 不以仁政,
사 광 지 총　불 이 육 률　불 능 정 오 음　요 순 지 도　불 이 인 정

不能平治天下. 今有仁心仁聞而民不被其澤, 不可法於後世者,
불 능 평 치 천 하　금 유 인 심 인 문 이 민 불 피 기 택　불 가 법 어 후 세 자

不行先王之道也. 故曰, 徒善不足以爲政, 徒法不能以自行."
불 행 선 왕 지 도 야　고 왈　도 선 부 족 이 위 정　도 법 불 능 이 자 행

불인인지정을 펼치라

"《시경》〈대아·가락假樂〉편에 이르기를, '잘못하지도 않고 잊지도 않으며 오직 옛날의 법도를 따르네.'라고 했으니, 선왕의 도리를 따르고서도 잘못된 예는 아직 없었다.

성인은 밝은 눈으로 사물을 바르게 보았고 그림쇠와 곱자, 수평자와 먹줄을 사용해서 사각형과 원형, 수평과 직선을 이루었으니, 그 쓰임이 끝이 없었다.

성인은 밝은 귀로 잘 듣고, 또 육률로써 오음을 바로잡았으니 그 쓰임이 끝이 없었다.

마음과 생각을 다하고 또 불인인지정不忍人之政을 하였으니 온 천하가 인으로 가득했다.

그러므로 '높이 오르려면 언덕을 따르고, 낮은 데로 가려면 하천과 연못을 따르라'고 한 것이다. 정치를 하되 선왕의 도를 따르지 않는 것을 지혜롭다 하겠는가?"

"詩云: '不愆不忘, 率由舊章.' 遵先王之法而過者, 未之有也.
시운 불건불망 솔유구장 준선왕지법이과자 미지유야

聖人旣竭目力焉, 繼之以規矩準繩, 以爲方員平直, 不可勝用也;
성인기갈목력언 계지이규구준승 이위방원평직 불가승용야

旣竭耳力焉, 繼之以六律, 正五音, 不可勝用也; 旣竭心思焉,
기갈이력언 계지이육률 정오음 불가승용야 기갈심사언

繼之以不忍人之政, 而仁覆天下矣. 故曰, 爲高必因丘陵,
계지이불인인지정 이인부천하의 고왈 위고필인구릉

爲下必因川澤. 爲政不因先王之道, 可謂智乎?"
위하필인천택 위정불인선왕지도 가위지호

　건愆은 '허물, 잘못'이고, 솔率은 '따른다'는 뜻입니다. 장章은 '전법典法' 입니다. 행하는 바에 허물과 차질이 없고, 망각하지 않는 것은 옛날의 전법을 따르기 때문입니다. 준準은 수평을 바르게 잡는 수평자, 승繩은 직선을 바르게 잡는 먹줄입니다. 복覆은 '온통 덮는다'는 뜻입니다.

　언덕은 본래 높고, 하천과 연못은 본래 낮습니다. 그러므로 높거나 낮은 데로 가려는 사람이 따라가면 힘을 적게 들이고도 성공할 수 있습니다.

불인한 자가 높은 자리에 있으면

"이런 까닭에 오직 인자만이 마땅히 높은 자리에 있어야 하니, 불인不仁하면서 높은 자리에 있으면 백성에게 해악을 끼치게 된다.

윗사람이 도리로 다스리지 않고 아랫사람은 법도를 지키지 않으며, 조정에서는 도를 믿지 않고 장인들은 척도를 믿지 않으며, 군자는 의로움을 어기고 소인이 형벌을 거스르니, 그런데도 나라가 존속한다면 요행이다.

그러므로 '성곽이 완전하지 못하고 병사와 무기가 많지 않은 것이 나라의 재앙이 아니고, 전답이 개간되지 못하고 재화가 모이지 않는 것이 나라의 손해가 아니다. 윗사람이 무례하고 아랫사람이 배우지 않으면 나라를 해치는 백성이 일어나 얼마 못 가 멸망하게 된다.'라고 하는 것이다."

"是以惟仁者 宜在高位. 不仁而在高位, 是播其惡於衆也.
　시 이 유 인 자　 의 재 고 위　 불 인 이 재 고 위　 시 파 기 악 어 중 야

上無道揆也. 下無法守也, 朝不信道, 工不信度, 君子犯義,
　상 무 도 규 야　 하 무 법 수 야　 조 불 신 도　 공 불 신 도　 군 자 범 의

小人犯刑, 國之所存者幸也. 故曰: 城郭不完, 兵甲不多,
　소 인 범 형　 국 지 소 존 자 행 야　 고 왈　 성 곽 불 완　 병 갑 부 다

非國之災也; 田野不辟, 貨財不聚, 非國之害也. 上無禮, 下無學,
　비 국 지 재 야　 전 야 불 벽　 화 재 불 취　 비 국 지 해 야　 상 무 례　 하 무 학

賊民興, 喪無日矣."
　적 민 흥　 상 무 일 의

진정한 공손과 공경

"《시경》〈대아·판板〉편에 이르기를 '하늘이 바야흐로 세상을 뒤엎으려고 하니 말을 많이 하지 마라.'라고 하였다. 말이 많음은 수다스러움과 같다. 임금을 섬기는 데 의가 없고, 나아가고 물러남에 예가 없으며, 입을 열면 선왕의 도를 비난하니 수다스러움과 같다.

그러므로 어려운 일을 군주에게 실행하도록 요구하는 것이 공손이고, 선한 것을 말하고 악한 것을 막는 것이 공경이며, 우리 임금은 해낼 수 없다고 하는 것이 역적逆賊이라고 하는 것이다."

"詩曰: '天之方蹶, 無然泄泄.' 泄泄, 猶沓沓也. 事君無義,
　시　왈　　천지방궐　무연예예　　예예　유답답야　사군무의

進退無禮, 言則非先王之道者, 猶沓沓也. 故曰: 責難於君謂之恭,
　진퇴무례　언즉비선왕지도자　유답답야　고왈　책난어군위지공

陳善閉邪謂之敬, 吾君不能謂之賊."
　진선폐사위지경　오군불능위지적

임금의 도리, 신하의 도리

맹자가 말했다.

"그림쇠와 곱자는 사각형과 원형을 만드는 표준이고, 성인은 인륜의 지극한 표준이다. 임금이 되고자 하면 임금의 도리를 다해야 하고, 신하가 되고자 하면 신하의 도리를 다해야 하니, 둘 다 요임금과 순임금을 법도로 삼으면 된다.

순임금이 요임금을 섬기던 방법으로 임금을 섬기지 않으면 그것은 자기 임금을 공경하지 않는 것이고, 요임금이 백성을 다스리던 방법으로 백성을 다스리지 않으면 그것은 백성을 해치는 짓이다.

공자께서 말씀하시길 '방법은 두 가지이니, 인仁과 불인不仁이 있을 뿐이다.'라고 했다."

孟子曰: "規矩, 方員之至也; 聖人, 人倫之至也. 欲爲君盡君道,
맹자왈   규구 방원지지야 성인 인륜지지야 욕위군진군도

欲爲臣盡臣道, 二者皆法堯舜而已矣. 不以舜之所以事堯事君,
욕위신진신도 이자개법요순이이의 불이순지소이사요사군

不敬其君者也; 不以堯之所以治民治民, 賊其民者也. 孔子曰:
불경기군자야 불이요지소이치민치민 적기민자야 공자왈

'道二: 仁與不仁而已矣.'"
도이 인여불인이이의

폭군을 경계하라

"백성을 포악하게 다스리는 정도가 심하면 자신도 죽고 나라가 망하게 된다. 심하지 않더라도 자신이 위태롭게 되고 국력이 약해진다. 그리하여 유幽와 여厲 같은 나쁜 시호諡號가 붙는다.

비록 효성스럽고 자애로운 자손이 나오더라도 백세가 지나도록 오명을 고칠 수 없게 된다. 《시경》〈대아·탕蕩〉편에서 '은나라의 본보기가 멀리 있지 않고, 바로 하후 시대에 있다.'라고 했으니, 이것을 두고 한 말이다."

"暴其民甚, 則身弒國亡; 不甚, 則身危國削. 名之曰 '幽厲',
포 기 민 심　즉 신 시 국 망　불 심　즉 신 위 국 삭　명 지 왈　유 려

雖孝子慈孫, 百世不能改也. 詩云 '殷鑒不遠, 在夏后之世',
수 효 자 자 손　백 세 불 능 개 야　시 운　은 감 불 원　재 하 후 지 세

此之謂也."
차 지 위 야

시호는 왕이 죽은 후 공적을 기리기 위해 붙여지는 이름입니다. 유幽는 '어둡다', 여厲는 '포학하다'는 뜻으로 모두 나쁜 시호입니다. 불인의 재앙이 이렇게 후세에도 미치니 두려워해야 한다고 말하는 것입니다.

《시경》의 구절은 '은나라 주왕이 마땅히 거울로 삼아야 할 자가, 바로 가까이 있는 하나라 걸왕의 세상이다'라는 뜻을 담고 있습니다. 맹자가 이 말을 인용한 것은 후인들이 유왕과 여왕을 거울로 삼기를 바랐기 때문입니다.

나라의 흥망성쇠는 인에 달려 있다

맹자가 말했다.

"하은주 세 왕조가 천하를 얻은 것은 천자가 인仁했기 때문이다. 반대로 걸왕, 주왕, 유왕, 여왕이 나라를 잃은 것은 인하지 못했기 때문이다. 나라가 흥망성쇠하는 이유 역시 그와 같다.

천자가 인하지 못하면 사해를 보전하지 못하고, 제후가 인하지 못하면 사직을 보전하지 못하며, 경이나 대부가 인하지 못하면 종묘를 보전하지 못하고, 선비와 일반 백성이 인하지 못하면 자기 자신을 보전하지 못한다.

지금 죽고 망하는 것을 싫어하면서도 인하지 못한 것을 즐겨 하니, 이는 술에 취하는 것을 싫어하면서도 억지로 술을 마시는 것과 같다."

孟子曰: "三代之得天下也以仁, 其失天下也以不仁.
맹 자 왈　삼 대 지 득 천 하 야 이 인　기 실 천 하 야 이 불 인

國之所以廢興存亡者亦然. 天子不仁, 不保四海; 諸侯不仁,
국 지 소 이 폐 흥 존 망 자 역 연　천 자 불 인　불 보 사 해　제 후 불 인

不保社稷; 卿大夫不仁, 不保宗廟; 士庶人不仁, 不保四體.
불 보 사 직　경 대 부 불 인　불 보 종 묘　사 서 인 불 인　불 보 사 체

今惡死亡而樂不仁, 是猶惡醉而强酒."
금 오 사 망 이 락 불 인　시 유 오 취 이 강 주

나에게서 원인을 찾으라

맹자가 말했다.

"내가 남을 사랑하는데도 나를 친애하지 않으면 자신의 인이 부족하지 않았나를 돌아보고, 내가 남을 다스리는데도 잘 다스려지지 않으면 나의 지혜가 부족하지 않았나를 돌아보며, 내가 남에게 예의를 다했는데도 예의로써 답하지 않으면 나의 공경이 부족하지 않았나를 돌아보라.

행하고도 좋은 결과를 얻지 못했을 때는 그 원인을 자신에게서 찾아야 한다. 자신이 올바르면, 천하가 그에게 귀의할 것이다.

《시경》〈대아·문왕〉편에 이르기를 '영원히 천명에 들어맞아 스스로 많은 복을 구하네.'라고 했다."

孟子曰: "愛人不親反其仁, 治人不治反其智, 禮人不答反其敬.
맹 자 왈　　애 인 불 친 반 기 인　　치 인 불 치 반 기 지　　예 인 부 답 반 기 경

行有不得者, 皆反求諸己, 其身正而天下歸之. 詩云: '永言配命,
행 유 부 득 자　　개 반 구 제 기　　기 신 정 이 천 하 귀 지　　시 운　　영 언 배 명

自求多福.'"
자 구 다 복

모든 것의 근본은 수신

맹자가 말했다.

"사람들이 늘 하는 말이 있는데, 모두 말하길 '천하국가'라고 한다. 천하의 근본은 나라에 있고, 나라의 근본은 집안에 있으며, 집안의 근본은 자신에게 있다."

孟子曰: "人有恒言, 皆曰 '天下國家'. 天下之本在國, 國之本在家,
맹 자 왈　 인 유 항 언　 개 왈　 천 하 국 가　 천 하 지 본 재 국　 국 지 본 재 가

家之本在身."
가 지 본 재 신

해설

항恒은 '항상'의 뜻입니다. 사람들이 항상 천하, 국가에 대한 말을 하면서도 순서가 있음을 몰라서, 그 단계를 추려 말한 것입니다. 아울러 집안의 근본이 개개인의 몸가짐에 있다는 것도 말했습니다. 이 장도 역시 앞장을 이어받은 말입니다.

《대학大學》에서 이른바 '천자부터 서민에 이르기까지 한결같이 수신을 근본으로 삼는다.'라고 한 것도 이 때문입니다. 참고로 《대학》에 나오는 '수신제가치국평천하修身齊家治國平天下'는 맹자가 말한 것입니다.

정치를 하는 법

맹자가 말했다.

"정치를 하기는 어렵지 않다. 대대로 벼슬을 지낸 집안에 죄를 짓지 않으면 된다.

대대로 벼슬을 지낸 집안이 흠모하는 것을 온 나라가 흠모하고, 온 나라가 흠모하는 것을 천하 사람들이 흠모하게 되면, 덕의 교화가 온 천하에 패연히 넘치게 될 것이다."

孟子曰: "爲政不難, 不得罪於巨室. 巨室之所慕, 一國慕之;
맹자왈　위정불난　부득죄어거실　거실지소모　일국모지

一國之所慕, 天下慕之; 故沛然德敎溢乎四海."
일국지소모　천하모지　고패연덕교일호사해

해설

거실巨室은 대대로 벼슬을 하는 큰 집안을 말하고, 득죄得罪는 '자신이 바르지 못하여 원망과 노여움을 받는다'는 뜻입니다. 맥구麥丘의 사람이 제나라 환공에게 축원할 때 '임금께 원합니다. 군신과 백성에게 죄를 짓지 마십시오.'라고 한 것과 같은 뜻입니다.

모慕는 '마음이 향한다'는 것으로, 마음으로 기뻐하고 진실로 복종한다는 뜻입니다. 패연沛然은 성대하게 퍼져 나가는 모양을 이르며, 일溢은 '차고 넘친다'는 뜻입니다.

천하에 도가 있을 때와 없을 때

맹자가 말했다.

"천하에 도가 있으면 덕이 작은 사람이 덕이 큰 사람에게 부림을 당하고, 조금 현명한 사람이 크게 현명한 사람에게 부림을 당한다. 천하에 도가 없으면 덩치 작은 사람이 덩치 큰 사람에게 부림을 당하고, 힘이 약한 사람은 힘이 강한 사람에게 부림을 당한다.

이 두 가지는 하늘의 당연한 이치이니, 하늘을 따르는 자는 살고, 하늘을 거스르는 자는 망한다."

孟子曰: "天下有道, 小德役大德, 小賢役大賢; 天下無道, 小役大,
맹 자 왈　 천 하 유 도　 소 덕 역 대 덕　 소 현 역 대 현　 천 하 무 도　 소 역 대

弱役强, 斯二者天也. 順天者存, 逆天者亡."
약 역 강　 사 이 자 천 야　 순 천 자 존　　 역 천 자 망

해설

도가 행해지는 세상에서는 모든 사람이 덕을 닦고, 덕에 따라 지위가 주어집니다. 천하에 도가 없으면 사람들이 덕을 닦지 않고, 오직 힘을 바탕으로 남을 부리고 씁니다. 천天은 '당연한 도리와 추세'라는 뜻입니다.

문왕을 본보기로 삼으면

"제나라 경공景公이 말하길 '남에게 명령을 내릴 수 없으면서 남의 명령을 듣지도 않는다면, 이는 관계를 끊는 것이다.'라고 했다. 이렇게 말하고 눈물을 흘리며, 딸을 오나라에 시집보냈다.

지금 소국이 대국을 본받고자 하면서도 명령받는 것을 부끄러워하니, 이는 제자가 스승에게 명령받는 것을 부끄러워하는 것 같다. 만일 이를 부끄럽게 여긴다면, 주나라 문왕을 본받는 것이 가장 좋다.

문왕을 본보기로 삼으면 대국은 5년, 소국은 7년이면 반드시 천하를 다스릴 수 있게 될 것이다."

齊景公曰: '旣不能令, 又不受命, 是絶物也.' 涕出而女於吳.
제 경 공 왈　기 불 능 령　우 불 수 명　시 절 물 야　체 출 이 녀 어 오

今也小國師大國而恥受命焉, 是猶弟子而恥受命於先師也. 如恥之,
금 야 소 국 사 대 국 이 치 수 명 언　시 유 제 자 이 치 수 명 어 선 사 야　여 치 지

莫若師文王. 師文王, 大國五年, 小國七年, 必爲政於天下矣.
막 약 사 문 왕　사 문 왕　대 국 오 년　소 국 칠 년　필 위 정 어 천 하 의

해설

문왕의 인한 정치는 고대의 기록에 적혀 있습니다. 본보기로 받들고 행하는 것이 곧 문왕을 스승으로 삼는 것師文王입니다. 대국과 소국에 차이가 있는 것은 저마다의 시대와 형세에 따라 다르기 때문입니다.

비록 천하가 무도해도 임금이 덕을 지극하게 닦으면 인한 도리가 임금으로부터 행해집니다. 그래서 부국강병을 따르던 대국이 도리어 그 나라를 받들고 섬기게 됩니다.

인을 좋아하면 대적할 자가 없다

"《시경》〈대아·문왕〉편에 이르기를 '은나라의 자손은 그 수가 10만을 넘었지만 상제가 이미 문왕에게 천명을 내리니 주나라에 복속되었네. 주나라에 복속되니, 천명이 한결같지 않네. 은나라 선비 중에 아름답고 영민한 자들이 수도에서 강신주를 부으며 주나라 제사를 돕는구나.'라고 했다.

또 공자께서 말씀하시기를 '많은 사람이라도 인자仁者를 당해 낼 수 없으니, 무릇 나라를 다스리는 임금이 인을 좋아하면 천하에 맞설 자가 없게 된다.'라고 했다.

지금 천하에 대적할 자가 없기를 바라면서 인한 정치를 행하지 않으니, 이는 뜨거운 물건을 잡고서도 손을 찬물에 담그지 않는 것과 같다.

《시경》〈대아·상유桑柔〉편에 이르기를 '누가 뜨거운 것을 잡고서도 손을 찬물에 담그지 않을 수 있겠는가?'라고 했다."

"詩云: '商之孫子, 其麗不億. 上帝旣命, 侯于周服. 侯服于周,
　　시운　　상지손자　기려불억　상제기명　후우주복　후복우주

天命靡常. 殷士膚敏, 祼將于京.' 孔子曰: '仁不可爲衆也.
　천명미상　은사부민　관장우경　　공자왈　　인불가위중야

夫國君好仁, 天下無敵.' 今也欲無敵於天下而不以仁,
　부국군호인　천하무적　금야욕무적어천하이불이인

是猶執熱而不以濯也. 詩云: '誰能執熱, 逝不以濯?'"
　시유집열이불이탁야　시운　　수능집열　서불이탁

인하지 않은 사람과는 논하지 말라

맹자가 말했다.

"인하지 않은 사람과 함께 논할 수 있겠는가? 그들은 위태로움을 편안하다고 여기고 재난을 이롭게 여기니, 망하게 하는 것을 즐기는 자이다. 인하지 않아도 함께 논할 수 있었다면, 어찌 나라와 집안이 패망하는 일이 있겠느냐?"

孟子曰: "不仁者可與言哉? 安其危而利其菑, 樂其所以亡者.
맹 자 왈   불 인 자 가 여 언 재   안 기 위 이 리 기 치   낙 기 소 이 망 자

不仁而可與言, 則何亡國敗家之有?"
불 인 이 가 여 언   즉 하 망 국 패 가 지 유

해설

위태로움을 편안하다 여기고 재난을 이롭게 여기는 자는 불인不仁의 패도霸道가 위태롭게 하고 재난이 되는 줄 모르고 도리어 편안하고 이롭다고 생각합니다. 소이망자所以亡者란 황음포학荒淫暴虐을 말하며, 그것이 바로 멸망의 길이 됩니다.

인하지 않은 자는 사욕에 사로잡히고 본심을 잃어 그와 같이 착각하는 것입니다. 그래서 충언을 해도 알아듣지 못하고 결국 패망에 이르는 것 것입니다.

스스로 만든 재앙은 피할 수 없다

"어떤 어린아이가 노래하기를 '창랑의 물이 맑으면 나의 갓끈을 씻고, 창랑의 물이 탁하면 나의 발을 씻으리라.'라고 했다.

공자께서 말씀하시기를 '너희는 잘 들어라. 물이 맑으면 갓끈을 씻고 탁하면 발을 씻는다고 했으니, 이는 물이 스스로 가려낸 것이다.'라고 했다.

무릇 사람은 반드시 자신을 업신여긴 후에야 남들도 업신여기고, 집안은 반드시 스스로 훼손한 후에야 남들이 훼손하며, 나라는 반드시 스스로 파괴한 후에야 남들이 파괴하기 마련이다.

《서경》〈상서·태갑〉편에서 '하늘이 내리는 재앙은 피할 수 있지만 나 스스로 만든 재앙은 살아남을 수 없다.'라고 했으니, 바로 이것을 말한 것이다."

"有孺子歌曰: '滄浪之水淸兮, 可以濯我纓; 滄浪之水濁兮,
　유 유 자 가 왈　　창 랑 자 수 청 혜　가 이 탁 아 영　창 랑 지 수 탁 혜

可以濯我足.' 孔子曰: '小子聽之! 淸斯濯纓, 濁斯濯足矣, 自取之也.'
　가 이 탁 아 족　　공 자 왈　　소 자 청 지　청 사 탁 영　탁 사 탁 족 의　자 취 지 야

夫人必自侮, 然後人侮之; 家必自毀, 而後人毀之; 國必自伐,
　부 인 필 자 모　연 후 인 모 지　가 필 자 훼　이 후 인 훼 지　국 필 자 벌

而後人伐之. 太甲曰: '天作孽, 猶可違; 自作孽, 不可活.' 此之謂也."
　이 후 인 벌 지　태 갑 왈　천 작 얼　유 가 위　자 작 얼　불 가 활　차 지 위 야

백성을 얻으면 천하를 얻는다

맹자가 말했다. "걸왕과 주왕이 천하를 잃은 것은 그들이 백성을 잃었기 때문이다. 백성을 잃었다는 것은 곧 백성의 마음을 잃은 것이다. 천하를 얻는 데는 방법이 있으니, 백성을 얻으면 천하를 얻을 것이다. 백성을 얻는 데 방법이 있으니, 그들의 마음을 얻으면 백성을 얻을 것이다. 마음을 얻는 데 방법이 있으니 그들이 원하는 바를 모아서 주고, 원하지 않는 바를 베풀지 말아야 한다."

"孟子曰: '桀紂之失天下也, 失其民也; 失其民者, 失其心也.
맹 자 왈   걸 주 지 실 천 하 야   실 기 민 야   실 기 민 자   실 기 심 야

得天下有道: 得其民, 斯得天下矣; 得其民有道: 得其心, 斯得民矣;
득 천 하 유 도   득 기 민   사 득 천 하 의   득 기 민 유 도   득 기 심   사 득 민 의

得其心有道: 所欲與之聚之, 所惡勿施爾也.'"
득 기 심 유 도   소 욕 여 지 취 지   소 오 물 시 이 야

해설

한나라의 조착鼂錯이 말한 바 있습니다. "인한 정치는 수를 바라지 않음이 없다. 세 임금은 백성들을 잘살게 하고, 상하지 않게 했다. 인한 정치는 부를 바라지 않음이 없다. 그래서 세 임금은 백성들을 후하게 해주고, 궁핍하지 않게 해주었다. 인한 정치는 안정을 바라지 않음이 없다. 그래서 세 임금은 백성을 도와주고 위태롭지 않게 해주었다. 인한 정치는 안일하기를 바라지 않음이 없다. 그래서 세 임금은 백성의 부역을 조절하고, 백성들이 지치지 않게 해주었다." 맹자는 이와 같은 일을 말한 것입니다.

백성들은 인에 귀의한다

"백성들이 인에 귀의하는 것은 물이 아래로 흐르고, 동물이 넓은 들판으로 달려가는 것과 같다. 그러므로 물고기를 깊은 못으로 몰아 주는 것은 수달이고, 새들을 숲으로 몰아 주는 것은 새매며, 탕임금과 무왕에게 몰아 준 자는 걸왕과 주왕이다.

지금 천하에 인을 좋아하는 임금이 나타난다면 제후들이 모두 그를 위하여 백성들을 몰아 줄 것이다. 그러므로 왕 노릇을 하려 하지 않아도 할 수밖에 없을 것이다."

"民之歸仁也, 猶水之就下, 獸之走壙也. 故爲淵敺魚者, 獺也;
민 지 귀 인 야 유 수 지 취 하 수 지 주 광 야 고 위 연 구 어 자 달 야

爲叢敺爵者, 鸇也; 爲湯武敺民者, 桀與紂也.
위 총 구 작 자 전 야 위 탕 무 구 민 자 걸 여 주 야

今天下之君有好仁者, 則諸侯皆爲之敺矣. 雖欲無王, 不可得已."
금 천 하 지 군 유 호 인 자 즉 제 후 개 위 지 구 의 수 욕 무 왕 불 가 득 이

해설

광曠은 넓은 들입니다. 이 구절은 백성들이 인한 군주에게 귀의하는 까닭은 그들이 원하는 바가 인한 정치에 있기 때문임을 말한 것입니다. 연淵은 깊은 물이고, 달獺은 물고기를 잡아먹는 짐승이며, 총叢은 무성한 숲이고, 전鸇은 참새를 잡아먹는 새입니다. 이 구절은 백성들이 포학한 군주를 떠나는 까닭은 자기들이 바라는 바가 저쪽, 즉 인한 정치에 있고 두려워하는 바가 여기 있기 때문임을 말한 것입니다.

7년 묵은 병에 3년 된 약쑥을 쓰라

"지금 왕이 되려는 사람은 7년 묵은 병에 3년 말린 약쑥을 구하는 것과 같으니, 미리 쑥을 뜯어 쌓아 놓지 않으면 평생토록 얻지 못할 것이다. 또 인에 뜻을 두지 않으면 평생토록 걱정하고 치욕스러워 마침내는 죽음에 빠지고 말 것이다.

《시경》〈대아·상유〉편에서 '그들이 어찌 잘될 수가 있겠나. 다 같이 환난에 빠지리라.'라고 했으니, 바로 이와 같은 뜻을 말한 것이다."

"今之欲王者, 猶七年之病求三年之艾也. 苟爲不畜, 終身不得.
　금지욕왕자　유칠년지병구삼년지애야　구위불축　종신부득

苟不志於仁, 終身憂辱, 以陷於死亡. 詩云 '其何能淑, 載胥及溺'
　구부지어인　종신우욕　이함어사망　시운　기하능숙　재서급닉

此之謂也."
　차지위야

자포자기의 뜻

맹자가 말했다. "스스로를 해치는 사람과는 함께 말할 수 없고, 스스로를 버리는 사람과는 함께 일할 수 없다. 말로써 예의를 비방하는 것을 자포自暴(스스로를 포기함)라 하고, 자신은 인에 머물 수 없고 의를 따를 수 없다고 하는 것을 자기自棄(스스로를 버림)라 한다.

인은 사람이 편하게 살 수 있는 집이고, 의는 사람이 따라야 할 바른길이다. 편안한 집을 비워 놓고 살지 않으며, 바른길을 버리고 따라가지 않으니 슬프구나."

孟子曰: "自暴者, 不可與有言也; 自棄者, 不可與有爲也.
맹 자 왈   자 포 자 불 가 여 유 언 야   자 기 자 불 가 여 유 위 야

言非禮義, 謂之自暴也; 吾身不能居仁由義, 謂之自棄也. 仁,
언 비 례 의 위 지 자 포 야   오 신 불 능 거 인 유 의   위 지 자 기 야   인

人之安宅也; 義, 人之正路也. 曠安宅而弗居, 舍正路而不由, 哀哉!"
인 지 안 택 야   의   인 지 정 로 야   광 안 택 이 불 거   사 정 로 이 불 유   애 재

해설

포暴는 '해친다'는 뜻이며, 비非는 '훼손한다'는 뜻입니다. 스스로를 해치는 사람은 아름다운 줄 모르고 예의를 훼손하는 사람입니다. 이런 사람은 함께 예의를 논해도 실천하지 않을 것입니다.

스스로를 버리는 사람은 인의가 좋고 아름다운 줄 알지만, 태만하고 타락한 습성에 빠져 자신은 행할 수 없다고 말하는 자입니다. 그런 자는 함께 일을 해도 애쓰고 노력하지 않을 것입니다.

먼 데서 찾지 말라

맹자가 말했다.

"도는 가까이 있는데 먼 데서 찾고, 의는 쉬운 곳에 있는데 어려운 곳에서 찾는다. 사람들이 저마다 부모를 부모로 여기고, 어른을 어른으로 대하면 천하가 태평해질 것이다."

孟子曰: "道在爾而求諸遠, 事在易而求之難. 人人親其親,
맹 자 왈　　도 재 이 이 구 제 원　사 재 이 이 구 지 난　인 인 친 기 친

長其長而天下平."
장 기 장 이 천 하 평

부모를 친애하고 연장자를 공경하는 일은 사람이 하는 일이며, 가깝고 쉬운 일입니다. 우리는 인仁의 도가 이미 내 안에 있는데도, 자신을 제쳐 놓고 다른 데서 구하려고 합니다. 인이 멀리 있고 행하기 어렵다고 생각해 도리어 인을 잃게 되는 것이지요. 오직 모든 사람이 저마다 부모를 친애하고 연장자를 공경하면, 천하가 스스로 태평하게 될 것입니다.

성실을 이기는 기술은 없다

맹자가 말했다.

"낮은 자리에 있으면서 윗사람에게 신임을 얻지 못하면 백성을 다스릴 수 없다.

윗사람에게 신임을 얻는 방법이 있으니, 친구의 신뢰를 얻지 못하면, 윗사람에게 신임을 얻지 못한다. 친구의 신뢰를 얻는 방법이 있으니, 부모를 기쁘게 해드리지 못하면 친구의 신뢰를 얻지 못한다.

부모를 기쁘게 해드리는 방법이 있으니, 자신을 돌이켜 보아 성실하지 못하면 부모를 기쁘게 해드리지 못한다. 자신을 성실하게 하는 방법이 있으니, 선善을 밝게 알지 못하면, 자신을 성실하게 하지 못할 것이다.

그러므로 성실은 하늘의 도이고, 성실하게 하려는 생각은 사람의 도이다. 지극히 성실한데 남을 감동시키지 못하는 자가 없고, 성실하지 못한데 남을 감동시키는 자는 없다."

孟子曰: "居下位而不獲於上, 民不可得而治也.
맹 자 왈　거 하 위 이 불 획 어 상　민 불 가 득 이 치 야

獲於上有道: 不信於友, 弗獲於上矣; 信於友有道: 事親弗悅,
획 어 상 유 도　불 신 어 우　불 획 어 상 의　신 어 우 유 도　사 친 불 열

弗信於友矣; 悅親有道: 反身不誠, 不悅於親矣; 誠身有道:
불 신 어 우 의　열 친 유 도　반 신 불 성　불 열 어 친 의　성 신 유 도

不明乎善, 不誠其身矣. 是故誠者, 天之道也; 思誠者, 人之道也.
불 명 호 선　불 성 기 신 의　시 고 성 자　천 지 도 야　사 성 자　인 지 도 야

至誠而不動者, 未之有也; 不誠, 未有能動者也."
지 성 이 부 동 자　 미 지 유 야　 불 성　 미 유 능 동 자 야

일반적으로는 성誠을 '성실誠實하다'로 풉니다. 그러나 《중용中庸》에 나타난 의미는 더 깊습니다. 하늘이 자연 만물을 실질적으로 생육生育하는 것을 성이라 합니다. 그러므로 이 구절도 다음과 같이 풀어야 합니다.

'성실하게 천지 만물을 낳고 자라게 하는 것이 하늘의 도리이다. 그와 같은 하늘의 도리를 따라 천하 만민과 만물을 인애仁愛하고 생육·번성케 하는 것이 사람의 도리이다.'

백이와 태공이 문왕에게 귀의한 이유

맹자가 말했다. "백이가 주왕을 피해 북해 해변에 살다가 문왕이 왕도를 행한다는 말을 듣고 말하길 '어찌 돌아가지 않겠는가! 나는 서백西伯이 노인들을 잘 봉양한다고 들었다.'라고 했다.

한편 태공太公도 주왕을 피해 동해 해변에 살다가 문왕이 왕도를 행한다는 말을 듣고 말하길 '어찌 돌아가지 않겠는가! 나는 서백이 노인들을 잘 봉양한다고 들었다.'라고 했다."

孟子曰: "伯夷辟紂, 居北海之濱, 聞文王作, 興曰: '盍歸乎來!
맹 자 왈　　백 이 피 주　거 북 해 지 빈　문 문 왕 작　흥 왈　　합 귀 호 래

吾聞西伯善養老者.' 太公辟紂, 居東海之濱, 聞文王作, 興曰:
오 문 서 백 선 양 로 자　태 공 피 주　거 동 해 지 빈　문 문 왕 작　흥 왈

'盍歸乎來! 吾聞西伯善養老者.'"
합 귀 호 래　오 문 서 백 선 양 로 자

해설

서백은 문왕입니다. 주왕이 문왕을 서방 제후들의 장으로 임명했는데, 그들이 잘못하면 무력으로 칠 수도 있었습니다. 그래서 서백이라고 칭했습니다. 태공은 왕이 내린 이름으로 본래 이름은 여상呂尙입니다. 강태공으로 더 많이 알려져 있습니다. 문왕은 인한 정치를 하며 홀아비, 과부, 고아, 자식 없는 노인를 돌보고 추위에 떨거나 굶주리지 않게 해주었습니다. 그래서 백이와 강태공이 문왕에 귀의하려 했던 것입니다.

천하 만민의 마음을 덕으로 얻다

"이 두 노인은 천하의 큰 어른으로 문왕에게 귀의하니, 이는 천하의 아버지가 문왕에게 귀의한 것이다. 천하의 아버지가 문왕에게 귀의했으니, 그 자식들이 어디로 가겠는가?

제후 중에 문왕과 같은 정치를 행하는 자가 있다면 7년 안에 반드시 천하를 다스리게 될 것이다."

"二老者, 天下之大老也, 而歸之, 是天下之父歸之也. 天下之父歸之,
이로자 천하지대로야 이귀지 시천하지부귀지야 천하지부귀지
其子焉往? 諸侯有行文王之政者, 七年之內, 必爲政於天下矣."
기자언왕 제후유행문왕지정자 칠년지내 필위정어천하의

백이와 태공은 천하의 대로大老, 즉 덕망이 높은 대중의 아버지입니다. 문왕이 인한 정치로 그들의 마음을 얻었으므로 세상 모든 사람의 마음도 문왕에게 돌아갔던 것입니다. 천하 만민의 마음을 덕으로 얻는 것이 왕도인정王道仁政입니다.

자신의 이익을 위해 전쟁을 벌이지 말라

맹자가 말했다.

"염구冉求(공자의 제자)가 계강자季康子(노나라의 대부)의 가신이 되었는데, 그의 덕을 고치지 않고 곡물세를 두 배로 올렸다. 이에 공자께서 말씀하시기를 '염구는 나의 문도가 아니니, 너희는 북을 울려 그를 성토해도 좋다.'라고 했다.

이것으로 볼 때 인한 정치를 행하지 않는 군주를 부강하게 해주는 자는 다 공자로부터 버림을 받았던 것이다. 하물며 군주를 위해 억지로 전쟁을 하는 사람에게 있어서랴?

땅을 차지하기 위해 전쟁을 벌여 죽은 사람이 들판에 가득하고, 성을 빼앗기 위해 전쟁을 벌여 죽은 사람이 성 안에 가득하니, 이는 토지를 쫓아 사람을 죽이고 그 살을 먹는 격으로 그 죄는 죽어도 용서받지 못할 것이다.

그러므로 전쟁을 좋아하는 자는 극형에 처하고, 제후들과 연횡하는 자는 다음가는 형벌에 처하며, 풀밭과 황무지를 개간해 백성들에게 경작케 하는 자는 그다음가는 형벌에 처해야 한다."

孟子曰: "求也爲季氏宰, 無能改於其德, 而賦粟倍他日. 孔子曰:
맹 자 왈　구 야 위 계 씨 재　무 능 개 어 기 덕　이 부 속 배 타 일　공 자 왈

'求非我徒也, 小子鳴鼓而攻之可也' 由此觀之, 君不行仁政而富之,
구 비 아 도 야　소 자 명 고 이 공 지 가 야　유 차 관 지　군 불 행 인 정 이 부 지

皆棄於孔子者也. 況於爲之强戰? 爭地以戰, 殺人盈野; 爭城以戰,
개 기 어 공 자 자 야　황 어 위 지 강 전　쟁 지 이 전　살 인 영 야　쟁 성 이 전

殺人盈城. 此所謂率土地而食人肉, 罪不容於死. 故善戰者服上刑,
살 인 영 성   차 소 위 솔 토 지 이 식 인 육   죄 불 용 어 사   고 선 전 자 복 상 형

連諸侯者次之, 辟草萊任土地者次之.”
연 제 후 자 차 지   벽 초 래 임 토 지 자 차 지

구求는 공자의 제자 염구를 말하고, 계씨季氏는 노나라의 대부인 계강자를 말합니다. 재宰는 가신家臣입니다. 부賦는 취取와 같습니다. 소자小子는 제자의 뜻입니다. 명고이공지鳴鼓而攻之는 '그의 죄를 성토하고 그를 책하라'는 뜻입니다.

선전善戰은 손빈孫臏, 오기吳起 같은 병법가 무리를, 연제후連諸侯는 소진蘇秦, 장의張儀 같은 책략가 무리를 말합니다. 벽辟은 개간이고, 임토지任土地는 땅을 나누어 백성들에게 주고 경작하는 책임을 지우는 것입니다.

눈동자는 마음의 거울

맹자가 말했다.

"사람이 살피는 데는 눈동자보다 더 좋은 것이 없다. 눈동자는 속에 품은 악惡을 감추지 못한다. 가슴속 생각이 바르면 눈동자도 밝고, 가슴속 생각이 바르지 않으면 눈동자도 흐리다.

그의 말을 듣고, 그의 눈동자를 살펴본다면, 사람이 어찌 속에 품은 부정한 마음을 숨길 수 있겠느냐?"

孟子曰: "存乎人者, 莫良於眸子. 眸子不能掩其惡.
맹 자 왈　　존 호 인 자　막 량 어 모 자　모 자 불 능 엄 기 악

胸中正, 則眸子瞭焉; 胸中不正, 則眸子眊焉. 聽其言也, 觀其眸子,
흉 중 정　즉 모 자 요 언　흉 중 부 정　즉 모 자 모 언　청 기 언 야　관 기 모 자

人焉廋哉?"
인 어 수 재

해설

원칙적으로 사람이 사물을 대할 때는 정신이 눈에 집중됩니다. 그러므로 가슴속이 바르면 정신이 밝게 빛나지만, 바르지 못하면 정신이 흩어지고 어둡게 됩니다. 말도 역시 마음을 바탕으로 하여 나오는 것입니다. 그러므로 말까지 함께 살펴보면 마음속에 품은 것을 숨길 수 없습니다. 말은 거짓을 말할 수도 있으나, 눈동자는 거짓을 용납하지 않습니다.

공손하고 검소하라

맹자가 말했다.

"공손한 사람은 남을 업신여기지 않고, 검소한 사람은 남의 것을 빼앗지 않는다.

남을 업신여기고 빼앗는 군주는 오로지 순종하지 않을 것을 겁낸다. 그러니 어찌 공손하고 검소할 수 있겠는가? 공손함과 검소함을 어찌 말이나 웃는 얼굴로 행할 수 있겠는가?"

孟子曰: "恭者不侮人, 儉者不奪人. 侮奪人之君, 惟恐不順焉,
맹 자 왈　　공 자 불 모 인　검 자 불 탈 인　모 탈 인 지 군　유 공 불 순 언

惡得爲恭儉? 恭儉豈可以聲音笑貌爲哉?"
오 득 위 공 검　　공 검 기 가 이 성 음 소 모 위 재

해설

유공불순惟恐不順은 곧 '자기에게 순종하지 않을까 두려워한다'는 뜻이고, 성음소모聲音笑貌는 '겉으로 거짓을 꾸민다'는 뜻입니다.

상황에 맞게 하는 것이 예

순우곤淳于髡(제나라 사람)이 물었다.

"남녀 간에 직접 손으로 물건을 주고받지 않는 것이 예禮입니까?"

맹자가 대답했다.

"그것이 예이다."

그러자 순우곤이 또 물었다.

"형수가 물에 빠지면 손을 잡아 구해야 합니까?"

맹자가 말했다.

"형수가 물에 빠졌는데도 구하지 않는다면, 승냥이와 같은 것이다. 남녀가 직접 손으로 주고받지 않는 것은 예이고, 형수가 물에 빠졌을 때 손을 잡아 구하는 것은 권도權道(임시변통의 조치)이다."

淳于髡曰: "男女授受不親, 禮與?" 孟子曰: "禮也."
순 우 곤 왈　남 녀 수 수 불 친　예 여　　맹 자 왈　예 야

曰: "嫂溺則援之以手乎?" 曰: "嫂溺不援, 是豺狼也. 男女授受不親,
왈　수 익 즉 원 지 이 수 호　　왈　수 익 불 원　시 시 랑 야　남 녀 수 수 불 친

禮也; 嫂溺援之以手者, 權也."
예 야　수 익 원 지 이 수 자　권 야

천하는 도로써 구한다

순우곤이 말했다.

"지금 천하가 물에 빠졌는데, 선생님께서 구하지 않으시는 것은 어째서입니까?"

맹자가 대답했다.

"천하가 물에 빠지면 도로써 구하고, 형수가 물에 빠지면 손으로 구하는 것이다. 그대는 천하를 손으로 구원하고자 하는가?"

曰: "今天下溺矣, 夫子之不援, 何也?"
왈　금 천 하 익 의　부 자 지 불 원　하 야

曰: "天下溺, 援之以道; 嫂溺, 援之以手. 子欲手援天下乎?"
왈　천 하 익　원 지 이 도　수 익　원 지 이 수　자 욕 수 원 천 하 호

이는 곧 다음과 같은 뜻을 말한 것입니다. '천하가 도탄에 빠졌을 때는 오직 도道로써 구제할 수 있다. 형수가 물에 빠졌을 때 손으로 구하는 것과 다르다. 그런데 지금 당신은 천하를 구제하고자 하면서, 나에게 도를 굽혀 무도한 임금에게 영합하라고 하니, 이는 곧 천하를 구하는 도를 먼저 잃게 하는 짓이다.'

이 장은 자신을 곧게 하고 도를 지키는 것이 세상을 구제하는 것이며, 도를 굽히고 남을 따르는 것은 자기를 상실하는 것이라는 뜻을 말하고 있습니다.

군자는 자식을 직접 가르치지 않는다

공손추가 물었다.

"군자가 자식을 직접 가르치지 않는 것은 어째서입니까?"

맹자가 대답했다.

"형세상 그렇게 하기 어렵기 때문이다. 가르치는 사람은 반드시 올바른 도리로써 가르쳐야 하는데, 올바른 도리로써 가르친 것이 실행되지 않으면 그에 따라 화를 내게 된다. 화를 내면 서로 마음이 상하게 된다. 자식이 속으로 '아버지는 올바른 도리로 나를 가르치시지만, 자신은 올바른 도리에 따라 행하지 못하시는구나.' 생각하면 부자간에 서로 마음이 상하게 된다.

부자간에 서로 마음이 상하게 되면 나쁜 것이다. 그래서 옛날에는 자식을 바꾸어서 가르쳤다. 부자간에는 잘하라고 꾸짖지 않으니, 꾸짖으면 멀어진다. 부자의 정이 멀어지면 그보다 더 큰 불행은 없다."

公孫丑曰: "君子之不敎子, 何也?"
공 손 추 왈　군 자 지 불 교 자　하 야

孟子曰: "勢不行也. 敎者必以正; 以正不行. 繼之以怒; 繼之以怒,
맹 자 왈　세 불 행 야　교 자 필 이 정　이 정 불 행　계 지 이 노　계 지 이 노

則反夷矣. '夫子敎我以正, 夫子未出於正也.' 則是父子相夷也.
즉 반 이 의　부 자 교 아 이 정　부 자 미 출 어 정 야　즉 시 부 자 상 이 야

父子相夷, 則惡矣. 古者易子而敎之. 父子之間不責善. 責善則離,
부 자 상 이　즉 악 의　고 자 역 자 이 교 지　부 자 지 간 불 책 선　책 선 즉 리

離則不祥莫大焉."
이 즉 불 상 막 대 언

자신을 지키는 것이 가장 중하다

맹자가 말했다.

"누구를 섬기는 것이 가장 중한가. 부모를 섬기는 일이 가장 중하다. 지키는 일 중에 무엇이 가장 중한가. 자신을 지키는 것이 가장 중하다. 나는 자기를 잃지 않고서 부모를 잘 섬긴다는 말은 들었어도, 자기를 잃고서 부모를 잘 섬겼다는 말은 듣지 못했다.

누군들 섬기지 못하겠는가? 하지만 부모를 잘 섬기는 것이 섬김의 근본이다. 무엇인들 잘 지키지 못하겠는가? 하지만 자신을 잘 지키는 것이 지킴의 근본이다."

孟子曰: "事孰爲大? 事親爲大; 守孰爲大? 守身爲大.
맹 자 왈　　사 숙 위 대　　사 친 위 대　　수 숙 위 대　　수 신 위 대

不失其身而能事其親者, 吾聞之矣; 失其身而能事其親者,
부 실 기 신 이 능 사 기 친 자　오 문 지 의　실 기 신 이 능 사 기 친 자

吾未之聞也. 孰不爲事? 事親, 事之本也; 孰不爲守? 守身,
오 미 지 문 야　숙 불 위 사　　사 친　　사 지 본 야　숙 불 위 수　　수 신

守之本也."
수 지 본 야

수신守身은 '자식 된 도리와 인간의 절조를 잘 지키고, 자신을 불의에 빠지지 않게 한다'는 뜻입니다. 도리와 절조를 잃으면 자신의 몸가짐을 훼손하고 부모를 욕되게 합니다. 매일 삼생三牲(소, 돼지, 양의 좋은 음식)으로

부모를 봉양해도 효를 다하기는 부족할 것입니다.

부모에게 효도하면 곧 그 효를 옮겨 군주에게 충성할 수 있고, 순종을 어른에게 옮겨 잘 받들 수 있습니다. 그리고 몸을 바르게 간직하면, 제가齊家, 치국治國, 평천하平天下 하게 됩니다.

효도는 증자처럼

"증자는 아버지 증석曾晳을 봉양할 때 상에 늘 술과 고기반찬을 올렸는데, 상을 물릴 때 반드시 '남은 음식을 누구에게 줄까요?' 하고 여쭈었다. 아버지가 '남은 것이 있느냐?' 하고 물으면 증자는 반드시 '더 있습니다.' 하고 대답했다.

증석이 죽고 아들 증원曾元이 증자를 봉양하게 되었는데, 그때도 상에 꼭 술과 고기반찬이 올랐다. 그러나 상을 물릴 때 '나머지 음식을 누구에게 줄까요?' 하고 여쭙지 않았다. 또 '남은 것이 있느냐?' 하고 물으면 '없습니다.'라고 대답하였다. 이는 남은 음식을 다시 만들어 올리기 위함이었다.

이것은 이른바 육신만을 봉양하는 효도이다. 증자와 같이 하면 뜻을 받들어 모신다고 할 만하다. 부모 섬김은 증자처럼 하는 것이 옳다."

"曾子養曾晳, 必有酒肉. 將徹, 必請所與. 問有餘, 必曰 '有'.
증자양증석 필유주육 장철 필청소여 문유여 필왈 유

曾晳死, 曾元養曾子, 必有酒肉. 將徹, 不請所與. 問有餘,
증석사 증원양증자 필유주육 장철 불청소여 문유여

曰 '亡矣'. 將以復進也. 此所謂養口體者也. 若曾子, 則可謂養志也.
왈 무의 장이부진야 차소위양구체자야 약증자 즉가위양지야

事親若曾子者, 可也."
사 친 약 증 자 자 가 야

마음부터 바로잡으라

맹자가 말했다.

"등용된 사람에 대해 지적할 필요가 없고, 정사에 대해 비난할 필요가 없다. 오직 대인만이 군주 마음의 잘못을 바로잡을 수 있으니, 군주가 인하면 인하지 않은 것이 없고, 군자가 의로우면 의롭지 않은 것이 없으며, 군주가 바르면 바르지 않은 것이 없다. 군주의 마음을 바로잡으면 나라가 안정된다."

孟子曰: "人不足與適也, 政不足間也. 惟大人爲能格君心之非.
맹 자 왈   인 부 족 여 적 야   정 부 족 간 야   유 대 인 위 능 격 군 심 지 비

君仁莫不仁, 君義莫不義, 君正莫不正. 一正君而國定矣."
군 인 막 불 인   군 의 막 불 의   군 정 막 부 정   일 정 군 이 국 정 의

해설

맹자가 세 번이나 제나라 왕을 만났으나 정사를 말하지 않자, 문인들이 의아하게 여겼습니다. 그러자 맹자가 "나는 먼저 임금의 사악한 마음을 고쳐 주려고 합니다. 마음이 바르게 잡힌 다음에야, 비로소 천하의 일을 천리天理를 따라 다스릴 수 있다."라고 했습니다.

임금이 그릇된 마음으로 있으면 여러 일을 고쳐도 뒤에 다시 그런 일이 있게 되므로, 마음을 바로잡는 것이 우선이라는 것입니다.

칭찬과 비난에 일희일비하지 말라

맹자가 말했다.

"예기치 않게 칭찬을 받는 경우도 있고,

완전함을 추구하다 욕을 먹는 경우도 있다."

孟子曰: "有不虞之譽, 有求全之毁."
맹 자 왈　유 불 우 지 예　유 구 전 지 훼

말을 쉽게 하는 이유

맹자가 말했다.

"사람이 말을 쉽게 하는 것은 책망이 없기 때문이다."

孟子曰: "人之易其言也, 無責耳矣."
맹 자 왈　인 지 이 기 언 야　무 책 이 의

해설

　사람이 말을 경솔하게 하는 이유는 자신의 실언에 대한 책망을 들어 보지 않았기 때문입니다. 군자로서 학문을 지니지 않은 사람은 반드시 책망을 받고 나야 비로소 말을 경솔하게 하지 않습니다.

모르면서 아는 체하지 말라

맹자가 말했다.

"사람의 걱정거리는 남의 스승이 되기를 좋아하는 데 있다."

孟子曰: "人之患在好爲人師."
맹 자 왈   인 지 환 재 호 위 인 사

해설

　자신의 학문이나 덕행은 헤아리지 못하고 무작정 남의 스승 되기를 좋
아하면, 스스로 만족해 정진하지 못합니다. 그래서 이것이 모든 사람의 큰
걱정거리라 한 것입니다.

어른을 먼저 찾아뵙는 게 도리

악정자가 자오子敖(왕환, 제나라의 신하)를 따라 제나라에 왔다. 악정자가 맹자를 찾아뵙자 맹자가 말했다.

"그대 또한 나를 보러 왔는가?"

악정자가 말했다. "선생님께서 어찌 이런 말씀을 하십니까?

맹자가 말했다. "온 지 며칠 되었는가?"

악정자가 말했다. "어제 왔습니다."

맹자가 말했다.

"어제 왔다면, 내가 이런 말을 하는 것이 당연하지 않은가?"

악정자가 말했다. "숙소를 미처 정하지 못해서 그랬습니다."

맹자가 말했다.

"자네는 숙소를 정한 뒤에 어른을 찾아뵙는 것으로 들었는가?"

악정자가 말했다. "제가 잘못했습니다."

樂正子從於子敖之齊. 樂正子見孟子. 孟子曰: "子亦來見我乎?"
악정자종어자오지제 악정자견맹자 맹자왈   자역래견아호

曰: "先生何爲出此言也?"曰: "子來幾日矣?"曰: "昔者."曰:
왈 선생하위출차언야   왈   자래기일의   왈 석자 왈

"昔者, 則我出此言也, 不亦宜乎?"曰: "舍館未定."曰: "子聞之也,
석자 즉아출차언야 불역의호   왈 사관미정   왈   자문지야

舍館定, 然後求見長者乎?"曰: "克有罪."
사관정 연후구견장자호   왈   극유죄

악정자를 꾸짖은 이유

맹자가 악정자에게 말했다.

"자네가 자오를 따라온 것은 공연히 먹고 마시기 위해서군. 자네가 옛날의 도리를 배웠거늘, 그것을 공연히 먹고 마시는 것에 쓸 줄은 생각지 못했네."

孟子謂樂正子曰: "子之從於子敖來, 徒餔啜也.
맹 자 위 악 정 자 왈　　자 지 종 어 자 오 래　도 포 철 야

我不意子學古之道, 而以餔啜也."
아 불 의 자 학 고 지 도　이 이 포 철 야

해설

악정자가 따라올 사람을 택하지 않고 제나라에 온 것은 결국 먹을 것을 얻고자 함이라고 맹자가 책망한 것입니다.

가장 큰 불효는 무자식

맹자가 말했다.

"불효에 셋이 있는데, 뒤를 이을 자손이 없는 것이 가장 큰 불효다. 순임금이 부모에게 알리지 않고 장가 든 것은 뒤를 이을 자손이 없을까 걱정해서이다. 후세의 군자는 알린 것과 같다고 여겼다."

孟子曰: "不孝有三, 無後爲大. 舜不告而娶, 爲無後也.
맹 자 왈　불효유삼　무후위대　순불고이취　위무후야

君子以爲猶告也."
군 자 이 위 유 고 야

효제를 실천하라

맹자가 말했다.

"인仁의 실질은 부모를 섬기는 일이고, 의義의 실질은 형에게 순종하는 것이다. 지智의 실질은 이 두 가지를 알아서 이탈하지 않는 것이고, 예禮의 실질은 이 두 가지를 절도에 맞게 실천하는 것이며, 악樂의 실질은 이 두 가지를 즐거워하는 것이다.

즐거우면 두 가지를 실천하려는 마음이 생생하게 생겨나니, 어찌 그만둘 수 있겠는가. 그만둘 수 없으니 자기도 모르게 손발을 놀리면서 춤을 추게 된다."

孟子曰: "仁之實, 事親是也; 義之實, 從兄是也. 智之實,
맹자왈　인지실　사친시야　의지실　종형시야　지지실
知斯二者弗去是也; 禮之實, 節文斯二者是也; 樂之實, 樂斯二者,
지사이자불거시야　예지실　절문사이자시야　악지실　낙사이자
樂則生矣; 生則惡可已也, 惡可已, 則不知足之蹈之, 手之舞之."
낙즉생의　생즉오가이야　오가이　즉부지족지도지　수지무지

해설

부모를 섬기는 것은 효孝이고, 형에게 순종하는 것은 제悌입니다. 천하의 도리가 바로 효제에 근원을 둡니다. 이를 알고 굳게 지키면 절도가 생기고 즐거움도 깊게 됩니다.

천하의 가장 큰 효

맹자가 말했다.

"천하의 모든 사람이 기뻐하며 자신에게 귀의하려 하는데, 천하의 모든 사람이 기뻐하며 자신에게 귀의하는 것을 지푸라기같이 여기니, 오직 순임금이 그러하셨다. 부모의 마음에 들지 못하면 사람이라 할 수 없고, 또 부모를 따르지 못하면 자식이라 할 수 없다고 여겼기 때문이다.

순임금은 부모를 섬기는 도리를 극진히 하여 아버지 고수를 기쁘게 했다. 고수가 기뻐하자 천하가 교화되었으며, 고수가 기뻐하자 천하의 모든 아버지와 자식이 안정되었으니 이를 천하의 대효大孝라고 한다."

孟子曰: "天下大悅而將歸己. 視天下悅而歸己, 猶草芥也.
맹 자 왈　천 하 대 열 이 장 귀 기　시 천 하 열 이 귀 기　유 초 개 야

惟舜爲然. 不得乎親, 不可以爲人; 不順乎親, 不可以爲子.
유 순 위 연　부 득 호 친　부 가 이 위 인　불 순 호 친　불 가 이 위 자

舜盡事親之道而瞽瞍底豫, 瞽瞍底豫而天下化,
순 진 사 친 지 도 이 고 수 지 예　고 수 지 예 이 천 하 화

瞽瞍底豫而天下之爲父子者定, 此之謂大孝."
고 수 지 예 이 천 하 지 위 부 자 자 정　차 지 위 대 효

제 8 편

이루 하 離婁下

하지 않는 바가 있어야 큰 일을 할 수 있다

이 편도 〈이루 상〉과 마찬가지로 단편적인 내용이 주를 이룹니다. 대인大人에 대한 언급이 세 차례 반복되는데, 도덕적 인격을 갖춘 자를 이릅니다.

먼저 나온 성인과 뒤에 나온 성인

맹자가 말했다.

"순임금은 제풍諸馮에서 태어나 부하負夏로 이주하셨고 명조鳴條에서 돌아가셨으니 동쪽 오랑캐의 사람이다. 문왕은 기주岐周에서 태어나 필영畢郢에서 돌아가셨으니 서쪽 오랑캐의 사람이다.

서로 떨어진 거리가 천여 리이고, 세대가 떨어진 것이 천 년 이상이지만 뜻을 얻어 중원에서 실행한 것은 부절을 맞춘 듯 들어맞았다. 먼저 나온 성인과 뒤에 나온 성인은 그 헤아리는 바가 똑같았던 것이다."

孟子曰: "舜生於諸馮, 遷於負夏, 卒於鳴條, 東夷之人也.
맹 자 왈　순 생 어 제 풍　천 어 부 하　졸 어 명 조　동 이 지 인 야

文王生於岐周, 卒於畢郢, 西夷之人也. 地之相去也, 千有餘里;
문 왕 생 어 기 주　졸 어 필 영　서 이 지 인 야　지 지 상 거 야　천 유 여 리

世之相後也, 千有餘歲. 得志行乎中國, 若合符節. 先聖後聖,
세 지 상 후 야　천 유 여 세　득 지 행 호 중 국　약 합 부 절　선 성 후 성

其揆一也."
기 규 일 야

은혜보다 정치

자산子産이 정鄭나라의 정치를 맡았을 때, 자기의 수레로 사람들을 진수溱水와 유수洧水를 건너게 해준 일이 있었다.

맹자가 말했다.

"은혜를 베풀긴 했으나 정치는 할 줄 모른다. 11월에 사람이 건너는 다리를 만들고, 12월에 수레가 다니는 다리를 만들면 백성들이 건너는 것을 걱정하지 않았을 것이다. 군자가 정치를 잘한다면 행차할 때 사람들의 통행을 통제해도 괜찮을 것이다.

어찌 사람마다 강을 건너게 해주겠는가? 정치하는 자가 개개인을 다 즐겁게 해주려면 날마다 해도 시간도 모자랄 것이다."

子産聽鄭國之政, 以其乘輿濟人於溱洧. 孟子曰: "惠而不知爲政.
자산 청 정 국 지 정 이 기 승 여 제 인 어 진 유 맹 자 왈   혜 이 부 지 위 정

歲十一月徒杠成, 十二月輿梁成, 民未病涉也. 君子平其政,
세 십 일 월 도 강 성 십 이 월 여 량 성 민 미 병 섭 야 군 자 평 기 정

行辟人可也. 焉得人人而濟之? 故爲政者, 每人而悅之,
행 벽 인 가 야 언 득 인 인 이 제 지 고 위 정 자 매 인 이 열 지

日亦不足矣."
일 역 부 족 의

임금이 신하 보기를

맹자가 제나라 선왕에게 말했다.

"임금이 신하 보기를 자신의 손발과 같이 하면, 신하가 임금 보기를 자기의 심장이나 배와 같이 하고, 임금이 신하 보기를 개나 말과 같이 하면, 신하가 임금 보기를 길가의 사람과 같이 하며, 임금이 신하 보기를 흙이나 먼지와 같이 하면, 신하가 임금 보기를 원수와 같이 할 것입니다."

孟子告齊宣王曰: "君之視臣如手足, 則臣視君如腹心;
맹 자 고 제 선 왕 왈　군 지 시 신 여 수 족　즉 신 시 군 여 복 심

君之視臣如犬馬, 則臣視君如國人; 君之視臣如土芥,
군 지 시 신 여 견 마　즉 신 시 군 여 국 인　군 지 시 신 여 토 개

則臣視君如寇讎."
즉 신 시 군 여 구 수

해설

수족手足과 복심腹心은 '임금과 신하가 서로 한 몸으로 대한다'는 뜻이며, 은의恩義가 지극한 경지입니다. 견마犬馬는 천시하나 아직 먹이고 양육해 주는 은혜는 있음을 이릅니다. 국인國人은 '길 가는 사람 같다'는 것으로, 원한도 은덕도 없는 타인이라는 뜻입니다. 토개土芥는 발로 밟거나 베어 버릴 뿐이니 심하게 천시하고 미워하는 것입니다. 그러니 신하가 임금을 원수로 여기고 보복하는 것도 당연한 일일 것입니다.

세 가지 예를 베풀라

왕이 물었다.

"예법에 따르면 신하가 옛 임금을 위해 상복을 입는다는데, 임금이 어떻게 하면 신하가 그럴 수 있습니까?"

맹자가 대답했다.

"신하의 간언을 실행하고 말을 경청하여 은혜가 백성에게 미쳐야 합니다. 신하가 일이 생겨 부득이하게 떠나게 되면 사람을 보내 국경까지 인도해 주고, 또 가려는 나라에 먼저 기별을 보내야 합니다. 떠난 지 3년이 되어도 돌아오지 않은 뒤에야 비로소 그에게 주었던 땅과 집을 회수해야 합니다. 이렇게 하는 것을 '세 가지 예禮'를 베푼다고 합니다. 이와 같이 하면 임금을 위해 상복을 입습니다.

오늘날에는 신하가 되어 간언해도 행하지 않고, 말해도 경청하지 않아 백성에게 은혜가 미치지 않습니다. 신하가 사정이 생겨 다른 나라로 가려고 하면 그를 붙잡고, 가는 곳에서 곤궁하게 만들며, 나라를 떠나는 날 즉시 그의 땅과 집을 회수합니다. 원수를 위해서 어찌 상복을 입겠습니까?"

王曰: "禮, 爲舊君有服, 何如斯可爲服矣?" 曰: "諫行言聽,
왕왈 예 위구군유복 하여사가위복의 왈 간행언청

膏澤下於民; 有故而去, 則君使人導之出疆, 又先於其所往;
고택하어민 유고이거 즉군사인도지출강 우선어기소왕

去三年不反, 然後收其田里. 此之謂三有禮焉. 如此, 則爲之服矣.
거삼년불반 연후수기전리 차지위삼유례언 여차 즉위지복의

今也爲臣. 諫則不行, 言則不聽; 膏澤不下於民; 有故而去,
금야위신 간즉불행 언즉불청 고택불하어민 유고이거

則君搏執之, 又極之於其所往; 去之日, 遂收其田里. 此之謂寇讎.
즉 군 박 집 지　우 극 지 어 기 소 왕　거 지 일　수 수 기 전 리　차 지 위 구 수

寇讎何服之有?”
구 수 하 복 지 유

해설

　제나라 선왕에게 임금이 신하에게 보답하고 은혜를 베푸는 도리를 말
한 것입니다. 맹자는 "임금께서 고치시기를 저는 날마다 바랍니다."라고
말했습니다.

대부와 선비가 떠나는 이유

맹자가 말했다.

"죄 없는 선비를 죽이면 대부는 떠날 것이고, 죄 없는 백성을 죽이면 선비는 옮겨 갈 것이다."

孟子曰: "無罪而殺士, 則大夫可以去; 無罪而戮民, 則士可以徙."
맹 자 왈　무 죄 이 살 사　즉 대 부 가 이 거　무 죄 이 륙 민　즉 사 가 이 사

해설

군자는 기미를 살펴보고 즉시 떠나가는 행동을 취해야 하니, 재앙이 시작된 후에는 떠나기가 어려움을 말하고 있습니다. 공자는 《논어》〈태백泰伯〉에서 '위태로운 나라에는 들어가지 않고 어지러운 나라에는 머물지 않는다危邦不入 亂邦不居'라고 말한 바 있습니다.

왕이 인하고 의로우면

맹자가 말했다.

"군주가 인하면 아무도 불인不仁한 사람이 없고, 군주가 의로우면 아무도 불의不義한 사람이 없게 된다."

孟子曰: "君仁莫不仁, 君義莫不義."
맹 자 왈　군 인 막 불 인　군 의 막 불 의

예가 아닌 예, 의가 아닌 의

맹자가 말했다.
"예禮가 아닌 예와, 의義가 아닌 의를 대인은 행하지 않는다."

孟子曰: "非禮之禮, 非義之義, 大人弗爲."
맹 자 왈　비 례 지 례　비 의 지 의　대 인 불 위

해설

천리天理를 정밀하게 살피지 못하면 두 가지 폐단이 있게 됩니다. 대인은 모든 일을 천리에 따라 하고, 또 때에 맞게 처리합니다. 그러니 어찌 '예에 맞지 않는 인의非禮之仁義'를 행하겠습니까?

공자와 맹자가 높이는 인의는 천도를 바탕으로 한 덕행으로, 인은 서로 사랑하고 협동하여 함께 잘사는 공동체를 꾸미는 덕행이고, 의는 도의와 정의를 굳게 지키고 실천하는 덕행입니다.

대인은 참다운 인의를 실천하지만 소인은 천도를 모르고, 사리사욕을 채우기 위해 온갖 악덕을 자행하며, 거짓되고 형식적인 효도나 충성을 강요합니다. 이것을 맹자가 '비례지인非禮之仁, 비례지의非禮之義'라고 말한 것입니다.

도달한 사람이 그렇지 못한 사람을 기른다

맹자가 말했다.

"중용에 도달한 사람이 중용에 도달하지 못한 사람을 기르고, 재능 있는 사람이 재능 없는 사람을 기른다. 그러므로 사람은 인한 부형父兄에게 배우기를 좋아한다.

만약에 중용에 도달한 사람이 도달하지 못한 사람을 버리고, 재능 있는 사람이 재능 없는 사람을 버리면, 현자와 불초한 자의 거리는 한 치도 못 될 것이다."

孟子曰: "中也養不中, 才也養不才, 故人樂有賢父兄也.
맹 자 왈　　중 야 양 부 중　　재 야 양 부 재　　고 인 락 유 현 부 형 야

如中也棄不中, 才也棄不才, 則賢不肖之相去, 其間不能以寸."
여 중 야 기 부 중　　재 야 기 부 재　　즉 현 불 초 지 상 거　　기 간 불 능 이 촌

해설

지나치지도 않고 또 모자라지도 않게 도에 맞게 하는 사람을 중中이라 하고, 족히 일할 수 있는 능력을 재才라고 합니다. 양養은 '함육훈도涵育薰陶하고, 스스로 교화되기를 기다린다'는 뜻이고, 현賢은 '중용의 도를 행하고, 또 일을 할 재능이 있는 사람'이란 뜻입니다.

인한 부형에게 배워 즐겁다고 하는 것은, 훈육을 받아 결국 자기도 훌륭한 사람이 될 수 있으므로 즐겁게 여긴다는 뜻입니다.

하지 않는 바가 있어야

맹자가 말했다.

"사람은 하지 않는 일이 있은 뒤에야 비로소 인의에 맞는 일을 할 수 있다."

孟子曰: "人有不爲也, 而後可以有爲."
맹 자 왈　　인 유 불 위 야　이 후 가 이 유 위

해설

하지 않는 바가 있으려면 무엇을 선택할지 바르게 알고 있어야 합니다. 나쁜 일을 하지 않을 수 있어야 선한 일을 할 수 있습니다.

남의 잘못을 함부로 말하지 말라

맹자가 말했다.

"남의 좋지 못한 점을 말하는데, 그 후환을 어찌 감당하려 하는가?"

孟子曰: "言人之不善, 當如後患何?"
맹 자 왈　　언 인 지 불 선　당 여 후 환 하

지나친 일은 하지 않는다

맹자가 말했다.

"공자께서는 너무 지나친 일을 하지 않으셨다."

孟子曰: "仲尼不爲已甚者."
맹 자 왈   중 니 불 위 이 심 자

해설

중니仲尼는 공자의 자字이고, 이己는 태太와 같은 뜻입니다.

대인의 말과 행동

맹자가 말했다.

"대인은 말이 반드시 신뢰를 얻고, 행동이 반드시 결실을 맺어야
한다고 고집하지 않았으며, 오직 의에 따라 했다."

孟子曰: "大人者, 言不必信, 行不必果, 惟義所在."
맹 자 왈   대 인 자 언 불 필 신 행 불 필 과 유 의 소 재

어린아이의 마음을 잃지 말라

맹자가 말했다.

"대인은 어린아이의 순수한 마음을 잃지 않은 사람이다."

孟子曰: "大人者, 不失其赤子之心者也."
맹 자 왈　　대 인 자　부 실 기 적 자 지 심 자 야

해설

대인의 마음은 만물의 도리와 변화에 통달합니다. 대인의 근본 바탕은 물욕에 미혹되지 않고 순진무구한 어린이와 같은 선한 본성을 온전하게 지니는 데 있습니다. 그런 선한 본성을 넓히고 만사를 충실하게 하므로 알지 못하는 것이 없고無所不知, 잘하지 않는 것이 없으며無所不能, 지극지대至極至大하게 됩니다.

상례가 가장 큰 일

맹자가 말했다.

"살아 계시는 부모를 잘 봉양하는 것은 대사라 할 수 없고, 오직 돌아가신 부모의 장례를 잘 치르는 일이어야 대사라 할 수 있다."

孟子曰: "養生者不足以當大事, 惟送死可以當大事."
맹 자 왈　　양 생 자 부 족 이 당 대 사　유 송 사 가 이 당 대 사

군자는 스스로 터득한다

맹자가 말했다.

"군자가 도로써 깊이 있게 탐구하는 것은 배운 것을 스스로 터득하기 위함이다. 스스로 터득하면 머무는 데 편안하고, 편안하면 쌓이는 것이 깊고, 쌓이는 것이 깊으면 좌우에서 취하여 써도 그 근원을 만나게 된다. 그러므로 군자는 스스로 도를 터득하고자 하는 것이다."

孟子曰: "君子深造之以道, 欲其自得之也. 自得之, 則居之安;
맹 자 왈　군 자 심 조 지 이 도　욕 기 자 득 지 야　자 득 지　즉 거 지 안

居之安, 則資之深; 資之深, 則取之左右逢其原,
거 지 안　즉 자 지 심　자 지 심　즉 취 지 좌 우 봉 기 원

故君子欲其自得之也."
고 군 자 욕 기 자 득 지 야

널리 배우고 상세히 논하는 이유

맹자가 말했다.

"널리 배우고 상세히 논하는 것은, 장차 요점을 말하기 위해서다."

孟子曰: "博學而詳說之, 將以反說約也."
맹 자 왈　박 학 이 상 설 지　장 이 반 설 약 야

선으로써 사람을 기르라

맹자가 말했다.

"선으로 사람이 따르게 하려는 자 가운데 능히 사람이 따르게 할 수 있는 자가 없다. 선으로써 사람을 기른 뒤에야 비로소 천하가 따르게 할 수 있다. 천하가 마음으로 따르지 않는데도 왕 노릇 하는 자는 없다."

孟子曰: "以善服人者, 未有能服人者也; 以善養人, 然後能服天下.
맹자왈　이선복인자　미유능복인자야　이선양인　연후능복천하
天下不心服而王者, 未之有也."
천하불심복이왕자　미지유야

해설

복인자服人者는 '다른 사람을 눌러 이기고자 한다'는 뜻이고, 양인자養人者는 '남과 더불어서 함께 선도에 돌아간다'는 뜻입니다. 사람이 공적인 마음을 갖느냐, 사적인 마음을 갖느냐에 따라 사람의 향배가 크게 달라집니다. 그러므로 이 점을 잘 살펴야 할 것입니다.

말에는 실질이 있어야

맹자가 말했다.

"말에 실질이 없으면 상서롭지 못한 것이니, 상서롭지 못한 말의 실제는 인한 사람을 덮고 가로막는 것이 이에 해당한다."

孟子曰: "言無實不祥, 不祥之實, 蔽賢者當之."
맹 자 왈　 언 무 실 불 상　 불 상 지 실　 폐 현 자 당 지

근원이 있는 물은 사해로 흘러든다

서자徐子(맹자의 제자)가 물었다.

"공자께서 여러 차례 물을 칭송하며 '물이여! 물이여!' 하셨는데, 물에서 어떤 점을 취하신 것입니까?"

맹자가 대답했다.

"근원이 있는 샘물이 세차게 솟아 밤낮으로 쉬지 않고 흐른다. 그 물은 웅덩이를 채우고 나아가 사해로 흘러든다. 근원이 있는 것이 이와 같으니, 공자께서는 이 점을 취하신 것이다.

근원이 없다면 7, 8월 사이에 비가 쏟아져 도랑을 가득 채워도, 그것이 마르는 것을 서서 기다릴 수 있다. 사실 이상으로 난 명성을 군자는 부끄럽게 여긴다."

徐子曰: "仲尼亟稱於水, 曰: '水哉, 水哉!' 何取於水也?"
서 자 왈　중 니 기 칭 어 수　왈　수 재　수 재　하 취 어 수 야

孟子曰: "原泉混混, 不舍晝夜. 盈科而後進, 放乎四海,
맹 자 왈　원 천 곤 곤　불 사 주 야　영 과 이 후 진　방 호 사 해

有本者如是, 是之取爾. 苟爲無本, 七八月之間雨集, 溝澮皆盈;
유 본 자 여 시　시 지 취 이　구 위 무 본　칠 팔 월 지 간 우 집　구 회 개 영

其涸也, 可立而待也. 故聲聞過情, 君子恥之."
기 후 야　가 립 이 대 야　고 성 문 과 정　군 자 치 지

사람이 금수와 다른 점

맹자가 말했다.

"사람이 금수와 다른 점은 지극히 적은데, 보통 사람들은 이것을 버리고 군자는 이것을 간직한다. 순임금은 모든 사물의 도리에 밝고 윤리를 잘 살폈으니, 인의에 따라 행동한 것이지 인의를 행한 것은 아니다."

孟子曰: "人之所以異於禽獸者幾希, 庶民去之, 君子存之.
맹 자 왈　　인 지 소 이 이 어 금 수 자 기 희　서 민 거 지　군 자 존 지

舜明於庶物, 察於人倫, 由仁義行, 非行仁義也."
순 명 어 서 물　찰 어 인 륜　유 인 의 행　비 행 인 의 야

해설

인간도 동물도 다 하늘이 낸 것입니다. 그러나 인간은 하늘의 도리를 깨달아 알고 있고, 동물은 그렇지 못합니다. 같은 인간이라도 일부 군자만이 이를 인식할 뿐 대부분의 사람은 그렇지 못합니다. 그래서 맹자는 인간과 동물의 차이가 극히 적다고 말한 것입니다.

선왕의 덕에 부합하지 않으면

맹자가 말했다.

"우왕은 술을 싫어하고 선한 말을 좋아했으며, 탕왕은 중용의 도를 견지했는데, 인자를 등용하되 틀에 얽매이지 않았다. 문왕은 백성 보기를 다친 사람 보듯 하였고, 도를 보고도 아직 보지 못한 듯했다. 무왕은 가까운 사람에게 무례하지 않았으며, 또 먼 곳에 있는 사람도 잊지 않았다.

주공은 앞의 세 임금의 덕을 겸비하였고, 네 가지 일을 계승해서 행했다. 자신이 한 일이 선왕들의 덕에 부합하지 않으면 하늘을 우러러 밤에도 낮에 하던 생각을 이어 했으며, 다행히 터득하면 그대로 앉아서 날이 새기를 기다렸다."

孟子曰: "禹惡旨酒而好善言. 湯執中, 立賢無方. 文王視民如傷,
맹자왈　우오지주이호선언　탕집중　입현무방　문왕시민여상

望道而未之見. 武王不泄邇, 不忘遠. 周公思兼三王, 以施四事;
망도이미지견　무왕불설이　불망원　주공사겸삼왕　이시사사

其有不合者, 仰而思之, 夜以繼日; 幸而得之, 坐以待旦."
기유불합자　앙이사지　야이계일　행이득지　좌이대단

시교가 없어지자 《춘추》가 나왔다

맹자가 말했다.

"성왕의 자취가 사라지자 시교가 없어졌고, 시교가 없어지자, 공자가 《춘추春秋》를 지었다. 진晉나라의 《승乘》, 초楚나라의 《도올檮杌》, 노魯나라의 《춘추》는 모두 같은 것이다.

거기 기록된 것은 제나라 환공, 진나라 문공 같은 패자에 관한 일들이고, 문체는 사관의 것이다. 공자께서 말씀하시길, '그 일들의 의의는 내가 외람되게 취했다.'라고 했다."

孟子曰: "王者之迹熄而詩亡, 詩亡然後春秋作. 晉之乘, 楚之檮杌,
맹 자 왈　　왕 자 지 적 식 이 시 망　　시 망 연 후 춘 추 작　　진 지 승　　초 지 도 올

魯之春秋, 一也. 其事則齊桓晉文, 其文則史.
노 지 춘 추　　일 야　　기 사 즉 제 환 진 문　　기 문 즉 사

孔子曰: '其義則丘竊取之矣.'"
공 자 왈　　기 의 즉 구 절 취 지 의

공자의 제자가 되지는 못했지만

맹자가 말했다.

"군자의 은택恩澤도 다섯 세대면 끊기고, 소인의 은택도 다섯 세대면 끊기게 된다. 나는 공자의 문도가 되진 못했지만 그 제자들에게 사숙私淑했다."

孟子曰: "君子之澤五世而斬, 小人之澤五世而斬.
맹 자 왈   군 자 지 택 오 세 이 참   소 인 지 택 오 세 이 참

予未得爲孔子徒也, 予私淑諸人也."
여 미 득 위 공 자 도 야   여 사 숙 제 인 야

해설

이 문장이 전하는 바는 다음과 같습니다. '비록 공자의 문하에서 친히 수업할 수 없었지만, 성인의 은택이 여전히 남아 있어 공자의 학문을 전수하는 사람이 있었다. 그러므로 나는 그 사람을 통해 공자의 도를 듣고 배웠으며, 외람되게 스스로 몸을 수양할 수 있었다.'

지나친 것은 미치지 못함과 같다

맹자가 말했다.

"취해도 되고 안 취해도 되는 경우에 무턱대고 취하면 청렴을 해치고, 남에게 줘도 되고 안 줘도 되는 경우에 무턱대고 주면 은혜를 해치며, 죽을 수도 있고 안 죽을 수도 있는 경우에 무턱대고 죽으면 용맹을 해치게 된다."

孟子曰: "可以取, 可以無取, 取傷廉; 可以與, 可以無與, 與傷惠;
맹자왈　가이취　가이무취　취상렴　가이여　가이무여　여상혜

可以死, 可以無死, 死傷勇."
가이사　가이무사　사상용

해설

앞에서 '해도 된다'고 한 것은 '대략 보고 스스로 허락한다'는 말이고 뒤에서 '안 해도 된다'고 한 것은 '깊이 통찰하고 스스로 의아하게 여겼다'는 말입니다.

지나치게 취하는 것은 청렴을 해칩니다. 그러나 지나치게 주는 것도 역시 베푸는 덕에 해가 됩니다. 잘못 죽는 것 역시 용기를 해칩니다. 지나친 것은 미치지 못한 것과 같다는 뜻입니다.

잘못이 크지 않다고 어찌 없다고 하랴

방몽逢蒙이 후예后羿에게 활쏘기를 배웠는데, 후예의 기술을 다 배운 다음 '천하에서 오직 후예만이 나보다 낫다.'라고 생각하고는 후예를 죽였다.

이에 대해 맹자가 말했다.

"이는 또한 후예에게도 잘못이 있다."

공명의가 말했다.

"후예는 마땅히 죄가 없습니다."

맹자는 말했다.

"죄가 크지 않을 뿐 어찌 죄가 없다고 할 수 있겠는가?"

逢蒙學射於羿, 盡羿之道, 思天下惟羿爲愈己, 於是殺羿.
방 몽 학 사 어 예　진 예 지 도　사 천 하 유 예 위 유 기　어 시 살 예
孟子曰: "是亦羿有罪焉." 公明儀曰: "宜若無罪焉." 曰: "薄乎云爾,
맹 자 왈　시 역 예 유 죄 언　공 명 의 왈　의 약 무 죄 언　왈　박 호 운 이
惡得無罪?"
오 득 무 죄

해설

후예는 유궁국有窮國의 임금이고, 방몽은 후예의 가신입니다. 후예는 활을 잘 쏘았으며 하夏나라를 찬탈하고 임금이 되었으나, 뒤에 가신에게 피살되었습니다. 유愈는 승勝과 같은 뜻이고 박薄은 죄가 가벼울 뿐이라는 뜻입니다.

제자를 잘 둔 덕에

"정나라 사람들이 자탁子濯으로 하여금 위衛나라를 치게 했다. 그러자 위나라는 유공庾公 사斯를 시켜 반격하게 했다.

자탁이 말하길 '오늘 병이 나서 활을 잡고 싸울 수 없으니, 나는 죽겠구나.' 하고는, 그 마부에게 물었다. '우리를 추격해 오는 자는 누구냐?' 마부가 '위나라의 유공 사입니다.' 하고 대답하자 자탁이 '나는 살겠구나.'라고 말했다.

마부가 '유공 사는 위나라에서 가장 활을 잘 쏘는 무장인데, 장군님께서 어째서 살겠다고 하시는 것입니까?' 하고 되묻자, 자탁이 '유공 사는 활 쏘는 것을 윤공 타他에게서 배웠고, 윤공 타는 활 쏘는 것을 나에게 배웠는데, 윤공 타는 본시 인품이 단정한 사람이라 벗으로 취한 사람도 단정한 사람일 것이다.'라고 말했다."

"鄭人使子濯孺子侵衛, 衛使庾公之斯追之.
　정 인 사 자 탁 유 자 침 위　위 사 유 공 지 사 추 지

子濯孺子曰: '今日我疾作, 不可以執弓, 吾死矣夫!'
　자 탁 유 자 왈　금 일 아 질 작　불 가 이 집 궁　오 사 의 부

問其僕曰: '追我者誰也?' 其僕曰: '庾公之斯也.' 曰: '吾生矣.'
　문 기 복 왈　추 아 자 수 야　기 복 왈　유 공 지 사 야　왈　오 생 의

其僕曰: '庾公之斯, 衛之善射者也, 夫子曰 「吾生」, 何謂也?'
　기 복 왈　유 공 지 사　위 지 선 사 자 야　부 자 왈　　오 생　　하 위 야

曰: '庾公之斯學射於尹公之他, 尹公之他學射於我. 夫尹公之他,
　왈　유 공 지 사 학 사 어 윤 공 지 타　윤 공 지 타 학 사 어 아　부 윤 공 지 타

端人也, 其取友必端矣.'"
　단 인 야　기 취 우 필 단 의

사제지간의 의리

"유공 사가 와서 자탁에게 '선생께서는 왜 활을 잡고 싸우지 않으십니까?'라고 묻자, 자탁이 말했다.

'오늘 내가 병이 나서 활을 잡지 못하오.'

그러자 유공 사가 말했다.

'저는 윤공 타에게 활쏘기를 배웠고, 윤공 타는 선생께 배웠습니다. 저는 차마 선생의 궁도로 선생을 해칠 수 없습니다. 그러나 오늘의 싸움은 군주의 명령이니 제가 감히 그만둘 수 없습니다.'

이렇게 말하고는 화살을 뽑아 수레바퀴에 두들겨 화살촉을 뽑아 버리고는, 네 발의 화살을 쏜 뒤 돌아갔다."

"庚公之斯至, 曰: '夫子何爲不執弓?' 曰: '今日我疾作,
　유공지사지　왈　　부자하위부집궁　　왈　　금일아질작

不可以執弓.' 曰: '小人學射於尹公之他, 尹公之他學射於夫子.
　불가이집궁　　왈　　소인학사어윤공지타　　윤공지타학사어부자

我不忍以夫子之道反害夫子. 雖然, 今日之事, 君事也, 我不敢廢.'
　아불인이부자지도반해부자　수연　금일지사　군사야　아불감폐

抽矢扣輪, 去其金, 發乘矢而後反."
　추시구륜　거기금　발승시이후반

자신을 새롭게 하라

맹자가 말했다.

"서시西施(오나라의 절세미인)라도 몸에 불결한 것을 뒤집어쓰고 있으면, 사람들이 코를 막고 지나갈 것이다. 비록 못생긴 사람이라도 목욕재계하면, 상제에게 제사 지낼 수 있을 것이다."

孟子曰: "西子蒙不潔, 則人皆掩鼻而過之. 雖有惡人, 齊戒沐浴,
맹 자 왈　서 자 몽 불 견　즉 인 개 엄 비 이 과 지　수 유 악 인　제 계 목 욕

則可以祀上帝."
즉 가 이 사 상 제

해설

내면의 선함을 잃지 않고 항상 자신을 새롭게 할 것을 권하는 내용입니다.

옛 자취로부터 궁구하라

맹자가 말했다.

"천하 사람들이 본성이라고 한 것은 옛 자취일 뿐이니, 옛 자취는 순조로움을 근본으로 한다. 지혜로운 자를 미워하는 이유는 지나치게 천착하기 때문이다.

만약에 지혜를 쓰는 사람이 우임금이 물을 다스리듯 한다면 지혜로운 자를 미워하지 않을 것이다. 우임금이 물을 다스린 것은 자연스러운 도리를 따랐기 때문이다. 지혜를 쓰는 사람이 자연의 도리를 따르면 그 지혜 또한 크게 될 것이다.

하늘은 높고 별들은 멀지만 옛 자취로부터 궁구窮究하면, 앞으로 천 년 동안의 동지도 앉아서 헤아릴 수 있을 것이다."

孟子曰: "天下之言性也, 則故而已矣. 故者以利爲本. 所惡於智者,
맹 자 왈　천 하 지 언 성 야　칙 고 이 이 의　고 자 이 리 위 본　소 오 어 지 자

爲其鑿也. 如智者若禹之行水也, 則無惡於智矣. 禹之行水也,
위 기 착 야　여 지 자 약 우 지 행 수 야　즉 무 오 어 지 의　우 지 행 수 야

行其所無事也. 如智者亦行其所無事, 則智亦大矣. 天之高也,
행 기 소 무 사 야　여 지 자 역 행 기 소 무 사　즉 지 역 대 의　천 지 고 야

星辰之遠也, 苟求其故, 千歲之日至, 可坐而致也."
성 신 지 원 야　구 구 기 고　천 세 지 일 지　가 좌 이 치 야

조문의 예를 지킨 것뿐

공행자公行子(제나라의 대부)가 아들 상을 당해 우사右師(왕환)이 가서 조문했는데, 우사가 문으로 들어가자 나아가 우사와 말하는 자가 있었고, 앉은 뒤 우사의 자리로 가서 함께 말을 하는 자도 있었다. 맹자만은 우사에게 아무 말도 하지 않았다.

그러자 우사가 불쾌해하며 말했다.

"여러 군자는 나와 말을 나누었는데 맹자만 유독 나와 말을 하지 않으니, 이는 곧 나를 무시하는 것이다."

맹자가 이 일을 듣고 말했다.

"예법에 조정에서는 자리를 넘어 서로 말하지 않고, 위계를 뛰어넘어 서로 읍하지 않는다고 하였다. 나는 예절을 지키려 한 것인데 왕환은 나더러 무시했다 하니 이상하지 않은가?"

公行子有子之喪, 右師往弔, 入門, 有進而與右師言者,
공 행 자 유 자 지 상　우 사 왕 조　입 문　유 진 이 여 우 사 언 자

有就右師之位而與右師言者. 孟子不與右師言, 右師不悅曰:
유 취 우 사 지 위 이 여 우 사 언 자　맹 자 불 여 우 사 언　우 사 불 열 왈

"諸君子皆與驩言, 孟子獨不與驩言, 是簡驩也."
제 군 자 개 여 환 언　맹 자 독 불 여 환 언　시 간 환 야

孟子聞之曰: "禮, 朝廷不歷位而相與言, 不踰階而相揖也.
맹 자 문 지 왈　예　조 정 불 역 위 이 상 여 언　불 유 계 이 상 읍 야

我欲行禮, 子敎以我爲簡, 不亦異乎?"
아 욕 행 례　자 오 이 아 위 간　불 역 이 호

　제나라의 경대부들이 임금의 명을 받고 조문을 갔기 때문에 상가에서는 저마다 지위와 위계의 예를 지켜야 했습니다. 《주례周禮》에 따르면 "관작이 있는 자가 상례에 가면 직상職喪을 따라 금령을 지키고, 또 질서를 지킨다."라고 했습니다. 그래서 '조정朝廷'이라고 말한 것입니다.

　우사가 미처 자리를 잡기 전에 서로 말했다면 우사가 자기의 위치를 이탈한 것이고, 우사가 이미 자리를 잡은 뒤에 가서 말을 했다면, 그것은 맹자가 우사의 자리로 간 것입니다. 맹자와 우사는 자리와 위계가 같지 않았으므로, 맹자는 감히 예를 잃을 수 없어서 우사와 말을 하지 않은 것입니다.

군자가 보통 사람과 다른 이유

맹자가 말했다.

"군자가 보통 사람과 다른 까닭은 마음속에 지니고 있는 것 때문이다. 군자는 인仁을 마음속에 간직하고 예禮를 마음속에 간직한다. 인한 자는 남을 사랑하고, 예를 행하는 자는 남을 공경한다. 남을 사랑하는 자는 남이 항상 그를 사랑하고, 남을 공경하는 사람은 남이 항상 그를 공경한다.

가령 여기에 어떤 사람이 자신을 도리에 어긋나게 대하면 군자는 반드시 '내가 그에게 인하지 못하고 예가 없었나 보다. 어찌 그런 태도로 나를 대할까?' 하고 반성한다."

孟子曰: "君子所以異於人者, 以其存心也. 君子以仁存心,
맹 자 왈　　 군 자 소 이 이 어 인 자　 이 기 존 심 야　 군 자 이 인 존 심

以禮存心. 仁者愛人, 有禮者敬人. 愛人者人恆愛之,
이 례 존 심　 인 자 애 인　 유 례 자 경 인　 애 인 자 인 항 애 지

敬人者人恆敬之. 有人於此, 其待我以橫逆, 則君子必自反也:
경 인 자 인 항 경 지　 유 인 어 차　 기 대 아 이 횡 역　 즉 군 자 필 자 반 야

我必不仁也, 必無禮也, 此物奚宜至哉?"
아 필 불 인 야　 필 무 례 야　 차 물 해 의 지 재

군자는 스스로 반성한다

"스스로 반성하여 어질게 하고 예를 지켰는데도, 여전히 거칠고 난폭하다면 군자는 반드시 '내가 진실하지 못했겠지.' 하고 스스로 반성한다.

스스로 반성하여 진실한데도 여전히 거칠고 난폭하다면 '이자는 역시 몹쓸 사람일 뿐이다. 이와 같다면 금수와 무엇이 다르겠는가? 금수에게 또 무엇을 꾸짖겠는가?'라고 한다."

"其自反而仁矣, 自反而有禮矣, 其橫逆由是也, 君子必自反也,
기 자 반 이 인 의　자 반 이 유 례 의　기 횡 역 유 시 야　군 자 필 자 반 야

'我必不忠.' 自反而忠矣, 其橫逆由是也, 君子曰: '此亦妄人也已矣.
아 필 불 충　자 반 이 충 의　기 횡 역 유 시 야　군 자 왈　차 역 망 인 야 이 의

如此則與禽獸奚擇哉? 於禽獸又何難焉?'"
여 차 즉 여 금 수 해 택 재　어 금 수 우 하 난 언

해설

충忠은 '최선을 다한다'는 뜻입니다. 아필불충我必不忠은 '마음으로 최선을 다하지 못함이 있지나 않았는지 두려워한다'는 뜻입니다. 해택奚擇은 '무엇이 다르냐'의 뜻입니다. 우하난언又何難焉은 '그런 자는 계교計較할 가치조차 없다'는 의미로, 계교는 '헤아리고 저울질한다'는 뜻입니다.

평생의 근심은 있어도 하루아침의 걱정은 없다

"그러므로 군자에게는 평생의 근심은 있어도 하루아침의 걱정은 없다. 근심으로 말하면 이러한 것이 있다.

순임금도 사람이고, 나도 사람인데 순임금은 천하의 모범이 되어 후세에 전할 만한데 나는 아직 평범한 사람에서 벗어나지 못했으니 그야말로 근심할 만하다.

근심해서 어찌하겠는가? 순임금처럼 실천할 뿐이다. 인이 아닌 것은 하지 않으며, 예가 아닌 것은 행하지 않는다. 만일 하루아침의 걱정거리가 있다 해도 군자는 걱정하지 않는다."

"是故君子有終身之憂, 無一朝之患也. 乃若所憂則有之:
시 고 군 자 유 종 신 지 우　무 일 조 지 환 야　내 약 소 우 즉 유 지

舜人也, 我亦人也. 舜爲法於天下, 可傳於後世, 我由未免爲鄕人也,
순 인 야　아 역 인 야　순 위 법 어 천 하　가 전 어 후 세　아 유 미 면 위 향 인 야

是則可憂也. 憂之如何? 如舜而已矣. 若夫君子所患則亡矣.
시 즉 가 우 야　우 지 여 하　여 순 이 이 의　약 부 군 자 소 환 즉 무 의

非仁無爲也, 非禮無行也. 如有一朝之患, 則君子不患矣."
비 인 무 위 야　비 례 무 행 야　여 유 일 조 지 환　즉 군 자 불 환 의

향인鄕人은 '향리에 묻혀 사는 평범한 사람'입니다. 군자는 마음속에 도덕성을 간직하고 소홀하지 않으므로 나중의 걱정이 없다는 내용입니다.

공자가 현능하다 여긴 세 사람

우임금과 후직은 태평성세太平盛世를 맞았으면서도, 자기 집 대문 앞을 세 번이나 지나면서 들어가지 못했는데, 공자께서 그들을 현능하다 여기셨다.

안자(안회)는 난세를 만나 누추한 골목에 거처하면서 한 그릇의 밥과 표주박의 물을 마시며 살았다. 다른 사람 같으면 그러한 고생을 감당하지 못했겠지만, 안자는 그 즐거움을 바꾸지 않았으므로, 공자께서 그 점을 현능하다 여기셨다.

禹稷當平世, 三過其門而不入, 孔子賢之. 顔子當亂世, 居於陋巷.
우 직 당 평 세 삼 과 기 문 이 불 입 공 자 현 지 안 자 당 란 세 거 어 누 항

一簞食, 一瓢飮. 人不堪其憂, 顔子不改其樂, 孔子賢之.
일 단 사 일 표 음 인 불 감 기 우 안 자 불 개 기 락 공 자 현 지

해설

우직禹稷은 하나라의 시조 우왕과 주나라의 시조 후직을 말합니다. '일단사一簞食 일표음一瓢飮'은 대나무로 만든 도시락에 담긴 밥과 표주박에 든 물을 말하며, 소박하고 청빈한 생활을 의미합니다.

우왕과 후직, 안회는 같은 도를 따랐다

맹자가 말했다.

"우임금과 후직, 안회는 같은 도를 따랐다. 우임금은 천하에 물에 빠진 사람이 있으면 마치 자기가 그를 물에 빠뜨린 것 같이 생각했고, 후직은 천하에 굶주리는 사람이 있으면 마치 자기가 굶주리게 한 것 같이 생각했다. 그래서 그와 같이 다급하게 하신 것이다. 우임금과 후직, 안회는 처지를 바꾸더라도 다 그리 했을 것이다.

만약 같은 방에서 지내는 친구가 싸운다면 이를 말리는데, 머리를 풀어 헤친 채 갓끈만 매고 가서 말려도 괜찮다. 마을 이웃 중에 싸우는 사람이 있다면, 머리를 풀어 헤친 채 갓끈만 매고 달려가서 싸움을 말리는 것은 어리석은 짓이니, 문을 닫고 있어도 괜찮다."

孟子曰: "禹稷顏回同道. 禹思天下有溺者, 由己溺之也;
맹 자 왈　우 직 안 회 동 도　우 사 천 하 유 닉 자　유 기 닉 지 야

稷思天下有飢者, 由己飢之也. 是以如是其急也. 禹稷顏子,
직 사 천 하 유 기 자　유 기 기 지 야　시 이 여 시 기 급 야　우 직 안 자

易地則皆然. 今有同室之人鬪者, 救之, 雖被髮纓冠而救之, 可也.
역 지 즉 개 연　금 유 동 실 지 인 투 자　구 지　수 피 발 영 관 이 구 지　가 야

鄕鄰有鬪者, 被髮纓冠而往救之, 則惑也, 雖閉戶可也."
향 린 유 투 자　피 발 영 관 이 왕 구 지　즉 혹 야　수 폐 호 가 야

해설

한 방에 있는 사람이 싸울 때 머리를 풀고 갓끈만 맨 채로 달려가서 구하는 것은 우왕과 후직, 이웃이 싸울 때 문을 닫고 거리를 둔다는 것은 안회를 비유한 것입니다.

세상의 다섯 가지 불효

공도자가 물었다.

"광장匡章(제나라의 대부)은 온 나라 사람들이 모두 불효하다고 말하는데, 선생님께선 그와 교유하고 예의까지 갖추시니 어째서인지 감히 여쭙습니다."

맹자가 말했다.

"세상에서 말하는 불효에 다섯 가지가 있다. 사지를 게을리하여 부모를 봉양하지 않는 것이 첫째 불효이고, 장기 두고 술 마시기를 좋아하여 부모를 봉양하지 않는 것은 둘째 불효이다. 재물을 좋아하고 처자식만 사랑하여 부모를 봉양하지 않는 것이 셋째 불효이며, 귀와 눈의 욕구대로 따라 부모를 욕되게 하는 것이 넷째 불효이다. 용맹을 좋아하고 싸움을 심하게 해 부모를 위태롭게 하는 것이 다섯째 불효이다.

광장은 이 가운데 하나라도 해당되는 것이 있느냐?"

公都子曰: "匡章, 通國皆稱不孝焉. 夫子與之遊, 又從而禮貌之,
공도자왈　광장 통국개칭불효언　부자여지유　우종이례모지

敢問何也?" 孟子曰: "世俗所謂不孝者五: 惰其四支,
감문하야　맹자왈　세속소위불효자오　타기사지

不顧父母之養, 一不孝也; 博弈好飮酒, 不顧父母之養, 二不孝也;
불고부모지양 일불효야 박혁호음주 불고부모지양 이불효야

好貨財, 私妻子, 不顧父母之養, 三不孝也; 從耳目之欲,
호화재 사처자 불고부모지양 삼불효야 종이목지욕

以爲父母戮, 四不孝也; 好勇鬪狠, 以危父母, 五不孝也.
이 위 부 모 륙 사 불 효 야 호 용 투 한 이 위 부 모 오 불 효 야

章子有一於是乎?"
장 자 유 일 어 시 호

해설

공도자는 맹자의 제자이고, 광장은 전국 시대 제나라의 대부입니다. 통
국通國은 '나라 사람 모두'라는 뜻이고, 예모禮貌는 '예의를 갖춘 모양으로
공경한다'는 뜻입니다. 육戮은 '부끄럽고 욕되게 한다'는 뜻이고, 한狠은
'성을 내고 마구 대든다'는 뜻입니다.

광장은 불효자가 아니다

"광장은 부자간에 잘하라고 책하다가 서로 맞지 않은 경우이다. 책선責善(서로 옳은 일을 하도록 권고함)은 친구 간의 도리이니, 부자간에 잘하라고 꾸짖으면 도리어 은애恩愛를 해치게 된다.

광장이 어찌 부부, 모자의 관계를 살기를 바라지 않았겠느냐? 그러나 아버지에게 죄를 얻어 가까이 모실 수 없었다. 이 때문에 아내를 내보내고 자식들을 물리쳐 종신토록 처자식의 봉양을 받지 않았다.

그는 마음속으로 '이렇게 하지 않으면 그 죄가 클 것이다.'라고 생각했으니, 이것이 바로 광장의 사람됨이다."

"夫章子, 子父責善而不相遇也. 責善, 朋友之道也; 父子責善,
부장자 자부책선이불상우야 책선 붕우지도야 부자책선

賊恩之大者. 夫章子, 豈不欲有夫妻子母之屬哉? 爲得罪於父,
적은지대자 부장자 기불욕유부처자모지속재 위득죄어부

不得近. 出妻屛子, 終身不養焉. 其設心以爲不若是,
부득근 출처병자 종신불양언 기설심이위불약시

是則罪之大者, 是則章子已矣."
시즉죄지대자 시즉장자이의

적이 쳐들어오는데 피신하지 않은 이유

증자가 노魯나라 무성武城에 살 때 월越나라의 군사가 쳐들어왔다. 이에 어떤 사람이 말했다.

"적군이 쳐들어오는데, 왜 피신하지 않으십니까?"

증자가 말했다.

"아무도 내 집에 들어와서 수목을 훼손하지 못하게 해라."

적들이 물러갔다고 하자 증자가 말했다.

"우리 집의 담장과 방을 수리해라. 내 장차 돌아갈 것이다."

적들이 물러간 뒤 증자가 다시 돌아왔다. 이에 좌우의 제자들이 말했다.

"무성의 대부가 그렇게나 충성과 공경으로 선생님을 섬겼는데, 적이 쳐들어오자 먼저 떠나가서 백성들이 보고 본받게 하시고, 적이 물러나자 돌아오셨으니 이는 옳지 못한 듯합니다."

그러자 심유행沈猶行(증자의 제자)이 말했다.

"그것은 그대들이 알지 못하고 하는 소리다. 예전에 우리 심유씨 가문에 부추負芻의 화가 있었는데, 선생님을 따르는 제자 70명 중 누구도 난에 휩쓸리지 않았다."

曾子居武城, 有越寇. 或曰: "寇至, 盍去諸." 曰: "無寓人於我室,
증자 거 무 성　유 월 구　혹 왈　　구 지　합 거 제　　왈　　무 우 인 어 아 실

毀傷其薪木." 寇退, 則曰: "修我牆屋, 我將反." 寇退, 曾子反.
훼 상 기 신 목　구 퇴　즉 왈　　수 아 장 옥　아 장 반　　구 퇴　증 자 반

左右曰: "待先生, 如此其忠且敬也. 寇至則先去以爲民望,
좌우왈　대선생　여차기충차경야　구지즉선거이위민망

寇退則反, 殆於不可." 沈猶行曰: "是非汝所知也.
구퇴즉반　태어불가　심유행왈　시비여소지야

昔沈猶有負芻之禍, 從先生者七十人, 未有與焉."
석심유유부추지화　종선생자칠십인　미유여언

　무성은 노나라의 성읍 이름입니다. 합盍은 하何와 불不을 합친 뜻입니다. 좌우左右는 증자의 문인을 말하며, 충경忠敬은 무성의 대부가 증자를 충성과 공경으로 섬겼다는 뜻입니다. 위민망爲民望은 '백성으로 하여금 보고 본받게 했다'는 뜻입니다.

　심유행은 증자 제자의 이름으로, 증자가 전에 심유씨의 집에 머물러 있을 때 부추라는 자가 난을 일으키고 그 집을 공격했습니다. 그러자 증자는 제자들을 데리고 그곳을 떠나 난에 휩싸이지 않게 했습니다. 즉 스승과 신하가 같지 않음을 말한 것입니다.

신하는 적의 침입에 나라를 떠나지 않는다

자사가 위衛나라에 거주할 때 제齊나라 군대가 쳐들어오자 어떤 사람이 말했다.

"적이 침공해 오는데, 왜 피신하지 않습니까?"

자사가 대답했다.

"내가 떠나가면 임금이 누구와 함께 나라를 지키느냐?"

이에 대해 맹자가 말했다.

"증자와 자사가 지키고 행한 도리는 같다. 증자는 스승이자 부형이었고, 자사는 신하로 낮은 신분이었다. 증자와 자사가 서로 처지를 바꾼다면 다 그렇게 했을 것이다."

子思居於衛, 有齊寇. 或曰: "寇至, 盍去諸?" 子思曰: "如伋去,
자사거어위 유제구 혹왈   구지 합거제   자사왈   여급거

君誰與守?" 孟子曰: "曾子子思同道, 曾子, 師也, 父兄也; 子思,
군수여수   맹자왈   증자자사동도 증자 사야 부형야 자사

臣也, 微也. 曾子子思易地則皆然."
신야 미야 증자자사역지즉개연

성인도 사람일 뿐

저자儲子(제나라의 재상)가 맹자에게 말했다.

"왕께서 사람을 시켜 선생을 몰래 엿보게 하시니, 과연 남과 다른 점이 있습니까?"

맹자가 말했다.

"무엇이 남과 다르겠습니까? 요임금, 순임금도 남과 같았습니다."

儲子曰: "王使人瞯夫子, 果有以異於人乎?"
저 자 왈　　왕 사 인 간 부 자　　과 유 이 이 어 인 호

孟子曰: "何以異於人哉? 堯舜與人同耳."
맹 자 왈　　하 이 이 어 인 재　　요 순 여 인 동 이

해설

저자는 제나라의 재상입니다. 간瞯은 '몰래 살펴본다'는 뜻입니다. 성인도 역시 사람임을 말하고 있습니다.

부귀영화를 구하는 이들 중에

"제齊나라 사람으로 아내 한 명과 첩 한 명을 집에 두고 사는 자가 있었다. 그 남편은 외출하면 반드시 술과 고기를 배불리 먹은 뒤 돌아왔다. 그 아내가 누구와 함께 먹었는지 물어보면, 모두 부귀한 사람이라고 했다. 그러자 아내가 첩에게 말했다.

'서방님이 나가면 반드시 술과 고기를 배불리 먹고 돌아오기에 누구와 함께 먹었는지 물어보니, 모두가 부귀한 사람이라고 한다. 그러나 일찍이 우리 집에 부귀한 사람이 찾아온 일이 없다. 내가 서방님이 어디 가는지 몰래 엿보려 한다.'

다음 날 아내가 일찍 일어나 몰래 남편 가는 곳을 미행하여 따라갔는데, 성 안 거리를 두루 돌아다녔으나 남편과 함께 서서 말하는 사람이 없었다.

결국 동쪽 성곽 밖에 있는 무덤 사이에서 제사 지내는 사람에게 가서 남은 음식을 빌어먹고, 부족하면 또 돌아보고 다른 곳으로 갔다. 이것이 바로 그가 술과 고기를 배불리 먹는 방법이었다.

아내가 돌아와 첩에게 말했다.

'서방님은 우러러보며 평생 죽을 때까지 의지해야 할 사람인데, 지금 저 모양이다.'

그러고는 첩과 함께 남편을 원망하며 마당에서 함께 울고 있었는데, 남편은 그런 줄도 모르고 의기양양하게 밖에서 돌아와 아내와 첩에게 큰소리를 쳤다.

군자의 입장에서 본다면, 부귀와 이익, 영달을 구하는 사람 중에

그 아내와 첩이 부끄럽게 여기지 않고, 울지 않을 자는 거의 없을 것
이다.”

“齊人有一妻一妾而處室者, 其良人出, 則必饜酒肉而後反.
제 인 유 일 처 일 첩 이 처 실 자　기 량 인 출　즉 필 염 주 육 이 후 반

其妻問所與飲食者, 則盡富貴也. 其妻告其妾曰: ‘良人出,
기 처 문 소 여 음 식 자　즉 진 부 귀 야　기 처 고 기 첩 왈　양 인 출

則必饜酒肉而後反; 問其與飲食者, 盡富貴也, 而未嘗有顯者來,
즉 필 염 주 육 이 후 반　문 기 여 음 식 자　진 부 귀 야　이 미 상 유 현 자 래

吾將瞷良人之所之也.’ 蚤起, 施從良人之所之, 徧國中無與立談者.
오 장 간 량 인 지 소 지 야　조 기　시 종 량 인 지 소 지　편 국 중 무 여 립 담 자

卒之東郭墦間, 之祭者, 乞其餘; 不足, 又顧而之他,
졸 지 동 곽 번 간　지 제 자　걸 기 여　부 족　우 고 이 지 타

此其爲饜足之道也. 其妻歸, 告其妾曰: ‘良人者, 所仰望而終身也.
차 기 위 염 족 지 도 야　기 처 귀　고 기 첩 왈　양 인 자　소 앙 망 이 종 신 야

今若此.’ 與其妾訕其良人, 而相泣於中庭. 而良人未之知也,
금 약 차　여 기 첩 산 기 량 인　이 상 읍 어 중 정　이 량 인 미 지 지 야

施施從外來, 驕其妻妾. 由君子觀之. 則人之所以求富貴利達者,
시 시 종 외 래　교 기 처 첩　유 군 자 관 지　즉 인 지 소 이 구 부 귀 리 달 자

其妻妾不羞也, 而不相泣者, 幾希矣.”
기 처 첩 불 수 야　이 불 상 읍 자　기 희 의

제 9 편

만장 상 萬章上
하려 하지 않아도
이루어지는 것이 천명

이 편은 맹자의 제자들 중 가장 뛰어났던 만장萬章과 맹자가 나눈 대화를 중심으로 구성되어 있습니다.

부모를 그리워한 순임금

만장이 물었다.

"순임금이 밭에 가서 하늘에 대고 소리치며 울었는데, 어째서 소리치며 울었습니까?"

맹자가 대답했다.

"애달파 하면서도 부모를 그리워했기 때문이다."

萬章問曰: "舜往于田, 號泣于旻天, 何爲其號泣也?"
만 장 문 왈　순 왕 우 전　호 읍 우 민 천　하 위 기 호 읍 야

孟子曰: "怨慕也."
맹 자 왈　원 모 야

해설

만장은 제齊나라 사람으로 맹자의 제자입니다. 민천旻天은 '만물을 사랑하고 불쌍하게 여기는 하늘'이란 뜻입니다. 순임금이 밭에 갔다고 함은 역산歷山에서 경작할 때의 일입니다. 순임금이 하늘을 부르며 운 일은《서경》〈우서·대우모〉편에 실려 있습니다. 원모怨慕는 '부모의 사랑을 받지 못하는 것을 애달프게 생각하고 또 그리워한다'는 뜻입니다.

그래도 원망하지 않는다

만장이 말했다.

"부모가 사랑해 주면 자식은 기뻐하고 잊지 않으려 하고, 부모가 미워하면 더욱 노력하며 원망하지 않아야 합니다. 그렇다면 순임금은 부모를 원망한 것입니까?"

맹자가 말했다.

"장식長息이 스승 공명고公明高(증자의 제자)에게 묻기를 '순임금이 밭에 간 일에 대해서는 이미 가르침을 들었지만, 순임금이 하늘과 부모를 향해 소리치며 운 것은 이해되지 않습니다.'라고 했다. 그러자 공명고가 말하길 '이는 네가 이해할 수 있는 경지가 아니다.'라고 했다.

무릇 공명고는 '효자의 마음은 이처럼 무덤덤할 수 없는 것이니 힘을 다해 밭을 갈아 공손히 자식으로서의 책임을 다할 뿐이다. 부모님이 나를 사랑해 주지 않으니 대체 나에게 무슨 죄가 있어서인가?'라고 여긴 것이다."

萬章曰: "父母愛之, 喜而不忘; 父母惡之, 勞而不怨. 然則舜怨乎?"
만 장 왈　부 모 애 지　희 이 불 망　부 모 오 지　노 이 불 원　연 즉 순 원 호

曰: "長息問於公明高曰: '舜往于田, 則吾旣得聞命矣;
왈　장 식 문 어 공 명 고 왈　순 왕 우 전　즉 오 기 득 문 명 의

號泣于旻天, 于父母, 則吾不知也.' 公明高曰: '是非爾所知也.'
호 읍 우 민 천　우 부 모　즉 오 부 지 야　공 명 고 왈　시 비 이 소 지 야

夫公明高以孝子之心, 爲不若是恝, 我竭力耕田, 共爲子職而已矣,
부 공 명 고 이 효 자 지 심　위 불 약 시 개　아 갈 력 경 전　공 위 자 직 이 이 의

父母之不我愛, 於我何哉?"
부 모 지 불 아 애　어 아 하 재

천하보다 부모의 사랑

"요임금이 자신의 아들 9명과 딸 2명으로 하여금 백관百官과 소와 양, 곡식 창고를 갖추어 밭에서 농사짓는 순임금을 섬기게 했다. 그러자 천하의 많은 선비가 그를 찾아갔다.

요임금이 장차 천하를 그에게 물려주려 했으나, 순임금은 부모에게 사랑을 받지 못했기 때문에 마치 곤궁한 사람이 돌아갈 곳 없는 듯하였다."

"帝使其子九男二女, 百官牛羊倉廩備, 以事舜於畎畝之中.
제 사 기 자 구 남 이 녀　백 관 우 양 창 름 비　이 사 순 어 견 무 지 중

天下之士多就之者, 帝將胥天下而遷之焉. 爲不順於父母,
천 하 지 사 다 취 지 자　제 장 서 천 하 이 천 지 언　위 불 순 어 부 모

如窮人無所歸."
여 궁 인 무 소 귀

해설

제帝는 요임금을 말합니다. 《사기》에 따르면, 요임금이 두 딸을 순임금에게 시집보낸 것은 집안 다스리는 능력을 보고자 한 것입니다. 아들 9명에게 순임금을 섬기게 한 것은 바깥일 다스리는 능력을 보고자 한 것입니다. 또 순임금은 거처한 지 1년 만에 부락을 이루고, 2년에 읍을 이루었으며, 3년에 도시를 이루었습니다. 이것이 곧 천하의 선비들이 순임금을 따르고 섬겼다는 것입니다.

순임금의 근심을 풀기에는 부족했다

"천하의 모든 선비가 자신을 좋아하고 따르는 것은 사람들이 원하는 바이지만, 순임금의 근심을 풀기에는 부족했다. 아름다운 여색은 사람들이 원하는 바이지만, 요임금의 두 딸을 아내로 삼았어도 순임금의 근심을 풀기에는 부족했다.

부유함은 사람들이 원하는 바이지만, 천하를 다 소유했음에도 순임금의 근심을 풀기에는 부족했다. 존귀함은 사람들이 원하는 바이지만, 천자가 되었는데도 순임금의 근심을 풀기에는 부족했다.

사람들이 좋아하는 여색, 부유함, 존귀함은 순임금의 근심을 풀기에 부족했고, 오직 부모에게 사랑을 받는 것만이 그의 근심을 풀 수 있었던 것이다."

"天下之士悅之, 人之所欲也, 而不足以解憂; 好色, 人之所欲,
　천하지사열지　인지소욕야　이부족이해우　호색　인지소욕

妻帝之二女, 而不足以解憂; 富, 人之所欲, 富有天下,
　처제지이녀　이부족이해우　부　인지소욕　부유천하

而不足以解憂; 貴, 人之所欲, 貴爲天子, 而不足以解憂.
　이부족이해우　귀　인지소욕　귀유천자　이부족이해우

人悅之好色富貴, 無足以解憂者, 惟順於父母, 可以解憂."
　인열지호색부귀　무족이해우자　유순어부모　가이해우

평생 부모를 그리워한 사람

"사람은 어려서는 부모를 그리워하다 여색을 좋아하게 되면 젊고 예쁜 여자를 그리워하고, 처자식을 두면 처자식을 그리워하고, 벼슬하면 임금을 그리워하고, 만약 임금의 총애를 얻지 못하면 속이 타게 된다.

위대한 효란 평생 부모를 그리워하는 것인데, 쉰 살이 되어도 부모를 그리워하는 사람을 나는 순임금에게서 보았다."

"人少, 則慕父母; 知好色, 則慕少艾; 有妻子, 則慕妻子; 仕則慕君,
　인소　즉모부모　지호색　즉모소애　유처자　즉모처자　사즉모군

不得於君則熱中. 大孝終身慕父母. 五十而慕者, 予於大舜見之矣."
　부득어군즉열중　대효종신모부모　오십이모자　여어대순견지의

> **해설**

애艾는 '아름답고 예쁘다'는 뜻입니다. 《초사楚辭》와 《전국책戰國策》에 나오는 유애幼艾와 뜻이 같습니다. 부득不得은 실의失意의 뜻입니다. 열중熱中은 '조급하여 가슴속에서 열이 난다'는 뜻입니다. 오십을 언급한 것은 순임금이 섭정할 때의 나이가 쉰 살이었다는 것으로, 쉰에도 부모의 사랑을 그리워했으니 평생을 두고 그리워했음을 알 수 있습니다.

부모에게 혼인을 알리지 않은 이유

만장이 물었다.

"《시경》〈제풍齊風·남산南山〉편에 이르기를 '아내를 맞으려면 어찌 해야 하는가? 부모에게 고해야 한다.'라고 했습니다. 이 말을 믿고 따른다면, 마땅히 순임금같이 해서는 안 될 것입니다. 그런데 순임금이 부모에게 고하지 않고 아내를 맞은 것은 어째서입니까?"

맹자가 말했다.

"고했다면 혼인하지 못했을 것이다. 남녀가 결혼하여 가정을 이루는 것은 인간의 큰 윤리이다. 순임금이 만약 부모에게 말했다면 인간의 큰 윤리를 버리고, 부모를 원망하게 되었을 것이다. 그래서 부모에게 고하지 않은 것이다."

만장이 물었다.

"순임금이 고하지 않고 아내를 맞은 까닭은 제가 이미 가르침을 들었지만, 요임금이 순임금에게 딸을 시집보내면서 그 부모에게 알리지 않은 것은 어째서입니까?"

맹자가 말했다.

"요임금 역시 알리면 혼인하지 못할 것을 알았기 때문이다."

萬章問曰: "詩云: '娶妻如之何? 必告父母.' 信斯言也, 宜莫如舜.
만 장 문 왈　　시 운　　취 처 여 지 하　　필 고 부 모　　신 사 언 야　　의 막 여 순

舜之不告而娶, 何也?" 孟子曰: "告則不得娶. 男女居室,
순 지 불 고 이 취　　하 야　　맹 자 왈　　고 즉 부 득 취　　남 녀 거 실

人之大倫也. 如告則廢人之大倫, 以懟父母, 是以不告也."
인 지 대 륜 야   여 고 즉 폐 인 지 대 륜   이 대 부 모   시 이 불 고 야

萬章曰: "舜之不告而娶, 則吾旣得聞命矣; 帝之妻舜而不告, 何也?"
만 장 왈   순 지 불 고 이 취   즉 오 기 득 문 명 의   제 지 처 순 이 불 고   하 야

曰: "帝亦知告焉則不得妻也."
왈   제 역 지 고 언 즉 부 득 처 야

순임금의 부친은 완악頑惡하고, 모친은 간악奸惡했으며, 항상 순임금을 해치려고 했습니다. 그러므로 알렸다면 혼인을 허락하지 않았을 것입니다. 그랬다면 부모를 원수로 여기고 원망하게 되었을 거라고 말하고 있습니다. 딸을 남에게 시집보내는 것을 처妻라고 합니다.

성인의 경지

만장이 말했다.

"순임금의 부모가 순임금으로 하여금 창고 지붕을 수리하게 하고 는 사다리를 치워 버렸으며, 아버지 고수는 창고에 불을 질렀습니다. 또 우물을 파게 하고는 위에서 흙을 덮어 버렸습니다.

동생 상象이 말하길 '계략을 꾸며 도군都君(순임금의 별칭)을 매장하려 한 것은 모두가 다 나의 공적이다. 소와 양은 부모의 것이고, 곡식 창고도 부모의 것이다. 창과 방패는 나의 것이고, 거문고도 나의 것이며, 활도 나의 것이고, 두 형수는 나의 아내로 삼겠다.'라고 하였습니다.

상이 순임금의 궁궐로 들어갔는데, 순임금이 평상에서 거문고를 타고 있었습니다. 이에 상이 '갑갑한 심정으로 도군을 그리워했습니다.'라고 말하며 부끄럽고 겸연쩍어했습니다. 그러자 순임금이 말하길 '이곳의 여러 신하를 나와 함께 다스려라.'라고 했습니다.

저는 알 수가 없습니다. 순임금은 상이 자기를 죽이려고 한 것을 몰랐습니까?"

맹자가 말했다.

"왜 몰랐겠느냐? 동생 상이 근심하면 순임금도 근심하고, 상이 기뻐하면 또한 기뻐한 것이다."

萬章曰: "父母使舜完廩, 捐階, 瞽瞍焚廩. 使浚井, 出, 從而揜之.
만 장 왈　부 모 사 순 완 름　연 계　고 수 분 름　사 준 정　출　종 이 엄 지

象曰: '謨蓋都君咸我績. 牛羊父母, 倉廩父母, 干戈朕, 琴朕, 弤朕,
상 왈　모 개 도 군 함 아 적　우 양 부 모　창 름 부 모　간 과 짐　금 짐　저 짐

二嫂使治朕棲.' 象往入舜宮, 舜在床琴. 象曰: '鬱陶思君爾.' 忸怩,
이 수 사 치 짐 서　상 왕 입 순 궁　순 재 상 금　상 왈　울 도 사 군 이　육 니

舜曰: '惟茲臣庶, 汝其于予治.' 不識舜不知象之將殺己與?"
순 왈　유 자 신 서　여 기 우 여 치　불 식 순 부 지 상 지 장 살 기 여

曰: "奚而不知也? 象憂亦憂, 象喜亦喜."
왈　해 이 부 지 야　상 우 역 우　상 희 역 희

도리가 아닌 방법으로 속이긴 어려우니

만장이 말했다. "그렇다면 순임금은 거짓으로 기뻐한 것입니까?"

맹자가 말했다.

"아니다. 옛날 춘추 시대 자산子産(정나라의 재상)에게 살아있는 물고기를 선물한 사람이 있었다. 자산이 연못 관리인校人에게 그 물고기를 연못에 넣어 키우게 했다.

그러나 연못 관리인은 그 물고기를 삶아 먹었다. 그러고는 보고하기를 '처음에 물고기를 연못에 풀어 주니 비실비실하더니 잠시 있자니 노닐면서 어디론가 가버렸습니다.'라고 했다.

자산이 '물고기가 살 곳을 얻었구나, 살 곳을 얻었구나.'라고 하자 연못 관리인이 나와서 말했다.

'누가 자산을 현명하다고 하나? 내가 이미 물고기를 삶아 먹었거늘 자산은「물고기가 살 곳을 얻었구나, 살 곳을 얻었구나.」라고 말하더라.'

그러므로 군자는 도리에 맞는 방법으로 속일 수는 있어도 도리가 아닌 방법으로 군자를 속이기는 어렵다. 상象의 경우도 그가 거짓이나마 형을 사랑하는 도리로 왔으므로 순임금이 참으로 믿고 기뻐했던 것이다. 어찌 거짓으로 그러겠는가?"

曰: "然則舜僞喜者與?" 曰: "否. 昔者有饋生魚於鄭子産,
왈　연즉순위희자여　왈　부　석자유궤생어어정자산

子産使校人畜之池. 校人烹之. 反命曰: '始舍之圉圉焉,
자산사교인휵지지　교인팽지　반명왈　시사지어어언

少則洋洋焉, 攸然而逝.' 子産曰: '得其所哉! 得其所哉!'
소즉양양언　유연이서　자산왈　득기소재　득기소재

校人出, 曰: '孰謂子産智? 予旣烹而食之, 曰: 得其所哉!
교 인 출 왈   숙 위 자 산 지   여 기 팽 이 식 지   왈   득 기 소 재

得其所哉!' 故君子可欺以其方, 難罔以非其道, 彼以愛兄之道來,
득 기 소 재   고 군 자 가 기 이 기 방   난 망 이 비 기 도   피 이 애 형 지 도 래

故誠信而喜之, 奚僞焉?"
고 성 신 이 희 지   해 위 언

해설

교인校人은 연못을 돌보는 작은 관리입니다. 어어圉圉는 '갇힌 듯이 기를 펴지 못한다'는 뜻이고, 양양洋洋은 '풀리고 넘실넘실해진다'는 뜻입니다. 유연이서자攸然而逝者는 '자득하여 멀리 간다'는 뜻입니다. 방方은 '도에 맞는 방법'의 뜻입니다. 망罔은 '덮어쓰고 가린다'는 뜻이고, 기이기방欺以其方은 '도리가 있는 방법으로 속인다'는 뜻입니다. 망이비기도罔以非其道는 '도리가 없는 방법으로 속인다'는 뜻입니다.

상이 형을 사랑하는 도리로서 왔으니, 이른바 도리에 맞는 방법으로 기만한 것입니다. 순임금은 속이는 것을 알지 못했으므로 실제로 기뻐한 것입니다.

타인과 가족을 다르게 대하는가

만장이 맹자에게 물었다.

"상은 매일같이 순임금을 살해하려고 하였는데, 순임금이 천자의 자리에 오르자 상을 추방한 것은 어째서입니까?"

맹자가 말했다.

"제후로 봉해 주었는데도, 누군가가 추방이라고 말한 것이다."

만장이 말했다.

"순임금은 공공共工을 유주幽州에 유배하고, 환도驩兜를 숭산崇山으로 추방했으며, 삼묘三苗를 삼위三危에서 멸하고, 곤을 우산羽山에 가뒀습니다. 넷을 벌하자 천하가 복종했습니다. 이는 불인한 자를 주살했기 때문입니다. 상은 지극히 불인했거늘 그를 유비有庳 땅의 제후로 봉했으니, 유비의 백성들이 무슨 죄입니까? 인한 사람은 본래 그렇게 하는 것입니까? 다른 사람은 죽이고, 동생은 봉하다니요."

萬章問曰: "象日以殺舜爲事, 立爲天子, 則放之, 何也?"
만 장 문 왈　　상 일 이 살 순 위 사　　입 위 천 자　즉 방 지　　하 야

孟子曰: "封之也, 或曰放焉." 萬章曰: "舜流共工于幽州,
맹 자 왈　　봉 지 야　혹 왈 방 언　　만 장 왈　　순 유 공 공 우 유 주

放驩兜于崇山, 殺三苗于三危, 殛鯀于羽山, 四罪而天下咸服,
방 환 도 우 숭 산　살 삼 묘 우 삼 위　　극 곤 우 우 산　　사 죄 이 천 하 함 복

誅不仁也. 象至不仁, 封之有庳, 有庳之人奚罪焉? 仁人固如是乎?
주 불 인 야　상 지 불 인　봉 지 유 비　유 비 지 인 해 죄 언　　인 인 고 여 시 호

在他人則誅之, 在弟則封之."
재 타 인 즉 주 지　재 제 즉 봉 지

동생을 친애했을 뿐

맹자가 말했다.

"인한 사람은 동생에 대하여 노여움을 감추지 않고, 원망을 남겨 두지 않으며, 오직 친애할 뿐이다. 친하니 그가 존귀해지길 바라고, 사랑하니 그가 부유해지길 바라는 것이다.

순임금이 상을 유비 땅에 봉한 것은, 그를 부유하고 존귀하게 하고자 함이다. 자신은 천자가 되었는데 동생은 필부로 내버려두면 어찌 친애한다 할 수 있겠느냐?"

曰: "仁人之於弟也, 不藏怒焉, 不宿怨焉, 親愛之而已矣.
왈　인인지어제야　부장노언　불숙원언　친애지이이의

親之欲其貴也, 愛之欲其富也. 封之有庳, 富貴之也. 身爲天子,
친지욕기귀야　애지욕기부야　봉지유비　부귀지야　신위천자

弟爲匹夫, 可謂親愛之乎?"
제위필부　가위친애지호

해설

만장은 순임금이 동생 상을 유비 땅에 봉한 것을 의아하게 여겼습니다. 제후로 봉해서 유비의 백성들이 죄 없이 상의 난폭한 학대를 받게 하지 말았어야 한다는 것이지요. 그런데 그런 것은 인한 사람의 마음이 아닙니다. 장노藏怒는 '자신의 노여움을 감춘다'는 뜻이고, 숙원宿怨은 '자기의 원한을 속에 묻어 둔다'는 뜻입니다.

공과 사는 구별한다

만장이 말했다.

"감히 여쭙건대 혹자가 상을 추방했다고 말하는 것은 무슨 얘기입니까?"

맹자가 대답했다.

"상은 그 나라를 직접 다스리지 못했다. 순임금은 관리에게 그 나라를 다스리게 했고, 그 세금을 거두게 했다. 그러므로 추방이라 말하는 것이다. 그러니 상이 어찌 백성들에게 포악한 짓을 할 수 있었겠는가.

그러나 그를 자주 만나고자 하여 계속해서 만나러 오게 했으니, 옛 기록에 '조공 드릴 때도 아닌데 나랏일로 유비에서 만나 보았다.'라고 한 것은 바로 이를 말한 것이다."

"敢問或曰放者, 何謂也?" 曰: "象不得有爲於其國,
　감 문 혹 왈 방 자　하 위 야　　왈　　상 부 득 유 위 어 기 국

天子使吏治其國, 而納其貢稅焉, 故謂之放, 豈得暴彼民哉? 雖然,
　천 자 사 리 치 기 국　이 납 기 공 세 언　고 위 지 방　기 득 포 피 민 재　수 연

欲常常而見之, 故源源而來. '不及貢, 以政接于有庳', 此之謂也."
　욕 상 상 이 견 지　고 원 원 이 래　불 급 공　이 정 접 우 유 비　차 지 위 야

어찌 이런 일이

함구몽咸丘蒙(맹자의 제자)이 물었다.

"다음과 같은 말이 있더군요. '덕이 높은 선비는 임금도 그를 신하로 삼을 수 없고, 아버지도 그를 자식으로 삼을 수 없다.'

그런데 순임금이 남쪽을 바라보는 임금 자리에 높이 앉자, 요임금이 제후들을 거느리고 북쪽을 바라보며 조회했으며, 고수 또한 북쪽을 바라보며 조회했습니다. 그때 순임금이 고수를 보고 송구스러운 표정을 지었습니다.

이에 대해 공자께서 이르시길 '이때는 천하가 위태롭고 불안하였다.'라고 하셨습니다. 잘 모르겠습니다만, 이 말이 정말입니까?"

咸丘蒙問曰: "語云: '盛德之士, 君不得而臣, 父不得而子.'
함구몽문왈　어운　성덕지사　군부득이신　부부득이자

舜南面而立, 堯帥諸侯北面而朝之, 瞽瞍亦北面而朝之.
순남면이립　요솔제후북면이조지　고수역북면이조지

舜見瞽瞍, 其容有蹙. 孔子曰: '於斯時也, 天下殆哉, 岌岌乎!'
순견고수　기용유축　공자왈　어사시야　천하태재　급급호

不識此語誠然乎哉?"
불식차어성연호재

두 태양은 없다

맹자가 말했다.

"아니다. 이것은 군자가 한 말이 아니고 제나라 동쪽에 사는 필부가 한 말이다. 요임금이 노쇠하자 순임금이 섭정을 했다.

《서경》〈우서·요전堯典〉에 이르기를, '순임금이 섭정한 지 28년 만에 방훈(요임금)이 세상을 떠나자, 백성들은 자기 부모를 잃은 듯 3년 동안 복상服喪했으며, 사해 안의 모든 나라에서 음악 연주를 멈추었다.'라고 했다. 후일 공자께서도 '하늘에는 두 개의 태양이 없고, 백성에게는 두 임금이 없다.'라고 하셨다.

순임금이 천자가 된 다음 천하의 제후들을 통솔하여 요임금을 위해 삼년상을 지냈다면, 이것은 임금이 둘인 셈이다."

孟子曰: "否. 此非君子之言, 齊東野人之語也. 堯老而舜攝也.
맹 자 왈　부　차 비 군 자 지 언　제 동 야 인 지 어 야　요 노 이 순 섭 야

堯典曰: '二十有八載, 放勳乃徂落, 百姓如喪考妣, 三年,
요 전 왈　이 십 유 팔 재　방 훈 내 조 락　백 성 여 상 고 비　삼 년

四海遏密八音.' 孔子曰: '天無二日, 民無二王.' 舜旣爲天子矣,
사 해 알 밀 팔 음　공 자 왈　천 무 이 일　민 무 이 왕　순 기 위 천 자 의

又帥天下諸侯以爲堯三年喪, 是二天子矣."
우 솔 천 하 제 후 이 위 요 삼 년 상　시 이 천 자 의

해설

'요전'은 《서경》〈우서〉의 편명입니다. 지금 이 글은 〈순전舜典〉에 있습니다. 아마 옛날 《서경》 책에는 〈요전〉과 〈순전〉 두 편이 하나로 합쳐져 있었을 것입니다. 또 맹자는 순임금이 섭정한 지 28년 만에 요임금이 죽었다고 말했습니다.

아버지를 왜 신하 삼지 않았는가

함구몽이 말했다.

"순임금이 요임금을 신하로 삼지 않았다는 것은 이미 가르침을 들었습니다. 그러나 《시경》〈소아·북산北山〉편에 '하늘 아래 임금의 땅 아닌 것이 없고, 온 땅 안에 임금의 신하가 아닌 자가 없다.'라고 했거늘, 순임금이 천자가 되셨는데 아버지 고수를 신하로 삼지 않은 것은 어찌 된 까닭입니까?"

咸丘蒙曰: "舜之不臣堯, 則吾旣得聞命矣. 詩云:
함구몽왈　순지불신요　즉오기득문명의　시운

'普天之下, 莫非王土; 率土之濱, 莫非王臣.' 而舜旣爲天子矣,
보천지하　막비왕토　솔토지빈　막비왕신　이순기위천자의

敢問瞽瞍之非臣, 如何?"
감문고수지비신　여하

그런 뜻이 아니다

맹자가 말했다.

"그 시는 그런 뜻이 아니다. 나랏일에 힘쓰느라 자기 부모를 봉양할 수 없어서 '이 모두가 임금을 위한 일이거늘, 왜 나 혼자만 슬기와 노력을 바쳐야 하느냐.'라고 말한 것이다.

그러므로 시를 설명하는 자는 글자에 매달려 말의 뜻을 해치지 말고, 말에 매달려 본래의 뜻을 해치지 말며, 또 본래의 뜻에 매달려 지은이의 의도를 거스르면 안 된다. 그렇게 해야 시의 뜻을 바르게 터득할 수 있다.

《시경》〈대아·운한雲漢〉편의 시에 '주나라에는 남은 백성은 한 사람도 없었다.'라고 했다. 진실로 이 말대로라면 주나라에는 유민이 하나도 없어야 할 것이다."

曰: "是詩也, 非是之謂也; 勞於王事, 而不得養父母也.
왈　시시야　비시지위야　노어왕사　이부득양부모야

曰: '此莫非王事, 我獨賢勞也.' 故說詩者, 不以文害辭, 不以辭害志.
왈　차막비왕사　아독현로야　고설시자　불이문해사　불이사해지

以意逆志, 是爲得之. 如以辭而已矣, 雲漢之詩曰: '周餘黎民,
이의역지　시위득지　여이사이이의　운한지시왈　주여려민

靡有孑遺.' 信斯言也, 是周無遺民也."
미유혈유　신사언야　시주무유민야

부모 봉양의 지극한 도리

"효자의 지극한 도리는 부모를 존경하는 것보다 더 큰 것이 없고, 부모 존경의 지극한 도리는 천하의 부로써 부모를 봉양함보다 더 큰 것이 없다. 순임금은 아버지를 천자의 부친이 되게 했으니 존경의 극치이고, 천하로써 봉양했으니 봉양의 극치에 이른 것이다.

《시경》〈대아·하무下武〉편에서 '언제나 효도를 말하니, 효도는 세상의 준칙이니라.'라고 했으니, 이는 곧 순임금의 경우를 말하는 것이다.

《서경》〈우서·대우모〉편에서 말했다. '순임금이 아버지 고수를 지극히 공경하는 마음으로 대하니, 고수도 순임금을 믿고 따랐다.' 이것이 '아버지가 자식으로 삼을 수 없다'는 것이다."

"孝子之至, 莫大乎尊親; 尊親之至, 莫大乎以天下養.
효자지지 막대호존친 존친지지 막대호이천하양

爲天子父, 尊之至也; 以天下養, 養之至也. 詩曰: '永言孝思,
위천자부 존지지야 이천하양 양지지야 시왈 영언효사

孝思維則.' 此之謂也. 書曰: '祗載見瞽瞍, 夔夔齊栗, 瞽瞍亦允若.'
효사유칙 차지위야 서왈 지재견고수 기기제율 고수역윤약

是爲父不得而子也."
시위부부득이자야

천자는 하늘이 낸다

만장이 물었다.

"요임금이 천하를 순임금에게 물려주었다고 하는데 그런 일이 있었습니까?"

맹자가 말했다.

"아니다. 천자는 천하를 다른 사람에게 넘겨줄 수 없다."

"그렇다면 순임금이 천하를 차지하고 다스린 것은 누가 준 것입니까?"

맹자가 말했다.

"하늘이 준 것이다."

"하늘이 천하를 줄 때 말로 분명하게 명을 내린 것입니까?"

맹자가 말했다.

"아니다. 하늘은 말을 하지 않는다. 오직 덕행과 이룬 업적을 가지고 하늘의 뜻을 보여 줄 뿐이다."

萬章曰: "堯以天下與舜, 有諸?" 孟子曰: "否.
만장왈　요이천하여순 유제　맹자왈　부

天子不能以天下與人." "然則舜有天下也, 孰與之?" 曰: "天與之."
천자불능이천하여인　연즉순유천하야 숙여지　왈　천여지

"天與之者, 諄諄然命之乎?" 曰: "否. 天不言. 以行與事示之而已矣."
천여지자 순순연명지호　왈　부 천불언 이행여사시지이이의

오직 덕행과 업적으로 보여 줄 뿐

만장이 말했다.

"덕행과 이룬 업적을 가지고 보여 주는 것은 어찌하는 것입니까?"

맹자가 말했다.

"천자는 사람을 하늘에 천거할 수는 있어도, 하늘로 하여금 천하를 그 사람에게 주게 할 수는 없다. 제후도 사람을 천자에게 천거할 수는 있어도, 천자로 하여금 그가 제후가 되게 할 수는 없다. 대부도 사람을 제후에게 천거할 수는 있어도, 제후로 하여금 그가 대부가 되게 할 수는 없다.

옛날에 요임금이 순임금을 하늘에 천거하자 하늘이 받아들이고, 그를 백성에게 드러내자 백성들이 받아들였던 것이다. 그러므로 '하늘은 말을 하지 않는다. 오직 덕행과 업적으로 보여 줄 뿐이다.'라고 하는 것이다."

曰: "以行與事示之者如之何?"
왈　이 행 여 사 시 지 자 여 지 하

曰: "天子能薦人於天, 不能使天與之天下; 諸侯能薦人於天子.
왈　천 자 능 천 인 어 천　불 능 사 천 여 지 천 하　제 후 능 천 인 어 천 자

不能使天子與之諸侯; 大夫能薦人於諸侯, 不能使諸侯與之大夫.
불 능 사 천 자 여 지 제 후　대 부 능 천 인 어 제 후　불 능 사 제 후 여 지 대 부

昔者堯薦舜於天而天受之, 暴之於民而民受之, 故曰: 天不言,
석 자 요 천 순 어 천 이 천 수 지　폭 지 어 민 이 민 수 지　고 왈　천 불 언

以行與事示之而已矣."
이 행 여 사 시 지 이 이 의

하늘이 주고 백성이 준 것

만장이 물었다.

"감히 여쭙건대 하늘에 천거하자 하늘이 받아들이고, 백성들 앞에 나타나게 하자 백성들이 받아들였다고 하는 말은 무슨 뜻입니까?"

맹자가 말했다.

"그로 하여금 제사를 주관하게 하자 모든 신이 그가 지내는 제사를 잘 받아 주었으니, 이것이 곧 하늘이 받아 주었다는 뜻이다. 그로 하여금 일을 주관하게 하면, 모든 일이 잘 다스려지고 백성이 편안하게 되었으니, 이것이 곧 백성이 받아들였다는 뜻이다. 그러니 결국 하늘이 천하를 주고, 사람이 천하를 준 것이다."

曰: "敢問薦之於天而天受之, 暴之於民而民受之, 如何?"
왈　감 문 천 지 어 천 이 천 수 지　폭 지 어 민 이 민 수 지　여 하

曰: "使之主祭而百神享之, 是天受之; 使之主事而事治, 百姓安之,
왈　사 지 주 제 이 백 신 향 지　시 천 수 지　사 지 주 사 이 사 치　백 성 안 지

是民受之也. 天與之, 人與之"
시 민 수 지 야　천 여 지　인 여 지

하늘은 백성을 통해 보고 듣는다

"이 때문에 '천자가 천하를 다른 사람에게 줄 수 없다'고 한 것이다. 순임금이 요임금을 도운 지 28년이 되었으니, 그와 같은 일은 인간의 능력으로만 할 수 있는 일이 아니고 하늘의 뜻이다.

요임금이 세상을 떠나자 삼년상을 마친 순임금은 요임금의 아들을 피해 남하南河의 남쪽으로 갔으나, 천하의 제후로서 조회하는 자들이 요임금의 아들에게 가지 않고 순임금에게 갔다.

송사하는 사람도 요임금의 아들에게 가지 않고 순임금에게 갔으며, 공덕을 칭송하고 노래하는 사람도 요임금의 아들을 노래하지 않고 순임금을 노래했다. 그러므로 하늘의 뜻이라고 하는 것이다.

그런 다음에 수도로 가서 천자의 자리에 올랐다. 만약 요임금의 궁궐에 살면서 요임금의 아들을 핍박했다면, 이는 찬탈이지 하늘이 준 것이 아니다.

《서경》〈주서·태서〉편에서 '하늘은 우리 백성이 보는 것을 통해 보고, 하늘은 우리 백성이 듣는 것을 통해 듣는다.'라고 한 것은, 이를 말한 것이다."

"故曰: 天子不能以天下與人. 舜相堯二十有八載, 非人之所能爲也,
고 왈 천자불능이천하여인 순상요이십유팔재 비인지소능위야

天也. 堯崩, 三年之喪畢, 舜避堯之子於南河之南.
천야 요붕 삼년지상필 순피요지자어남하지남

天下諸侯朝覲者, 不之堯之子而之舜; 訟獄者, 不之堯之子而之舜;
천하제후조근자 부지요지자이지순 송옥자 부지요지자이지순

謳歌者, 不謳歌堯之子而謳歌舜, 故曰天也. 夫然後之中國,
구가자 불구가요지자이구가순 고왈천야 부연후지중국

踐天子位焉. 而居堯之宮, 逼堯之子, 是篡也, 非天與也.
천 천 자 위 언   이 거 요 지 궁   핍 요 지 자   시 찬 야   비 천 여 야

太誓曰: '天視自我民視, 天聽自我民聽', 此之謂也."
태 서 왈   천 시 자 아 민 시   천 청 자 아 민 청   차 지 위 야

해설

남하南河는 기주冀州의 남쪽으로, 남하의 남쪽은 즉 예주豫州입니다. 송옥訟獄은 '옥사를 판결하지 못하고, 소송을 올린다'는 뜻이고, 자自는 '따른다'는 뜻입니다.

하늘은 형체가 없습니다. 하늘이 보고 듣는 것은 모두 백성들이 보고 듣는 것을 따릅니다. 백성들이 그와 같이 순임금에게 귀의했으므로 하늘이 그에게 천하를 준 것입니다.

하늘의 뜻에 달린 것

만장이 물었다.

"사람들이 말하길 '우임금 때에 이르러 덕이 쇠하여 인자에게 자리를 주지 않고 자식에게 물려주었다.'라고 하는데 사실입니까?

맹자가 말했다.

"아니다. 그렇지 않다. 하늘이 인한 자에게 주고자 하면 인한 자에게 주고, 하늘이 자식에게 주고자 하면 자식에게 주는 것이다."

萬章問曰: "人有言: '至於禹而德衰, 不傳於賢而傳於子.' 有諸?"
만 장 문 왈　　인 유 언　　지 어 우 이 덕 쇠　부 전 어 현 이 전 어 자　유 제

孟子曰: "否, 不然也. 天與賢, 則與賢; 天與子, 則與子."
맹 자 왈　　부　불 연 야　천 여 현　즉 여 현　천 여 자　즉 여 자

해설

이 장의 내용을 알기 위해서는 먼저 다음과 같은 고사를 알아야 합니다. 요임금은 순임금에게 왕위를 선양했습니다. 그러나 순임금은 요임금이 죽은 다음 바로 왕위에 오르지 않고, 요임금의 아들 단주丹朱를 위해 몸을 숨겼습니다. 그러나 모든 사람이 단주를 따르지 않고 순임금을 따랐습니다. 그래서 순임금이 별수 없이 왕위에 올랐습니다.

순임금도 만년에는 우임금에게 선양했습니다. 우임금도 처음에는 순의 아들 상균商均을 위해 몸을 피했으나, 모든 사람이 자신을 따르자 왕위에 올랐습니다. 그러나 그 뒤로 선양은 사라졌고 왕위는 세습되었습니다.

백익에게 선양했으나 계가 이어받다

"옛날에 순임금이 우임금을 하늘에 천거하고 17년이 지나 세상을 떠나자 우임금은 삼년상을 마치고, 순임금의 아들을 피해 양성陽城으로 갔다.

그러나 천하의 모든 백성이 우임금을 따르니, 요임금이 세상을 떠난 후에 모든 사람이 요임금의 아들을 따르지 않고 순임금을 따르듯이 했다.

우임금이 백익伯益을 하늘에 천거하고 7년이 지나 세상을 떠나자 백익도 삼년상을 마치고 우임금의 아들 계啓를 피해 기산箕山 뒤쪽으로 갔다.

그러나 조회하고 송사하는 이들이 백익에게 가지 않고 계에게로 가면서 '우리 임금님의 아들이로다.'라고 말했고, 공덕을 칭송하고 노래하는 사람들도 백익을 노래하지 않고 계를 노래하며 '우리 임금님의 아들이로다.'라고 말했다."

"昔者舜薦禹於天, 十有七年, 舜崩. 三年之喪畢, 禹避舜之子於陽城.
석 자 순 천 우 어 천 　십 유 칠 년　순 붕　삼 년 지 상 필　우 피 순 지 자 어 양 성

天下之民從之, 若堯崩之後, 不從堯之子而從舜也.
천 하 지 민 종 지　약 요 붕 지 후　부 종 요 지 자 이 종 순 야

禹薦益於天, 七年, 禹崩. 三年之喪畢, 益避禹之子於箕山之陰.
우 천 익 어 천　칠 년　우 붕　삼 년 지 상 필　익 피 우 지 자 어 기 산 지 음

朝覲訟獄者不之益而之啓, 曰: '吾君之子也.'
조 근 송 옥 자 부 지 익 이 지 계　왈　오 군 지 자 야

謳歌者不謳歌益而謳歌啓, 曰: '吾君之子也.'"
구 가 자 불 구 가 익 이 구 가 계　왈　오 군 지 자 야

하려 하지 않아도 저절로 이루어지는 것

"요임금의 아들 단주는 불초했고, 순임금의 아들 상균 또한 불초했다. 순임금이 요임금을 돕고, 우임금이 순임금을 도운 햇수가 오래였고, 또 백성에게 은혜를 베푼 지도 오래되었다.

또 계는 현명하여 능히 우임금의 도를 공경하고 계승할 수 있었다. 그러나 백익이 우임금을 보필한 햇수는 적었으며, 백성에게 은혜를 베푼 햇수도 오래되지 않았다.

그러므로 순임금과 우임금에 비해 백익은 햇수에서 차이가 나며, 임금의 아들이 현명하거나 현명하지 못한 것은 하늘의 뜻이지 사람이 자기 마음대로 할 수 있는 바가 아니다. 그렇게 하려 하지 않아도 스스로 이루어지는 것을 천명天命이라 한다."

"丹朱之不肖, 舜之子亦不肖. 舜之相堯, 禹之相舜也,
　단주지불초　순지자역불초　순지상요　우지상순야

歷年多, 施澤於民久. 啓賢, 能敬承繼禹之道. 益之相禹也,
　역년다　시택어민구　계현　능경승계우지도　익지상우야

歷年少, 施澤於民未久. 舜禹益相去久遠, 其子之賢不肖, 皆天也,
　역년소　시택어민미구　순우익상거구원　기자지현불초　개천야

非人之所能爲也. 莫之爲而爲者, 天也; 莫之致而至者, 命也."
　비인지소능위야　막지위이위자　천야　막지치이지자　명야

천자가 하늘에 천거해야 한다

"필부로서 천하를 얻은 사람은 인덕仁德이 반드시 순임금, 우임금과 같고, 천자가 그를 하늘에 천거해야 한다. 그래서 공자께서 천하를 얻지 못했던 것이다.

대를 이어 천하를 얻었어도 하늘에게 버려진 경우는 반드시 걸왕, 주왕 같은 폭군이었기 때문이다. 그래서 백익, 이윤, 주공이 직접 천하를 얻지 못했던 것이다."

"匹夫而有天下者, 德必若舜禹, 而又有天子薦之者,
필 부 이 유 천 하 자 덕 필 약 순 우 이 우 유 천 자 천 지 자

故仲尼不有天下. 繼世以有天下, 天之所廢, 必若桀紂者也.
고 중 니 불 유 천 하 계 세 이 유 천 하 천 지 소 폐 필 약 걸 주 자 야

故益伊尹周公不有天下."
고 익 이 윤 주 공 불 유 천 하

해설

맹자는 우임금과 그의 신하 백익의 사례와 다음의 두 조항을 들어서 천하를 맡아 다스릴 수 있는 심오한 바탕을 밝혔습니다. 그리고 공자에 대해서는 '공자의 인덕은 순임금, 우임금에 비해 손색이 없으나 추천해 줄 천자가 없었으므로 천하를 다스리지 못했다.'라고 말하고 있습니다.

대를 이어 천하를 다스린 자손이 임금이 된 이유는 그들의 선조가 백성들에게 큰 공과 은덕을 베풀었기 때문입니다.

태갑을 성군으로 거듭나게 한 이윤

"이윤이 탕왕을 도와 천하에 왕 노릇을 했다. 탕왕이 세상을 떠났으나, 태정太丁(탕왕의 태자)은 자리에 오르지 못하고 죽었으며 외병外丙(태정의 동생)은 2년 동안 재위했고, 다시 중임仲壬(외병의 동생)이 4년 동안 재위했다.

그리고 태갑太甲(태정의 아들)이 탕왕의 전범典範과 형법刑法을 전복시키자, 이윤이 그를 동桐 땅으로 3년간 추방했는데, 이에 태갑이 잘못을 뉘우치고 스스로를 원망하며 스스로 바르게 되었다. 동 땅에서 인을 간직하고 의를 실천했다.

3년 동안 이윤이 자기를 훈계한 가르침을 모두 따르고, 다시 박읍으로 돌아왔던 것이다."

"伊尹相湯以王於天下. 湯崩, 太丁未立, 外丙二年, 仲壬四年.
이 윤 상 탕 이 왕 어 천 하 탕 붕 태 정 미 립 외 병 이 년 중 임 사 년

太甲顚覆湯之典刑, 伊尹放之於桐. 三年, 太甲悔過, 自怨自艾,
태 갑 전 복 탕 지 전 형 이 윤 방 지 어 동 삼 년 태 갑 회 과 자 원 자 애

於桐處仁遷義; 三年, 以聽伊尹之訓己也, 復歸于亳."
어 동 처 인 천 의 삼 년 이 청 이 윤 지 훈 기 야 복 기 우 박

중요한 것은 천명

 "주공이 천하를 얻지 못한 것은 하나라 백익과 은나라 이윤의 경우
와 같다.

 공자께서 이르기를 '요임금과 순임금이 선양한 것과 하나라, 은나
라, 주나라에서 자손에게 계승한 것은 그 의로움이 같다.'라고 하셨
다."

 "周公之不有天下, 猶益之於夏, 伊尹之於殷也. 孔子曰: '唐虞禪,
　주공지불유천하　유익지어하　이윤지어은야　공자왈　당우선

 夏后殷周繼, 其義一也.'"
　하후은주계　기의일야

 주공이 천하를 얻지 못한 이유를 말하고 있는데, 선양이나 계승이나 다
천명에 의해 이루어졌다는 것입니다.

바른 의와 도가 아니면 행하지 않는다

만장이 물었다.

"사람들이 말하길 '이윤이 요리 솜씨로 탕왕의 신임을 얻었다'고 하는데 사실입니까?"

맹자가 말했다.

"아니다. 그렇지 않다. 이윤은 신莘의 들에서 경작하면서도 요순의 도를 즐겼다. 바른 의와 도가 아니면, 녹봉으로 천하를 준다고 해도 거들떠보지 않았고, 4천 마리의 말이 매여 있어도 쳐다보지 않았다. 바른 의와 도가 아니면, 풀 한 포기도 남에게 주지 않고, 풀 한 포기도 남으로부터 취하지 않았다.

탕왕이 사람을 시켜 예물을 보내 이윤을 초빙하자, 그는 초연하게 '내가 탕왕의 예물로 뭘 하겠느냐? 어찌 밭이랑 사이에 살면서 그것으로써 요순의 도를 즐기는 것만 하겠는가?'라고 했다."

萬章問曰: "人有言 '伊尹以割烹要湯' 有諸?" 孟子曰: "否, 不然.
만 장 문 왈　　인 유 언　이 윤 이 할 팽 요 탕　유 제　　맹 자 왈　　부　불 연

伊尹耕於有莘之野, 而樂堯舜之道焉. 非其義也, 非其道也,
이 윤 경 어 유 신 지 야　이 락 요 순 지 도 언　비 기 의 야　비 기 도 야

祿之以天下, 弗顧也; 繫馬千駟, 弗視也. 非其義也, 非其道也,
녹 지 이 천 하　불 고 야　계 마 천 사　불 시 야　비 기 의 야　비 기 도 야

一介不以與人, 一介不以取諸人, 湯使人以幣聘之. 囂囂然曰:
일 개 불 이 여 인　일 개 불 이 취 제 인　탕 사 인 이 폐 빙 지　효 효 연 왈

'我何以湯之聘幣爲哉? 我豈若處畎畝之中, 由是以樂堯舜之道哉?'"
아 하 이 탕 지 빙 폐 위 재　아 기 약 처 견 무 지 중　유 시 이 락 요 순 지 도 재

요순 같은 성군으로 만들리라

"탕왕이 세 차례나 사신을 보내어 초빙하자, 이윤이 마침내 생각을 바꾸어 다음과 같이 말했다.

'밭이랑 사이에 살면서 이것으로써 요순의 도를 즐기는 것이 어찌 이 군주를 도와서 요순 같은 성군聖君로 만드는 것만 하겠는가? 어찌 이 백성들을 요순의 백성과 같은 백성으로 만드는 것만 하겠으며, 어찌 이 세상에 요순의 도가 행해지는 것을 몸소 보는 것만 하겠는가?'"

"湯三使往聘之, 旣而幡然改曰: '與我處畎畝之中,
탕 삼 사 왕 빙 지   기 이 번 연 개 왈   여 아 처 견 무 지 중

由是以樂堯舜之道, 吾豈若使是君爲堯舜之君哉?
유 시 이 락 요 순 지 도   오 기 약 사 시 군 위 요 순 지 군 재

吾豈若使是民爲堯舜之民哉? 吾豈若於吾身親見之哉?'"
오 기 약 사 시 민 위 요 순 지 민 재   오 기 약 어 오 신 친 견 지 재

 해설

번연幡然은 '변동한다'는 뜻입니다. 어오신친견지於吾身親見之는 '나 자신이 직접 도가 행해지는 것을 본다'는 것으로, 시서詩書를 외우고 말하고 흠모하는 것만이 다가 아니라는 뜻입니다.

하늘이 백성을 낸 이유

"이윤이 말하길, '하늘이 백성을 낸 것은, 먼저 안 사람이 늦게 아는 사람을 알게 하고, 또 먼저 깨달은 사람이 늦게 깨닫는 사람을 깨닫게 하려는 것이다. 나는 하늘이 낸 백성 중에 먼저 깨달은 자이니, 장차 이 도로써 백성들을 깨우치지 않으면 누가 할 수 있겠는가?'라고 했다.

이윤은 천하의 백성 가운데 누구라도 요순의 은혜를 받지 못한 사람이 있으면, 자신이 그를 도랑 속에 빠뜨린 것같이 생각했다. 그가 천하의 무거운 짐을 스스로 짊어지려 함이 이와 같았으니, 탕왕을 설득하여 하나라를 정벌하고 백성들을 구했던 것이다."

"天之生此民也, 使先知覺後知, 使先覺覺後覺也.
　천 지 생 차 민 야　사 선 지 각 후 지　사 선 각 각 후 각 야

予, 天民之先覺者也; 予將以斯道覺斯民也. 非予覺之, 而誰也?'
　여　천 민 지 선 각 자 야　여 장 이 사 도 각 사 민 야　비 여 각 지　이 수 야

思天下之民匹夫匹婦有不被堯舜之澤者, 若己推而内之溝中.
　사 천 하 지 민 필 부 필 부 유 불 피 요 순 지 택 자　약 기 추 이 납 지 구 중

其自任以天下之重如此, 故就湯而說之以伐夏救民."
　기 자 임 이 천 하 지 중 여 차　고 취 탕 이 세 지 이 벌 하 구 민

자신을 굽혀 어찌 남을 바로잡으랴

"나는 자신을 굽히면서 남을 바로잡았다는 말을 듣지 못했으니, 하물며 자신을 욕되게 하는 자가 어찌 천하를 바로잡겠는가?

성인의 행동은 다르게 마련이라 어떤 때는 임금을 멀리하기도 하고, 또 어떤 때는 임금을 가까이하며, 어떤 때는 떠나가고, 또 어떤 때는 떠나가지 않는다. 그러나 성인은 자신을 결백하게 지킨다는 것으로 귀일한다.

나는 이윤이 요순의 도로써 탕왕에게 등용되기를 구했다는 말은 들었어도, 요리 솜씨로 등용되기를 구했다는 말은 듣지 못했다.

《서경》〈이훈伊訓〉편에 이르기를 '하늘의 토벌은 목궁牧宮(하나라 걸의 궁전)에서 스스로 만든 것인데, 나는 다만 박읍에서 시작하였을 뿐이다.'라고 했다."

"吾未聞枉己而正人者也, 況辱己以正天下者乎? 聖人之行不同也,
오 미 문 왕 기 이 정 인 자 야　황 욕 기 이 정 천 하 자 호　　성 인 지 행 부 동 야

或遠或近, 或去或不去, 歸潔其身而已矣. 吾聞其以堯舜之道要湯,
혹 원 혹 근　혹 거 혹 불 거　귀 결 기 신 이 이 의　오 문 기 이 요 순 지 도 요 탕

未聞以割烹也. 伊訓曰: '天誅造攻自牧宮, 朕載自亳.'"
미 문 이 할 팽 야　이 훈 왈　　천 주 조 공 자 목 궁　짐 재 자 박

예와 의로써 행하고 명을 따를 뿐

만장이 물었다.

"어떤 사람이 공자께서 위나라에서는 옹저癰疽의 집에 머무셨고, 제나라에서는 내시인 척환瘠環의 집에 머무셨다고 하는데 사실입니까?"

맹자가 말했다.

"아니다. 그렇지 않다. 호사가들이 지어낸 말이다. 위나라에 계실 때는 안수유顏讎由의 집에 머무셨는데, 미자彌子의 아내는 자로의 아내와 자매지간이었다.

미자가 자로에게 '공자께서 우리 집에 머무시면 위나라 경卿의 자리를 얻어 드릴 수 있다.'라고 하자, 자로가 이 말을 공자께 아뢰었다. 그러자 공자께서 '천명에 달려 있다.'라고 말씀하셨다.

그리고 공자께서는 예로써 나가고 의로써 물러나셨으며, 벼슬을 얻고 얻지 못하는 것을 '명命'이라고 하셨다. 그러니 옹저나 척환의 집에 머무셨다면 이는 의도 없고 명도 없는 것이다."

萬章問曰: "或謂孔子於衛主癰疽, 於齊主侍人瘠環,
만 장 문 왈　　혹 위 공 자 어 위 주 옹 저　어 제 주 시 인 인 척 환

有諸乎?" 孟子曰: "否, 不然也. 好事者爲之也. 於衛主顏讎由.
유 제 호　　맹 자 왈　부　불 연 야　호 사 자 위 지 야　어 위 주 안 수 유

彌子之妻與子路之妻, 兄弟也. 彌子謂子路曰: '孔子主我,
미 자 지 처 여 자 로 지 처　형 제 야　미 자 위 자 로 왈　공 자 주 아

衛卿可得也.' 子路以告. 孔子曰: '有命.' 孔子進以禮, 退以義,
위 경 가 득 야　자 로 이 고　공 자 왈　유 명　공 자 진 이 례　퇴 이 의

得之不得曰 '有命.' 而主癰疽與侍人瘠環, 是無義無命也."
득 지 부 득 왈 유 명   이 주 옹 저 여 시 인 척 환   시 무 의 무 명 야

　주主는 그의 집에 유숙하고 주인집으로 삼았다는 뜻입니다. 옹저는 당시 유명했던 종기를 고치는 의원이고, 척환은 제나라의 임금을 가까이서 모시던 환관입니다.

　호사가란 터무니없는 말을 꾸며서 퍼뜨리기를 좋아하는 사람을 말합니다. 안수유는 위나라의 현명한 대부입니다. 《사기》에는 안탁주라고 했습니다. 미자는 위衛나라 영공靈公이 사랑한 신하 미자하彌子瑕입니다.

머문 곳이 그 사람을 말해 준다

"공자께서는 노나라와 위나라에 있기를 좋아하지 않으셨는데, 송나라의 사마司馬 환퇴桓魋가 길을 가로막고 죽이려 하자 미복으로 변장하고 송나라를 지나가셨다. 이때 공자께서는 환난을 당하셨으나 아무 곳에나 머물지 않고 진陳나라의 사성司城 벼슬을 가진 정자貞子의 집에 머무셨다.

내가 듣건대 조정에 있는 신하의 사람됨을 알기 위해서는 그의 집에 머무는 사람을 살펴보고, 먼 곳에서 온 신하의 사람됨을 알기 위해서는 그가 머무는 곳의 주인을 본다고 했다. 만약 공자께서 옹저나 내시 척환의 집에 머무셨다면 어찌 성현聖賢 공자라 하겠는가?"

"孔子不悅於魯衛, 遭宋桓司馬將要而殺之, 微服而過宋.
공자불열어로위　조송환사마장요이살지　미복이과송

是時孔子當阨, 主司城貞子, 爲陳侯周臣. 吾聞觀近臣,
시시공자당액　주사성정자　위진후주신　오문관근신

以其所爲主; 觀遠臣, 以其所主. 若孔子主癰疽與侍人瘠環,
이기소위주　관원신　이기소주　약공자주옹저여시인척환

何以爲孔子?"
하이위공자

어리석은 임금을 떠난 백리해

만장이 물었다.

"어떤 사람이 백리해百里奚는 진秦나라의 희생犧牲(제사에 쓰이는 소)을 기르는 자에게 다섯 마리 양가죽을 받고 스스로 팔려가 소를 기르다 진나라 목공에게 등용되었다고 하는데, 사실입니까?"

맹자가 말했다.

"아니다. 그렇지 않다. 호사가가 지어낸 말이다. 백리해는 원래 우虞나라 사람이다. 진晉나라 사람이 수극垂棘 땅에서 나는 옥돌과 굴屈 땅에서 나는 명마를 우임금에게 바치고, 우나라의 길을 빌려 곽虢나라를 치려고 하자, 궁지기宮之奇는 안 된다고 간언했고 백리해는 간언하지 않았다."

萬章問曰: "或曰: '百里奚自鬻於秦養牲者, 五羊之皮, 食牛,
만장문왈　혹왈　백리해자육어진양생자　오양지피　사우

以要秦穆公.' 信乎?" 孟子曰: "否, 不然. 好事者爲之也. 百里奚,
이요진목공　신호　맹자왈　부　불연　호사자위지야　백리해

虞人也. 晉人以垂棘之璧與屈産之乘, 假道於虞以伐虢, 宮之奇諫,
우인야　진인이수극지벽여굴산지승　가도어우이벌곽　궁지기간

百里奚不諫."
백리해불간

때를 못 만나면 비천한 일도
부끄러워하지 않는다

"백리해는 우공에게 간언해도 말릴 수 없음을 알고 떠나서 진나라로 갔는데, 이미 나이가 일흔 살이었다.

희생 소를 기르면서까지 목공에게 등용되려 한 것이 욕됨을 모르는 사람이라면 어찌 그를 지혜롭다 말하겠는가? 우공에게 간언해야 소용없음을 알고 간언하지 않았으니 지혜롭지 않다고 말할 수 있겠는가?

우공이 장차 망할 것을 알고 먼저 그곳을 떠났으니 지혜롭지 않다고 말할 수 없는 것이다. 백리해가 진나라를 도와 자기 임금을 천하에 빛나게 하고, 후세에도 이름을 전하게 했으니 인하지 않고서야 이렇게 할 수 있겠는가?

스스로 팔려 가서 자기 임금을 성공하게 하는 일은 시골 마을에 살면서 자기 자신을 아끼는 자들도 하지 않는데, 하물며 인한 백리해가 그렇게 했다고 말할 수 있겠는가?"

"知虞公之不可諫而去, 之秦, 年已七十矣,
지 우 공 지 불 가 간 이 거　지 진　연 이 칠 십 의

曾不知以食牛干秦穆公之爲汙也, 可謂智乎? 不可諫而不諫,
증 부 지 이 사 우 간 진 목 공 지 위 오 야　가 위 지 호　불 가 간 이 불 간

可謂不智乎? 知虞公之將亡而先去之, 不可謂不智也. 時擧於秦,
가 위 부 지 호　지 우 공 지 장 망 이 선 거 지　불 가 위 부 지 야　시 거 어 진

知穆公之可與有行也而相之? 可謂不智乎? 相秦而顯其君於天下,
지 목 공 지 가 여 유 행 야 이 상 지　가 위 부 지 호　상 진 이 현 기 군 어 천 하

可傳於後世, 不賢而能之乎? 自鬻以成其君, 鄕黨自好者不爲,
가 전 어 후 세　불 현 이 능 지 호　자 육 이 성 기 군　향 당 자 호 자 불 위

而謂賢者爲之乎?"
이 위 현 자 위 지 호

제 10 편

만장 하 萬章下

의는 길이고
예는 문이다

❁ ❁ ❁

이 편은 백이, 이윤, 유하혜, 공자의 사람됨에 대한 맹자의 인물평이 전반부에 실려 있고, 벗을 사귀는 도리, 벼슬하는 이유 등에 대한 맹자와 만장의 문답이 후반부를 구성하고 있습니다.

맑고 청렴한 백이

맹자가 말했다.

"백이는 눈으로 나쁜 색을 보지 않고, 귀로 나쁜 소리를 듣지 않았다. 임금다운 임금이 아니면 섬기지 않았고, 백성다운 백성이 아니면 부려 쓰지 않았다. 잘 다스려지면 나가지만, 혼란하면 물러났다.

포악한 정치를 하는 나라나 포악한 백성들이 사는 곳에는 살지 않았다. 도리에 어두운 시골 사람과 함께 있는 것을 흡사 관복 차림으로 흙탕물 속에 앉아 있는 것처럼 생각했다. 주왕 때는 북해北海 해변에 숨어 살면서 천하가 맑아지기를 기다렸다.

그러므로 백이의 풍모를 듣게 되면, 탐욕한 사람도 청렴하게 되고 나약한 사람도 굳게 뜻을 세우게 되었다."

孟子曰: "伯夷, 目不視惡色, 耳不聽惡聲. 非其君不事,
맹자왈 백이 목불시악색 이불청악성 비기군불사

非其民不使. 治則進, 亂則退. 橫政之所出, 橫民之所止, 不忍居也.
비기민불사 치즉진 난즉퇴 횡정지소출 횡민지소지 불인거야

思與鄉人處, 如以朝衣朝冠坐於塗炭也. 當紂之時, 居北海之濱,
사여향인처 여이조의조관좌어도탄야 당주지시 거북해지빈

以待天下之淸也. 故聞伯夷之風者, 頑夫廉, 懦夫有立志."
이대천하지청야 고문백이지풍자 완부렴 나부유립지

해설

횡橫은 '법도를 따르지 않는다'는 뜻이고, 완頑은 '지각이 없다'는 뜻입니다. 염廉은 '분별이 있다'는 뜻이고, 나懦는 '유약하다'는 뜻입니다.

천하의 짐을 스스로 짊어진 이윤

"이윤은 '어떤 사람을 섬긴들 임금이 아니겠으며, 어떤 사람을 부린들 백성이 아니겠는가?'라고 하며, 나라가 다스려질 때도 나아가고, 혼란할 때도 나아갔다.

'하늘이 백성을 낸 것은, 먼저 안 사람이 늦게 아는 사람을 알게 하고, 또 먼저 깨달은 사람이 늦게 깨닫는 사람을 깨닫게 하려는 것이다. 나는 하늘이 낸 백성 중에 먼저 깨달은 자이니, 장차 이 도로써 백성들을 깨우치지 않으면 누가 할 수 있겠는가?'라고 말했다.

또 이윤은 천하의 백성 가운데 누구라도 요순의 은택을 받지 못한 사람이 있으면, 자신이 그를 도랑 속에 빠뜨린 것같이 생각했다. 천하의 무거운 짐을 스스로 짊어지려 하였다."

"伊尹曰: '何事非君? 何使非民?' 治亦進, 亂亦進. 曰:
　이윤왈　하사비군　하사비민　치역진 난역진 왈

'天之生斯民也, 使先知覺後知, 使先覺覺後覺. 予, 天民之先覺者也;
　천지생사민야 사선지각후지 사선각각후각 여 천민지선각자야

予將以此道覺此民也.' 思天下之民匹夫匹婦有不與被堯舜之澤者,
　여장이차도각차민야　사천하지민필부필부유불여피요순지택자

若己推而內之溝中, 其自任以天下之重也."
　약기추이내지구중　기자임이천하지중야

온화하고 초연한 유하혜

"유하혜는 더러운 임금을 섬기는 것을 부끄럽게 여기지 않았고, 또 낮은 벼슬도 천하게 여기지 않았다. 조정에 나아가서는 현명함을 숨기지 않고, 반드시 자기 도리를 다했다.

등용되지 않아도 원망하지 않았고, 곤궁하게 되어도 걱정하지 않았다. 향인과 함께 있어도 유유히 떠나가지 않으며, '너는 너고, 나는 나다. 비록 내 옆에서 윗도리를 벗고 알몸을 드러낸다 해도 네가 어찌 나를 더럽힐 수 있겠는가?' 하는 태도로 초연했다.

그러므로 유하혜의 풍모를 들은 사람은 비천한 사람도 관대하게 되고 박정한 사람도 정이 두텁게 되었던 것이다."

"柳下惠, 不羞汙君, 不辭小官. 進不隱賢, 必以其道. 遺佚而不怨,
유하혜 불수오군 불사소관 진불은현 필이기도 유일이불원

阨窮而不憫. 與鄕人處, 由由然不忍去也, '爾爲爾, 我爲我.
액궁이불민 여향인처 유유연불인거야 이위이 아위아

雖袒裼裸裎於我側, 爾焉能浼我哉?' 故聞柳下惠之風者, 鄙夫寬,
수단석라정어아측 이언능매아재 고문류하혜지풍자 비부관

薄夫敦."
박부돈

해설

비鄙는 '좁고 누추하다'는 뜻이며, 돈敦은 후厚의 뜻입니다.

도리에 맞게 행동한 공자

"공자께서 제나라를 떠나가실 때 물에 담갔던 쌀도 건져 떠나셨지만, 노나라를 떠나실 때는 말씀하시길 '내 걸음이 왜 이리도 더디냐.'라고 하셨다. 이것이 부모의 나라를 떠나는 길이다.

빨리 떠날 수 있을 때는 빨리 떠나고, 오래 머무를 수 있을 때는 오래 머물며, 숨어 지낼 수 있으면 숨어 지내고, 벼슬할 수 있으면 벼슬하신 분이 공자이시다."

"孔子之去齊, 接淅而行; 去魯, 曰: '遲遲吾行也.' 去父母國之道也.
공 자 지 거 제   접 석 이 행   거 로   왈   지 지 오 행 야   거 부 모 국 지 도 야

可以速而速, 可以久而久, 可以處而處, 可以仕而仕, 孔子也."
가 이 속 이 속   가 이 구 이 구   가 이 처 이 처   가 이 사 이 사   공 자 야

해설

접接은 승承과 같은 뜻이고, 석淅은 '쌀을 물로 일다'는 뜻입니다. 밥을 지으려다 급히 떠나야 하므로, 물에 담가 두었던 쌀을 거두어 가지고 가느라 밥을 짓지 못했다는 뜻입니다. 이와 같은 작은 예를 들어 공자가 오래 있든 급히 떠나든, 도리에 합당하게 했음을 보여 주는 것입니다.

백이·이윤·유하혜·공자는 성인

맹자가 말했다.

"백이는 성인 중에서도 맑은 자이고, 이윤은 성인 중에서도 스스로
책임지려는 자이며, 유하혜는 성인 중에서도 온화한 자이고, 공자는
성인 중에서도 중도에 들어맞는 분이다."

孟子曰: "伯夷, 聖之淸者也; 伊尹, 聖之任者也; 柳下惠,
맹 자 왈　 백 이　 성 지 청 자 야　 이 윤　 성 지 임 자 야　 유 하 혜

聖之和者也; 孔子, 聖之時者也."
성 지 화 자 야　 공 자　 성 지 시 자 야

세 사람의 덕을 집대성한 공자

"공자는 덕을 집대성한 분이라고 하는데, 집대성은 음악으로 비유하면 금金(쇠로 만든 박종)으로 퍼뜨리고, 옥玉(옥이나 돌로 만든 경)으로 거두는 것과 같다. 종소리를 내는 것은 곡조를 시작하는 것이고, 경을 울리는 것은 곡조를 끝맺는 것이다.

곡조를 시작하는 것은 지혜에 속하고, 곡조를 끝맺는 것은 성덕聖德에 속하는 일이다. 지혜는 비유하면 기교이고 성덕은 비유하면 기력이니, 활을 백 보 밖에서 쏘는 것과 같아서 과녁에 도달하는 것은 기력이고 과녁에 명중하는 것이 기교이다."

"孔子之謂集大成. 集大成也者, 金聲而玉振之也. 金聲也者,
공자 지위 집 대 성　집 대 성 야 자　금 성 이 옥 진 지 야　금 성 야 자

始條理也; 玉振之也者, 終條理也. 始條理者, 智之事也; 終條理者,
시 조 리 야　옥 진 지 야 자　종 조 리 야　시 조 리 자　지 지 사 야　종 조 리 자

聖之事也. 智, 譬則巧也; 聖, 譬則力也. 由射於百步之外也, 其至,
성 지 사 야　지　비 즉 교 야　성　비 즉 력 야　유 사 어 백 보 지 외 야　기 지

爾力也; 其中, 非爾力也."
이 력 야　기 중　비 이 력 야

이 구절은 공자가 세 성인의 덕을 모아 하나의 큰 덕을 이루었으며, 음악 연주에 비유하면 '개별적 작은 음악 소리를 모아서, 하나의 큰 음악 소리를 내는 것과 같다'고 말합니다. 또한 활쏘기의 기술과 힘을 예로 들어, 지知와 성聖 두 글자를 설명하고 있습니다.

주나라의 작위와 녹봉

북궁기北宮錡(위나라 사람)가 맹자에게 물었다.

"주나라 때의 작위와 녹봉의 등급을 어떻게 매겼습니까?"

맹자가 대답했다.

"자세한 것은 듣지 못했습니다. 제후들이 자신에게 해가 된다고 싫어하여 기록을 다 없앴습니다. 그러나 나는 일찍이 그 대략을 들었습니다."

北宮錡問曰: "周室班爵祿也, 如之何?" 孟子曰: "其詳不可得聞也.
북 궁 기 문 왈　주 실 반 작 록 야　여 지 하　맹 자 왈　기 상 불 가 득 문 야

諸侯惡其害己也, 而皆去其籍. 然而軻也, 嘗聞其略也."
제 후 오 기 해 기 야　이 개 거 기 적　연 이 가 야　상 문 기 략 야

해설

북궁기는 위衛나라 사람으로 북궁北宮이 성이고, 기錡가 이름입니다. 반班은 반열과 등급을 뜻합니다. 전국 시대의 제후들은 무력병탄武力倂呑에 골몰했고, 저마다 왕을 참칭했기 때문에 주의 제도가 자기들에게 해가 된다고 싫어했던 것입니다.

천자의 나라는 5등급, 제후의 나라는 6등급

"천자의 나라는 천자가 한 자리고, 공公이 한 자리, 후侯가 한 자리, 백伯이 한 자리, 자子과 남男이 같이 한 자리로 모두 5등급이다. 제후국은 임금이 한 자리고, 경卿이 한 자리, 대부大夫가 한 자리, 상사上士가 한 자리, 중사中士가 한 자리, 하사下士가 한 자리로 모두 6등급이다.

천자가 관리하는 땅은 사방 천 리이고, 공과 후는 사방 백 리, 백은 사방 70리, 자남은 사방 50리로 모두 4등급이다. 50리에 미치지 못하는 나라는 직접 천자 앞에 나서지 못하고 제후에 부속되니, 이를 부용附庸이라 한다."

"天子一位, 公一位, 侯一位, 伯一位, 子男同一位, 凡五等也.
천자일위 공일위 후일위 백일위 자남동일위 범오등야

君一位, 卿一位, 大夫一位, 上士一位, 中士一位, 下士一位,
군일위 경일위 대부일위 상사일위 중사일위 하사일위

凡六等. 天子之制, 地方千里, 公侯皆方百里, 伯七十里,
범육등 천자지제 지방천리 공후개방백리 백칠십리

子男五十里, 凡四等. 不能五十里, 不達於天子, 附於諸侯, 曰附庸."
자남오십리 범사등 불능오십리 부달어천자 부어제후 왈부용

해설

주나라의 반열班列과 작위爵位 제도에 대해 말하고 있습니다. 5등급은 천하에서 통용되고, 6등급은 나라 안에서 시행되는 제도입니다. 이하는 녹지綠地의 반열 제도입니다.

천자 이하의 녹봉과 대국의 녹봉

"천자에게 직속하는 경卿은 후侯에 버금가는 토지를 받고, 대부大夫
는 백伯에 버금가는 토지를 받으며, 원사元士는 자子와 남男에 버금가
는 토지를 받는다.

큰 나라는 땅이 사방 백 리이니, 군주는 경의 녹봉의 10배이고,
경의 녹봉은 대부의 4배이며, 대부는 상사의 배이고, 상사는 중사의
배이며, 중사는 하사의 배이고, 하사와 서인으로 벼슬하는 자는 녹
봉이 같으니, 그 녹봉은 농사짓는 것을 대신할 만하다."

"天子之卿受地視侯, 大夫受地視伯, 元士受地視子男.
천 자 지 경 수 지 시 후　 대 부 수 지 시 백　 원 사 수 지 시 자 남

大國地方百里, 君十卿祿, 卿祿四大夫, 大夫倍上士, 上士倍中士,
대 국 지 방 백 리　 군 십 경 록　 경 록 사 대 부　 대 부 배 상 사　 상 사 배 중 사

中士倍下士, 下士與庶人在官者同祿, 祿足以代其耕也."
중 사 배 하 사　 하 사 여 서 인 재 관 자 동 록　 녹 족 이 대 기 경 야

해설

큰 나라에서 군전君田은 3만 2천 무이며 그 수입으로 2,880명을 먹일
수 있고, 경전卿田은 3,200무로 288명을 먹일 수 있습니다. 대부전大夫田
은 8백 무로 72명을 먹일 수 있고, 상사전上士田은 4백 무로 36명을 먹일
수 있습니다. 중사전中士田은 2백 무로 18명을 먹일 수 있고, 하사下士와
서인으로 관직에 있는 자의 토지는 1백 무로 9명 내지 5명을 먹일 수 있습
니다. 서인재관庶人在官은 부사府史나 서도胥徒 같은 아전입니다.

대국 이하의 녹봉과 농사꾼의 소득

"그다음의 나라는 땅이 사방 70리이다. 임금은 경의 녹봉의 10배이고, 경은 대부의 녹봉의 3배이며, 대부는 상사의 녹봉의 배이고, 상사는 중사의 배이며, 중사는 하사의 배이고, 하사와 서인으로 벼슬하는 자는 녹봉이 같으니, 그 녹봉은 농사짓는 것을 대신할 만하다.

작은 나라는 땅이 사방 50리이다. 임금은 경의 녹봉의 10배이고, 경은 대부의 녹봉의 2배이며, 대부는 상사의 녹봉의 배이고, 상사는 중사의 배이며, 중사는 하사의 배이고, 하사와 서인으로 벼슬하는 자는 녹봉이 같으니, 그 녹봉은 농사짓는 것을 대신할 만하다.

농사짓는 사람의 수확은 한 명의 가장이 백 무를 받는데, 그 백 무의 땅을 경작해 상농上農은 9명을 먹이고, 그다음은 8명을 먹이며, 중농中農은 7명을 먹이고, 그다음은 6명을 먹이며, 하농下農은 5명을 먹인다. 서인으로 벼슬하는 자는 그 봉록을 이와 같이 차등을 두었다."

"次國地方七十里, 君十卿祿, 卿祿三大夫, 大夫倍上士,
　　차 국 지 방 칠 십 리　군 십 경 록　경 록 삼 대 부　대 부 배 상 사

上士倍中士, 中士倍下士, 下士與庶人在官者同祿,
　상 사 배 중 사　중 사 배 하 사　하 사 여 서 인 재 관 자 동 록

祿足以代其耕也. 小國地方五十里, 君十卿祿, 卿祿二大夫,
　녹 족 이 대 기 경 야　소 국 지 방 오 십 리　군 십 경 록　경 록 이 대 부

大夫倍上士, 上士倍中士, 中士倍下士, 下士與庶人在官者同祿,
　대 부 배 상 사　상 사 배 중 사　중 사 배 하 사　하 사 여 서 인 재 관 자 동 록

祿足以代其耕也. 耕者之所獲, 一夫百畝. 百畝之糞,
　녹 족 이 대 기 경 야　경 자 지 소 획　일 부 백 무　백 무 지 분

上農夫食九人. 上次食八人, 中食七人, 中次食六人. 下食五人.
　상 농 부 사 구 인　상 차 사 팔 인　중 사 칠 인　중 차 사 육 인　하 사 오 인

庶人在官者, 其祿以是爲差."
서 인 재 관 자　기 록 이 시 위 차

무畝는 약 100㎡입니다. 그다음의 나라는 군주의 땅이 2만 4천 무로 2,160명을 먹일 수 있고, 경의 땅은 2,400무로 216명을 먹일 수 있습니다. 작은 나라는 군주의 땅이 1만 6천 무로 1,440명을 먹일 수 있고, 경의 땅은 1,660무로 144명을 먹일 수 있습니다.

벗과 사귀는 도리

만장이 말했다.

"감히 벗과 사귀는 도리에 대해서 여쭙겠습니다."

맹자가 말했다.

"나이 많은 것을 내세우지 않고, 신분이 높은 것을 내세우지 않으며, 형제의 부귀를 내세우지 않고 벗과 사귀어야 한다. 벗과 사귀는 것은 서로의 덕을 벗하는 것이니, 다른 것을 내세워서는 안 된다.

맹헌자孟獻子(노나라의 대부)는 백승百乘의 집안이었으나, 그에게는 다섯 명의 벗이 있었다. 악정구樂正裘와 목중牧仲, 나머지 세 사람의 이름은 내가 잊어버렸다.

맹헌자는 이들 다섯 명과 사귈 때 자신의 집안을 내세우지 않았다. 이 다섯 명도 맹헌자의 집안을 염두에 두었다면 벗하지 않았을 것이다."

萬章問曰: "敢問友." 孟子曰: "不挾長, 不挾貴, 不挾兄弟而友.
만 장 문 왈　　감 문 우　　맹 자 왈　　불 협 장　불 협 귀　불 협 형 제 이 우

友也者, 友其德也, 不可以有挾也. 孟獻子, 百乘之家也,
우 야 자　우 기 덕 야　불 가 이 유 협 야　맹 헌 자　백 승 지 가 야

有友五人焉; 樂正裘牧仲, 其三人, 則予忘之矣.
유 우 오 인 언　악 정 구 목 중　기 삼 인　즉 여 망 지 의

獻子之與此五人者友也, 無獻子之家者也. 此五人者,
헌 자 지 여 차 오 인 자 우 야　무 헌 자 지 가 자 야　차 오 인 자

亦有獻子之家, 則不與之友矣."
역 유 헌 자 지 가　즉 부 여 지 우 의

순수한 벗의 예

"비단 백승의 집안에서만 그런 것이 아니라, 작은 나라의 임금 또한 그러한 경우가 있었다. 노나라 비읍費邑의 혜공惠公이 말하길, '나는 자사를 스승으로 모시고, 안반顏般을 벗으로 대하며, 왕순王順과 장식長息은 나를 섬기는 자들이다.'라고 했다.

비단 작은 나라의 임금만 그런 것이 아니라, 큰 나라의 임금 또한 그러한 경우가 있었다. 진晉나라 평공平公은 해당亥唐이 들어오라고 하면 들어가고, 앉으라고 하면 앉고, 먹으라고 하면 먹었다. 비록 잡곡밥과 나물국이라도 일찍이 배부르게 먹지 않은 적이 없었으니, 아마도 감히 배부르게 먹지 않을 수 없었기 때문일 것이다.

그러나 진 평공은 여기서 끝냈을 뿐이다. 나라의 벼슬자리를 주지 않았고, 함께 나라를 다스리지 않았으며, 나라의 녹을 같이 먹지 않았다. 이는 선비가 현인을 존경한 것이지, 평공이 현인을 존경한 것이 아니었다."

"非惟百乘之家爲然也. 雖小國之君亦有之. 費惠公曰:
비 유 백 승 지 가 위 연 야　수 소 국 지 군 역 유 지　비 혜 공 왈

'吾於子思, 則師之矣; 吾於顏般, 則友之矣; 王順長息則事我者也.'
오 어 자 사　즉 사 지 의　오 어 안 반　즉 우 지 의　왕 순 장 식 즉 사 아 자 야

非惟小國之君爲然也. 雖大國之君亦有之. 晉平公之於亥唐也.
비 유 소 국 지 군 위 연 야　수 대 국 지 군 역 유 지　진 평 공 지 어 해 당 야

入云則入, 坐云則坐, 食云則食. 雖疏食菜羹, 未嘗不飽,
입 운 즉 입　좌 운 즉 좌　식 운 즉 식　수 소 식 채 갱　미 상 불 포

蓋不敢不飽也. 然終於此而已矣. 弗與共天位也, 弗與治天職也.
개 불 감 불 포 야　연 종 어 차 이 이 의　불 여 공 천 위 야　불 여 치 천 직 야

弗與食天祿也, 士之尊賢者也, 非王公之尊賢也."
불 여 식 천 록 야　사 지 존 현 자 야　비 왕 공 지 존 현 야

혜공은 비읍의 군주입니다. 사師는 스승으로 높이는 분이고, 우友는 벗으로 경애하는 사람입니다. 사아자事我者는 내가 부리는 사람입니다.

해당은 진나라의 현인입니다. 평공이 그의 집에 올 때, 해당이 들어오라 하면 들어가고, 앉으라고 하면 앉고, 먹으라고 하면 먹었던 것입니다. 소식疏食은 잡곡밥을 말합니다. 불감불포不敢不飽는 '명하는 바를 높이고 따랐다'는 뜻입니다.

나라의 자리를 천위天位, 나라의 직책을 천직天職, 나라의 녹을 천록天祿이라 한 것은 하늘의 뜻에 따라 이루어지는 것이지 사람인 임금이 멋대로 하는 것이 아니라는 뜻으로 천天 자를 붙인 것입니다.

천자와 필부가 벗하는 도리

"순임금이 올라가 요임금을 뵈었을 때, 요임금은 사위 순임금을 별궁에 머무르게 했고, 별궁에서 순임금이 베푸는 잔치를 받았다. 서로 손님과 주인의 자리를 바꾸었던 것이다. 이러한 것이 곧 천자와 필부가 사귀는 도리이다.

아랫사람이 윗사람을 공경하는 것을 귀귀貴貴라고 하고, 윗사람으로서 아랫사람을 존중하는 것을 존현尊賢이라고 하니, 귀귀와 존현은 그 뜻이 하나이다."

"舜尚見帝, 帝館甥于貳室, 亦饗舜, 迭爲賓主, 是天子而友匹夫也.
순 상 현 제　제 관 생 우 이 실　역 향 순　질 위 빈 주　시 천 자 이 우 필 부 야

用下敬上, 謂之貴貴; 用上敬下, 謂之尊賢. 貴貴尊賢, 其義一也."
용 하 경 상　위 지 귀 귀　용 상 경 하　위 지 존 현　귀 귀 존 현　기 의 일 야

해설

상尚은 상上이고, 관館은 사舍입니다. 딸의 남편을 생甥이라 하는데, 요임금이 딸을 순임금에게 시집보냈으니 그를 생이라 한 것입니다. 이실貳室은 별궁입니다. 요임금은 순을 별궁에 머물게 하고, 본인이 그곳으로 가서 순이 베푸는 향연을 받았습니다.

귀귀와 존현은 모두 마땅히 지켜야 할 일입니다. 그러나 당시의 사람들은 귀귀만 알고 존현은 몰랐습니다. 그래서 맹자가 그 뜻이 하나로 같다고 말한 것입니다.

제후와 교제할 때는

만장이 말했다.

"감히 여쭙건대, 제후들과 교제할 때는 어떠한 마음가짐으로 해야 합니까?"

맹자가 말했다.

"공경하는 마음을 가져야 한다."

만장이 말했다.

"제후의 예물을 굳게 사양하고 물리치는 것을 공손하지 않다고 하는 것은 어째서입니까?"

맹자가 말했다.

"존귀한 사람이 예물을 주는데 그것을 받는 것이 옳은가, 옳지 않은가를 헤아리고 나서 받으면 공손하지 않은 태도가 된다. 그러므로 물리치지 말아야 한다."

만장이 말했다.

"말로써 물리치지 말고 마음속으로만 물리치면서, '이 물건은 백성들로부터 불의하게 탈취한 것이다.'라고 생각하되 다른 핑계를 대면서 거절하면 안 될까요?"

맹자가 말했다.

"사귐이 도리에 맞고, 접대가 예절에 맞으면 공자도 받으셨다."

萬章問曰: "敢問交際何心也?" 孟子曰: "恭也." 曰:
만 장 문 왈　감 문 교 제 하 심 야　　맹 자 왈　공 야　　왈

"郤之郤之爲不恭, 何哉?" 曰: "尊者賜之, 曰'其所取之者, 義乎,
각지각지위불공 하재   왈   존자사지 왈 기소취지자 의호

不義乎?'而後受之, 以是爲不恭, 故弗郤也." 曰: "請無以辭郤之,
불의호   이후수지 이시위불공 고불각야   왈   청무이사각지

以心郤之, 曰'其取諸民之不義也', 而以他辭無受, 不可乎?"
이심각지 왈 기취제민지불의야   이이타사무수 불가호

曰: "其交也以道, 其接也以禮, 斯孔子受之矣."
왈   기교야이도 기접야이례   사공자수지의

제際는 접接의 뜻입니다. 교제交際는 제후가 예의와 폐백을 갖추었으므
로 '서로 사귀고 접한다'는 뜻이고 각郤은 '받지 않고 돌려보낸다'는 뜻입
니다.

만장은 '제후와 교제할 때 예물을 거절하는 것을 공손하지 않다고 하는
것은 왜일까?' 하고 의문을 제기했습니다. 그러자 맹자가 '존귀한 사람이
예물을 내려 주었는데, 그가 이 물건을 취득한 방도나 경위가 의리에 부합
하는지 알 수 없다고 속으로 헤아려 의리에 맞으면 받아들이고 안 맞으면
물리친다. 그래서 물리치는 것을 불공이라고 한 것이다.'라고 설명합니다.

강도질한 사람의 예물은 받지 않는다

만장이 말했다.

"지금 성문 밖에 강도질한 자가 있는데, 그가 도의에 따라 사귀고 예의에 맞게 예물을 준다면 그런 것도 받아야 합니까?"

"안 된다. 《서경》〈주서·강고〉편에 이르기를 '사람을 죽이고 재물을 강탈하면서 무모하여 죽음을 겁내지 않는 자를 원망하지 않는 사람이 없다.'라고 했다. 이런 자는 하교를 기다리지 않고 죽여야 할 자이다. 은나라는 하나라에서 이를 물려받았고, 주나라는 은나라에서 이를 물려받았으나 마다하지 않았던 바이다. 지금도 이러한 처벌이 분명하거늘, 어찌 그것을 받을 수 있겠느냐?"

萬章曰: "今有禦人於國門之外者, 其交也以道, 其饋也以禮,
만 장 왈　금 유 어 인 어 국 문 지 외 자　기 교 야 이 도　기 궤 야 이 례

斯可受禦與?" 曰: "不可. 康誥曰: '殺越人于貨, 閔不畏死,
사 가 수 어 여　왈　불 가　강 고 왈　살 월 인 우 화　민 불 외 사

凡民罔不譈.' 是不待教而誅者也. 殷受夏, 周受殷, 所不辭也.
범 민 망 부 대　시 부 대 교 이 주 자 야　은 수 하　주 수 은　소 불 사 야

於今爲烈, 如之何其受之?"
어 금 위 렬　여 지 하 기 수 지

어禦는 지止의 뜻입니다. 길 가는 사람을 멈추게 하고, 죽이고 재물을 탈취하는 자를 말합니다. 국문지외國門之外는 사람이 없는 곳을 말합니다. 만장은 물건이 어떻게 온 것인지를 불문에 부치고 오직 교제하는 예만 본다면, 살인강도가 죄를 지어 얻은 재물을 예를 갖추어 보낸다면 받아도 되느냐고 물은 것입니다.

백성들을 수탈한 예물도 받아야 하는가

만장이 말했다.

"지금 제후들이 백성에게 수취하는 것이 흡사 강도질과 같습니다. 그들이 예의를 갖추어 교제한다면 군자도 그 예물을 받아야 한다고 하시니, 감히 여쭙건대 왜 그래야 하는 것입니까?"

맹자가 말했다.

"그대는 참으로 왕 노릇 하는 자가 나타나면, 지금의 제후들을 모두 죽여야 한다고 생각하는가? 먼저 가르치고 그래도 고치지 않으면, 그 후에 죽여야 한다고 생각하는가?

자기의 소유가 아닌데 취한다고 도둑질이라고 하는 태도는 유사한 부류를 미루어 의미를 극단적인 데까지 이르게 한 것이다.

공자께서 노나라에서 벼슬하실 때 노나라 사람들이 엽교獵較(사냥한 동물의 수를 비교해서 많이 잡은 사람이 적게 잡은 사람의 동물을 빼앗아 제사 지내는 것)를 하였는데, 공자 또한 엽교를 하셨다. 엽교도 할 수 있는데, 하물며 제후가 주는 예물을 받음에 있어서랴?"

曰: "今之諸侯取之於民也, 猶禦也. 苟善其禮際矣, 斯君子受之,
　왈　　금 지 제 후 취 지 어 민 야　유 어 야　구 선 기 례 제 의　사 군 자 수 지

敢問何說也?" 曰: "子以爲有王者作, 將比今之諸侯而誅之乎?
　감 문 하 설 야　　왈　　자 이 위 유 왕 자 작　장 비 금 지 제 후 이 주 지 호

其敎之不改而後誅之乎? 夫謂非其有而取之者盜也,
　기 교 지 불 개 이 후 주 지 호　　부 위 비 기 유 이 취 지 자 도 야

充類至義之盡也. 孔子之仕於魯也, 魯人獵較, 孔子亦獵較.
　충 류 지 의 지 진 야　공 자 지 사 어 로 야　노 인 렵 교　공 자 역 렵 교

獵較猶可, 而況受其賜乎?"
　엽 교 유 가　이 황 수 기 사 호

도를 실현하기 위함이니

만장이 말했다.

"그렇다면 공자께서 벼슬하신 목적은 도道를 실현하기 위함이 아니었습니까?"

맹자가 말했다.

"도를 실현하기 위해서다."

만장이 말했다.

"도를 실현하고자 한다면서, 어째서 엽교를 하셨습니까?"

맹자가 말했다.

"공자께서는 먼저 장부로 제물과 제기를 바로잡으셨는데, 사방의 진귀한 음식을 바치지 못하도록 장부로 바로잡으셨던 것이다."

만장이 말했다.

"어째서 노나라를 떠나지 않으셨습니까?"

맹자가 말했다.

"제물과 제기를 정리하는 것으로 도를 실행하는 조짐을 보이신 것이니, 충분히 실행할 수 있는데도 임금이 실행하지 않으면 떠나셨다. 그렇기 때문에 3년이 지나도록 머무신 곳이 일찍이 없었던 것이다."

曰: "然則孔子之仕也, 非事道與?" 曰: "事道也." "事道奚獵較也?"
왈　연즉공자지사야 비사도여　왈　사도야　사도해렵교야

曰: "孔子先簿正祭器, 不以四方之食供簿正." 曰: "奚不去也?" 曰:
왈　공자선부정제기 불이사방지식공부정　왈　해불거야　왈

"爲之兆也. 兆足以行矣, 而不行, 而後去, 是以未嘗有所終三年淹也"
위지조야 조족이행의 이불행 이후거 시이미상유소종삼년엄야

이 구절은 공자의 사례를 들어 극단적으로 몰아붙이지 말라는 주장을 되풀이한 것입니다.

공자가 떠나지 않은 까닭은, 작으나마 도를 행할 수 있는 단서를 사람들에게 보여 행할 수 있음을 알게 하고자 함이었습니다. 그와 같이 행할 수 있는데도 사람들이 끝내 행하지 못하면 부득이하게 결단을 내려 떠났습니다. 그러므로 한 나라에서 3년 이상 머물러 있지 않았던 것입니다.

공자가 벼슬한 세 가지 경우

"공자께서는 도를 행할 수 있어 보이면 벼슬하셨고, 제후가 예로 써 대하면 벼슬하셨으며, 임금이 인자를 받들면 벼슬하셨다.

노魯나라 계환자季桓子의 경우는 도를 행할 수 있다고 보아 벼슬 하셨고, 위衛나라 영공靈公의 경우는 예로써 대한다고 하여 벼슬하 셨으며, 위나라 효공孝公의 경우는 인자를 받들었으므로 벼슬하셨 다."

"孔子有見行可之仕, 有際可之仕, 有公養之仕. 於季桓子,
공자유 견 행 가 지 사 유 제 가 지 사 유 공 양 지 사 어 계 환 자

見行可之仕也; 於衛靈公, 際可之仕也; 於衛孝公, 公養之仕也."
견 행 가 지 사 야 어 위 령 공 제 가 지 사 야 어 위 효 공 공 양 지 사 야

해설

견행가見行可는 '도를 행할 수 있음을 본다'는 뜻이고, 제가際可는 '예로 써 접하고 만난다'는 뜻입니다. 공양公養은 나라의 임금이 현인을 공양하 는 예를 말합니다.

계환자는 노나라의 경, 계손사季孫斯입니다. 영공은 위나라의 군주로 이름은 원元입니다. 효공은 《춘추》나 《사기》에 모두 없으니, 위 영공의 손 자인 출공出公 첩輒이 아닌가 의심됩니다. 공자가 벼슬한 것에 이와 같은 세 가지 경우가 있음을 말하고 있습니다.

가난 때문에 하는
벼슬은 낮은 자리여야

맹자가 말했다.

"벼슬은 가난 때문에 하는 것이 아니나 때로는 가난 때문에 벼슬하는 경우가 있다. 아내를 맞이하는 것은 부모를 봉양하기 위해 하는 것이 아니나, 때로는 부모를 봉양하기 위해 아내를 맞이하는 경우도 있다.

가난 때문에 벼슬하는 사람은 높은 자리를 사양하고 낮은 자리에 있어야 하며, 많은 녹봉을 사양하고 적은 녹봉을 받아야 한다. 높은 자리를 사양하고 낮은 자리에 있고, 많은 녹봉을 사양하고 적은 녹봉을 받기 위해서는 어떻게 해야겠느냐? 문지기나 야경꾼이 되어야 한다.

공자께서 일찍이 창고를 지키는 관리가 되었는데 '회계를 담당할 뿐이다.'라고 하셨고, 일찍이 승전乘田이 되자 '나는 오직 소나 양을 잘 사육했을 뿐이다.'라고 말씀하셨다.

낮은 자리에 있으면서 국정을 논하는 것은 죄이고, 남의 조정에서 벼슬하면서 도를 실행하지 않는 것은 부끄러운 일이다."

孟子曰: "仕非爲貧也, 而有時乎爲貧; 娶妻非爲養也,
맹 자 왈　　사 비 위 빈 야　이 유 시 호 위 빈　취 처 비 위 양 야

而有時乎爲養. 爲貧者, 辭尊居卑, 辭富居貧. 辭尊居卑, 辭富居貧,
이 유 시 호 위 양　위 빈 자　사 존 거 비　사 부 거 빈　사 존 거 비　사 부 거 빈

惡乎宜乎? 抱關擊柝. 孔子嘗爲委吏矣, 曰 ‘會計當而已矣’.
오호의호　포관격탁　공자상위위리의　왈　회계당이이의

嘗爲乘田矣, 曰 ‘牛羊茁壯, 長而已矣’. 位卑而言高, 罪也;
상위승전의　왈　우양촬장　장이이의　위비이언고　죄야

立乎人之本朝, 而道不行, 恥也.”
입호인지본조　이도불행　치야

　공자는 성인임에도 낮은 벼슬을 했던 것을 욕되게 생각하지 않았다는
것입니다. 이른바 가난을 위해 벼슬할 때는 관직이 천하고 녹봉이 적어야
직책을 감당하기 쉽다는 것을 말하고 있습니다.

선비는 남의 나라 일을 하지 않는다

만장이 물었다.

"선비가 다른 나라 제후에게 의탁하지 않는 것은 어째서입니까?"

맹자가 말했다.

"감히 그렇게 할 수 없다. 제후가 자기 나라를 잃은 후에 다른 나라 제후에게 의탁하는 것은 예에 맞으나, 선비가 다른 나라 제후에게 의탁하는 것은 예에 어긋난다."

萬章曰: "士之不託諸侯, 何也?" 孟子曰: "不敢也. 諸侯失國,
만 장 왈　사 지 불 탁 제 후　하 야　　맹 자 왈　불 감 야　제 후 실 국

而後託於諸侯, 禮也; 士之託於諸侯, 非禮也."
이 후 탁 어 제 후　예 야　사 지 탁 어 제 후　비 례 야

해설

탁託은 기탁寄託의 뜻입니다. 즉 남의 나라 일을 하지 않고, 녹을 먹는다는 뜻입니다. 옛날에는 제후가 다른 나라로 망명하고, 그 나라 창고의 곡식을 먹는 것을 기공寄公이라 했습니다. 선비士는 작위나 영지가 없으며, 제후와 비교할 수 없습니다. 그러니 남의 나라에서 일도 하지 않고, 녹을 받아먹는 것은 예가 아닙니다.

녹을 받아도 되는 경우, 받을 수 없는 경우

만장: "임금이 곡식을 주면 받아야 합니까?"

맹자: "받아야 한다."

만장: "받는 것은 무슨 까닭입니까?"

맹자: "임금은 다른 나라에서 온 백성을 마땅히 구제해 주어야 하기 때문이다."

만장: "구제해 주는 것은 받고, 하사해 주면 받지 않는 것은 어째서입니까?"

맹자: "감히 받을 수 없기 때문이다."

만장: "감히 여쭙겠습니다. 감히 받을 수 없는 것은 어째서입니까?"

맹자: "문지기와 야경꾼은 일정한 직책이 있어서 윗사람에게 녹봉을 받을 수 있다. 그러나 일정한 직책이 없는데도 윗사람의 녹을 받는 것은 불경하다고 하는 것이다."

萬章曰: "君餽之粟, 則受之乎?" 曰: "受之." "受之何義也?"
만장왈 군궤지속 즉수지호 왈 수지 수지하의야

曰: "君之於氓也, 固周之." 曰: "周之則受, 賜之則不受,
왈 군지어맹야 고주지 왈 주지즉수 사지즉불수

何也?" 曰: "不敢也." 曰: "敢問其不敢何也?" 曰: "抱關擊柝者,
하야 왈 불감야 왈 감문기불감하야 왈 포관격탁자

皆有常職以食於上. 無常職而賜於上者, 以爲不恭也."
개유상직이식어상 무상직이사어상자 이위불공야

현인을 좋아한다면 등용하라

만장이 말했다.

"임금이 구제해 주는 것은 받아도 좋다고 하셨는데, 계속해서 받아도 됩니까?"

맹자가 말했다.

"노나라 목공이 사신을 보내서 자사에게 자주 문안하고, 또 자주 삶은 고기를 보냈다. 그러나 자사는 좋아하지 않았다.

마침내 사신을 손짓하여 대문 밖으로 내보내고, 자기는 북쪽을 향해 머리를 조아리고 두 번 절한 뒤 그것을 거절하고서 말하길 '이제야 비로소 임금께서 나를 개나 말 키우듯이 대하고 있음을 알았노라.'라고 했다. 그런 일이 있은 후 심부름하는 자들이 물건을 가지고 오지 않게 되었다.

현인을 좋아한다면서 등용하지 않고, 또 봉양하지 못한다면 어찌 현인을 좋아한다고 말할 수 있겠는가?"

曰: "君餽之, 則受之, 不識可常繼乎?" 曰: "繆公之於子思也,
왈 군 궤 지 즉 수 지 불 식 가 상 계 호   왈   목 공 지 어 자 사 야

亟問, 亟餽鼎肉. 子思不悅. 於卒也, 摽使者出諸大門之外,
기 문 기 궤 정 육 자 사 불 열 어 졸 야 표 사 자 출 제 대 문 지 외

北面稽首再拜而不受. 曰: '今而後知君之犬馬畜伋.'
북 면 계 수 재 배 이 불 수 왈   금 이 후 지 군 지 견 마 휵 급

蓋自是臺無餽也. 悅賢不能擧, 又不能養也, 可謂悅賢乎?"
개 자 시 대 무 궤 야 열 현 불 능 거 우 불 능 양 야 가 위 열 현 호

참되게 군자를 봉양하는 도리

만장이 말했다.

"감히 여쭙건대 임금이 군자를 봉양할 때, 어떻게 해야 참된 봉양이라 할 수 있습니까?"

맹자가 말했다.

"임금의 명령으로 물건을 보내오면 신하는 두 번 절하고 머리를 조아리며 받는다. 그다음부터는 창고지기가 곡물을 보내 주고, 푸줏간 관리인이 고기를 보내 주되 임금의 명령으로 보내지 않는다.

자사는 삶은 고기가 자기로 하여금 성가시게 자주 절하게 하니, 이는 참되게 군자를 봉양하는 도리가 아니라고 여긴 것이다."

曰: "敢問國君欲養君子, 如何斯可謂養矣?" 曰: "以君命將之,
왈　감문국군욕양군자　여하사가위양의　　왈　　이군명장지

再拜稽首而受. 其後廩人繼粟, 庖人繼肉, 不以君命將之.
재 배 계 수 이 수　기 후 름 인 계 속　포 인 계 육　불 이 군 명 장 지

子思以爲鼎肉, 使己僕僕爾亟拜也, 非養君子之道也."
자 사 이 위 정 육　사 기 복 복 이 기 배 야　비 양 군 자 지 도 야

해설

처음 임금의 명으로 물건을 보내오면 신하는 당연히 절하고 받습니다. 그러나 후에는 담당자가 각기 직책에 따라 군자에게 부족한 것을 계속해서 보내 줍니다. 임금의 명으로 보내 주는 것이 아니므로 현인으로 하여금 자주 절하는 수고를 면하게 합니다. 복복僕僕은 번거롭고 자잘한 모양을 이릅니다.

군주가 군자를 기르는 법

"요임금이 순에게 그의 아들 9명을 보내 섬기게 하고, 두 딸을 시집보냈으며, 또 백관, 소와 양, 곡식 창고까지 하사해 논밭에서 농사를 짓는 순을 봉양하다가, 나중에 순을 등용해서 높은 자리에서 나라를 다스리게 했다. 그러므로 이것을 임금이 현인을 존경하는 것이라고 말한다."

"堯之於舜也, 使其子九男事之, 二女女焉, 百官牛羊倉廩備,
요 지 어 순 야　사 기 자 구 남 사 지　이 녀 녀 언　백 관 우 양 창 름 비

以養舜於畎畝之中, 後擧而加諸上位. 故曰: 王公之尊賢者也."
이 양 순 어 견 무 지 중　후 거 이 가 제 상 위　고 왈　왕 공 지 존 현 자 야

해설

현명한 사람을 능히 봉양하고, 능히 등용할 수 있는 것은 즐거움의 극치입니다. 이와 같은 일은 오직 요임금과 순임금만이 할 수 있었습니다. 그래서 후세에서도 마땅히 모범으로 삼았습니다.

제후를 만나지 않는 이유

만장이 말했다.

"감히 여쭙건대 제후를 만나지 않으시는 것은 무슨 까닭입니까?"

맹자가 대답했다.

"관직 없이 도읍에 있으면 시정市井의 신하라 하고, 시골에 살면 초망草莽의 신하라 하는데, 이 둘은 모두 서인庶人이다. 서인은 예물을 바치고 정식으로 신하가 되지 않고서는 감히 제후를 만나 보지 않는 것이 예이다."

만장이 말했다.

"부르면 가서 부역은 하면서 군주가 만나 보고자 불러도 가서 보지 않는 것은 어째서입니까?"

맹자가 대답했다.

"가서 부역하는 것은 마땅한 일이나 가서 만나는 것은 마땅한 일이 아니다."

萬章曰: "敢問不見諸侯, 何義也?" 孟子曰: "在國曰市井之臣,
만장왈　감문불견제후　하의야　　맹자왈　　재국왈시정지신

在野曰草莽之臣, 皆謂庶人. 庶人不傳質爲臣, 不敢見於諸侯, 禮也."
재야왈초망지신　개위서인　서인부전지위신　불감견어제후　예야

萬章曰: "庶人, 召之役, 則往役; 君欲見之, 召之, 則不往見之,
만장왈　　서인　소지역　즉왕역　군욕견지　소지　즉불왕견지

何也?" 曰: "往役, 義也; 往見, 不義也."
하야　　왈　왕역　의야　왕견　불의야

예를 갖춰 등용해야지 어찌 부르기만 하는가

"그런데도 또 군주가 그를 만나고자 하는 것은 어째서인가?"

만장이 말했다.

"보고 들은 것이 많고 현명하기 때문이겠지요."

맹자가 말했다.

"보고 들은 것이 많기 때문이라면 천자도 스승을 오라고 부르지 않는데, 하물며 제후가 오라고 부를 수 있겠느냐? 현명하기 때문이라면 나는 현인을 보고 싶다고 부른 예를 아직 들어 보지 못했다.

옛날 노나라 목공이 자주 자사를 찾아뵙고 '옛날에는 천승의 임금이 선비를 벗으로 삼았다고 하던데, 어떻습니까?' 하자 자사는 불쾌한 듯 '옛사람이 현인을 잘 섬겨야 한다고 말했거늘, 어찌 벗으로 삼는다고 하십니까?'라고 말했다.

자사가 불쾌하게 여긴 까닭은 다음과 같은 생각이 아니겠느냐?

'지위로 말하면 당신은 임금이고 나는 신하다. 어찌 감히 임금과 벗하겠는가? 덕德으로 말하면, 그대가 나를 섬겨야 하거늘 어찌 나와 벗할 수 있겠느냐?'

천승의 임금도 자사를 벗하기를 원했으나 할 수 없었거늘, 하물며 제후가 그를 부를 수 있겠느냐?"

"且君之欲見之也, 何爲也哉?" 曰: "爲其多聞也, 爲其賢也."
차 군 지 욕 견 지 야 하 위 야 재   왈   위 기 다 문 야 위 기 현 야

曰: "爲其多聞也, 則天子不召師, 而況諸侯乎? 爲其賢也,
왈   위 기 다 문 야 즉 천 자 불 소 사 이 황 제 후 호   위 기 현 야

則吾未聞欲見賢而召之也. 繆公亟見於子思,
즉 오 미 문 욕 견 현 이 소 지 야 목 공 기 견 어 자 사

曰: ‘古千乘之國以友士, 何如?’ 子思不悅, 曰: ‘古之人有言:
왈　고 천 승 지 국 이 우 사 　하 여　자 사 불 열 　왈　고 지 인 유 언

曰事之云乎, 豈曰友之云乎?’ 子思之不悅也, 豈不曰: ‘以位, 則子,
왈 사 지 운 호　기 왈 우 지 운 호　자 사 지 불 열 야 기 불 왈　이 위 즉 자

君也; 我, 臣也. 何敢與君友也? 以德, 則子事我者也.
군 야　아　신 야 하 감 여 군 우 야　이 덕　즉 자 사 아 자 야

奚可以與我友?’ 千乘之君求與之友, 而不可得也, 而況可召與?”
해 가 이 여 아 우　천 승 지 군 구 여 지 우　이 불 가 득 야　이 황 가 소 여

맹자가 자사의 말을 인용해서 뜻풀이를 하며 군주가 현명한 사람을 불러오라고 할 수 없음을 밝힌 것입니다.

현인은 초빙하는 도리가 따로 있다

"옛날 제나라 경공景公이 사냥할 때 깃발을 가지고 원유 지기를 불렀으나, 그가 오지 않자 죽이려 했다. 그러나 공자께서 칭찬하시기를 '지사志士는 죽어서 도랑과 골짜기에 떨어질 수 있음을 잊지 않고, 또 용사勇士는 언제라도 자기의 목을 잃을 수 있음을 잊지 않는다.'라고 하셨으니, 공자께서는 어떤 점을 취하신 것일까? 자신을 부르는 방법이 정당하지 않았기 때문에 부름에 응하지 않은 점을 취하신 것이다."

만장이 말했다.

"감히 여쭙건대 원유 지기를 어떻게 불러야 합니까?"

맹자가 대답했다.

"가죽 모자를 사용한다. 서인은 붉은 깃발을 사용하고, 선비는 용이 그려진 깃발을 흔들고, 대부에게는 새털이 달린 깃발을 사용한다. 대부를 부르는 격식으로 원유 지기를 불렀으니, 원유 지기가 죽어도 감히 가지 못한 것이다.

선비를 부르는 격식으로 서인을 부르면, 서인이 어찌 감히 가겠는가? 하물며 현명하지 못한 사람을 부르는 방법으로 현인을 부른다면 어찌 가겠는가?"

"齊景公田, 招虞人以旌, 不至, 將殺之. 志士不忘在溝壑,
제 경 공 전　초 우 인 이 정　부 지　장 살 지　지 사 불 망 재 구 학

勇士不忘喪其元. 孔子奚取焉? 取非其招不往也."
용 사 불 망 상 기 원　공 자 해 취 언　취 비 기 초 불 왕 야

曰: "敢問招虞人何以?" 曰: "以皮冠. 庶人以旃, 士以旂,
왈　감 문 초 우 인 하 이　　왈　　이 피 관　서 인 이 전　사 이 기

大夫以旌. 以大夫之招招虞人, 虞人死不敢往. 以士之招招庶人,
대부이정 이대부지초초우인 우인사불감왕 이사지초초서인

庶人豈敢往哉. 況乎以不賢人之招招賢人乎?"
서인기감왕재 황호이불현인지초초현인호

　제후가 보고 싶다고 부르는 것은 현인을 초빙하는 도리가 아닙니다. 벼
슬하는 선비를 부르는 격식으로 일반 백성을 부르면, 일반 백성은 감히 가
지 못하게 마련입니다. 현인을 초빙하는 예나 도리를 갖추지 않고, 현인
을 부르면 현인과 군자는 갈 수 없다고 맹자는 말합니다.

의는 길, 예는 문

　"제후가 현인을 만나 보고자 하면서 바른 도리를 갖추지 않는 것은 마치 사람이 들어오기를 바라면서 문을 닫는 것과 같다. 무릇 의義는 길이고, 예禮는 문이다. 군자는 오직 바른길을 따르고 바른 문으로만 출입할 수 있다.

　《시경》〈대동大東〉편에 이르기를 '주周나라의 길은 숫돌과 같고 곧기가 화살과 같아, 군자가 밟고 가는 길이고 소인들이 본받는 길이다.'라고 했다."

　"欲見賢人而不以其道, 猶欲其入而閉之門也. 夫義, 路也; 禮,
　욕 견 현 인 이 불 이 기 도　유 욕 기 입 이 폐 지 문 야　부 의 노 야　예

　門也. 惟君子能由是路, 出入是門也. 詩云: '周道如底, 其直如矢;
　문 야　유 군 자 능 유 시 로　출 입 시 문 야　시 운　주 도 여 저　기 직 여 시

　君子所履, 小人所視.'"
　군 자 소 리　소 인 소 시

해설

　저底는 지砥와 같으며, 숫돌입니다. '평탄하다'는 뜻을 말한 것입니다. 시矢는 '곧다'는 뜻을 말한 것입니다. 시視는 '보고 본으로 삼는다'는 뜻으로, 이 시를 인용하여 앞의 바른길을 따른다는 뜻을 증명한 것입니다.

관직으로서 부르면 바로 가야 한다

만장이 말했다.

"공자께서는 임금이 명을 내려 부르시면 수레에 멍에 얹을 틈을 기다리지 않고 즉시 가셨다고 했는데, 그렇다면 공자께서 잘못하신 것입니까?"

맹자가 말했다.

"공자께서는 관직에 계셨으며, 임금도 관직으로서 불렀기 때문이다."

萬章曰: "孔子, 君命召, 不俟駕而行. 然則孔子非與?"
만 장 왈 공 자 군 명 소 불 사 가 이 행 연 즉 공 자 비 여

曰: "孔子當仕有官職, 而以其官召之也."
왈 공 자 당 사 유 관 직 이 이 기 관 소 지 야

해설

공자는 그때 벼슬하고 관직을 맡고 있었으며, 임금도 관명으로 부른 것입니다. 그러므로 수레에 말 매기를 기다리지 않고 서둘러 간 것입니다. 이 장은 맹자가 제후를 자진해서 만나지 않는 뜻을 말하고 있습니다. 앞에서 진나라 공손추의 질문에 답한 말과 함께 보면 이해가 될 것입니다.

옛 성현과도 벗해야 한다

맹자가 만장에게 말했다.

"한 고을의 선한 선비라야 비로소 그 고을의 선한 선비들과 벗할 수 있고, 한 나라의 선한 선비라야 비로소 그 나라의 선한 선비들과 벗할 수 있으며, 천하의 선비라야 비로소 천하의 선한 선비들과 벗할 수 있다.

천하의 선한 선비와 벗하고 사귀는 것만으로 만족하지 못하면 위로 올라가 옛사람을 논하니, 그의 시를 외우고 그의 글을 읽으면서도 그의 인물 됨을 몰라서야 되겠는가. 그러므로 그가 살았던 시대를 논하는 것이다. 이것이 위로 올라가 옛사람을 벗하는 것이다."

孟子謂萬章曰: "一鄕之善士, 斯友一鄕之善士; 一國之善士,
맹 자 위 만 장 왈　일 향 지 선 사　사 우 일 향 지 선 사　일 국 지 선 사

斯友一國之善士; 天下之善士, 斯友天下之善士.
사 우 일 국 지 선 사　천 하 지 선 사　사 우 천 하 지 선 사

以友天下之善士爲未足, 又尙論古之人. 頌其詩, 讀其書,
이 우 천 하 지 선 사 위 미 족　우 상 론 고 지 인　송 기 시　독 기 서

不知其人, 可乎? 是以論其世也. 是尙友也."
부 지 기 인　가 호　시 이 론 기 세 야　시 상 우 야

군주가 큰 잘못을 하면 간언하라

제나라 선왕이 경卿에 대해 묻자, 맹자가 되물었다.

"임금께서 물으시는 경은 어느 경입니까?"

선왕이 말했다. "경은 다 같지 않은가?"

맹자가 말했다.

"같지 않습니다. 귀한 친척의 경이 있고, 다른 성씨의 경도 있습니다."

선왕이 말했다.

"우선 동성 일가의 경에 대해서 알고 싶소."

맹자가 말했다.

"군주가 크게 잘못하면 간언을 올립니다. 간언을 되풀이해도 듣지 않으면 군주의 자리를 바꾸려고 할 것입니다."

齊宣王問卿. 孟子曰: "王何卿之問也?" 王曰: "卿不同乎?"
제 선 왕 문 경　 맹 자 왈　 왕 하 경 지 문 야　　 왕 왈　　 경 부 동 호

曰: "不同. 有貴戚之卿, 有異姓之卿." 王曰: "請問貴戚之卿."
왈　 부 동·유 귀 척 자 경　유 이 성 지 경　　 왕 왈　　 청 문 귀 척 지 경

曰: "君有大過則諫, 反覆之而不聽, 則易位."
왈　 군 유 대 과 즉 간　 반 복 지 이 불 청　 즉 역 위

해설

대과大過는 그 나라를 망칠 만한 큰 잘못을 말합니다. 역위易位는 임금 자리를 바꾸고, 일가친척 중에서 현명한 사람을 다시 내세운다는 뜻입니다.

거듭 간해도 듣지 않으면 바꿀 수 있다

선왕이 발끈하여 안색이 변했다. 맹자가 말했다.

"임금께서는 이상하게 여기지 마십시오. 임금께서 물으시므로 감히 바른대로 답하지 않을 수 없었습니다."

선왕은 안색이 안정된 다음 다른 성씨의 경에 대해 물었다.

맹자가 답했다.

"군주가 잘못하면 간언을 올립니다. 간언을 되풀이해도 듣지 않으면 떠나고 말 것입니다."

王勃然變乎色. 曰："王勿異也. 王問臣, 臣不敢不以正對." 王色定,
왕 발 연 변 호 색 왈   왕 물 이 야 왕 문 신 신 불 감 불 이 정 대   왕 색 정

然後請問異姓之卿. 曰："君有過則諫, 反覆之而不聽, 則去."
연 후 청 문 이 성 지 경 왈   군 유 과 즉 간 반 복 지 이 불 청 즉 거

해설

발연勃然은 '발끈 화를 내고 안색이 변하는 모양'입니다. 맹자는 임금과 신하는 의義로써 합한다고 하였는데, 의에 있어 서로 맞지 않으면 신하는 떠나야 합니다. 이 장은 대신大臣이 지킬 의리에 대해 말하고 있습니다.

제 11 편

고자 상 告子上
아래로 흐르지 않는 물이 없듯 선하지 않은 사람도 없다

이 편은 맹자와 제나라 선왕, 추鄒나라 목공穆公, 등滕나라 문공文公 사이의 대화를 중심으로, 인한 정치에 대한 다양한 논의가 실려 있습니다.

버드나무로 그릇을 만들 때처럼

고자告子가 말했다.

"성性은 버드나무 같고, 의義는 그릇과 같습니다. 본성을 가지고 인과 의를 행하는 것은 버드나무로 술잔을 만드는 것과 같습니다."

맹자가 말했다.

"그대는 버드나무의 본성에 따라 그릇을 만드는가? 아니면 버드나무의 본성을 훼손하여 그릇을 만드는가? 만약 버드나무의 본성을 훼손한 뒤에 그릇을 만든다고 하면, 이는 본성을 훼손하여 인과 의를 행한다는 것인가? 천하 사람들을 이끌어 인과 의를 해치게 하는 것은 반드시 그대의 이러한 말과 생각일 것이다."

告子曰: "性, 猶杞柳也; 義, 猶桮棬也. 以人性爲仁義,
고 자 왈　성 유 기 류 야　의 유 배 권 야　이 인 성 위 인 의

猶以杞柳爲桮棬." 孟子曰: "子能順杞柳之性而以爲桮棬乎?
유 이 기 류 위 배 권　맹 자 왈　자 능 순 기 류 지 성 이 이 위 배 권 호

將戕賊杞柳而後以爲桮棬也? 如將戕賊杞柳而以爲桮棬,
장 장 적 기 류 이 후 이 위 배 권 야　여 장 장 적 기 류 이 이 위 배 권

則亦將戕賊人以爲仁義與? 率天下之人而禍仁義者, 必子之言夫!"
즉 역 장 장 적 인 이 위 인 의 여　솔 천 하 지 인 이 화 인 의 자　필 자 지 언 부

해설

고자는 전국 시대의 사상가로 성이 고告, 이름은 불해不害입니다. 한때 맹자에게 배우기도 했습니다.

물에 동서의 분별이 없듯

고자가 말했다.

"사람의 본성은 흐르는 물과 같습니다. 동쪽으로 터주면 동쪽으로 흐르고, 서쪽으로 터주면 서쪽으로 흐릅니다.

사람의 본성에 선善과 불선不善의 분별이 없는 것은 마치 물에 동과 서의 분별이 없음과 같습니다."

告子曰: "性猶湍水也, 決諸東方則東流, 決諸西方則西流,
고 자 왈　　성 유 단 수 야　결 제 동 방 즉 동 류　결 제 서 방 즉 서 류

人性之無分於善不善也. 猶水之無分於東西也."
인 성 지 무 분 어 선 불 선 야　유 수 지 무 분 어 동 서 야

해설

단湍은 소용돌이치고 빙빙 돌며 흐르는 물의 모양을 말한 것입니다. 고자는 앞의 말을 바탕으로 약간 다르게 말했는데, 양자揚子(양웅, 한나라 때의 사상가)의 선악혼합설에 가깝습니다.

아래로 흐르지 않는 물이 없듯
선하지 않은 사람도 없다

맹자가 말했다.

"물은 분명 동서의 분별이 없다. 그러나 상하의 분별도 없겠느냐? 사람의 본성이 선한 것은 물이 아래로 흐르는 것과 같으니, 사람은 선하지 않은 이가 없고 물은 아래로 흐르지 않는 것이 없다.

지금 물을 쳐서 튀어 오르게 하면 물은 이마를 넘어갈 수 있고, 물을 막아 거꾸로 흐르게 하면 산 위에도 있게 할 수 있다. 그러나 그것이 어찌 물의 본성이겠느냐? 그때의 형세가 그렇게 만든 것이다. 인간으로 하여금 나쁜 일을 하게 할 수 있지만 그 본성은 또한 이것과 같다."

孟子曰: "水信無分於東西. 無分於上下乎? 人性之善也,
맹 자 왈　　수 신 무 분 어 동 서　무 분 어 상 하 호　　인 성 지 선 야

猶水之就下也. 人無有不善, 水無有不下. 今夫水, 搏而躍之,
유 수 지 취 하 야　인 무 유 불 선　수 무 유 불 하　금 부 수　박 이 약 지

可使過顙; 激而行之, 可使在山. 是豈水之性哉? 其勢則然也.
가 사 과 상　격 이 행 지　가 사 재 산　시 기 수 지 성 재　　기 세 즉 연 야

人之可使爲不善, 其性亦猶是也."
인 지 가 사 위 불 선　기 성 역 유 시 야

해설

　사람의 본성은 본래 선해서 본성을 따르면 선하지 않음이 없게 됩니다. 또한 사람의 본성은 본래 악함이 없어서 본성을 어겨야 악을 행하게 됩니다. 고자가 말한 것처럼 사람의 본성에 정체가 없어서 선한 일도 하고 나쁜 일도 하는 것은 아니라고 맹자는 설명합니다.

사람과 동물은 그 본성이 다르다

고자가 말했다.

"타고난 것을 본성이라 합니다."

맹자가 되물었다.

"타고난 것을 본성이라고 하는 것은 흰 것을 희다고 말하는 것과 같은가?"

고자가 말했다.

"그렇습니다."

맹자가 물었다.

"하얀 깃털의 흰색이 흰 눈의 흰색과 같고, 흰 눈의 흰색이 백옥白玉의 흰색과 같다는 것이냐?"

고자가 말했다.

"그렇습니다."

"그렇다면 개의 본성이 소의 본성과 같고, 소의 본성이 사람의 본성과 같다는 말이냐?"

告子曰: "生之謂性." 孟子曰: "生之謂性也, 猶白之謂白與?"
고 자 왈　생 지 위 성　맹 자 왈　생 지 위 성 야　유 백 지 위 백 여

曰: "然." "白羽之白也, 猶白雪之白, 白雪之白, 猶白玉之白與?"
왈　연　백 우 지 백 야　유 백 설 지 백　백 설 지 백　유 백 옥 지 백 여

曰: "然." "然則犬之性, 猶牛之性; 牛之性, 猶人之性與?"
왈　연　연 즉 견 지 성　유 우 지 성　우 지 성　유 인 지 성 여

어째서 의가 밖에 있다 하는가

고자가 말했다.

"식욕과 성욕은 본성입니다. 인仁은 안에 있는 것이지 밖에 있는 것이 아니고, 의義는 밖에 있는 것이지 안에 있는 것이 아닙니다."

맹자가 말했다.

"어찌해서 인은 안에 있고, 의는 밖에 있다 하는가?"

고자가 말했다.

"그가 어른이기 때문에 내가 그를 연장자로 공경하는 것이지, 내 마음속에 공경하려는 마음이 있는 것은 아닙니다. 이는 그 물건이 흰색이기 때문에 내가 희다고 여겨, 밖에 있는 그 흰 색깔을 따른 것과 같습니다. 그래서 밖에 있다고 말하는 것입니다."

맹자가 말했다.

"다르다. 백마의 흰빛은 백인의 흰빛과 다르지 않지만, 늙은 말을 가엾게 여기는 것이 어르신을 공경하는 것과 다를 바 없단 말인가? 게다가 연장자를 의라고 여기는가? 연장자를 공경하는 것을 의라고 여기는가?"

告子曰: "食色, 性也. 仁, 內也, 非外也; 義, 外也, 非內也."
고 자 왈　식 색　성 야　인　내 야　비 외 야　의　외 야　비 내 야

孟子曰: "何以謂仁內義外也?" 曰: "彼長而我長之, 非有長於我也;
맹 자 왈　하 이 위 인 내 의 외 야　　왈　　피 장 이 아 장 지　비 유 장 어 아 야

猶彼白而我白之, 從其白於外也. 故謂之外也."
유 피 백 이 아 백 지　종 기 백 어 외 야　고 위 지 외 야

曰: "異於白馬之白也, 無以異於白人之白也; 不識長馬之長也,
왈　　이어백마지백야　무이이어백인지백야　불식장마지장야

無以異於長人之長與? 且謂長者義乎? 長之者義乎?"
무이이어장인지장여　　차위장자의호　　장지자의호

　고자는 사람의 지각과 운동만으로 성性이라 했습니다. 인애仁愛의 마음
은 속에서 나오고, 사물을 잘 다루는 것은 외적인 것이므로, 오직 인仁에
만 힘을 쓰고, 외적으로 의義에 맞게 할 필요가 없다고 말한 것입니다.

　아장지我長之는 내가 상대를 연장자라고 인정한다는 뜻이고, 아백지我白之
는 내가 그것을 희다고 인정한다는 뜻입니다.

446 ·

둘 다 마음에서 오는 것

고자가 말했다.

"내 동생은 사랑하지만, 진秦나라 사람의 동생은 사랑하지 않는데, 이는 내가 기꺼이 그렇게 하는 것입니다. 그러므로 인仁을 안에 있다고 합니다.

반면 초楚나라의 어른도 공경하고 나의 어른도 공경하는데, 이는 어른이기에 기꺼이 그렇게 하는 것입니다. 그러므로 의義를 밖에 있다고 하는 것입니다."

맹자가 말했다.

"진나라 사람이 구운 고기를 즐겨 먹는 것이나, 내가 구운 고기를 즐겨 먹는 것과 다를 게 없으니, 사물의 이치도 그와 같다. 그렇다면 구운 고기를 즐겨 먹는 것도 밖에 있는 것인가?"

曰: "吾弟則愛之, 秦人之弟則不愛也, 是以我爲悅者也,
왈　오제즉애지　진인지제즉불애야　시이아위열자야

故謂之內. 長楚人之長, 亦長吾之長, 是以長爲悅者也, 故謂之外也."
고위지내　장초인지장　역장오지장　시이장위열자야　고위지외야

曰: "耆秦人之炙, 無以異於耆吾炙. 夫物則亦有然者也,
왈　기진인지자　무이이어기오자　부물즉역유연자야

然則耆炙亦有外與?"
연즉기자역유외여

해설

사랑은 나를 주체로 하므로 인仁은 내적이고, 공경은 연장자를 주체로 하므로 의義는 외적이라는 것이 고자의 주장입니다.

여기에 대해 맹자는 '연장자를 공경하는 것과 구운 고기를 좋아하여 먹

는 것은 다 마음속에서 나온다.'고 반박하고 있습니다. 앞에서 고자가 식
욕과 성욕을 본성이라 했기 때문에, 고자가 안다고 생각하는 바, 즉 식욕
을 가지고 설명한 것입니다.

의는 안에 있다

맹계자孟季子(맹중자의 동생)가 공도자에게 물었다.

"어째서 의義가 안에 있다고 하는 것인가?"

공도자가 대답했다.

"나의 공경하는 마음을 행하기 때문에 안에 있다고 하는 것입니다."

"마을 사람이 당신의 큰형보다 한 살 더 많으면, 누구를 더 공경하겠는가?"

공도자가 대답했다.

"제 형을 더 공경합니다."

"술을 따른다면 누구에게 먼저 따르겠는가?"

공도자가 대답했다.

"나이 많은 마을 사람에게 먼저 따릅니다."

"공경하는 마음은 형을 향해 있고, 어른으로 대우하는 것은 마을 사람을 향해 있으니, 결국 의는 밖에 있는 것이지 안에 있는 것이 아니다."

孟季子問公都子曰: "何以謂義內也?" 曰: "行吾敬, 故謂之內也."
맹 계 자 문 공 도 자 왈　하 이 위 의 내 야　왈　행 오 경　고 위 지 내 야

"鄕人長於伯兄一歲, 則誰敬?" 曰: "敬兄." "酌則誰先?"
향 인 장 어 백 형 일 세　즉 수 경　왈　경 형　작 즉 수 선

曰: "先酌鄕人." "所敬在此, 所長在彼, 果在外, 非由內也."
왈　선 작 향 인　소 경 재 차　소 장 재 피　과 재 외　비 유 내 야

잠시 마을 어른을 공경했을 뿐

공도자가 대답하지 못하고 맹자에게 이 일을 고하자, 맹자가 말했다.

"맹계자에게 '작은아버지를 공경하느냐? 동생을 공경하느냐?' 하고 물으면, 반드시 '작은아버지를 공경한다.'라고 대답할 것이다. '동생이 시동尸童이라면, 누구를 공경하느냐?' 하고 물으면, 반드시 '시동으로 앉은 동생을 공경한다.'라고 대답할 것이다.

그대가 '작은아버지를 공경한다던 말은 어디에 있단 말인가?' 하고 반문하면, 반드시 '동생이 시동 자리에 앉아 있기 때문이다.'라고 말할 것이다.

그러면 다시 그에게 '마을 어른이 손님의 자리에 있기 때문에 술을 먼저 따른 것이다. 평상시에는 형님을 공경하고, 그 상황에선 마을 어른을 잠시 공경한 것이다.'라고 말하라."

맹계자가 이 말을 듣고 말했다.

"작은아버지를 공경함도 공경이고 동생을 공경함도 공경이니, 결국 의는 밖에 있는 것이지, 안에서 나오는 것이 아니다."

공도자가 말했다.

"겨울에는 더운물을 마시고, 여름에는 찬물을 마시는데, 그렇다면 먹고 마시는 것도 밖에 있는 것입니까?"

公都子不能答, 以告孟子. 孟子曰: "敬叔父乎? 敬弟乎?
공 도 자 불 능 답 이 고 맹 자 맹 자 왈   경 숙 부 호   경 제 호

彼將曰 '敬叔父'. 曰: '弟爲尸, 則誰敬?' 彼將曰 '敬弟.'
피 장 왈 경 숙 부 왈   즉 수 경 즉 수 경   피 장 왈 경 제

子曰: '惡在其敬叔父也?' 彼將曰 '在位故也.' 子亦曰: '在位故也.
자왈　오재기경숙부야　피장왈　재위고야　자역왈　재위고야

庸敬在兄, 斯須之敬在鄉人.'"
용경재형　사수지경재향인

季子聞之曰: "敬叔父則敬, 敬弟則敬, 果在外, 非由內也."
계자문지왈　경숙부즉경　경제즉경　과재외　비유내야

公都子曰: "冬日則飲湯, 夏日則飲水, 然則飲食亦在外也?"
공도자왈　동일즉음탕　하일즉음수　연즉음식역재외야

해설

　본성이 내적임을 말한 것입니다. 인의仁義가 마음에 내재되어 있고, 사람의 본성은 선하므로 누구나 다 요순 같은 사람이 될 수 있다는 것입니다.

본성은 선한가, 악한가

공도자가 말했다.

"고자는 '본성에는 선善도 없고, 불선不善도 없다.'라고 말했습니다. 어떤 사람은 '성은 선해질 수도 있고, 불선해질 수도 있다. 그래서 문왕, 무왕의 덕치가 일어나자 백성들이 선을 좋아하게 되었고, 반대로 여왕厲王과 유왕幽王의 폭정이 일어나자 백성들도 포악暴惡을 좋아하게 되었다.'라고 말했습니다

또 어떤 사람은 '사람의 본성은 선할 수 있고 선하지 않을 수도 있다. 그러므로 요와 같은 임금 아래에도 상象같이 나쁜 동생이 있고, 고수 같은 아버지 아래 순임금같이 효자가 있으며, 주紂가 조카이고 임금인데도 미자微子 계啓나 왕자 비간比干 같은 훌륭한 사람이 있었다.'라고 말했습니다."

公都子曰: "告子曰: '性無善無不善也.' 或曰: '性可以爲善,
공도자왈　고자왈　성무선무불선야　혹왈　성가이위선

可以爲不善; 是故文武興, 則民好善; 幽厲興, 則民好暴.' 或曰:
가이위불선　시고문무흥　즉민호선　유려흥　즉민호포　혹왈

'有性善, 有性不善; 是故以堯爲君而有象, 以瞽瞍爲父而有舜;
유성선　유성불선　시고이요위군이유상　이고수위부이유순

以紂爲兄之子且以爲君, 而有微子啓王子比干.'"
이주위형지자차이위군　이유미자계왕자비간

문제는 재능이 아니라 물욕

공도자가 말했다.

"지금 선생님께서 '성선'을 말씀하시는데, 그러면 그들은 모두 틀린 것입니까?"

맹자가 말했다.

"성性을 따르면 선善을 실현할 수 있는데, 이것이 이른바 성선이다. 어쩌다 불선不善을 행하게 되는 것은 타고난 재능의 잘못이 아니다."

"今日 '性善', 然則彼皆非與?" 孟子曰: "乃若其情, 則可以爲善矣,
금왈 성선 연즉피개비여   맹자왈 내약기정 즉가이위선의
乃所謂善也. 若夫爲不善, 非才之罪也."
내소위선야 약부위불선 비재지죄야

해설

내약乃若은 발어사입니다. 정情은 본성의 움직임性之動입니다. 인간의 감정과 정서도 본성대로 나타나면 악할 수 없습니다. 그러므로 성이 본래 선하다는 것을 알 수 있습니다. 재才는 재질이나 사람의 재능과 같은 뜻입니다.

타고난 재질과 재능이 선하므로, 사람이 불선을 행하는 것은 물욕 때문이지 재질이나 재능 자체의 죄는 아니라고 말하고 있습니다.

사람이라면 누구나 가지는 마음

"사람이라면 누구나 측은하게 여기는 마음惻隱之心이 있고, 사람이라면 누구나 창피하게 여기는 마음羞惡之心이 있으며, 사람이라면 누구나 공경하는 마음恭敬之心이 있고, 사람이라면 누구나 시비를 가리는 마음是非之心이 있다.

측은하게 여기는 마음이 곧 인仁이고, 창피하게 여기는 마음이 곧 의義이며, 공경하는 마음이 곧 예禮이고, 시비를 가리는 마음이 곧 지智이다.

인의예지는 밖으로부터 나에게 주어진 것이 아니라 내가 본디 가지고 있는 것인데, 사람들이 생각하지 못할 뿐이다. 그래서 '구하면 얻고, 놔 버리면 잃는다.'라고 말했다.

그 차이가 배가 되고, 다섯 배가 되어 헤아릴 수 없게 되는 것은 결국 타고난 재질을 다 발휘하지 못했기 때문이다."

"惻隱之心, 人皆有之; 羞惡之心, 人皆有之; 恭敬之心, 人皆有之;
측 은 지 심 인 개 유 지 수 오 지 심 인 개 유 지 공 경 지 심 인 개 유 지

是非之心, 人皆有之. 惻隱之心, 仁也; 羞惡之心, 義也; 恭敬之心,
시 비 지 심 인 개 유 지 측 은 지 심 인 야 수 오 지 심 의 야 공 경 지 심

禮也; 是非之心, 智也; 仁義禮智, 非由外鑠我也, 我固有之也,
예 야 시 비 지 심 지 야 인 의 예 지 비 유 외 삭 아 야 아 고 유 지 야

弗思耳矣. 故曰: '求則得之, 舍則失之.' 或相倍蓰而無算者,
불 사 이 의 고 왈 구 즉 득 지 사 즉 실 지 혹 상 배 사 이 무 산 자

不能盡其才者也."
불 능 진 기 재 자 야

선한 본성은 덕을 추구한다

"《시경》〈대아·증민蒸民〉편에 이르기를 '하늘이 뭇 백성을 낼 때 사물이 있으면 법칙이 있네. 백성들은 변치 않는 본성을 지니고 있어 아름다운 덕을 좋아했노라.'라고 했다.

그래서 공자께서 '이 시를 지은 사람은 참으로 도를 아는 사람이 아닌가! 모든 사물에는 반드시 법칙이 있으니, 모든 사람은 변치 않는 본성을 지니고 있어 이러한 훌륭한 덕을 좋아한다.'라고 하신 것이다."

"詩曰: '天生蒸民, 有物有則. 民之秉夷, 好是懿德.' 孔子曰:
시 왈　천 생 증 민　유 물 유 칙　민 지 병 이　호 시 의 덕　공 자 왈
'爲此詩者, 其知道乎! 故有物必有則, 民之秉夷也, 故好是懿德'"
위 차 시 자　기 지 도 호　고 유 물 필 유 칙　민 지 병 이 야　고 호 시 의 덕

해설

증蒸을 《시경》에서는 증烝으로 썼으며 '많다'는 뜻입니다. 물物은 사물, 칙則은 법칙을 뜻합니다. 이夷를 《시경》에서는 이彝로 썼으며, 상常의 뜻입니다. 의懿는 '아름답다'는 뜻입니다.

사람은 바탕情이 착하고 아름다운 덕을 좋아합니다. 이렇듯 사람의 본성이 착하다는 것을 알면, 공도자가 제기한 세 가지 의문에 대한 변론을 하지 않아도 스스로 알게 될 것입니다.

타고난 본성은 같으니

맹자가 말했다.

"풍년에는 젊은이들이 대체로 게으르고, 흉년에는 젊은이들이 대체로 포악하다. 그것은 선천적인 재질이 그렇게 달라서가 아니고 그 마음이 풍년과 흉년에 빠져들었기 때문이다.

예를 들어 보리를 파종하고 흙을 덮는데 토양이 같고 심은 때도 같다면 불쑥 자라서 하지가 될 무렵에는 다 익을 것이다. 수확량은 같지 않을 것이나, 이는 토양에 비옥하거나 척박한 차이가 있고, 하늘에서 내리는 비나 이슬의 혜택이 다르며, 사람의 보살핌이 같지 않기 때문이다.

그러므로 같은 종류의 것은 모두 서로 비슷하게 마련이니, 어찌 오직 사람만 그렇지 않다고 의심하겠느냐? 성인과 나는 동류의 사람이다."

孟子曰: "富歲, 子弟多賴; 凶歲, 子弟多暴, 非天之降才爾殊也,
맹 자 왈　　부 세　자 제 다 뢰　흉 세　자 제 다 포　비 천 지 강 재 이 수 야

其所以陷溺其心者然也. 今夫麰麥, 播種而耰之, 其地同,
기 소 이 함 닉 기 심 자 연 야　금 부 모 맥　파 종 이 우 지　기 지 동

樹之時又同, 浡然而生, 至於日至之時, 皆熟矣. 雖有不同,
수 지 시 우 동　발 연 이 생　지 어 일 지 지 시　개 숙 의　수 유 부 동

則地有肥磽, 雨露之養, 人事之不齊也. 故凡同類者, 擧相似也,
즉 지 유 비 교　우 로 지 양　인 사 지 부 제 야　고 범 동 류 자　거 상 사 야

何獨至於人而疑之? 聖人與我同類者."
하 독 지 어 인 이 의 지　성 인 여 아 동 류 자

사람의 공통된 마음

"그러므로 용자龍子가 말하길 '발의 크기를 모르고 신발을 만들어도 삼태기 같은 신발을 만들지 않을 것임을 나는 안다.'라고 했다. 신발이 서로 비슷한 것은 천하 모든 사람의 발이 같기 때문이다.

입은 맛에 대해 동일한 기호를 갖는다. 역아易牙(춘추 시대 요리의 달인)는 일찍이 사람들이 좋아하는 맛을 터득한 사람이다.

만약 맛에 대한 감각이 개와 말이 우리 인간과 부류를 달리하듯 사람마다 크게 차이가 난다면 천하 사람들이 어째서 역아의 입맛을 따르겠는가? 맛에 있어 천하의 모든 사람이 역아가 되길 기대하는 것은 바로 천하 모든 사람의 입맛이 서로 비슷하기 때문이다.

귀 또한 이와 같다. 소리에 있어 천하의 모든 사람이 사광師曠이 되길 기대하는데, 그것은 바로 천하 모든 사람의 귀가 비슷하기 때문이다."

"故龍子曰: '不知足而爲屨, 我知其不爲蕢也.' 屨之相似,
고 용 자 왈　 부 지 족 이 위 구　 아 지 기 불 위 궤 야　 구 지 상 사

天下之足同也. 口之於味, 有同耆也. 易牙先得我口之所耆者也.
천 하 지 족 동 야　 구 지 어 미　 유 동 기 야　 역 아 선 득 아 구 지 소 기 자 야

如使口之於味也, 其性與人殊, 若犬馬之與我不同類也,
여 사 구 지 어 미 야　 기 성 여 인 수　 약 견 마 지 여 아 부 동 류 야

則天下何耆皆從易牙之於味也? 至於味, 天下期於易牙,
즉 천 하 하 기 개 종 역 아 지 어 미 야　 지 어 미　 천 하 기 어 역 아

是天下之口相似也. 惟耳亦然. 至於聲, 天下期於師曠,
시 천 하 지 구 상 사 야　 유 이 역 연　 지 어 성　 천 하 기 어 사 광

是天下之耳相似也."
시 천 하 지 이 상 사 야

　궤簣는 짚으로 만든 삼태기입니다. 짚신을 삼을 때 발의 크기를 알고 신발을 만들지 않으므로 발에 딱 맞게 만들지는 않아도 발 모양과 비슷하게 만들지 삼태기같이 터무니없이 크게 만들지는 않습니다.

　역아는 음식 맛을 잘 아는 사람입니다. 이 구절은 역아가 만든 맛있는 요리를 천하 모든 사람이 좋게 여겼다는 뜻을 말한 것입니다. 미美가 여기에선 입에 맞고 맛이 좋다는 뜻입니다.

　사광은 소리를 잘 살피는 사람입니다. 즉 사광이 고르게 맞춘 음악을 천하 모든 사람이 아름답게 여겼음을 말한 것입니다.

고기가 입을 즐겁게 하듯
도의가 마음을 즐겁게 한다

"눈 또한 이와 같다. 자도子都(춘추 시대 정나라의 미남자)를 대하면, 천하의 모든 사람이 그의 아름다움을 알지 못하는 자가 없었다. 자도의 아름다움을 모르는 사람은 눈이 없는 자이다.

그래서 말한다. 입은 맛에 있어 똑같이 좋아하는 것이 있고, 귀는 소리에 있어 똑같이 듣고 싶은 것이 있으며, 눈은 색에 있어 똑같이 아름답다고 하는 것이 있으니, 마음에 있어서만 같은 바가 없겠는가?

마음에 있어 같다고 함은 무엇을 말하는가? 이치와 도의를 말한다. 성인은 우리 마음의 동일한 점을 먼저 터득했을 뿐이다. 이치와 도의가 우리 마음을 즐겁게 하는 것은, 고기 요리가 우리 입을 즐겁게 하는 것과 같다."

"惟目亦然. 至於子都, 天下莫不知其姣也. 不知子都之姣者,
유목역연 지어자도 천하막부지기교야 부지자도지교자

無目者也. 故曰: 口之於味也, 有同耆焉; 耳之於聲也,
무목자야 고왈 구지어미야 유동기언 이지어성야

有同聽焉; 目之於色也, 有同美焉. 至於心, 獨無所同然乎?
유동청언 목지어색야 유동미언 지어심 독무소동연호

心之所同然者何也? 謂理也, 義也. 聖人先得我心之所同然耳.
심지소동연자하야 위리야 의야 성인선득아심지소동연이

故理義之悅我心, 猶芻豢之悅我口."
고 이의지열아심 유추환지열아구

어찌 본모습이 그러하겠는가

맹자가 말했다.

"우산牛山의 수목은 원래 울창하게 우거져 아름다웠다. 그러나 큰 수도의 교외에 있었기 때문에 도끼와 자귀로 마구 베어 대니, 어찌 아름다울 수 있었겠는가?

나무들은 밤낮으로 자라고, 또 비와 이슬이 적셔 주었으므로 새싹이 돋아나지 않은 것은 아니나 소와 양을 그곳에 놓아 길러서 그와 같이 민둥산이 된 것이다.

사람들은 그 헐벗은 모양만 보고 전부터 수목이 없었다고 생각하지만, 이것이 어찌 그 산의 본모습이겠느냐?"

孟子曰: "牛山之木嘗美矣, 以其郊於大國也, 斧斤伐之,
맹 자 왈　우 산 지 목 상 미 의　이 기 교 어 대 국 야　부 근 벌 지

可以爲美乎? 是其日夜之所息, 雨露之所潤, 非無萌蘗之生焉,
가 이 위 미 호　시 기 일 야 지 소 식　우 로 지 소 윤　비 무 맹 얼 지 생 언

牛羊又從而牧之, 是以若彼濯濯也. 人見其濯濯也,
우 양 우 종 이 목 지　시 이 약 피 탁 탁 야　인 견 기 탁 탁 야

以爲未嘗有材焉, 此豈山之性也哉?"
이 위 미 상 유 재 언　차 기 산 지 성 야 재

우산은 제齊나라 동남쪽에 있는 산입니다. 읍邑 밖을 교郊라고 합니다. 우산의 산림은 울창하고 아름다웠으나, 큰 도성 교외로 많은 사람이 남벌

濫伐하여 지금은 아름다움을 잃었다고 말한 것입니다. 식息은 '살아 자란다'는 뜻입니다. 일야지소식日夜之所息은 '기의 변화 유행은 잠시도 쉬지 않는다. 그러므로 낮과 밤에도 만물은 다 살아 자란다'는 뜻입니다. 맹萌은 '싹'을, 얼櫱은 '그루터기 곁으로 나온 싹'을 말합니다. 탁탁濯濯은 씻어 빛나고 깨끗한 모양이고, 재材는 재목을 말합니다.

도끼와 자귀로 베어 버렸을 뿐

"사람이 지닌 본성에 어찌 인의의 마음이 없겠는가? 사람들이 그 선한 마음을 내버리는 것은 마치 도끼와 자귀로 나무를 날마다 베어 버리는 것과 같으니, 어찌 아름다울 수 있겠는가?

하지만 사람의 선한 마음도 밤낮으로 자라고 동틀 때의 맑은 기운을 받아, 좋아하는 바와 싫어하는 바가 사람들과 조금은 비슷해진다. 그러나 낮 동안 하는 행동은 그 기운을 구속하고 없애 버린다.

이것이 반복되면 밤에 자라난 맑은 기를 보존하기 어려워진다. 밤에 자라난 맑은 기운을 보존하지 못하면 그는 금수와 거리가 별로 멀지 않게 된다.

사람들은 금수와 같은 그를 보고 본래부터 재질이 없다고 생각하겠지만, 어찌 그것이 그 사람의 실질이겠는가?"

"雖存乎人者, 豈無仁義之心哉? 其所以放其良心者,
　수 존 호 인 자　기 무 인 의 지 심 재　기 소 이 방 기 량 심 자

亦猶斧斤之於木也, 旦旦而伐之, 可以爲美乎? 其日夜之所息,
　역 유 부 근 지 어 목 야　단 단 이 벌 지　가 이 위 미 호　기 일 야 지 소 식

平旦之氣, 其好惡與人相近也者幾希, 則其旦晝之所爲,
　평 단 지 기　기 호 오 여 인 상 근 야 자 기 희　즉 기 단 주 지 소 위

有梏亡之矣. 梏之反覆, 則其夜氣不足以存; 夜氣不足以存,
　유 곡 망 지 의　곡 지 반 복　즉 기 야 기 부 족 이 존　야 기 부 족 이 존

則其違禽獸不遠矣. 人見其禽獸也, 而以爲未嘗有才焉者,
　즉 기 위 금 수 불 원 의　인 견 기 금 수 야　이 이 위 미 상 유 재 언 자

是豈人之情也哉?"
　시 기 인 지 정 야 재

양심良心은 본연의 선한 마음이며, 이른바 인의仁義의 마음입니다. 평단 지기平旦之氣는 새벽에 사물과 접하지 않았을 때의 청명한 기를 말합니다. 호오好惡를 다른 사람과 서로 비슷하게 한다는 것은 곧 모든 사람이 마음으로 한결같이 여기는 바를 얻었음을 말합니다. 기희機希는 '많지 않다'는 뜻이고, 곡梏은 '틀에 매인다'는 뜻입니다. 반복反覆은 '거듭 굴러간다'는 뜻입니다.

사람이 양심을 놓치고 잃어도 낮과 밤 사이에 우주의 기를 받아 반드시 다시 살아나고 자랍니다. 그러므로 새벽에 아직 사물과 접하지 않고 청명할 때 양심이 반드시 발현될 수 있습니다. 그러나 양심의 발현이 지극히 미미하므로 낮에 행하는 불선不善에 따라 다시 양심이 구속받고 약해지게 됩니다. 마치 나무를 자른 다음에 움트는 새싹을 소나 양들이 뜯어먹는 것과 같습니다.

낮의 세속적 행위가 야기夜氣로 살린 양심을 해치고, 또 야기로 살린 힘이 낮에 행한 바를 이기지 못하다 보면 마침내는 야기의 새 힘이 날로 시들고 약해져 결국은 인의의 양심을 간직할 수 없게 되고, 새벽녘의 기도 맑지 못하게 됩니다. 그래서 선을 좋아하고 악을 미워하는 양심도 마비되고 본연의 선함과 멀어지게 되는 것입니다.

잘 기르면 자라지 않는 것이 없듯

"그러므로 잘 기르면 자라지 않는 것이 없고, 잘 기르지 못하면 사라지지 않는 것이 없다.

공자께서 말씀하시길 '잡으면 보존되고, 놓으면 잃어버린다. 나가고 들어옴에 때가 없고 그 향방을 알지 못한다.'라고 하셨으니, 이는 사람의 마음을 말한 것이리라."

"故苟得其養, 無物不長; 苟失其養, 無物不消. 孔子曰: '操則存,
　고구득기양　무물부장　구실기양　무물불소　공자왈　　조즉존
舍則亡; 出入無時, 莫知其鄉.' 惟心之謂與?"
　사즉무　출입무시　막지기향　　유심지위여

맹자는 공자의 말을 인용해 다음과 같은 뜻을 밝힌 것입니다. '마음은 신명불측神明不測하다. 얻기도 쉽고 잃기도 쉬우나, 지니고 간직하기도 어렵다. 그러므로 잠시도 마음의 수양을 잊어서는 안 된다. 학자는 한때도 힘을 쓰지 않으면 안 된다. 항상 새벽녘과 같이 정신을 맑게 하고 심기를 안정되게 해야 한다. 그러면 곧 본연의 선한 마음이 항상 있으므로 어느 곳에서 무슨 일을 해도 인의가 아닌 게 없게 된다.'

하루 볕을 쬐고 열흘 춥게 두면

맹자가 말했다.

"임금이 지혜롭지 못함을 의아하게 여기지 마라. 천하에 쉽게 잘 자라는 식물일지라도 하루만 햇볕을 쏘이고 열흘을 춥게 한다면 자랄 수 없을 것이다. 내가 임금을 만나는 것은 극히 드물고, 내가 물러나면 임금의 양심을 차게 만드는 자들이 달려든다. 그러니 싹이 난들 내가 어찌하겠는가?"

孟子曰: "無或乎王之不智也. 雖有天下易生之物也, 一日暴之,
맹 자 왈　　무 혹 호 왕 지 부 지 야　수 유 천 하 이 생 지 물 야　일 일 폭 지

十日寒之, 未有能生者也. 吾見亦罕矣, 吾退而寒之者至矣,
십 일 한 지　미 유 능 생 자 야　오 견 역 한 의　오 퇴 이 한 지 자 지 의

吾如有萌焉何哉?"
오 여 유 맹 언 하 재

해설

여기서 왕은 아마 제나라 왕일 것입니다. 내가 임금을 만나고 설득하는 시간이 적으니, 이는 하루만 식물에 햇볕을 쏘이는 것과 같고, 내가 물러나면 아첨하는 자들이 잡스럽게 진언하는 날이 많으니, 이는 곧 열흘 동안 춥게 두는 것이라 할 수 있습니다. 내가 설득하여 임금의 마음속에 왕도 정치의 싹을 돋아나게 한들 곧 시들어 버리니 어찌할 도리가 없음을 말하고 있습니다.

전심치지하라

"바둑의 기예는 작은 기예지만 온 마음을 집중해 배우지 않으면 터득할 수 없다. 혁추弈秋는 전국에 알려진 바둑의 명수다. 혁추로 하여금 두 사람에게 바둑을 가르치게 했다.

한 사람은 온 마음을 집중해 혁추의 말을 듣고, 다른 한 사람은 듣기는 들었으나, 마음 한구석으로 '백조가 날아오면 활에 주살을 매달아 쏘아야지' 생각한다면, 같이 배우더라도 같지 못할 것이다.

이는 그의 지혜가 그만 못해서이겠는가? 나는 그렇지 않다고 말하리라."

"今夫弈之爲數, 小數也; 不專心致志, 則不得也.
　금 부 혁 지 위 수　소 수 야　부 전 심 치 지　즉 부 득 야

弈秋, 通國之善弈者也. 使弈秋誨二人弈, 其一人專心致志,
　혁 추　통 국 지 선 혁 자 야　사 혁 추 회 이 인 혁　기 일 인 전 심 치 지

惟弈秋之爲聽. 一人雖聽之, 一心以爲有鴻鵠將至,
　유 혁 추 지 위 청　일 인 수 청 지　일 심 이 위 유 홍 곡 장 지

思援弓繳而射之, 雖與之俱學, 弗若之矣. 爲是其智弗若與?
　사 원 궁 격 이 사 지　수 여 지 구 학　불 약 지 의　위 시 기 지 불 약 여

曰: 非然也."
　왈　비 연 야

사생취의

맹자가 말했다.

"생선 요리도 내가 원하는 바이고, 곰 발바닥 요리도 내가 원하는 바이다. 그러나 둘 다 얻을 수 없다면 생선 요리를 버리고, 곰 발바닥 요리를 취하겠다.

삶도 내가 원하는 바이고, 의義도 내가 원하는 바이다. 그러나 둘 다 이룰 수 없다면 생을 버리고 의를 취하겠다."

孟子曰: "魚, 我所欲也; 熊掌, 亦我所欲也, 二者不可得兼,
맹 자 왈　어　아 소 욕 야　웅 장　역 아 소 욕 야　이 자 불 가 득 겸

舍魚而取熊掌者也. 生, 亦我所欲也; 義, 亦我所欲也,
사 어 이 취 웅 장 자 야　생　역 아 소 욕 야　의　역 아 소 욕 야

二者不可得兼, 舍生而取義者也."
이 자 불 가 득 겸　사 생 이 취 의 자 야

해설

어魚는 물고기로 만든 요리이고, 웅장熊掌은 곰 발바닥으로 만든 요리입니다. 물고기와 곰 발바닥 요리는 다 맛이 좋으나, 그중에서도 곰 발바닥 요리가 특히 맛이 좋다고 합니다.

삶을 버리고 의를 취하는 이유

"삶 또한 내가 원하는 바이지만, 삶보다 더 원하는 게 있다. 그래서 구차하게 삶을 구하지 않는다. 죽음 또한 내가 싫어하는 바이지만, 죽음보다 더 싫어하는 게 있다. 그래서 환난이 있어도 기피하지 않는다.

만약 사람이 원하는 것들 중에 삶보다 더한 것이 없다면, 삶을 얻기 위해 어떠한 일이라도 하지 않겠느냐? 사람이 싫어하는 것들 중에 죽음보다 더한 것이 없다면, 환난을 피하기 위해 무슨 짓이라도 하지 않겠느냐?

그러나 이렇게 하면 산다고 해도 그 방법을 쓰지 않는 경우도 있고, 이렇게 하면 환난을 피할 수 있다고 해도 그 방법을 쓰지 않는 경우도 있다. 그러므로 원하는 것 중에 삶보다 더한 것이 있고, 싫어하는 것 중에 죽음보다 더한 것이 있다. 현자賢者뿐 아니라 모든 사람이 그런 마음을 다 가지고 있지만, 현자는 능히 그런 마음을 잃지 않을 뿐이다.

한 그릇의 거친 밥과 한 그릇의 국을 얻으면 살고 얻지 못하면 죽더라도, 함부로 소리치며 던져 주면 길 가던 사람도 받아먹지 않을 것이고, 또 발로 걷어차서 주면 걸인도 좋아하지 않을 것이다."

"生亦我所欲, 所欲有甚於生者, 故不爲苟得也; 死亦我所惡,
생 역 아 소 욕　소 욕 유 심 어 생 자　고 불 위 구 득 야　사 역 아 소 오

所惡有甚於死者, 故患有所不辟也. 如使人之所欲莫甚於生,
소 오 유 심 어 사 자　고 환 유 소 불 피 야　여 사 인 지 소 욕 막 심 어 생

則凡可以得生者, 何不用也? 使人之所惡莫甚於死者,
즉 범 가 이 득 생 자　하 불 용 야　사 인 지 소 오 막 심 어 사 자

則凡可以辟患者, 何不爲也? 由是則生而有不用也,
즉 범 가 이 피 환 자　하 불 위 야　유 시 즉 생 이 유 불 용 야

由是則可以辟患而有不爲也. 是故所欲有甚於生者,
유 시 즉 가 이 피 환 이 유 불 위 야　시 고 소 욕 유 심 어 생 자

所惡有甚於死者, 非獨賢者, 有是心也, 人皆有之, 賢者能勿喪耳.
소 오 유 심 어 사 자　비 독 현 자　유 시 심 야　인 개 유 지　현 자 능 물 상 이

一簞食, 一豆羹, 得之則生, 弗得則死. 嘑爾而與之, 行道之人弗受;
일 단 사　일 두 갱　득 지 즉 생　불 득 즉 사　호 이 이 여 지　행 도 지 인 불 수

蹴爾而與之, 乞人不屑也."
축 이 이 여 지　걸 인 불 설 야

사생취의捨生取義, 즉 삶을 버리고 의를 취하는 이유를 풀이한 것입니다. 삶을 원하되 구차하게 살려 하지 않고, 또 죽음을 싫어하되 피하지 않는 바가 있습니다.

또한 다급하게 먹고 싶어도, 무례함을 싫어합니다. 그래서 차라리 죽을 지언정 먹지 않습니다. 이것이 곧 수오羞惡하는 마음입니다. 이와 같이 무례를 싫어하는 마음은 생사生死보다 더 강합니다.

본심을 잃는다는 것

"만 종鍾의 녹봉이라면 예의를 가리지 않고 받는데, 만 종의 녹봉이 나에게 무슨 도움이 되겠는가? 집을 아름답게 꾸미고, 아내와 첩실을 먹여 살리며, 내가 아는 궁핍한 사람들에게 도움을 주기 위해서인가?

전에는 몸이 죽어도 받지 않았거늘 지금은 집을 아름답게 꾸미기 위해 받고, 전에는 몸이 죽어도 받지 않았거늘 지금은 아내와 첩실을 먹여 살리기 위해 받으며, 전에는 몸이 죽어도 받지 않았거늘 지금은 내가 아는 궁핍한 사람들에게 도움을 주기 위해 받는다.

이것은 정말 그만둘 수 없는 일인가? 아니다. 이를 가리켜 본심을 잃었다고 말하는 것이다."

"萬鍾則不辨禮義而受之. 萬鍾於我何加焉? 爲宮室之美, 妻妾之奉,
만 종 즉 불 변 례 의 이 수 지 만 종 어 아 하 가 언   위 궁 실 지 미 처 첩 지 봉

所識窮乏者得我與? 鄕爲身死而不受, 今爲宮室之美爲之;
소 식 궁 핍 자 득 아 여   향 위 신 사 이 불 수 금 위 궁 실 지 미 위 지

鄕爲身死而不受, 今爲妻妾之奉爲之; 鄕爲身死而不受,
향 위 신 사 이 불 수 금 위 처 첩 지 봉 위 지 향 위 신 사 이 불 수

今爲所識窮乏者得我而爲之, 是亦不可以已乎? 此之謂失其本心."
금 위 소 식 궁 핍 자 득 아 이 위 지 시 역 불 가 이 이 호   차 지 위 실 기 본 심

학문, 잃어버린 마음 찾기

맹자가 말했다.

"인仁은 사람의 마음이고, 의義는 사람의 길이다. 바른길을 버리고 따라가지 않고, 본연의 마음을 놓치고 찾을 줄 모르니 참으로 딱하고 슬프구나!

사람은 닭과 개를 잃어버리면 찾을 줄 안다. 그런데 본연의 마음을 잃어버리고서는 되찾을 줄 모른다. 학문의 길은 다른 것이 아니니, 그 잃어버린 마음을 되찾는 것일 뿐이다."

孟子曰: "仁, 人心也; 義, 人路也. 舍其路而弗由, 放其心而不知求,
맹 자 왈　 인 　인심야 　의 　인로야 　사기로이불유 　방기심이부지구
哀哉! 人有雞犬放, 則知求之; 有放心, 而不知求. 學問之道無他,
애 재 　인유계견방 　즉지구지 　유방심 　이부지구 　학문지도무타
求其放心而已矣."
구 기 방 심 이 이 의

인은 마음의 덕입니다. 마음은 곡식의 씨와 같고, 인은 그 씨가 살아서 열매를 맺는 씨의 성능입니다. 의는 사물을 바르고 적절하게 처리함입니다. 닭과 개를 잃으면 찾을 줄 알면서 자신의 소중한 선한 마음을 잃고도 찾을 줄 모른다는 맹자의 비판은 자신을 되돌아보는 것의 중요성을 알려줍니다.

왜 인을 잃고서도 걱정하지 않는가

맹자가 말했다.

"어떤 사람이 약손가락이 굽어 곧게 펼 수 없는데, 아프지도 않고 일하는 데 지장이 있는 것도 아니다. 그러나 만일 이것을 펴줄 수 있는 사람이 있다면 진나라나 초나라같이 먼 길이라도 마다하지 않고 찾아갈 것이니, 자기 손가락이 남과 같지 않기 때문이다.

손가락이 남 같지 않은 것은 걱정할 줄 알면서 마음이 남 같지 않아도 걱정할 줄 모르니, 이를 일러 일의 경중을 모른다고 한다."

孟子曰: "今有無名之指, 屈而不信, 非疾痛害事也, 如有能信之者,
맹 자 왈　금 유 무 명 지 지　굴 이 불 신　비 질 통 해 사 야　여 유 능 신 지 자

則不遠秦楚之路, 爲指之不若人也. 指不若人, 則知惡之;
즉 불 원 진 초 지 로　위 지 지 불 약 인 야　지 불 약 인　즉 지 오 지

心不若人, 則不知惡, 此之謂不知類也."
심 불 약 인　즉 부 지 오　차 지 위 부 지 류 야

해설

무명지無名指는 넷째 손가락입니다. 부지류不知類는 경중의 차등差等을 모른다는 뜻입니다. 사소한 일은 남과 같으려 하면서 가장 중요한 자신의 본성을 잃고서 깨닫지 못하는 어리석음을 경계하고 있습니다.

나무는 키우면서 왜 자신은 못 기르는가

맹자가 말했다.

"양손이나 한 손으로 잡을 수 있는 오동나무나 가래나무를 키우고자 할 때는 누구나 키우는 방법을 알게 마련이다. 그러나 자기 자신을 기르는 방법은 알지 못하니, 자신을 사랑함이 오동나무나 가래나무를 사랑함만 못해서인가? 생각하지 않음이 심하기 때문이다."

孟子曰: "拱把之桐梓, 人苟欲生之, 皆知所以養之者. 至於身,
맹 자 왈　　공 파 지 동 재　인 구 욕 생 지　개 지 소 이 양 지 자　지 어 신

而不知所以養之者, 豈愛身不若桐梓哉? 弗思甚也."
이 부 지 소 이 양 지 자　기 애 신 불 약 동 재 재　　불 사 심 야

공拱은 두 손으로 잡는 것이고, 파把는 한 손으로 잡는 것입니다. 동재桐梓는 둘 다 나무 이름으로 오동나무와 가래나무를 말합니다. 자신을 돌보는 것의 중요성을 일깨우는 문장입니다.

수양은 자신에게서 찾는 것

맹자가 말했다.

"사람은 자기 몸의 모든 부위를 아낀다. 모든 부위를 아끼므로 몸 전체를 보양하게 된다. 한 자 한 치의 피부도 아끼지 않는 곳이 없으므로, 한 자 한 치의 피부라도 보양하지 않는 곳이 없다.

그러므로 잘 보양하고 잘못 보양하는 것을 알아보려 한다면 어찌 다른 방법이 있겠느냐? 바로 자신에게서 그것을 취하면 될 뿐이다."

孟子曰: "人之於身也, 兼所愛. 兼所愛, 則兼所養也.
맹 자 왈　 인 지 어 신 야　 겸 소 애　 겸 소 애　 즉 겸 소 양 야

無尺寸之膚不愛焉, 則無尺寸之膚不養也. 所以考其善不善者,
무 척 촌 지 부 불 애 언　 즉 무 척 촌 지 부 불 양 야　 소 이 고 기 선 불 선 자

豈有他哉? 於己取之而已矣."
기 유 타 재　 어 기 취 지 이 이 의

해설

사람은 자기 한 몸을 다 고르게 보양해야 합니다. 보양을 잘하느냐, 못하느냐의 기준은 오직 자신의 몸을 가지고, 경중을 잘 살피는 데 있을 뿐입니다.

작은 것을 위해 큰 것을 해치지 말라

"몸에는 귀중한 것과 하찮은 것이 있고, 작은 것과 큰 것이 있다. 작은 것을 위해 큰 것을 해치면 안 되고, 하찮은 것을 위해 또 귀중한 것을 해치면 안 된다. 작은 것을 보양하는 사람은 소인小人이 되고 큰 것을 보양하는 사람은 대인大人이 된다.

만약 정원사가 오동나무나 가래나무를 버리고 대추나무나 가시나무를 기른다면 그는 형편없는 정원사이다. 만약 손가락 하나만 보양하고 어깨와 등을 잃고서도 깨닫지 못한다면 그는 매우 어리석은 사람이다.

먹고 마시기만 하는 사람은 다른 사람들이 업신여긴다. 왜냐하면 작은 것을 보양하느라 큰 것을 잃었기 때문이다. 먹고 마시는 사람이라도 잃는 것이 없다면, 입과 배가 소화한 것이 어찌 한 자 한 치의 피부만을 위한 것이겠는가?"

"體有貴賤, 有小大. 無以小害大, 無以賤害貴.
체 유 귀 천　유 소 대　무 이 소 해 대　무 이 천 해 귀

養其小者爲小人, 養其大者爲大人. 今有場師, 舍其梧檟,
양 기 소 자 위 소 인　양 기 대 자 위 대 인　금 유 장 사　사 기 오 가

養其樲棘, 則爲賤場師焉. 養其一指而失其肩背, 而不知也,
양 기 이 극　즉 위 천 장 사 언　양 기 일 지 이 실 기 견 배　이 부 지 야

則爲狼疾人也. 飮食之人, 則人賤之矣, 爲其養小以失大也.
즉 위 랑 질 인 야　음 식 지 인　즉 인 천 지 의　위 기 양 소 이 실 대 야

飮食之人無有失也, 則口腹豈適爲尺寸之膚哉?"
음 식 지 인 무 유 실 야　즉 구 복 기 적 위 척 촌 지 부 재

대인이 되는 법

공도자가 물었다.

"다 같은 사람인데, 어떤 사람은 대인이 되고, 어떤 사람은 소인이 되는 이유가 무엇입니까?"

맹자가 말했다.

"대체大體(마음)를 따르면 대인이 되고, 소체小體(감각기관)를 따르면 소인이 된다."

공도자가 물었다.

"다 같은 사람인데 어떤 사람은 대체를 따르고, 어떤 사람은 소체를 따르는 것은 어째서입입니까?"

맹자가 대답했다.

"귀와 눈 같은 감각기관은 생각할 힘이 없고, 외부 사물에 의해 가려지며, 사물과 서로 접하면 그것에 이끌린다. 한편 마음이라는 기관은 생각하는 힘이 있고, 생각하면 바르게 터득하지만, 생각하지 못하면 도리를 바르게 터득하지 못한다.

이와 같은 마음은 하늘이 우리에게 내려 준 것이다. 그러므로 큰 것을 앞세운다면 작은 것이 빼앗지 못할 것이다. 이것이 대인이 되는 것일 뿐이다."

公都子問曰: "鈞是人也, 或爲大人, 或爲小人, 何也?"
공 도 자 문 왈　균 시 인 야　혹 위 대 인　혹 위 소 인　하 야

孟子曰: "從其大體爲大人, 從其小體爲小人." 曰: "鈞是人也,
맹 자 왈　종 기 대 체 위 대 인　종 기 소 체 위 소 인　왈　균 시 인 야

或從其大體, 或從其小體, 何也?" 曰: "耳目之官不思, 而蔽於物,
혹 종 기 대 체   혹 종 기 소 체   하 야   왈   이 목 지 관 불 사   이 폐 어 물

物交物, 則引之而已矣. 心之官則思, 思則得之, 不思則不得也.
물 교 물   즉 인 지 이 이 의   심 지 관 즉 사   사 즉 득 지   불 사 즉 부 득 야

此天之所與我者, 先立乎其大者, 則其小者弗能奪也.
차 천 지 소 여 아 자   선 립 호 기 대 자   즉 기 소 자 불 능 탈 야

此爲大人而已矣."
차 위 대 인 이 이 의

  귀는 듣는 일을 하고, 눈은 보는 일을 하는 등 저마다 맡은 바 기능이
있지만 생각하는 힘은 없고 외부 사물에 덮이고 가려집니다. 그러므로 귀
와 눈 같은 감각기관은 하나의 물체에 지나지 않습니다. 외재하는 사물과
감각기관인 귀와 눈이 서로 엉키므로 외재하는 사물에 더욱 쉽게 끌려갑
니다.

  반면 마음은 생각하는 힘이 있습니다. 모든 사물이 도래하면 마음이 생
각하는 능력을 발휘하여 바른 도리를 터득합니다. 따라서 사물이 마음을
덮고 가리지 못합니다. 만약 마음이 그 능력을 잃는다면 바른 도리를 터득
하지 못할 것이고, 사물이 와도 마음이 가려지게 마련입니다.

  마음과 귀와 눈, 이 셋은 다 하늘이 우리에게 부여한 것이며, 그중에서
도 마음이 가장 큽니다. 능히 마음을 바르게 세울 수 있으면 모든 사물에
대해 생각하지 못하는 일이 없을 것이고, 귀와 눈 같은 감각기관의 욕구가
바른 도리를 빼앗지 못할 것입니다. 그러므로 대인이 되는 것입니다.

하늘이 내리는 벼슬, 사람이 주는 벼슬

맹자가 말했다. "하늘이 내리는 벼슬天爵이 있고 사람이 주는 벼슬人爵이 있다. 인의충신을 행하고 선을 좋아하기를 게을리하지 않는 것이 곧 하늘이 내려 준 벼슬이고, 공경대부 같은 벼슬이 사람이 주는 벼슬이다. 옛사람은 먼저 하늘이 내린 벼슬을 아름답게 가꾸고 난 뒤 사람이 주는 벼슬이 뒤따르게 했다.

그런데 오늘날 사람들은 하늘이 내린 벼슬을 닦아서 사람이 주는 벼슬을 구하고, 사람이 주는 벼슬을 얻으면 하늘이 내린 벼슬을 버리니 심히 미혹된 짓이다. 결국에는 다 잃게 될 뿐이다."

孟子曰: "有天爵者, 有人爵者. 仁義忠信, 樂善不倦, 此天爵也;
맹 자 왈　유 천 작 자　유 인 작 자　인 의 충 신　낙 선 불 권　차 천 작 야

公卿大夫, 此人爵也. 古之人修其天爵, 而人爵從之.
공 경 대 부　차 인 작 야　고 지 인 수 기 천 작　이 인 작 종 지

今之人修其天爵, 以要人爵; 旣得人爵, 而棄其天爵,
금 지 인 수 기 천 작　이 요 인 작　기 득 인 작　이 기 기 천 작

則惑之甚者也, 終亦必亡而已矣."
즉 혹 지 심 자 야　종 역 필 망 이 이 의

해설

하늘이 내리는 벼슬을 닦아 사람이 주는 벼슬을 얻고자 하는 사람은, 그 마음이 이미 미혹된 것입니다. 더욱이 사람이 주는 벼슬을 얻은 다음에 하늘이 내린 벼슬을 버린다면, 그 미혹이 한층 더 심한 것이며, 결국은 얻었던 사람이 주는 벼슬도 잃고 말 것입니다.

귀함은 내 안에 있다

맹자가 말했다.

"귀하게 되고자 하는 것은 모든 사람에게 있는 공통된 마음으로, 사람마다 자기가 귀한 것을 지니고 있으면서 그것을 생각하지 않을 뿐이다.

타인이 내려 주는 귀함은 참다운 귀함이 아니다. 조맹趙孟(진나라의 권신)이 주는 높은 자리는, 조맹이 도로 거두어 천하게 만들 수도 있다."

孟子曰: "欲貴者, 人之同心也. 人人有貴於己者, 弗思耳矣.
맹 자 왈　　욕 귀 자　인 지 동 심 야　인 인 유 기 어 기 자　불 사 이 의

人之所貴者, 非良貴也. 趙孟之所貴, 趙孟能賤之."
인 지 소 귀 자　비 량 귀 야　조 맹 지 소 귀　조 맹 능 천 지

해설

자신에게 있는 귀함이란 천작, 하늘이 내린 벼슬을 말합니다. 인지소귀 人之所貴는 남이 나에게 작위를 더해 줌으로써, 내가 귀하게 되었다는 뜻입니다. 양자良者는 본연의 선을 말합니다. 조맹은 진晉나라의 경卿입니다. 벼슬을 주어 남을 귀하게 만들 수 있고 도로 빼앗아 천하게 만들 수도 있습니다. 만약에 내가 지닌 존귀한 것이 본연의 귀한 것이라면, 어찌 남이 빼앗고 천하게 만들 수 있겠습니까?

인의가 있으면

"《시경》〈대아·기취旣醉〉편에 '이미 술에 취했고, 또 덕으로 충만하다.'라는 말이 있다. 이것은 인의仁義가 넘치도록 있으니 남의 기름진 고기와 좋은 곡식을 부러워하지 않고, 훌륭한 소문과 넓은 명예가 나에게 있으므로 남의 수놓은 비단옷을 바라지 않는다는 뜻이다."

"詩云: '旣醉以酒, 旣飽以德.' 言飽乎仁義也,
　시 운　기 취 이 주　기 포 이 덕　　언 포 호 인 의 야

　所以不願人之膏粱之味也; 令聞廣譽施於身, 所以不願人之文繡也."
　소 이 불 원 인 지 고 량 지 미 야　영 문 광 예 시 어 신　소 이 불 원 인 지 문 수 야

해설

포飽는 '충족하다'는 뜻이고, 원願은 '바란다'는 뜻입니다. 고膏는 '기름진 고기', 양粱은 '좋은 곡식'을 뜻합니다. 영令은 선善과 같으며, 문聞은 명예란 뜻입니다. 문수文繡는 '아름다운 옷'의 뜻입니다.

하늘이 내린 천작인 인의가 충만하면 자연히 알려지고 명예가 드높아집니다. 그러니 타고난 선한 본성이 외부에서 주어지는 벼슬보다 중하다는 것입니다.

인이냐, 불인이냐

맹자가 말했다.

"인이 불인을 이기는 것은, 흡사 물이 불을 이기는 것과 같다. 그러나 오늘날 인을 행하는 사람은 한 잔의 물로 한 수레에 가득 실은 땔나무의 불을 끄려는 것과 같아서, 불이 꺼지지 않으면 물은 불을 끌 수 없다고 말한다. 이는 도리어 불인을 크게 편드는 것이니, 그러다가는 작은 인도 잃게 될 뿐이다.

孟子曰: "仁之勝不仁也, 猶水勝火. 今之爲仁者, 猶以一杯水,
맹 자 왈　　 인 지 승 불 인 야　 유 수 승 화　 금 지 위 인 자　 유 이 일 배 수

救一車薪之火也; 不熄, 則謂之水不勝火, 此又與於不仁之甚者也.
구 일 거 신 지 화 야　 불 식　 즉 위 지 수 불 승 화　 차 우 여 어 불 인 지 심 자 야

亦終必亡而已矣."
역 종 필 망 이 이 의

해설

여與는 '편들고 도와준다'는 뜻입니다. 인이 불인을 이기는 것은 필연의 도리이나 인을 행할 때는 충분히 힘을 들여야 합니다. 그러지 않으면 불인을 이길 수 없습니다.

그래 놓고 인이 불인을 이길 수 없다 여긴다면, 그와 같은 태도는 결국 불인을 크게 도와주는 꼴이 됩니다. 그런 마음을 가진 사람은 스스로 인을 실천하는 데 태만할 수밖에 없고, 결국은 작은 인마저 잃게 될 것입니다.

오곡을 여물듯 인도 여물게 하라

맹자가 말했다.

"오곡은 종자 중에서 가장 좋은 것이나 제대로 여물지 않으면 피만
도 못하다. 그렇듯이 인仁도 충분히 성숙하게 해야 한다."

孟子曰: "五穀者, 種之美者也; 苟爲不熟, 不如荑稗.
맹자왈　오곡자　종지미자야　구위불숙　불여제패

夫仁亦在乎熟之而已矣."
부인역재호숙지이이의

배움에는 법도가 있다

맹자가 말했다.

"후예가 남에게 활쏘기를 가르칠 때 반드시 활을 힘껏 당기는 데 뜻을 집중하게 되니, 배우는 자도 반드시 활을 힘껏 당기는 데 뜻을 집중해야 한다. 큰 목수는 남에게 가르칠 때 반드시 그림쇠와 곱자로 하니, 배우는 자 또한 반드시 그림쇠와 곱자로 해야 한다."

孟子曰: "羿之敎人射, 必志於彀; 學者亦必志於彀. 大匠誨人,
맹 자 왈　　예 지 교 인 사　필 지 어 구　학 자 역 필 지 어 구　대 장 회 인

必以規矩; 學者亦必以規矩."
필 이 규 구　학 자 역 필 이 규 구

제 12 편

고자 하 告子下

하늘은 큰 일을 시키려는 자에게 시련을 먼저 준다

❋ ❋ ❋

<고자 상>편과는 달리 맹자의 정치사상이 주로 나오며, 군주는 인의를 추구해야 한다고 말합니다.

무엇이 더 중한가

임任나라의 어떤 사람이 옥려자屋廬子(맹자의 제자)에게 물었다.

"예禮와 음식 중 어느 것이 더 중합니까?"

옥려자가 말했다. "예가 더 중합니다."

"여색과 예 중 어느 것이 더 중합니까?"

옥려자가 말했다. "예가 더 중합니다."

임나라 사람이 물었다.

"예를 지키면 굶어 죽고, 예를 안 지키면 음식을 먹을 수 있는 경우에도 반드시 예를 지켜야 합니까? 또 만약에 친영親迎의 예를 지키면 아내를 맞이할 수 없고, 친영의 예를 안 지키면 아내를 얻을 수 있는 경우에도 반드시 예를 지켜야 합니까?"

옥려자가 답하지 못하고 이튿날 추鄒나라에 가서 맹자에게 고하자 맹자가 말했다.

"그런 말에 대답하는 것이 뭐가 어렵겠느냐?"

任人有問屋廬子曰: "禮與食孰重?" 曰: "禮重." "色與禮孰重?"
임인유문옥려자왈　예여식숙중　왈　예중　색여례숙중

曰: "禮重." 曰: "以禮食, 則飢而死; 不以禮食, 則得食, 必以禮乎?
왈　예중　왈　이례식 즉기이사 불이례식 즉득식 필이례호

親迎, 則不得妻; 不親迎, 則得妻, 必親迎乎!" 屋廬子不能對,
친영 즉부득처 불친영 즉득처 필친영호　옥려자불능대

明日之鄒以告孟子. 孟子曰: "於答是也何有?"
명일지추이고맹자 맹자왈　어답시야하유

말단보다 뿌리를 헤아리라

"그 뿌리를 헤아리지 않고 말단만 가지런히 한다면, 한 치 크기의 나무라도 높이 솟은 누각보다 더 높다고 말할 수 있다. 쇠가 새털보다 무겁다고 하는 것이 어찌 하나의 갈고리 쇠의 무게와 한 수레 가득히 실은 새털의 무게를 말하는 것이겠느냐?

음식이 귀중한 경우를 취하여 예가 가벼운 경우와 비교하니, 어찌 음식이 단지 중하기만 하겠느냐? 여색이 귀중한 경우를 취하여 예가 가벼운 경우와 비교하니, 어찌 여색이 중하기만 하겠느냐?"

"不揣其本而齊其末, 方寸之木可使高於岑樓. 金重於羽者,
불 췌 기 본 이 제 기 말　방 촌 지 목 가 사 고 어 잠 루　금 중 어 우 자

豈謂一鉤金與一輿羽之謂哉? 取食之重者, 與禮之輕者而比之,
기 위 일 구 금 여 일 여 우 지 위 재　취 식 지 중 자　여 례 지 경 자 이 비 지

奚翅食重? 取色之重者, 與禮之輕者而比之, 奚翅色重?"
해 시 식 중　취 색 지 중 자　여 례 지 경 자 이 비 지　해 시 색 중

해설

예와 먹는 것, 예와 아내를 얻는 것을 비교할 때, 기준을 대등하게 맞추지 않고 극단적인 경우를 내세워 왜곡했음을 지적하고 있습니다.

예가 더 중하다

"돌아가서 그자에게 이렇게 말해라. '형의 팔을 비틀고 강제로 음식을 빼앗아야 먹을 수 있고, 안 비틀면 먹을 수 없는 경우에, 당신은 형의 팔을 비틀겠는가? 또 동쪽 이웃의 담을 넘어 들어가서 그 집 여인을 납치해야 아내를 얻을 수 있고, 그렇지 않으면 아내를 얻을 수 없다면, 당신은 여인을 납치하겠는가?'"

"往應之曰: '紾兄之臂而奪之食, 則得食; 不紾, 則不得食,
왕 응 지 왈　 진 형 지 비 이 탈 지 식　 즉 득 식　 부 진　 즉 부 득 식

則將紾之乎? 踰東家牆而摟其處子, 則得妻; 不摟, 則不得妻,
즉 장 진 지 호　 유 동 가 장 이 루 기 처 자　 즉 득 처　 불 루　 즉 부 득 처

則將摟之乎?'"
즉 장 루 지 호

　진紾은 '비튼다'는 뜻입니다. 누摟는 '강제로 데려온다'는 뜻입니다. 이 두 가지 행동은 예와 먹는 것, 예와 아내를 얻는 것을 비교했을 때 다 중요하게 여기는 바입니다. 이런 경우를 서로 비교하면 예를 더 중하게 여기게 될 것입니다.

하지 않으려 할 뿐

조교曹交(조나라 임금의 동생)가 맹자에게 물었다.

"모든 사람이 요임금, 순임금같이 될 수 있다고 하던데, 사실입니까?"

맹자가 말했다. "그렇다."

조교가 말했다.

"제가 듣기로 문왕은 키가 10척이고, 탕왕은 9척이었다는데, 지금 저는 키가 9척 4촌이나 되지만 곡식만 축내고 있을 뿐이니, 어찌하면 좋겠습니까?"

맹자가 말했다.

"그런 것과 무슨 상관이 있겠는가? 다만 실천할 뿐이다. 여기 한 사람이 있는데, 한 마리의 병아리도 들 수 없다면 힘없는 사람이고, 100균鈞의 무게를 들 수 있다면 힘 있는 사람이다. 오획烏獲(옛날의 장사)이 들어 올린 만큼의 무거운 짐을 들어 올린다면, 그 또한 오획 같은 장사가 될 것이다.

그러니 어찌 이기지 못하는 것을 걱정하겠는가? 하지 않으려 할 뿐이다."

曹交問曰: "人皆可以爲堯舜, 有諸?" 孟子曰: "然."
조교문왈　인개가이위요순 유제　　맹자왈　연

"交聞文王十尺, 湯九尺, 今交九尺四寸以長, 食粟而已, 如何則可?"
교문문왕십척　탕구척　금교구척사촌이장 식속이이　여하즉가

曰: "奚有於是? 亦爲之而已矣. 有人於此, 力不能勝一匹雛,
왈　해유어시　역위지이이의　유인어차　역불능승일필추

則爲無力人矣; 今日擧百鈞, 則爲有力人矣. 然則擧烏獲之任,
즉위무력인의 금왈거백균 즉위유력인의 연즉거오획지임

是亦爲烏獲而已矣. 夫人豈以不勝爲患哉? 弗爲耳."
시역위오획이이의 부인기이불승위환재 불위이

하는 것과 하지 않는 것의 차이

"천천히 어른의 뒤를 따라가는 것을 제弟라 하고, 빠른 걸음으로 어른을 앞질러 가는 것을 부제不弟라 한다. 천천히 걷는 것은 누군들 하지 못하겠는가? 하지 않는 것이다. 요순의 도는 바로 효제孝弟일 뿐이다.

그대가 요임금이 입던 옷을 입고, 요임금이 하던 말을 하며, 요임금이 하던 행동을 한다면 곧 요임금같이 될 것이고, 그대가 걸왕이 입던 옷을 입고, 걸왕이 하던 말을 하며, 걸왕이 하던 행동을 한다면 곧 걸왕같이 될 것이다."

"徐行後長者謂之弟, 疾行先長者謂之不弟. 夫徐行者,
　서 행 후 장 자 위 지 제　질 행 선 장 자 위 지 부 제　부 서 행 자

豈人所不能哉? 所不爲也, 堯舜之道, 孝弟而已矣. 子服堯之服,
　기 인 소 불 능 재　소 불 위 야　요 순 지 도　효 제 이 이 의　자 복 요 지 복

誦堯之言, 行堯之行, 是堯而已矣; 子服桀之服, 誦桀之言,
　송 요 지 언　행 요 지 행　시 요 이 이 의　자 복 걸 지 복　송 걸 지 언

行桀之行, 是桀而已矣."
　행 걸 지 행　시 걸 이 이 의

> **해설**

　착하게 하거나 악하게 하거나 모두 나 자신에게 달렸음을 말한 것입니다. 조교가 맹자에게 한 질문을 자세히 보면, 천박하고 고루하고 거칠고 경솔합니다. 또 맹자를 만났을 때도 언행이 도리를 따르지 않는 것이 많았습니다. 그래서 맹자가 다음의 두 구절에 나오듯 그를 홀대한 것입니다.

스스로 구하지 않는 것이 병

조교가 말했다.

"제가 추鄒나라 임금을 뵈면 숙소를 얻을 수 있을 것이니, 그곳에 머물면서 선생님 아래서 가르침을 받고 싶습니다."

맹자가 말했다.

"도는 큰길과 같으니, 어찌 알기 어렵겠는가? 사람들이 스스로 구하지 않는 것이 병일 뿐이다. 그대가 돌아가 구한다면 스승은 많을 것이다."

曰: "交得見於鄒君, 可以假館, 願留而受業於門." 曰: "夫道,
왈　교득견어추군　가이가관　원류이수업어문　왈　부도
若大路然, 豈難知哉? 人病不求耳. 子歸而求之, 有餘師."
약대로연　기난지재　인병불구이　자귀이구지　유여사

해설

맹자가 조교에게 한 말을 정리하면 다음과 같습니다. '도는 알기 어렵지 않다. 당신도 집에 돌아가 어버이에게 효도하고 어른을 공경하라. 그러는 사이에 도를 구하면, 본성 안에 주어진 모든 도리가 그때마다 나타나 보일 것이니 일상생활의 모든 것이 스승이 아닌 것이 없게 된다. 그러므로 굳이 이곳에 남아서 배울 필요가 없다.'

조교는 어른을 섬기는 예가 지극하지 못했고, 또 도를 구하려는 마음이 독실하지 못했습니다. 그래서 맹자는 효제를 행하라고 가르치면서도 배우겠다는 청은 받아들이지 않은 것입니다. 이는 곧 공자가 말한 바, 행하고도 여력이 있으면 글을 배우라는 뜻입니다.

부모를 친애하는 마음이 인

공손추가 물었다.

"고자高子(제나라 사람)가 〈소반小弁〉은 소인배의 시라고 하더군요."

맹자가 말했다.

"왜 그렇다고 하더냐?"

공손추가 말했다.

"원망하는 마음이 있기 때문이라 합니다."

맹자가 말했다.

"고 노인의 시 해석이 고루하구나. 여기 한 사람이 있는데, 월越나라 사람이 활을 당겨 다른 사람을 쏘려 한다면, 그는 태연하게 웃으며 말릴 것이다. 다른 까닭이 아니라 자신과 무관한 사람들의 일이기 때문이다.

그러나 만약 친형이 활을 당겨 다른 사람을 쏘려 한다면, 그는 눈물을 흘리며 말릴 것이다. 다른 까닭이 아니라 형을 가깝게 여기기 때문이다.

〈소반〉 시에 나타난 원망은 아버지를 친애했기 때문이다. 그리고 그렇게 아버지를 친애하는 것이 바로 인仁이다. 고 노인의 시 해석이 참으로 고루하구나!"

公孫丑問曰: "高子曰: '小弁, 小人之詩也.'"
공 손 추 문 왈　　고 자 왈　　소 반　소 인 지 시 야

孟子曰: "何以言之?" 曰: "怨." 曰: "固哉, 高叟之爲詩也!
맹 자 왈　　하 이 언 지　　왈　원　왈　　고 재　고 수 지 위 시 야

有人於此, 越人關弓而射之, 則己談笑而道之; 無他, 疏之也.
유인어차　월인관궁이사지　즉기담소이도지　무타　소지야

其兄關弓而射之, 則己垂涕泣而道之; 無他, 戚之也. 小弁之怨,
기형관궁이사지　즉기수체읍이도지　무타　척지야　소반지원

親親也. 親親, 仁也. 固矣夫, 高叟之爲詩也!"
친친야　친친　인야　고의부　고수지위시야

고자는 제齊나라 사람입니다. '소반'은 《시경》〈소아〉의 편명입니다. 주나라 유왕幽王이 신후申后를 아내로 맞아 태자 의구宜臼를 낳았습니다. 그 후 포사褒姒라는 미녀를 얻어 백복伯服을 낳은 뒤 태자 의구를 폐하고 신후를 축출했습니다. 이에 의구의 스승이 애통하고 절박한 마음을 시로 쓴 것입니다.

고固는 '고집불통'이란 뜻입니다. 위爲는 '시를 다스린다', 즉 해석한다는 뜻입니다. 월越은 남쪽 지방 만이蠻夷의 나라입니다. 도道는 '말한다'는 뜻입니다. 부모를 친애하는 마음親親之心이 곧 인입니다.

부모의 작은 허물과 큰 허물

공손추가 말했다.

"시 〈개풍凱風〉은 어찌하여 원망이 없습니까?"

맹자가 말했다.

"〈개풍〉은 어머니의 허물이 작지만, 〈소반〉은 아버지의 허물이 크다. 부모의 허물이 큰데도 원망하지 않으면 부모와 소원해질 것이고, 부모의 허물이 적은데도 지나치게 원망하면 이는 갑자기 화내는 것이다. 소원해지는 것도 불효지만, 갑자기 화내는 것 또한 불효이다.

공자께서 말씀하시길 '순임금은 참으로 지극한 효자이시다. 쉰 살이 되어서도 부모를 원망하고 또 그리워하셨다.'라고 했다."

曰: "凱風何以不怨?" 曰: "凱風, 親之過小者也; 小弁,
왈　개풍하이불원　왈　개풍　친지과소자야　소반

親之過大者也. 親之過大而不怨, 是愈疏也; 親之過小而怨,
친지과대자야　친지과대이불원　시유소야　친지과소이원

是不可磯也. 愈疏, 不孝也; 不可磯, 亦不孝也. 孔子曰:
시불가기야　유소　불효야　불가기　역불효야　공자왈

'舜其至孝矣, 五十而慕.'"
순기지효의　오십이모

'개풍'은 《시경》〈패풍邶風〉의 편명입니다. 7명의 아들을 둔 홀어머니에 대한 효행을 담은 시입니다. 기磯는 '물이 돌에 부딪친다'는 뜻입니다. 불가기不可磯는 '자식이 조금만 부딪쳐도 부모가 즉시 노한다'는 뜻을 말한 것입니다. 순임금이 나이 50에도 원모怨慕(원망하면서도 오히려 사모함)했으니 〈소반〉의 원망하는 마음을 불효라 할 수 없다는 것입니다.

이익은 명분이 될 수 없다

송경宋牼이 초楚나라로 가는데, 맹자가 석구石丘에서 그를 만났다.
맹자가 물었다. "선생은 어디로 가려 합니까?"
송경이 말했다.
"내가 들은 바로는 진秦나라와 초나라가 전쟁을 하려고 하므로, 초
나라 왕을 만나서 전쟁을 그만두라고 설득하고자 한다. 초나라 왕이
달가워하지 않으면 진나라 왕을 만나서 전쟁을 그만두라고 설득할
것이다. 두 왕 중에 나와 뜻이 맞는 사람이 있을 것이다."
맹자가 말했다.
"자세히 묻고자 하는 것은 아니고 요지만이라도 듣고 싶습니다. 선
생은 어떻게 설득하려고 합니까?"
송경이 말했다. "싸워 봐야 이익이 없다는 말을 하려고 한다."
맹자가 말했다.
"선생의 뜻은 훌륭하지만, 명분은 적절하지 못합니다. 선생께서
이익을 내세워 진나라와 초나라의 왕을 설득하면, 진나라와 초나라
의 왕은 이익을 좋아하여 삼군의 군대를 멈추게 할 것입니다. 삼군
의 병사들도 전쟁이 멈추는 것을 즐겁게 여겨, 이익만을 좋아하게
될 것입니다.
신하 된 자는 이익을 생각하여 그 임금을 섬기고, 자식 된 자는 이
익을 생각하여 그 부모를 섬기며, 동생도 이익을 생각하여 그 형을
섬긴다면, 군신, 부자, 형제가 마침내 인의를 버리고 이익을 생각하
며 서로 대할 것이니, 이렇게 하고서도 망하지 않을 자는 없습니다."

宋牼將之楚, 孟子遇於石丘. 曰: "先生將何之?"
송 경 장 지 초　맹 자 우 어 석 구　왈　선 생 장 하 지

曰: "吾聞秦楚構兵, 我將見楚王說而罷之. 楚王不悅,
왈　오 문 진 초 구 병　아 장 견 초 왕 세 이 파 지　초 왕 불 열

我將見秦王說而罷之, 二王我將有所遇焉." 曰:
아 장 견 진 왕 세 이 파 지　이 왕 아 장 유 소 우 언　왈

"軻也請無問其詳, 願聞其指. 說之將如何?" 曰: "我將言其不利也."
가 야 청 무 문 기 상　원 문 기 지　세 지 장 여 하　왈　아 장 언 기 불 리 야

曰: "先生之志則大矣, 先生之號則不可. 先生以利說秦楚之王,
왈　선 생 지 지 즉 대 의　선 생 지 호 즉 불 가　선 생 이 리 세 진 초 지 왕

秦楚之王悅於利, 以罷三軍之師, 是三軍之士樂罷而悅於利也.
진 초 지 왕 열 어 리　이 파 삼 군 지 사　시 삼 군 지 사 락 파 리 열 어 리 야

爲人臣者懷利以事其君, 爲人子者懷利以事其父,
위 인 신 자 회 리 이 사 기 군　위 인 자 자 회 리 이 사 기 부

爲人弟者懷利以事其兄. 是君臣父子兄弟終去仁義, 懷利以相接,
위 인 제 자 회 리 이 사 기 형　시 군 신 부 자 형 제 종 거 인 의　회 리 이 상 접

然而不亡者, 未之有也."
연 이 불 망 자　미 지 유 야

송경은 전국 시대 송나라 사람으로 비공非攻을 주장한 인물이고, 석구는
지명입니다. 학문을 하는 선비로 연장자라 맹자가 선생이라고 높인 것입니
다. 우遇는 '서로 만나 본다'는 뜻입니다. 이리세以利說는 '이利를 가지고 설
득한다'는 뜻입니다. 이때의 이는 외형적, 물질적, 이기적, 현재적, 개인적
이익, 이득의 뜻입니다. 삼군三軍은 주변 큰 나라의 군대를 말합니다.

서로 흩어져 어지럽게 싸우는 전국 시대에 전쟁을 멈추라고 설득하는
뜻은 위대하나 이익을 명분으로 삼는 것은 옳지 못함을 말하고 있습니다.

인의로써 설득하라

"선생께서 인의의 도리로써 진나라와 초나라의 왕을 설득하면, 진나라와 초나라의 왕은 인의를 좋아하여 삼군의 군대를 멈추게 할 것입니다. 그렇게 되면 삼군의 군사들도 전쟁이 멈추는 것을 즐겁게 여겨 인의를 좋아하게 될 것입니다. 신하 된 자는 인의의 마음으로 그 임금을 섬기고, 자식은 인의의 마음으로 그 부모를 섬기며, 동생은 인의의 마음으로 형을 섬길 것입니다.

그렇게 되면 군신, 부자, 형제가 마침내 이익을 버리고 인의의 마음으로며 서로 대할 것이니, 이렇게 하고서도 왕 노릇을 하지 못한 경우는 일찍이 없었습니다. 어째서 이익을 말하려 하십니까?"

"先生以仁義說秦楚之王, 秦楚之王悅於仁義, 而罷三軍之師,
선 생 이 인 의 세 진 초 지 왕　진 초 지 왕 열 어 인 의　이 파 삼 군 지 사

是三軍之士樂罷而悅於仁義也. 爲人臣者懷仁義以事其君,
시 삼 군 지 사 락 파 이 열 어 인 의 야　위 인 신 자 회 인 의 이 사 기 군

爲人子者懷仁義以事其父, 爲人弟者懷仁義以事其兄,
위 인 자 자 회 인 의 이 사 기 부　위 인 제 자 회 인 의 이 사 기 형

是君臣父子兄弟去利, 懷仁義以相接也. 然而不王者, 未之有也.
시 군 신 부 자 형 제 거 리　회 인 의 이 상 접 야　연 이 불 왕 자　미 지 유 야

何必曰利?"
하 필 왈 리

해설

이 장은 다음과 같은 뜻을 말한 것입니다. '전쟁을 막고 백성을 쉬게 한다는 점은 같지만 마음의 측면에서 의義와 이利라는 차이가 있다. 결과 면에서도 흥興과 망亡의 차이가 있다. 그러므로 깊이 살펴 분별해야 한다.'

답례하지 않은 이유

맹자가 추鄒나라에 있을 때 계임季任이 임任나라의 처수處守가 되었는데, 예물을 보내 사귀고자 했으나 맹자는 예물은 받기만 하고 답례는 하지 않았다.

맹자가 평륙平陸에 있을 때 저자儲子가 재상이 되었는데 예물을 보내 사귀고자 했으나 맹자는 예물을 받기만 하고 답례는 하지 않았다.

孟子居鄒, 季任爲任處守, 以幣交, 受之而不報. 處於平陸,
맹 자 거 추　계 임 위 임 처 수　이 폐 교　수 지 이 불 보　처 어 평 륙

儲子爲相, 以幣交, 受之而不報.
저 자 위 상　이 폐 교　수 지 이 불 보

해설

계임은 임나라 임금의 동생입니다. 처수란 임금이 잠시 나라 밖으로 나갔을 때 국정을 대신 맡는 것을 뜻합니다. 저자는 제나라의 재상입니다.

계임이나 저자 본인이 와서 만나고 예를 갖추었으면, 맹자는 당연히 답례했을 것입니다. 그러나 예물만 보내고 사귀고자 했으므로 맹자가 굳이 답례를 하지 않은 것입니다.

예물보다 예의

후일 맹자는 추나라에서 임나라로 갔을 때 계자를 만났다. 그러나 평륙에서 제나라에 갔을 때는 저자를 만나지 않았다. 이에 옥려자屋 盧子는 기뻐하며 "질문할 좋은 기회를 얻었다."라고 말하고는 맹자 에게 물었다.

"선생님께서 임나라에 가서 계자는 만나셨으나 제나라에 가서는 저자를 안 만나셨으니, 이는 저자가 재상이었기 때문입니까?"

맹자가 말했다.

"아니다. 《서경》에 이르기를 '예물을 보낼 때는 예의를 다양하게 갖추어야 하니, 예의가 예물에 미치지 못하면 예물을 보내지 않음과 같다. 정성을 기울여 예물을 보내지 않은 것이기 때문이다.'라고 하 였다. 내가 저자를 안 만난 것은 정성을 기울여 예물을 보내지 않았 기 때문이다."

옥려자가 매우 기뻐했다. 어떤 사람이 그 까닭을 묻자, 옥려자가 대답했다.

"계자는 추를 떠날 수 없었지만 저자는 평륙으로 갈 수 있었기 때 문이다."

他日由鄒之任, 見季子; 由平陸之齊, 不見儲子. 屋廬子喜曰:
타 일 유 추 지 임　견 계 자　유 평 륙 지 제　불 견 저 자　옥 려 자 희 왈

"連得間矣." 問曰: "夫子之任見季子, 之齊不見儲子, 爲其爲相與?"
연 득 간 의　문 왈　부 자 지 임 견 계 자　지 제 불 견 저 자　위 기 위 상 여

曰: "非也. 書曰: '享多儀, 儀不及物曰不享, 惟不役志于享.'
왈　비 야　서 왈　향 다 의　의 불 급 물 왈 불 향　유 불 역 지 우 향

爲其不成享也." 屋廬子悅. 或問之. 屋廬子曰: "季子不得之鄒,
위 기 불 성 향 야　옥 려 자 열　혹 문 지　옥 려 자 왈　계 자 부 득 지 추

儲子得之平陸."
저 자 득 지 평 륙

계자는 임금을 대신해서 국정을 맡고 있어 추나라로 맹자를 보러 갈 수
있는 상황이 아니었습니다. 하지만 저자는 제나라 재상이므로 제나라 내
의 영토인 평륙으로 맹자를 보러 갈 수 있었는데도 가지 않았습니다. 예물
을 보냈으나 예의가 예물에 미치지 못했던 것입니다.

길은 달라도 방향은 하나

순우곤淳于髡(제나라의 학자)이 말했다.

"명예와 공적을 앞세우는 사람은 백성을 위하고, 명예와 공적을 뒤로 돌리는 사람은 자신을 위한다고 했습니다. 선생께서는 삼경三卿의 자리에 계시면서 위로는 군주, 아래로는 백성에게 명예와 공적을 더하지 않고 이 나라를 떠나려고 하시니, 인자는 원래 그렇습니까?"

맹자가 대답했다.

"낮은 자리에 있을지언정, 현명함으로 어리석은 이를 섬기지 않은 사람이 백이이고, 다섯 번 탕왕에게 갔다가, 다섯 번 걸왕에게 간 사람이 이윤이며, 우매한 군주도 싫어하지 않고, 낮은 벼슬도 사양하지 않은 사람이 유하혜이다. 세 사람은 가는 길은 달랐으나 나가려는 방향은 하나였다. 그 하나가 무엇이냐 하면, 곧 인仁이다. 군자는 또한 인할 뿐이니 어찌 그 방법이 같아야 하는가?"

淳于髡曰: "先名實者, 爲人也; 後名實者, 自爲也.
순 우 곤 왈　선 명 실 자　위 인 야　후 명 실 자　자 위 야

夫子在三卿之中, 名實未加於上下而去之, 仁者固如此乎?"
부 자 재 삼 경 지 중　명 실 미 가 어 상 하 이 거 지　인 자 고 여 차 호

孟子曰: "居下位, 不以賢事不肖者, 伯夷也; 五就湯, 五就桀者,
맹 자 왈　거 하 위　불 이 현 사 불 초 자　백 이 야　오 취 탕　오 취 걸 자

伊尹也; 不惡汚君, 不辭小官者, 柳下惠也. 三子者不同道,
이 윤 야　불 오 오 군　불 사 소 관 자　유 하 혜 야　삼 자 자 부 동 도

其趨一也. 一者何也? 曰: 仁也. 君子亦仁而已矣, 何必同?"
기 추 일 야　일 자 하 야　왈　인 야　군 자 역 인 이 이 의　하 필 동

현인의 등용이 나라의 운명을 가른다

순우곤이 말했다.

"노나라 목공繆公 때는 공의자公儀子가 국정을 다스렸고, 자류子柳와 자사가 신하로 있었는데, 노나라 땅이 다른 나라에게 심하게 침탈당했습니다. 현인들이 나라에 무익함이 이 정도입니다."

맹자가 말했다.

"우虞나라는 백리해를 등용하지 않아서 망했고, 진나라의 목공은 그를 등용해서 패자霸者가 되었다. 현인을 쓰지 않으면 나라가 망하니, 땅이 침탈당하는 정도야 어찌할 수 있겠는가?"

曰: "魯繆公之時, 公儀子爲政, 子柳子思爲臣, 魯之削也滋甚.
왈 노목공지시 공의자위정 자류자사위신 노지삭야자심
若是乎賢者之無益於國也!" 曰: "虞不用百里奚而亡,
약시호현자지무익어국야 왈 우불용백리해이망
秦穆公用之而霸. 不用賢則亡, 削何可得與?"
진목공용지이패 불용현즉망 삭하가득여

노나라 목공은 BC 409~377년 재위했습니다. 공의자는 성이 공의公儀, 이름은 휴休입니다. 노나라의 박사博士로 목공 밑에서 재상을 지냈으며 백성들을 잘 교화했습니다. 삭削은 토지를 침략당하고 빼앗긴다는 뜻입니다. 순우곤은 맹자가 노나라 땅에 있었다 해도 해도 큰일을 해내지 못했을 거라고 조롱하고 있는 것입니다.

없는 것이 아니라 알아보지 못한 것

순우곤이 말했다.

"옛날에 왕표王豹가 기수淇水 가에 살자, 하서河西 사람들이 노래를 잘 불렀고, 면구綿駒가 고당高唐에 살자, 제나라 서쪽 사람들이 노래를 잘 불렀습니다.

화주華周와 기량杞梁의 아내는 남편이 죽고 애통하게 곡을 했는데, 이에 따라 제나라의 기풍이 변했습니다. 속에 차 있으면, 반드시 밖으로 나타나게 마련입니다.

또 어떤 일을 했는데, 그 공이 드러나지 않는 경우를 저는 보지 못했습니다. 그러므로 현자가 없는 것이니, 있다면 제가 반드시 알았을 것입니다."

맹자가 말했다.

"공자께서 노나라의 사구司寇가 되었으나 중용되지는 않으셨고, 제사에 참여해도 임금이 제사 고기를 내려 주지 않자 면관조차 벗지 않고 바로 떠나셨다. 알지 못하는 사람은 제사 고기 때문이라 생각했고, 아는 사람은 노나라 임금이 무례하기 때문이라고 생각했다.

그러나 사실은 공자께서 작은 잘못을 핑계로 삼아 떠나고 싶으셨던 것으로, 이유 없이 떠났다는 오해받기를 원치 않으셨던 것이다. 이렇듯이 군자의 행동은 일반 사람들이 알 수 없는 것이다."

曰: "昔者王豹處於淇, 而河西善謳; 綿駒處於高唐, 而齊右善歌.
왈　석자왕표처어기　이하서선구　면구처어고당　이제우선가

華周杞梁之妻善哭其夫, 而變國俗. 有諸內必形諸外.
화주기량지처선곡기부　이변국속　유제내필형제외

爲其事而無其功者, 髡未嘗睹之也. 是故無賢者也, 有則髡必識之."
위기사이무기공자 곤미상도지야 시고무현자야 유즉곤필식지

曰: "孔子爲魯司寇, 不用, 從而祭, 燔肉不至, 不稅冕而行.
왈 공자위로사구 불용 종이제 번육부지 불탈면이행

不知者以爲爲肉也. 其知者以爲爲無禮也. 乃孔子則欲以微罪行,
부지자이위위육야 기지자이위위무례야 내공자즉욕이미죄행

不欲爲苟去. 君子之所爲, 衆人固不識也."
불욕위구거 군자지소위 중인고불식야

해설

왕표는 위衛나라 사람으로 노래를 잘했고, 면구는 제齊나라 사람으로 노래를 잘했습니다. 고당高唐은 제나라 서쪽의 읍邑입니다. 화주와 기량은 모두 제나라의 신하로, 거에서 전사했습니다. 이에 그의 부인들이 애통하게 울었으므로 나라의 기풍이 변하고, 곡을 잘하게 되었습니다.

이 내용은 맹자가 제나라에서 벼슬을 하고 있으나 공이 없으니 현자라 할 수 없다고 순우곤이 비웃은 것입니다. 이에 맹자는 공자의 예를 들어 군자가 하는 일의 진정한 뜻은 세속적 기준으로 쉽게 판단되지 않는다고 답합니다.

오패와 제후, 대부는 모두 죄인

맹자가 말했다.

"오패五覇는 삼왕三王의 죄인이고, 지금의 제후는 오패의 죄인이며, 지금의 대부는 제후의 죄인이다."

孟子曰: "五覇者, 三王之罪人也; 今之諸侯, 五覇之罪人也;
맹 자 왈   오 패 자   삼 왕 지 죄 인 야   금 지 제 후   오 패 지 죄 인 야

今之大夫, 今之諸侯之罪人也."
금 지 대 부   금 지 제 후 지 죄 인 야

해설

오패란 춘추 시대 5명의 패자로 제나라 환공, 진나라 문공, 진나라 목공, 송나라 양공襄公, 초나라 장왕莊王을 말합니다. 삼왕은 하나라 우왕, 은나라 탕왕, 주나라 문왕과 무왕을 이릅니다.

오패의 죄

"천자가 제후의 나라를 순시하는 것을 순수巡狩라 하고, 제후가 입조하여 천자를 알현하는 것을 술직述職이라 한다. 봄에는 백성들의 경작을 살펴서 모자라는 것을 보충해 주고, 가을에는 추수 상황을 살펴서 부족한 것을 보충해 준다.

제후의 나라에 들어갔는데, 토지가 잘 개간되고, 논밭이 잘 가꾸어졌으며, 노인들을 잘 봉양하고, 현인을 존중하며 재능이 뛰어난 사람을 등용하여 관리로 삼으면 천자는 상으로 봉지를 더 내려 준다.

제후의 나라에 들어갔는데, 토지가 황폐하고, 노인들을 방치하며, 현인을 등용하지 못하고 착취하는 자가 관직에 있으면 천자는 벌을 내리고 토지를 삭감한다.

제후가 한 번 조회하지 않으면 그의 작위를 강등하고, 두 번 입조하지 않으면 봉지를 삭감하며, 세 번 입조하지 않으면 천자가 군대를 보내 제후를 교체한다.

그러므로 천자는 성토할 뿐 정벌에 나서지 않으며, 제후는 정벌하기만 할 뿐 성토하지 못한다. 그런데 오패는 제후와 결탁하여 다른 제후를 쳤으므로, 오패를 삼왕의 죄인이라고 하는 것이다."

"天子適諸侯曰巡狩, 諸侯朝於天子曰述職. 春省耕而補不足,
천 자 적 제 후 왈 순 수　제 후 조 어 천 자 왈 술 직　춘 성 경 이 보 부 족

秋省斂而助不給. 入其疆, 土地辟, 田野治, 養老尊賢,
추 성 렴 이 조 불 급　입 기 강　토 지 벽　전 야 치　양 로 존 현

俊傑在位, 則有慶, 慶以地. 入其疆, 土地荒蕪, 遺老失賢,
준 걸 재 위　즉 유 경　경 이 지　입 기 강　토 지 황 무　유 로 실 현

掊克在位, 則有讓. 一不朝, 則貶其爵; 再不朝, 則削其地;
부 극 재 위　즉 유 양　일 부 조　즉 폄 기 작　재 부 조　즉 삭 기 지

三不朝, 則六師移之. 是故天子討而不伐, 諸侯伐而不討. 五霸者,
삼부조 즉륙사이지 시고천자토이불벌 제후벌이불토 오패자

摟諸侯以伐諸侯者也, 故曰: 五霸者, 三王之罪人也."
누제후이벌제후자야 고왈 오패자 삼왕지죄인야

입기강入其疆에서 즉유양則有讓까지는 순수에 관한 일을, 일부조一不朝
에서 육사이지六師移之까지는 술직에 관한 일을 말하고 있습니다.

제후들의 죄

"오패 중에서도 제나라 환공이 가장 강성했는데, 규구葵丘에서 회맹會盟했을 때는 여러 제후가 희생을 바치고 그 위에 맹약하는 글을 올려놓았을 뿐, 피를 마시는 일은 없었다.

제1맹약에서 이르기를 '불효한 자는 죽이고 태자에 오른 자를 바꾸지 않으며, 첩을 정실로 삼지 말라.'라고 했다. 제2맹약에서는 '현인을 존중하고 인재를 길러서 덕이 있는 이를 표창한다.'라고 했으며, 제3맹약에서는 '노인을 공경하고 어린아이를 자애하며, 손님과 여행자를 소홀히 대하지 않는다.'라고 했다.

제4맹약에서는 '사士의 벼슬은 세습할 수 없으며, 관청의 일은 겸직할 수 없다. 사를 취할 때는 반드시 인재를 등용하고, 함부로 대부를 죽이지 말라.'라고 했다. 제5맹약에서는 '제방은 아무 데나 쌓지 말고, 이웃 나라가 식량을 구매하는 것을 막지 말아야 하며, 또 대부를 봉하면 반드시 맹주에게 알려야 한다.'라고 했다. 그리고 '동맹을 맺은 이들은 맹약한 후 우호 관계를 다져야 한다.'라고 했다.

그런데 지금의 제후들은 이와 같은 다섯 가지 맹약을 어기고 있다. 그러므로 지금의 제후들은 모두 오패에게 죄를 지은 죄인이다."

"五霸, 桓公爲盛. 葵丘之會諸侯, 束牲載書而不歃血. 初命曰:
　오패　환공위성　규구지회제후　속생재서이불삽혈　초명왈

'誅不孝, 無易樹子, 無以妾爲妻.' 再命曰: '尊賢育才, 以彰有德.'
　주불효　무역수자　무이첩위처　재명왈　존현육재　이창유덕

三命曰: '敬老慈幼, 無忘賓旅.' 四命曰: '士無世官, 官事無攝,
　삼명왈　경로자유　무망빈려　사명왈　사무세관　관사무섭

取士必得, 無專殺大夫.' 五命曰: '無曲防, 無遏糴, 無有封而不告.'
　취사필득　무전살대부　오명왈　무곡방　무알적　무유봉이불고

曰: '凡我同盟之人, 旣盟之後, 言歸于好.' 今之諸侯, 皆犯此五禁,
왈 범아동맹지인 기맹지후 언귀우호   금지제후 개범차오금

故曰: 今之諸侯, 五霸之罪人也."
고왈 금지제후 오패지죄인야

해설

《춘추전春秋傳》에 따르면 희공僖公 9년, 규구의 회맹에 희생을 올려놓고
죽이지는 않았으며, 맹약문을 읽고 희생 위에 올려 천자의 금령을 밝혔다
고 합니다.

대부들의 죄

"신하로서 임금의 악행을 키우는 것은 그 죄가 비교적 작지만, 임금의 악한 의도에 영합하여 죄를 범하게 하는 것은 그 죄가 크다.

지금의 대부들은 모두가 임금의 악한 의도에 영합해 죄를 범하게 하고 있기에, 지금의 대부들을 제후의 죄인이라고 말하는 것이다."

"長君之惡其罪小, 逢君之惡其罪大. 今之大夫, 皆逢君之惡, 故曰:
장 군 지 악 기 죄 소 봉 군 지 악 기 죄 대 금 지 대 부 개 봉 군 지 악 고 왈

今之大夫, 今之諸侯之罪人也."
금 지 대 부 금 지 제 후 지 죄 인 야

해설

장군지악長君之惡은 임금이 잘못해도 간언하지 못하고 순종하는 것입니다. 반면 봉군지악逢君之惡은 임금의 잘못의 싹이 미처 돋아나지 않았는데 앞에서 악을 유도하는 것으로 그 죄가 중합니다.

교화 없이 전쟁에 내보내지 말라

노魯나라가 신자愼子를 장군을 삼으려 하자, 맹자가 말했다.

"백성을 교화하지 않고 전쟁터에 내보내는 것을 일러 백성에게 재앙을 주는 짓이라 한다. 그와 같은 짓은 요임금, 순임금 때는 용납되지 않았다. 한 번 싸워 제齊나라를 이기고 남양南陽의 땅을 되찾는다 해도 이렇게 하는 것은 옳지 못하다."

신자가 발끈하여 언짢아하며 말했다.

"그런 것은 내가 알 바 아니오."

魯欲使愼子爲將軍. 孟子曰: "不敎民而用之, 謂之殃民. 殃民者,
노 욕 사 신 자 위 장 군　맹 자 왈　불 교 민 이 용 지　위 지 앙 민　앙 민 자

不容於堯舜之世. 一戰勝齊, 遂有南陽, 然且不可."
불 용 어 요 순 지 세　일 전 승 제　수 유 남 양　연 차 불 가

愼子勃然不悅曰: "此則滑釐所不識也."
신 자 발 연 불 열 왈　　차 즉 골 리 소 불 식 야

해설

교민자敎民者는 백성에게 예의를 가르치고 안에서는 어버이를 섬기고, 밖에서는 연장자를 섬길 줄 알도록 가르치는 것입니다. 용지用之는 '백성들로 하여금 싸우게 한다'는 뜻입니다.

당시 노나라는 신자로 하여금 제나라를 치게 해 남양을 취하려고 했는데, '신자가 싸움을 잘해 공을 세운다 해도 이는 옳지 못하다'고 맹자는 말하고 있습니다.

영지를 백 리로 정한 이유

"내가 그대에게 분명히 말해 주겠다. 천자의 나라는 사방 천 리이니 천 리가 못 되면 제후를 대접할 수 없고, 제후의 나라는 사방 백 리이니 백 리가 못 되면 종묘의 전적典籍을 지킬 수 없다.

주공이 노나라의 제후로 봉해졌을 때 그의 영지는 사방 백 리였는데, 그것은 땅이 부족해서가 아니라 제도에 따라 백 리로 정한 것이다. 강태공이 제나라 제후로 봉했을 때 그의 영지 또한 사방 백 리였는데, 그것은 땅이 부족해서가 아니라 제도에 따라 백 리로 정한 것이다."

曰: "吾明告子. 天子之地方千里; 不千里, 不足以待諸侯.
왈　오명고자　천자지지방천리　불천리　부족이대제후

諸侯之地方百里; 不百里, 不足以守宗廟之典籍. 周公之封於魯,
제후지지방백리　불백리　부족이수종묘지전적　주공지봉어로

爲方百里也; 地非不足, 而儉於百里. 太公之封於齊也,
위방백리야　지비부족　이검어백리　태공지봉어제야

亦爲方百里也; 地非不足也, 而儉於百里."
역위방백리야　지비부족야　이검어백리

대제후待諸侯는 그들이 조정에 와서 조회하고 문안을 드리는 예절에 상응하게 대접한다는 뜻입니다. 종묘전적宗廟典籍은 종묘에서 제사 지내고 일가가 회동하는 기본적인 제도와 격식을 지킨다는 뜻입니다.

인에 뜻을 두게 할 뿐

"지금 노나라의 영토는 사방 백 리 넓이의 땅이 다섯이나 되는데, 당신 생각에 장차 천하를 다스릴 왕자王者가 나타나면 노나라 영토를 줄이겠는가, 더 늘이겠는가?

힘들이지 않고 저 나라에서 땅을 취해서 이 나라에 준다 해도 인자는 그런 일을 하지 않는데, 하물며 사람을 죽이면서까지 남의 땅을 취하는 일을 하겠는가?

군자가 군주를 섬길 때는 그 군주를 잘 인도하여 마땅히 정도에 합치되도록 힘쓰고, 오직 인에 뜻을 두게 할 뿐이다."

"今魯方百里者五, 子以爲有王者作, 則魯在所損乎? 在所益乎?
금 로 방 백 리 자 오　자 이 위 유 왕 자 작　즉 로 재 소 손 호　재 소 익 호

徒取諸彼以與此, 然且仁者不爲, 況於殺人以求之乎?
도 취 제 피 이 여 차　연 차 인 자 불 위　황 어 살 인 이 구 지 호

君子之事君也, 務引其君以當道, 志於仁而已."
군 자 지 사 군 야　무 인 기 군 이 당 도　지 어 인 이 이

도徒는 '빈손으로'의 뜻입니다. 즉 살인하지 않고 취한다는 뜻을 말한 것입니다. 당도當道는 '모든 일을 천리天理에 맞게 한다'는 뜻이고, 지인志仁은 '마음을 인에 둔다'는 뜻입니다.

군자는 단순히 임금의 명령에 따르는 것이 아니라 임금이 올바른 정치를 하도록 이끌고, 그 과정에서 인의에 집중하게 해야 한다는 가르침입니다.

신하가 아니라 도둑

맹자가 말했다.

"오늘날 군주를 섬기는 자들은 말한다. '나는 군주를 위해서 땅을 넓히고 창고가 가득 차게 할 수 있다.' 오늘날 좋은 신하라 하는 이들은 옛날이라면 이른바 백성을 해치는 도둑이다. 군주로 하여금 정도를 지향하고 인에 뜻을 두게 하지 않고 부유하게만 하려 하니, 이는 곧 걸왕을 부유하게 만드는 것이다.

또 말하기를 '나는 군주를 위해서 다른 나라와 동맹을 맺고, 싸우면 반드시 이긴다.'라고 하는데, 오늘날 좋은 신하라 하는 이들은 옛날이라면 이른바 백성을 해치는 도둑이다. 군주로 하여금 정도를 지향하고 인에 뜻을 두게 하지 않고 무리하게 전쟁만 하게 하니, 이는 곧 걸왕을 도와주는 것이다.

옳지 못한 지금의 도를 따르고, 오늘날의 풍속을 고치지 않는다면 비록 천하를 준다 해도 하루아침도 견디지 못하고 망할 것이다."

孟子曰: "今之事君者曰: '我能爲君辟土地, 充府庫.'
맹 자 왈　 금 지 사 군 자 왈　 아 능 위 군 벽 토 지　 충 부 고

今之所謂良臣, 古之所謂民賊也. 君不鄕道, 不志於仁, 而求富之,
금 지 소 위 양 신　 고 지 소 위 민 적 야　 군 불 향 도　 부 지 어 인　 이 구 부 지

是富桀也. '我能爲君約與國, 戰必克.' 今之所謂良臣,
시 부 걸 야　 아 능 위 군 약 여 국　 전 필 극　 금 지 소 위 량 신

古之所謂民賊也. 君不鄕道, 不志於仁, 而求爲之强戰, 是輔桀也.
고 지 소 위 민 적 야　 군 불 향 도　 부 지 어 인　 이 구 위 지 강 전　 시 보 걸 야

由今之道, 無變今之俗, 雖與之天下, 不能一朝居也."
유 금 지 도　무 변 금 지 속　수 여 지 천 하　불 능 일 조 거 야

　벽辟은 '개간한다'는 뜻이고, 약約은 '맹약한다'는 뜻입니다. 여국與國은
서로 화친하고 좋아하는 나라의 뜻입니다. 반드시 서로 쟁탈하여, 기울고
망하게 된다는 뜻을 말한 것입니다.

세금은 적정하게

백규白圭가 말했다.

"저는 세금을 20분의 1만 받고자 하는데, 어떻겠습니까?"

맹자가 말했다.

"당신의 방법은 오랑캐인 맥의 방법이다. 만 호가 있는 나라에서 한 사람만 그릇을 만든다면 충분하겠는가?"

백규가 말했다.

"안 됩니다. 그릇이 쓰기에 부족합니다."

맹자가 말했다.

"맥나라는 오곡이 모두 자라지 않고, 오직 기장만 자란다. 또 성곽, 궁실, 종묘도 없고 제사 같은 예절도 없다. 제후들과 폐백을 주고받고 빈객에게 잔치를 베푸는 일도 없을 뿐 아니라 나라를 다스리는 백관과 담당 관리도 없어서 세금을 적게 취해도 족하다.

지금 중원에 살면서 인륜을 저버리고 군자들을 무시한다면 어떻게 되겠느냐? 그릇이 적어도 나라 살림을 잘하기 어렵거늘, 하물며 군자가 없으면 어찌 되겠는가?

요순의 세법(10분의 1)보다도 적게 거두려는 사람은 대맥, 소맥 같은 오랑캐이고, 요순의 세법보다도 더 무겁게 거두려는 사람은 대걸, 소걸 같은 같은 폭군이다."

白圭曰: "吾欲二十而取一, 何如?" 孟子曰: "子之道, 貉道也.
백 규 왈　오 욕 이 십 이 취 일　하 여　맹 자 왈　자 지 도　맥 도 야

萬室之國, 一人陶, 則可乎?" 曰: "不可, 器不足用也." 曰: :夫貉,
만실지국 일인도 즉가호　왈　불가 기부족용야　왈　부맥

五穀不生, 惟黍生之. 無城郭宮室宗廟祭祀之禮, 無諸侯幣帛饔飧,
오곡불생 유서생지 무성곽궁실종묘제사지례 무제후폐백옹손

無百官有司, 故二十取一而足也. 今居中國, 去人倫,
무백관유사 고이십취일이족야 금거중국 거인륜

無君子, 如之何其可也? 陶以寡, 且不可以爲國, 況無君子乎?
무군자 여지하시가야　도이과　차불가이위국　황무군자호

欲輕之於堯舜之道者, 大貉小貉也; 欲重之於堯舜之道者,
욕경지어요순지도자 대맥소맥야 욕중지어요순지도자

大桀小桀也."
대걸소걸야

해설

　백규는 주나라 사람으로 시세의 변동에 따라 사고 팔아 돈을 많이 번 인물입니다. 여기서는 세법을 고쳐 20분의 1을 세금으로 거두려고 했습니다. 10분의 1을 거두는 세법이 요순의 방식인데 그 이상 많이 거두면 폭군 걸왕의 방식이고, 그보다 적으면 오랑캐의 방식이라고 맹자는 말하고 있습니다.

치수는 순리대로

백규가 말했다.

"저의 치수가 우임금의 치수보다 낫습니다."

맹자가 말했다.

"그대가 틀렸다. 우임금은 물길을 따라 순리대로 물을 다스렸다. 사해를 골짜기 삼아 모든 물이 흘러들게 했는데, 그대는 이웃 나라를 골짜기로 삼아 물이 흘러들게 했다.

물이 역으로 흐르는 것을 강수洚水라 하는데, 역행하는 큰물이 곧 홍수洪水이다. 이는 인자가 싫어하는 것이니, 그대가 잘못한 것이다."

白圭曰: "丹之治水也愈於禹." 孟子曰: "子過矣. 禹之治水,
백 규 왈　단 지 치 수 야 유 어 우　맹 자 왈　자 과 의　우 지 치 수

水之道也. 是故禹以四海爲壑, 今吾子以鄰國爲壑. 水逆行,
수 지 도 야　시 고 우 이 사 해 위 학　금 오 자 이 린 국 위 학　수 역 행

謂之洚水. 洚水者, 洪水也, 仁人之所惡也. 吾子過矣."
위 지 강 수　강 수 자　홍 수 야　인 인 지 소 오 야　오 자 과 의

믿음직하지 않으면 무엇을 할 수 있으랴

맹자가 말했다.

"군자가 믿음직하지 않다면, 무엇을 할 수 있겠느냐?"

孟子曰: "君子不亮, 惡乎執?"
맹 자 왈　군 자 불 량　오 호 집

양亮은 신信이며, 양諒과 같습니다. 오호집惡乎執은 '모든 일이 구차하여 잡을 것이 없다'는 뜻입니다.

기뻐서 잠 못 이룬 이유

노나라에서 악정자에게 정사를 맡기려 하자 맹자가 말했다.

"그 소식을 듣고 너무 좋아서, 잠도 자지 못했다."

공손추가 물었다.

"악정자는 굳센 사람입니까?"

맹자가 답했다. "아니다."

"그는 잘 알고 사려가 깊은가요?"

맹자가 답했다. "아니다."

"그는 박학다식합니까?"

맹자가 답했다. "아니다."

"그런데 어째서 좋아서 잠을 이루지 못하셨습니까?"

맹자가 답했다.

"그는 사람됨이 선을 좋아하기 때문이다."

"선을 좋아하면 족합니까?"

맹자가 답했다.

"선을 좋아하면 천하를 다스리고도 남음이 있거늘, 하물며 노나라는 어떻겠는가? 다스리는 사람이 선을 좋아하면, 세상 사람들이 천리를 가볍게 달려와서 그에게 선한 것을 일러 준다."

魯欲使樂正子爲政. 孟子曰: "吾聞之, 喜而不寐." 公孫丑曰:
노 욕 사 악 정 자 위 정　맹 자 왈　오 문 지　희 이 불 매　공 손 추 왈

"樂正子强乎?" 曰: "否." "有知慮乎?" 曰: "否." "多聞識乎?"
악 정 자 강 호　왈　부　유 지 려 호　왈　부　다 문 식 호

曰: "否." "然則奚爲喜而不寐?" 曰: "其爲人也好善." "好善足乎?"
왈　부　　연 즉 해 위 희 이 불 매　　왈　기 위 인 야 호 선　　호 선 족 호

曰: "好善優於天下, 而況魯國乎? 夫苟好善, 則四海之內,
왈　호 선 우 어 천 하　이 황 로 국 호　부 구 호 선　즉 사 해 지 내

皆將輕千里而來告之以善."
개 장 경 천 리 이 래 고 지 이 선

악정자는 맹자의 제자입니다. 악정樂正이 성이고, 이름은 극克입니다. 노나라의 대부로 재상이 되었습니다. 맹자는 악정자로 인해 바르게 도가 행해질 수 있으므로 기뻐한 것입니다.

우優는 '남음이 있다'는 뜻입니다. 즉 천하를 다스리고도 남음이 있음을 말한 것입니다. 경輕은 '쉽다'는 뜻입니다. 즉 천 리 길을 어렵게 여기지 않는다는 말입니다.

위정자가 선을 싫어하면

"다스리는 사람이 선을 좋아하지 않으면, 사람들이 말하길 '잘난 체하긴, 내 그럴 줄 알았지.'라고 할 것이다. 잘난 체하는 소리와 잘난 체하는 얼굴 표정은 사람들을 천 리 밖으로 떨어져 나가게 한다.

선비가 천 리 밖에서 멈추면, 남을 헐뜯고 아첨하는 간신들만 모이게 될 것이다. 남을 헐뜯고 아첨하는 간신들과 함께 있으면, 나라를 잘 다스리려 해도 할 수 있겠느냐?"

"夫苟不好善, 則人將曰: '訑訑, 予旣已知之矣.' 訑訑之聲音顔色,
부 구 불 호 선 즉 인 장 왈   이 이 여 기 이 지 지 의   이 이 지 성 음 안 색

距人於千里之外. 士止於千里之外, 則讒諂面諛之人至矣.
거 인 어 천 리 지 외 사 지 어 천 리 지 외 즉 참 첨 면 유 지 인 지 의

與讒諂面諛之人居, 國欲治, 可得乎?"
여 참 첨 면 유 지 인 거 국 욕 치 가 득 호

해설

이이訑訑는 스스로 자신의 지혜에 만족해, 남의 선한 말 듣기를 좋아하지 않는 태도입니다. 군자와 소인은 서로 바뀌어 나타났다가 사라지게 마련입니다. 정직하고 신의가 있으며 박학다식한 좋은 선비가 멀어지면, 남을 헐뜯고 면전에서 아부하는 간신이 가까이 오는 것은 당연한 이치입니다.

벼슬하고 물러나는 세 가지 경우

진자陳子(맹자의 제자 진진)가 물었다.

"옛날의 군자는 어떻게 해야 벼슬했습니까?"

맹자가 대답했다.

"나가서 벼슬하는 경우가 세 가지이고, 물러나는 경우가 세 가지였다. 임금이 공경을 다하고 예를 갖추어 맞이하며, 장차 의견을 받아들여 행하겠다고 언약하면 나가서 벼슬한다. 예의 바른 태도가 시들지 않아도 의견을 실행하지 않으면 벼슬에서 물러난다.

다음으로 의견을 실행하겠다는 언약은 없지만 임금이 공경을 다하고 예를 갖추어 맞이하면 나가서 벼슬한다. 그러나 예의 바른 태도가 시들면 곧 벼슬에서 물러난다.

마지막 경우로 아침도 먹지 못하고 저녁도 먹지 못하고 굶주림에 시달려 문밖조차 나갈 수 없게 되었는데, 임금이 그런 사정을 알고 '내가 그의 도를 실행하지 못하고, 그의 말을 따르지도 못해서 내 나라에서 그를 굶주리게 하는 것은 수치스럽다.'라고 말하면서 구제해준다면 이 역시 나가서 벼슬을 받을 수 있겠지만, 죽음을 면할 정도의 낮은 벼슬만을 받아야 한다."

陳子曰: "古之君子何如則仕?" 孟子曰: "所就三, 所去三.
진 자 왈　고 지 군 자 하 여 즉 사　　맹 자 왈　소 취 삼　소 거 삼

迎之致敬以有禮, 言將行其言也, 則就之; 禮貌未衰, 言弗行也,
영 지 치 경 이 유 례　언 장 행 기 언 야　즉 취 지　예 모 미 쇠　언 불 행 야

則去之. 其次, 雖未行其言也, 迎之致敬以有禮, 則就之;
즉 거 지　기 차　수 미 행 기 언 야　영 지 치 경 이 유 례　즉 취 지

禮貌衰, 則去之. 其下, 朝不食, 夕不食, 飢餓不能出門戶. 君聞之曰:
예 모 쇠　즉 거 지　기 하　조 불 식　석 불 식　기 아 불 능 출 문 호　군 문 지 왈

'吾大者不能行其道, 又不能從其言也, 使飢餓於我土地, 吾恥之.'
오 대 자 불 능 행 기 도　우 불 능 종 기 언 야　사 기 아 어 아 토 지　오 치 지

周之, 亦可受也, 免死而已矣."
주 지　역 가 수 야　면 사 이 이 의

세 단계는 다음과 같습니다.

첫 번째, 행해질 수 있음을 보고 출사하는 단계입니다. 공자가 계환자에게 벼슬한 경우가 해당합니다.

두 번째, 행해질 만하면 출사하는 단계입니다. 공자가 위나라 영공靈公의 초청을 받아 객경으로 머물렀던 것이 여기에 해당합니다.

세 번째는 공적으로 부양받기 위한 출사 단계입니다. 왕은 백성을 구휼할 의무가 있고, 왕이 자기의 과오를 뉘우치는 말까지 했으니 구휼을 받아도 됩니다.

하늘이 시련을 주는 이유

맹자가 말했다.

"순임금은 밭두둑에서 농사짓다 발탁되었고, 부열傳說은 노예로 담을 쌓다가 등용되었으며, 교격膠鬲은 생선과 소금 장사를 하다가 등용되었고, 관중管仲은 옥에 갇혔다가 풀려나 등용되었으며, 손숙오孫叔傲는 바닷가에서 은거하다 등용되었고, 백리해百里奚는 시장에서 등용되었다.

그러므로 하늘이 사람에게 큰 임무를 내리려고 하면, 우선 그의 마음과 뜻을 괴롭히고, 그의 근육과 뼈를 수고롭게 하며, 그 몸을 굶주리게 하고 그 몸을 곤궁하게 하며, 또 그가 하려는 일을 어긋나게 만든다.

이는 하늘이 그 마음을 흔들고 인내심을 키워서 전에 하지 못했던 일들을 능히 해낼 수 있도록 하기 위함이다."

孟子曰: "舜發於畎畝之中, 傅說擧於版築之閒,
맹 자 왈　순 발 어 견 무 지 중　부 열 거 어 판 축 지 간

膠鬲擧於魚鹽之中, 管夷吾擧於士, 孫叔敖擧於海, 百里奚擧於市.
교 격 거 어 어 염 지 중　관 이 오 거 어 사　손 숙 오 거 어 해　백 리 해 거 어 시

故天將降大任於是人也, 必先苦其心志, 勞其筋骨, 餓其體膚,
고 천 장 강 대 임 어 시 인 야　필 선 고 기 심 지　노 기 근 골　아 기 체 부

空乏其身, 行拂亂其所爲, 所以動心忍性, 曾益其所不能."
공 핍 기 신　행 불 란 기 소 위　소 이 동 심 인 성　증 익 기 소 불 능

잘못한 뒤에야 고칠 수 있다

"사람은 항상 잘못한 뒤에 고칠 수 있으니, 마음이 막히고 생각이 오락가락한 다음에야 분발한다. 안색에 나타나고 소리로 터져 나온 뒤에 깨닫는다.

나라 안 조정에 법도를 지키는 세가世家와 보필하는 선비가 없고, 나라 밖으로 적국과 외환이 없다면 그 나라는 망하게 마련이다. 그러고 나서야 우환 속에 살고, 안락 속에 죽는다는 것을 알게 된다."

"人恒過, 然後能改; 困於心, 衡於慮, 而後作; 徵於色, 發於聲,
　인 항 과　연 후 능 개　곤 어 심　형 어 려　이 후 작　징 어 색　발 어 성

而後喩. 入則無法家拂士, 出則無敵國外患者, 國恒亡.
　이 후 유　입 즉 무 법 가 불 사　출 즉 무 적 국 외 환 자　국 항 망

然後知生於憂患而死於安樂也."
　연 후 지 생 어 우 환 이 사 어 안 락 야

해설

항恒은 '항상'이며 '대개'와 같은 뜻입니다. 횡橫은 '순탄치 않다'는 뜻입니다. 작作은 분기奮起의 뜻이고, 징徵은 '드러난다'는 뜻이고, 유喩는 '알다'는 뜻입니다. 법가法家는 법도를 지키는 대대로 충성한 신하란 뜻입니다. 불사拂士는 임금을 보필하는 인한 선비를 말합니다.

가르치지 않는 것도 가르침

맹자가 말했다.

"가르치는 방법 역시 다양하다. 내가 어떤 이를 기꺼이 가르치지 않는 것은, 그 또한 가르치는 한 가지 방법이다."

孟子曰: "教亦多術矣, 予不屑之教誨也者, 是亦教誨之而已矣."
맹자왈　교역다술의　여불설지교회야자　시역교회지이이의

해설

다술多術은 한 가지만이 아니라는 뜻을 말한 것입니다. 설屑은 '산뜻하고 좋게 여긴다'는 뜻입니다. 즉 어떤 이를 좋지 않게 여겨 가르치기를 거절하는 것이 불설지교회不屑之教誨입니다. 만약 그 사람이 느끼고 스스로 물러나 반성할 수 있다면, 그것 역시 그에 대한 가르침이라는 것입니다.

제 15 편

진심 상 盡心上

마음을 다하면
하늘의 뜻을 알게 된다

❀ ❀ ❀

이 편은 사람의 본성과 천명의 관계를 중심으로 성선설에 대해 다루고 있습니다.

마음을 다하는 사람은

맹자가 말했다.

"자신의 마음을 다하는 사람은 자신의 본성을 알게 되고, 본성을 알면 하늘의 뜻을 알게 된다. 그 마음을 잘 간직하고 그 본성을 바르게 키우는 것이 바로 하늘을 섬기는 바탕이다.

일찍 죽거나 오래 사는 것을 근심하지 않고 항상 수신하며 천명을 기다리는 것이 명을 바르게 세우는 태도이다."

孟子曰: "盡其心者, 知其性也. 知其性, 則知天矣. 存其心, 養其性,
맹자왈　진기심자　지기성야　지기성　즉지천의　존기심　양기성

所以事天也. 夭壽不貳. 修身以俟之. 所以立命也."
소이사천야　요수불이　수신이사지　소이립명야

정명을 따르라

맹자가 말했다.

"사람의 길흉화복은 천명이 아닌 것이 없지만, 정명正命을 받고 따라야 한다. 그러므로 정명을 아는 자는 위태로운 담장 밑에 서지 않는다. 자기의 도리를 다하고 죽는 것이 정명이며, 죄짓고 붙들려 죽는 것은 정명이 아니다."

孟子曰: "莫非命也, 順受其正. 是故知命者, 不立乎巖牆之下.
맹 자 왈　 막 비 명 야　 순 수 기 정　 시 고 지 명 자　 불 립 호 암 장 지 하

盡其道而死者, 正命也. 桎梏死者, 非正命也."
진 기 도 이 사 자　 정 명 야　 질 곡 사 자　 비 정 명 야

해설

인간과 자연 만물의 생육 발전이나 길흉화복 모두가 하늘이 절대 명령으로 내려 주는 것입니다. 그러나 내가 애를 쓰고 당기지 않아도 스스로 오는 것이 정명입니다. 그러므로 군자는 수신하고 기다리는 것은 정명을 순탄하게 받아들이려고 하는 것입니다.

안에서 구하라

맹자가 말했다.

"인의예지는 애써서 구하면 얻고, 내버려두면 잃는다. 이와 같이 애를 쓰고 구하는 것이 얻는 데 유익하다. 구하는 것이 내 안에 있기 때문이다.

부귀영달은 구하는 데 길이 있고 얻는 데 명이 있으니, 억지로 구하면 도리어 얻는 데 유익하지 못하다. 구하는 것이 내 밖에 있기 때문이다."

孟子曰: "求則得之, 舍則失之, 是求有益於得也, 求在我者也.
맹 자 왈　　구 득 즉 지　　사 즉 실 지　　시 구 유 익 어 득 야　　구 재 아 자 야

求之有道, 得之有命, 是求無益於得也, 求在外者也."
구 지 유 도　　득 지 유 명　　시 구 무 익 어 득 야　　구 재 외 자 야

해설

재아자在我者는 곧 인의예지의 덕을 말합니다. 덕은 모든 사람의 본성 속에 있습니다. 유도有道는 '함부로 망령되게 구하면 안 된다'는 뜻이고, 유명有名은 '반드시 얻을 수 있는 것이 아니다'라는 뜻입니다. 반면 재외자在外者는 부귀영달 등 외재적 사물을 다 포함한 뜻입니다.

만물의 이치가 내 안에

맹자가 말했다.

"만물의 이치가 다 나의 본성 속에 갖추어져 있다. 항상 자신을 돌이켜 보고 성실하게 하면, 그보다 더 즐거울 수 없다. 자신의 마음을 미루어 남을 헤아리는 서恕를 실천하면, 인을 추구함에 이보다 더 가까운 길은 없다."

孟子曰: "萬物皆備於我矣. 反身而誠, 樂莫大焉. 强恕而行,
맹 자 왈　　만 물 개 비 어 아 의　　반 신 이 성　　낙 막 대 언　　강 서 이 행

求仁莫近焉."
구 인 막 근 언

해설

만물의 이치, 즉 천리는 모두 내 속에 갖추어져 있으므로, 그 천리를 체득하고 열매를 맺어야 합니다. 도道가 나에게 있으면 즐거움이 남음이 있게 되고, 남에게 서恕를 베풀면 사의私意나 사욕私欲이 끼어들지 않고, 인을 얻게 됩니다.

까닭을 살피지 못하면 깨우칠 수 없다

맹자가 말했다.

"행하면서도 행하는 이유를 알지 못하고, 익히면서도 그 까닭을 살필 줄 모른다. 그래서 종신토록 그것을 따르면서도 그 도리를 모르는 자가 많은 것이다."

孟子曰: "行之而不著焉, 習矣而不察焉, 終身由之而不知其道者,
맹 자 왈　행 지 이 부 저 언　습 의 이 불 찰 언　종 신 유 지 이 부 지 기 도 자
衆也."
중 야

부끄러움을 알면 부끄러울 일이 없다

맹자가 말했다.

"사람은 부끄러움을 모르면 안 된다. 부끄러움을 모르는 것을 부끄럽게 여기면, 결국에는 부끄러울 일도 없게 될 것이다."

孟子曰: "人不可以無恥. 無恥之恥, 無恥矣."
맹 자 왈　 인 불 가 이 무 치　 무 치 지 치　 무 치 의

자신이 부끄러워하는 마음이 없음을 부끄럽게 여길 줄 알아야 행동을 고치고 남의 선행을 따를 수 있습니다. 그러면 부끄러울 만한 일을 다시는 하지 않게 될 것입니다.

사람을 사람답게 하는 것

맹자가 말했다.

"부끄러워하는 마음은 사람에게 중대한 일이다. 임기응변으로 교묘하게 꾸미는 자는 부끄러워하는 마음을 쓸 수 없다. 다른 사람과 같이 부끄러움을 모른다면, 무엇으로 사람 같다고 하겠느냐?"

孟子曰: "恥之於人大矣. 爲機變之巧者, 無所用恥焉. 不恥不若人,
맹 자 왈　　치 지 어 인 대 의　 위 기 변 지 교 자　 무 소 용 치 언　 불 치 불 약 인

何若人有?"
하 약 인 유

해설

치恥는 내가 하늘로부터 내려받은 본연의 수오지심羞惡之心입니다. 이 마음을 잘 간직하고 따르면 성현의 경지에 들어갈 수 있지만, 반대로 잃고 따르지 않으면 금수 같은 존재가 됩니다. 그러므로 부끄러워하는 마음을 간직하느냐 잃느냐 하는 것은 매우 중대한 고리라 하겠습니다.

권세보다 도리

맹자가 말했다.

"옛날의 현명한 왕은 선을 좋아하여 권세를 잊었다. 옛날의 현명한 선비도 어찌 그렇지 않았겠는가? 그들은 자신의 도를 즐기느라 권세를 잊어버렸다.

그러므로 왕과 공경이 공경과 예를 극진히 하지 않으면 선비를 자주 만나 볼 수도 없었다. 만나는 것조차 자주 할 수 없었으니, 어찌 신하로 삼을 수 있었겠는가?"

孟子曰: "古之賢王好善而忘勢, 古之賢士何獨不然?
맹 자 왈　　고 지 현 왕 호 선 이 망 세　　고 지 현 사 하 독 불 연

樂其道而忘人之勢. 故王公不致敬盡禮, 則不得亟見之.
낙 기 도 이 망 인 지 세　　고 왕 공 불 치 경 진 례　　즉 부 득 기 견 지

見且由不得亟, 而況得而臣之乎?"
견 차 유 부 득 기　　이 황 득 이 신 지 호

해설

왕은 마땅히 자기를 굽히고 선비에게 겸손해야 합니다. 선비는 도를 굽히고 이익을 구하면 안 됩니다. 이 두 가지는 형세가 서로 반대되는 것 같으나, 실은 서로 어울려 성취되는 것입니다. 그러므로 왕이나 선비나 저마다 바른 도리를 극진히 따르고 지켜야 합니다.

어떠한 때에도 태연하려면

맹자가 송구천宋句踐(송나라 사람)에게 말했다.

"그대는 유세하기를 좋아하는가? 내가 그대에게 유세하는 법을 일러 주겠다. 남이 알아주더라도 태연하고, 남이 알아주지 않아도 태연해야 한다."

송구천이 물었다.

"어떻게 하면 태연할 수 있습니까?"

맹자가 말했다.

"덕을 숭상하고 의리를 좋아하면 태연할 수 있다. 선비는 곤궁해도 의를 잃지 않고, 높은 자리에 올라도 도를 이탈하지 않는다. 그러므로 백성들이 희망을 잃지 않았던 것이다.

옛날 사람들은 뜻을 달성하고 나가서 다스리면 백성들에게 은택을 더해 주었고, 뜻을 이루지 못하면 스스로를 수양하여 이름을 세상에 드러냈다. 곤궁하면 홀로 자신을 선하게 하고, 높은 자리에 오르면 천하를 함께 선하게 했다."

孟子謂宋句踐曰: "子好遊乎? 吾語子遊. 人知之, 亦囂囂; 人不知,
맹자위송구천왈　자호유호　오어자유　인지지　역효효　인부지

亦囂囂." 曰: "何如斯可以囂囂矣?" 曰: "尊德樂義, 則可以囂囂矣.
역효효　왈　하여사가이효효의　왈　존덕락의　즉가이효효의

故士窮不失義, 達不離道. 窮不失義, 故士得己焉; 達不離道,
고사궁불실의　달불리도　궁불실의　고사득기언　달불리도

故民不失望焉. 古之人, 得志, 澤加於民; 不得志, 脩身見於世.
고민불실망언　고지인　득지　택가어민　부득지　수신견어세

窮則獨善其身, 達則兼善天下."
궁 즉 독 선 기 신　달 즉 겸 선 천 하

유遊는 유세遊說의 뜻입니다. 효효囂囂는 상대가 알건 말건 모른 척하고
혼자 떠든다는 뜻입니다. 덕德은 인한 도를 행해서 얻어진 선덕善德을 말
합니다. 존지尊之는 자중하고 부귀영화를 부러워하지 않는다는 뜻입니다.
의義는 바른 도리를 지키고, 도를 즐기고 편안하게 살며 외형적인 권력이
나 부귀에 유혹되지 않는 경지를 말합니다.

스스로 분발하는 자가 진짜

맹자가 말했다.

"문왕 같은 성군을 기다려 분발하는 자는 평범한 백성이다. 호걸 같은 선비는 문왕의 교화가 없어도 스스로 분발한다."

孟子曰: "待文王而後興者, 凡民也. 若夫豪傑之士, 雖無文王猶興."
맹 자 왈　　대 문 왕 이 후 흥 자　범 민 야　약 부 호 걸 지 사　수 무 문 왕 유 흥

진정 뛰어난 사람

맹자가 말했다.

"진晉나라의 경卿인 한씨韓氏나 위씨魏氏 가문의 권세나 재산을 더해 주어도 스스로 별것 아니라고 여기는 그런 사람이라야 다른 사람보다 훨씬 뛰어난 사람이라 하겠다."

孟子曰: "附之以韓魏之家, 如其自視欿然, 則過人遠矣."
맹 자 왈　　부 지 이 한 위 지 가　여 기 자 시 감 연　즉 과 인 원 의

도로써 다스려야 원망이 없다

맹자가 말했다.

"안락하게 해주는 도로써 백성을 부리면, 그들은 비록 힘이 들어도 원망하지 않는다. 살리기 위한 도로써 백성을 죽이면, 그들은 비록 죽더라도 죽게 한 사람을 원망하지 않는다."

孟子曰: "以佚道使民, 雖勞不怨; 以生道殺民, 雖死不怨殺者."
맹 자 왈　　이 일 도 사 민　 수 로 불 원　 이 생 도 살 민　 수 사 불 원 살 자

해설

백성들을 편안하게 하거나 살리기 위해 부득이하게 해야 할 바를 하면, 백성들의 생각과 어긋나는 바가 있어도 결국 백성들은 원망하지 않습니다. 평소 백성을 못살게 한 경우라면 백성들은 반대의 태도를 취할 것입니다.

패도를 행하는 자, 왕도를 행하는 자

맹자가 말했다.

"패도를 행하는 자의 백성은 기쁘고 즐거운 듯하고, 왕도를 행하는 자의 백성은 마음이 넉넉한 듯하다. 죽여도 원망하지 않고, 이롭게 해주어도 공으로 여기지 않는다. 백성이 날로 선해지는데, 그 까닭을 알지 못한다.

무릇 군자가 지나가는 곳에는 교화가 일어나고 그가 머무는 곳은 신묘해진다. 상하 모두가 천지의 조화와 함께 흐르니, 어찌 도움이 작다고 하겠는가?"

孟子曰: "覇者之民, 驩虞如也; 王者之民, 皞皞如也. 殺之而不怨,
맹 자 왈　　패 자 지 민　　환 우 여 야　　왕 자 지 민　　호 호 여 야　　살 지 이 불 원

利之而不庸, 民日遷善而不知爲之者. 夫君子所過者化, 所存者神,
이 지 이 불 용　　민 일 천 선 이 부 지 위 지 자　　부 군 자 소 과 자 화　　소 존 자 신

上下與天地同流, 豈曰小補之哉?"
상 하 여 천 지 동 류　　기 왈 소 보 지 재

선한 정치보다 선한 가르침

맹자가 말했다.

"인한 말은 인하다는 소문이 사람에게 깊이 파고들어 가는 것만 못하다. 선한 정치는 선한 가르침으로 백성의 마음을 얻는 것만 못하다. 선한 정치는 백성의 재물을 얻고, 선한 가르침은 백성의 마음을 얻는다."

孟子曰: "仁言, 不如仁聲之入人深也. 善政, 不如善教之得民也.
맹 자 왈　　인 언　불 여 인 성 지 입 인 심 야　선 정　불 여 선 교 지 득 민 야

善政民畏之, 善教民愛之; 善政得民財, 善教得民心."
선 정 민 외 지　선 교 민 애 지　선 정 득 민 재　선 교 득 민 심

해설

인한 말은 말로 인을 후하게 베푼다고 백성들에게 하는 말입니다. 인하다는 소문은 인을 알차게 베푼다고 백성들에게 칭찬을 받는 명성입니다. 이렇게 되어야 인덕이 더욱 빛나고 사람들이 더욱 깊이 감동합니다.

양지와 양능

맹자가 말했다.

"사람이 배우지 않고도 능히 할 수 있는 것은 양능良能이고, 생각하지 않고도 아는 것은 양지良知이다.

어린아이라도 자기 부모를 사랑할 줄 모르는 이는 없고, 어른이 되어서도 형을 공경할 줄 모르는 이는 없다. 부모를 사랑하는 것은 인이고, 어른을 공경하는 것은 의이니, 다른 것이 아니라 인과 의가 천하에 두루 도달하기 때문이다."

孟子曰: "人之所不學而能者, 其良能也; 所不慮而知者, 其良知也.
맹 자 왈　인 지 소 불 학 이 능 자　기 량 능 야　소 불 려 이 지 자　기 량 지 야

孩提之童, 無不知愛其親也; 及其長也, 無不知敬其兄也. 親親,
해 제 지 동　무 부 지 애 기 친 야　급 기 장 야　무 부 지 경 기 형 야　친 친

仁也; 敬長, 義也. 無他, 達之天下也."
인 야　경 장　의 야　무 타　달 지 천 하 야

해설

양良이란 '본연의 잘하는 것'이라는 뜻으로, 양지, 양능은 자연스럽게 하늘에 의해 주어진 것입니다. 친친親親, 경장敬長이 이른바 양지良知, 양능良能입니다. 친친과 경장은 한 사람이 사사롭게 행하는 것이나, 그와 같은 효孝와 제悌가 천하 만민에게 확대되므로 인의仁義의 바탕이 됩니다.

선한 말을 듣고 선한 행동을 보면

맹자가 말했다.

"순임금이 깊은 산속에 살았을 때는 나무, 암석과 함께 어울리고 사슴, 산돼지와 함께 놀았으니, 깊은 산속에 사는 다른 야인들과 별로 다를 바가 없었다.

그러나 한마디의 선한 말을 듣거나 한 가지의 선한 행동을 보면, 마치 강물이 둑을 뚫고 흐르듯 아무도 그를 막지 못했다."

孟子曰: "舜之居深山之中, 與木石居, 與鹿豕遊,
맹 자 왈　　순 지 거 심 산 지 중　여 목 석 거　여 록 시 유

其所以異於深山之野人者幾希. 及其聞一善言, 見一善行,
기 소 이 이 어 심 산 지 야 인 자 기 희　급 기 문 일 선 언　견 일 선 행

若決江河, 沛然莫之能禦也."
약 결 강 하　패 연 막 지 능 어 야

인간의 도리

맹자가 말했다.

"하지 말아야 할 바를 하지 않고, 바라지 말아야 할 바를 바라지 않는 것, 그렇게 할 따름이다."

孟子曰: "無爲其所不爲, 無欲其所不欲, 如此而已矣."
맹 자 왈　무 위 기 소 불 위　무 욕 기 소 불 욕　여 차 이 이 의

어려움을 겪어야 통달한다

맹자가 말했다.

"사람에게 덕과 지혜, 기술과 지식이 있는 것은 그가 늘 근심과 환난 속에 있기 때문이다. 버림받은 신하와 서자 같은 이들은 마음 씀이 위태롭고 환난을 염려함이 깊기 때문에 사리에 통달하게 된다."

孟子曰: "人之有德慧術知者, 恒存乎疢疾. 獨孤臣孼子,
맹 자 왈　인 지 유 덕 혜 술 지 자　항 존 호 진 질　독 고 신 얼 자

其操心也危, 其慮患也深, 故達."
기 조 심 야 위　기 려 환 야 심　고 달

네 유형의 사람

맹자가 말했다.

"임금을 잘 섬기는 자가 있으니, 이러한 임금을 섬기는 것을 기쁨으로 받아들이는 사람이다. 사직을 안정되게 만들려는 신하가 있으니, 그는 사직의 안정만을 기쁨으로 여기는 사람이다.

하늘의 백성인 자가 있으니, 현달하여 천하에 행할 수 있게 된 다음에야 행하는 사람이다. 대인인 자가 있으니, 자기 몸을 바르게 하여 만물을 바르게 하는 사람이다."

孟子曰: "有事君人者, 事是君則爲容悅者也. 有安社稷臣者,
맹자왈　유사군인자　사시군즉위용열자야　유안사직신자

以安社稷爲悅者也. 有天民者, 達可行於天下而後行之者也.
이안사직위열자야　유천민자　달가행어천하이후행지자야

有大人者, 正己而物正者也."
유대인자　정기이물정자야

군자의 세 가지 즐거움

맹자가 말했다.

"군자에게는 세 가지 즐거움이 있는데, 왕이 되어 천하를 다스리는 것은 그 속에 들지 않는다.

부모가 모두 살아 계시고 형제들이 탈 없이 잘 지내는 것이 첫째 즐거움이다. 우러러 하늘에 부끄럽지 않고, 굽어 사람에게 부끄럽지 않은 것이 둘째 즐거움이다. 천하의 뛰어난 재주를 지닌 자들을 모아서 교육하는 것이 셋째 즐거움이다.

군자에게는 세 가지 즐거움이 있는데, 왕이 되어 천하를 다스리는 것은 그 속에 들지 않는다."

孟子曰: "君子有三樂, 而王天下不與存焉. 父母俱存, 兄弟無故,
맹자왈　군자유삼락　이왕천하불여존언　부모구존　형제무고

一樂也. 仰不愧於天, 俯不作於人, 二樂也. 得天下英才而教育之,
일락야　앙불괴어천　부부작어인　이락야　득천하영재이교육지

三樂也. 君子有三樂, 而王天下不與存焉."
삼락야　군자유삼락　이왕천하불여존언

인의예지가 마음에 뿌리내리면

맹자가 말했다.

"영토가 넓고 백성 수가 많은 것은 군자도 바라는 바이나 그의 즐거움은 그 속에 있지 않다. 천하의 중심에 서서 천하의 백성들을 안정시키는 것은 군자가 즐거워하는 바이나 그의 본성은 그 속에 있지 않다.

군자가 본성으로 여기는 것은 이상이 크게 실현되더라도 그 때문에 더 보태지지 않고, 반대로 곤궁한 처지에 놓였더라도 그 때문에 줄어들지 않으니, 타고난 본분이 정해져 있기 때문이다.

군자가 본성으로 여기는 것이란 인의예지가 마음속에 뿌리내린 것이다. 그 빛이 드러나 얼굴에 윤택하게 나타나고, 등에서 흘러넘쳐 사지로 퍼져 나간다. 따라서 사지가 말하지 않아도 다른 사람이 깨닫는다."

孟子曰: "廣土衆民, 君子欲之, 所樂不存焉. 中天下而立,
맹 자 왈　광 토 중 민　군 자 욕 지　소 락 부 존 언　중 천 하 이 립

定四海之民, 君子樂之, 所性不存焉. 君子所性, 雖大行不加焉,
정 사 해 지 민　군 자 락 지　소 성 부 존 언　군 자 소 성　수 대 행 불 가 언

雖窮居不損焉, 分定故也. 君子所性, 仁義禮智根於心. 其生色也,
수 궁 거 불 손 언　분 정 고 야　군 자 소 성　인 의 예 지 근 어 심　기 생 색 야

睟然見於面, 盎於背, 施於四體, 四體不言而喩."
수 연 현 어 면　앙 어 배　시 어 사 체　사 체 불 언 이 유

수면앙배眸面盎背는 '윤기 있는 얼굴과 탐스러운 등'이라는 뜻으로 덕이 쌓이고 넘치면 그렇게 됩니다. 사지가 말하지 않아도 깨닫는 경지는 덕이 있는 자만이 가능한 것입니다. 이 장은 다음과 같은 뜻을 말한 것입니다. '군자는 당연히 도를 크게 행하고자 한다. 그러나 하늘에서 얻은 본성은 이 때문에 늘어나거나 줄어들지 않는다.'

어르신을 잘 공경하라

맹자가 말했다.

"백이가 주왕을 피해 북해 해변에 살다가 문왕이 왕도를 행한다는 것을 듣고 말하길 '왜 돌아가지 않겠는가? 나는 서백(문왕)이 노인들을 잘 봉양한다고 들었다.'라고 했다.

태공도 주왕을 피해 동해 해변에 살다가 문왕이 왕도를 행한다는 말을 듣고 말하길 '왜 돌아가지 않겠는가? 서백이 노인들을 잘 봉양한다고 들었다.'라고 했다.

이와 같이 천하에 노인을 잘 봉양하는 임금이 있으면 천하의 어진 사람들이 자신이 돌아갈 곳으로 삼을 것이다."

孟子曰: "伯夷辟紂, 居北海之濱, 聞文王作興, 曰: '盍歸乎來!
맹 자 왈　　백 이 피 주　거 북 해 지 빈　문 문 왕 작 흥　왈　　합 귀 호 래

吾聞西伯善養老者.' 太公辟紂, 居東海之濱, 聞文王作興,
오 문 서 백 선 양 로 자　태 공 피 주　거 동 해 지 빈　문 문 왕 작 흥

曰: '盍歸乎來! 吾聞西伯善養老者.' 天下有善養老,
왈　　합 귀 호 래　오 문 서 백 선 양 로 자　천 하 유 선 양 로

則仁人以爲己歸矣."
즉 인 인 이 위 기 귀 의

배부르고 등 따시게

"5무 넓이의 집 담 밑에 뽕나무를 심고 부녀자가 양잠하면 노인이 충분히 비단옷을 입을 수 있고, 또 5마리 암탉과 2마리 암퇘지가 새끼 칠 때를 놓치지 않게 하면 노인이 충분히 고기를 먹을 수 있다. 아울러 백 무 넓이의 밭을 농부가 경작하면, 여덟 식구의 가족이 굶주리지 않을 것이다.

이른바 서백이 노인을 잘 봉양했다는 것은 곧 농토와 택지를 마련해 주고, 농사와 가축 사육을 가르치며, 그 아내와 자식을 잘 이끌어 노인들을 잘 봉양하게 한 것이다.

쉰 살에는 비단이 아니면 따뜻하지 않고, 일흔 살에는 고기반찬이 아니면 배가 든든하지 않다. 따뜻하지 않고 배가 든든하지 않은 것을 '떨고 굶주리는 것'이라고 한다.

문왕의 백성 중에 떨고 굶주린 노인이 없었다는 것은 이를 두고 말한 것이다."

"五畝之宅, 樹牆下以桑, 匹婦蠶之, 則老者足以衣帛矣. 五母雞,
오무 지택 수 장 하 이 상 필 부 잠 지 즉 로 자 족 이 의 백 의 오 모 계

二母彘, 無失其時, 老者足以無失肉矣. 百畝之田, 匹夫耕之,
이 모 체 무 실 기 시 노 자 족 이 무 실 육 의 백 무 지 전 필 부 경 지

八口之家足以無飢矣. 所謂西伯善養老者, 制其田里, 敎之樹畜,
팔 구 지 가 족 이 무 기 의 소 위 서 백 선 양 로 자 제 기 전 리 교 지 수 휵

導其妻子, 使養其老. 五十非帛不煖, 七十非肉不飽. 不煖不飽,
도 기 처 자 사 양 기 로 오 십 비 백 불 난 칠 십 비 육 불 포 불 난 불 포

謂之凍餒. 文王之民, 無凍餒之老者, 此之謂也."
위 지 동 뇌 문 왕 지 민 무 동 뇌 지 로 자 차 지 위 야

묘畝는 이랑입니다. 전田은 백 무의 농토를, 이里는 5무의 택지를 말합니다. 수樹는 논밭을 경작하고 뽕나무를 심는다는 뜻입니다. 휵畜은 닭과 돼지를 사육한다는 뜻입니다.

백성이 어찌 인하지 않겠느냐

맹자가 말했다.

"밭을 잘 정비하고 세금을 적게 거두면 백성들을 부유하게 할 수 있다. 철에 맞게 먹고 예에 맞게 쓰면 재물이 다 쓸 수 없을 만큼 넘치게 된다.

백성들은 물과 불이 없으면 살 수 없는데, 어두운 밤에 남의 집 문을 두드려 물과 불을 달라고 해도 주지 않는 사람이 없는 까닭은 지극히 충분하기 때문이다.

성인은 천하를 다스림에 있어 곡식을 물과 불같이 충분히 있게 해야 하니, 곡식이 물과 불같이 충분하면 백성들이 어찌 인하지 않겠느냐?"

孟子曰: "易其田疇, 薄其稅斂, 民可使富也. 食之以時, 用之以禮,
맹 자 왈　　이 기 전 주　박 기 세 렴　민 가 사 부 야　식 지 이 시　용 지 이 례

財不可勝用也. 民非水火不生活, 昏暮叩人之門户, 求水火,
재 불 가 승 용 야　민 비 수 화 불 생 활　혼 모 고 인 지 문 호　구 수 화

無弗與者, 至足矣. 聖人治天下, 使有菽粟如水火. 菽粟如水火,
무 불 여 자　지 족 의　성 인 치 천 하　사 유 숙 속 여 수 화　숙 속 여 수 화

而民焉有不仁者乎?"
이 민 언 유 불 인 자 호

채운 후에야 나아간다

맹자가 말했다.

"공자께서는 노나라 동산에 올라가 보시고 노나라를 작게 여기셨고, 태산에 올라가 보시고 천하를 작게 여기셨다. 그러므로 바다를 본 사람은 다른 물로 끌어들이기 어렵고, 성인의 문하에서 학문을 익힌 사람은 다른 논의로 끌어들이기가 어렵다.

물을 감상하는 데는 방법이 있으니, 물결이 이는 곳을 보아야 한다. 해와 달에는 밝음이 있으니, 빛을 드리울 만한 틈이 있으면 반드시 비춘다.

흐르는 물은 웅덩이를 채우지 않고서는 앞으로 나아가지 못하고, 도에 뜻을 둔 군자는 일정한 단계에 이르지 않으면 통달하지 못한다."

孟子曰: "孔子登東山而小魯, 登太山而小天下.
맹 자 왈　　공 자 등 동 산 이 소 로　 등 태 산 이 소 천 하

故觀於海者難爲水, 遊於聖人之門者難爲言. 觀水有術,
고 관 어 해 자 난 위 수　 유 어 성 인 지 문 자 난 위 언　 관 수 유 술

必觀其瀾. 日月有明, 容光必照焉. 流水之爲物也, 不盈科不行;
필 관 기 란　 일 월 유 명　 용 광 필 조 언　 유 수 지 위 물 야　 불 영 과 불 행

君子之志於道也, 不成章不達."
군 자 지 지 어 도 야　 불 성 장 부 달

선함과 이익의 차이

맹자가 말했다.

"닭이 울면 바로 일어나 부지런히 선한 일을 하는 사람은 순임금과 같은 사람들이고, 닭이 울면 바로 일어나서 부지런히 이득만 채우는 사람은 도척과 같은 사람들이다. 순임금과 도척의 차이를 알고자 하면 다른 것이 없고 이利와 선善의 차이다."

孟子曰: "雞鳴而起, 孳孳爲善者, 舜之徒也. 鷄鳴而起,
맹 자 왈　계 명 이 기　자 자 위 선 자　순 지 도 야　계 명 이 기

孳孳爲利者, 蹠之徒也. 欲知舜與蹠之分, 無他, 利與善之閒也."
자 자 위 리 자　척 지 도 야　욕 지 순 여 척 지 분　무 타　이 여 선 지 간 야

자자孳孳는 부지런함을 뜻합니다. 부지런히 선행을 하면 성인의 경지에는 이르지 못해도 성인의 무리입니다. 척蹠은 도척盜蹠으로 춘추전국 시대에 살았던 전설적인 도적입니다.

중도를 취하라

맹자가 말했다.

"양자는 자기만을 위하는 위아爲我 사상을 주장하여, 머리털 하나를 뽑아 천하를 이롭게 할 수 있다 해도 하지 않았다. 묵자는 무차별적 겸애兼愛를 주장하여, 정수리부터 발뒤꿈치가 닳아 없어지더라도 천하를 이롭게 할 수 있다면 그렇게 했다.

자막子莫은 둘의 중간을 취하였는데 중간을 취하면 도에 가까우나, 중간을 잡고 저울질함이 없으면 한쪽을 고집하는 것과 같다. 한쪽을 고집함을 미워하는 것은 도를 해치기 때문으로, 하나를 들어 백을 폐기하기 때문이다."

孟子曰: "楊子取爲我, 拔一毛而利天下, 不爲也. 墨子兼愛,
맹 자 왈　양 자 취 위 아　발 일 모 이 리 천 하　불 위 야　묵 자 겸 애

摩頂放踵利天下, 爲之. 子莫執中, 執中爲近之, 執中無權,
마 정 방 종 리 천 하　위 지　자 막 집 중　집 중 위 근 지　집 중 무 권

猶執一也. 所惡執一者, 爲其賊道也, 擧一而廢百也."
유 집 일 야　소 오 집 일 자　위 기 적 도 야　거 일 이 폐 백 야

해설

무조건 중간을 고집하면 안 된다는 것을 말하고 있습니다. 바르게 알면 모든 사물의 중도가 보이게 마련이며, 이 중도는 인위적으로 만든 중도가 아닙니다.

굶주리면 음식 맛을 모른다

맹자가 말했다.

"굶주린 사람은 달게 먹고, 목마른 사람은 달게 마신다. 그러나 그것은 음식의 제맛을 알지 못하는 것으로 굶주림과 목마름이 그것을 해쳤기 때문이다. 어찌 입과 배만 굶주림과 목마름의 해를 입겠는가? 사람의 마음도 해를 입는다.

굶주림과 목마름의 폐해가 마음을 상하지 않게 할 수 있다면, 비록 부귀가 남에게 미치지 못해도 근심하지 않게 될 것이다."

孟子曰: "饑者甘食, 渴者甘飮, 是未得飮食之正也, 饑渴害之也.
맹 자 왈　기 자 감 식　갈 자 감 음　시 미 득 음 식 지 정 야　기 갈 해 지 야

豈惟口腹有饑渴之害? 人心亦皆有害. 人能無以饑渴之害爲心害,
기 유 구 복 유 기 갈 지 해　인 심 역 개 유 해　인 능 무 이 기 갈 지 해 위 심 해

則不及人不爲憂矣."
즉 불 급 인 불 위 우 의

해설

입과 배가 굶주림과 목마름에 시달리면, 음식을 가릴 틈이 없게 됩니다. 그래서 바른 맛을 잃게 되는 것입니다. 사람의 마음도 빈천에 시달리면, 부귀를 가릴 여유가 없게 됩니다. 그래서 바른 도리를 잃게 되는 것입니다. 사람이 빈천해도, 자기 마음이 흔들리지 않을 수 있다면, 그는 범인의 경지를 훨씬 멀리 넘어선 사람입니다.

절개 지킨 유하혜

맹자가 말했다.

"유하혜는 삼공三公의 자리에 올라도, 자신의 절개를 바꾸지 않았다."

孟子曰: "柳下惠不以三公易其介."
맹 자 왈　유 하 혜 불 이 삼 공 역 기 개

우물을 파고 또 파도 샘물을 얻지 못하면

맹자가 말했다.

"무언가를 행하고자 하는 사람을 우물 파는 사람에 비유하면, 우물을 아홉 길까지 팠어도 샘물을 얻지 못하면, 오히려 우물을 버리는 것과 같다."

孟子曰: "有爲者辟若掘井, 掘井九軔而不及泉, 猶爲棄井也."
맹 자 왈　유 위 자 비 약 굴 정　굴 정 구 인 이 불 급 천　유 위 기 정 야

해설

아무리 우물을 깊게 팠어도 샘의 줄기에 미치지 못하고 중지하면, 이는 우물을 버리는 것과 같다는 뜻을 말한 것입니다. 아무리 노력했어도 본질에 도달하지 못하면 포기한 것과 같습니다.

오래 빌려 쓰면 제 것인 줄 안다

맹자가 말했다.

"요임금과 순임금은 본성대로 실행한 것이고, 탕왕과 무왕은 몸소 수양하여 실행한 것이나, 오패五覇는 인의를 빌려 쓴 것이다.

오래도록 빌려 쓰다 돌려주지 않았으니, 어찌 그것이 그들이 본래 지닌 것이 아님을 알았겠느냐?"

孟子曰: "堯舜, 性之也; 湯武, 身之也; 五覇, 假之也. 久假而不歸,
맹 자 왈   요 순 성 지 야 탕 무 신 지 야 오 패 가 지 야 구 가 이 불 귀

惡知其非有也."
오 지 기 비 유 야

해설

요임금과 순임금은 천성이 어질어서 수양이나 습득하는 일 없이 스스로 인한 정치를 폈습니다. 탕왕과 무왕은 몸소 수양하고 도를 체득하여 본성의 인仁을 회복했습니다. 그러나 오패는 인의仁義의 이름을 빌려, 자기의 탐욕과 사리사욕을 채우려 했습니다.

귀歸는 '본성으로 되돌아감'을 이릅니다. 유有는 '실제로 있는 것'입니다. 명분을 훔친 채 일생을 마쳤으니, 참으로 자신에게 있는 인한 마음이 아님을 알지 못했을 것이라고 말하고 있습니다.

어질지 않으면 군주를 추방해도 되는가

공손추가 물었다.

"이윤이 '나는 도리를 따르지 않는 사람과는 어울릴 수 없다.'라고 하고 태갑을 선왕의 묘가 있는 동桐 땅으로 보내자 백성들이 크게 기뻐했으며, 후에 태갑이 현명해져 돌아오게 하자 백성들이 크게 기뻐했다고 하더군요. 어진 자가 신하가 되어 그 임금이 어질지 못하면 원래 추방해도 되는 것입니까?"

맹자가 말했다.

"이윤과 같은 성실한 뜻이 있으면 그렇게 할 수 있겠지만, 이윤과 같은 뜻이 없이 그렇게 하면 찬탈이 된다."

公孫丑曰: "伊尹曰: '予不狎于不順.' 放太甲于桐, 民大悅.
공손추왈　이윤왈　여불압우불순　방태갑우동　민대열

太甲賢, 又反之, 民大悅. 賢者之爲人臣也, 其君不賢, 則固可放與?"
태갑현　우반지　민대열　현자지위인신야　기군불현　즉고가방여

孟子曰: "有伊尹之志, 則可; 無伊尹之志, 則簒也."
맹자왈　유이윤지지　즉가　무이윤지지　즉찬야

해설

'여불압우불순予不狎于不順'은 《서경》〈상서·태갑〉편의 글입니다. 압狎은 '업신여기며 가볍게 본다'는 뜻이고, 불순不順은 태갑이 하는 일이 도리를 따르지 않음을 말합니다. 왕에게 현명함이 없을 때 이윤처럼 사사로운 이익 없이 오직 공적인 마음만을 가지고 추방하면 정당한 일이지만, 그렇지 않으면 찬탈이 된다는 것입니다.

군자는 공밥을 먹지 않는다

제자 공손추가 물었다.

"《시경》〈위풍魏風·벌단伐檀〉편에서 '하는 일 없이 나라의 녹을 먹지 않네.'라고 했는데, 군자가 농사를 짓지 않으면서 먹을 수 있는 까닭은 무엇입니까?"

맹자가 말했다.

"군자가 어떤 나라에 살고 있는데, 그 나라 임금이 그를 등용하면 나라가 안정되고 부유해지며 존귀하고 번영을 누리게 된다. 또 그 나라의 자제들이 그를 따르면 효도하고 우애하며 충성하고 믿음이 있게 된다. '하는 일 없이 녹을 먹지 않네.'라고 했는데, 이보다 더 큰 공이 있겠는가?"

公孫丑曰: "詩曰 '不素餐兮', 君子之不耕而食, 何也?" 孟子曰:
공 손 추 왈　　시 왈　불 소 찬 혜　군 자 지 불 경 이 식　하 야　　맹 자 왈

"君子居是國也, 其君用之, 則安富尊榮; 其子弟從之, 則孝弟忠信.
군 자 거 시 국 야　기 군 용 지　즉 안 부 존 영　기 자 제 종 지　즉 효 제 충 신

'不素餐兮', 孰大於是?"
불 소 찬 혜　　숙 대 어 시

소素는 '소박하게 비었다'는 뜻입니다. 하는 일 없이 녹을 먹는 것을 소찬素餐이라 합니다. 이는 앞에서 진상과 팽경에게 한 말과 같은 뜻입니다.

인에 살고 의를 따르라

제나라의 왕자 점蟄이 물었다.

"선비는 무슨 일을 합니까?"

맹자가 말했다.

"선비는 뜻을 높입니다."

왕자가 말했다.

"무엇을 상지尙志라 합니까?"

맹자가 말했다.

"인의의 실현일 뿐입니다. 죄 없는 사람을 한 사람이라도 죽이는 것은 인이 아니고, 내 것이 아닌데 취하는 것은 의가 아닙니다.

어디에 머물러야 할까요? 바로 인입니다. 어떤 길을 가야 할까요? 바로 의입니다. 이와 같이 인에 살고 의를 따른다면, 대인의 자격을 구비한 것입니다."

王子墊問曰: "士何事?" 孟子曰: "尙志." 曰: "何謂尙志?"
왕 자 점 문 왈　　사 하 사　　맹 자 왈　　상 지　　왈　　하 위 상 지

曰: "仁義而已矣. 殺一無罪, 非仁也; 非其有而取之, 非義也.
왈　　인 의 이 이 의　　살 일 무 죄　　비 인 야　　비 기 유 이 취 지　　비 의 야

居惡在? 仁是也; 路惡在? 義是也. 居仁由義, 大人之事備矣."
거 오 재　　인 시 야　　노 오 재　　의 시 야　　거 인 유 의　　대 인 지 사 비 의

작은 의로움, 큰 의로움

맹자가 말했다.

"진중자는 의에 맞지 않다면 제나라를 준다 해도 받지 않을 것이라
고 사람들이 믿었으나, 그것은 한 그릇의 밥과 한 그릇의 국을 물리
친 정도의 작은 의이다.

사람에게는 친척과 군신, 상하 간에 의리가 없는 것보다 더 큰 것
이 없으니, 작은 의를 지켰다 하여 큰 일에도 의로울 것이라 믿는 것
이 어찌 옳겠는가?"

孟子曰: "仲子, 不義與之齊國而弗受, 人皆信之,
맹 자 왈　중 자　불 의 여 지 제 국 이 불 수　인 개 신 지

是舍簞食豆羹之義也. 人莫大焉亡親戚君臣上下.
시 사 단 사 두 갱 지 의 야　인 막 대 언 무 친 척 군 신 상 하

以其小者信其大者, 奚可哉?"
이 기 소 자 신 기 대 자　해 가 재

해설

중자仲子란 제나라 사람 진중자를 말합니다. 그는 청렴한 선비였지만
청렴결백이 지나쳐 인륜을 저버린 인물이었습니다. 형이 받은 녹이 의롭
지 않은 것이라 하여 형을 떠났고 어머니가 만든 음식을 먹지 않았습니다.

진중자는 작은 의를 지켰으나 인륜을 저버렸기에 큰 의리를 지킬 것이
라 믿을 수 없다는 것입니다.

천하를 잊었을 것이다

도응桃應(맹자의 제자)이 물었다.

"순임금이 천자가 되었을때 고요皐陶가 법관이었는데, 만약 고수(순임금의 아버지)가 살인을 했다면 어떻게 했겠습니까?"

맹자가 말했다.

"그를 체포했을 것이다."

"그러면 순임금이 말리지 않았겠습니까?"

맹자가 말했다.

"순임금이 어떻게 말리겠느냐? 고요는 법을 다스릴 권한을 받았다."

"그러면 순임금은 어떻게 했을까요?"

맹자가 말했다.

"순임금은 천하를 헌 짚신같이 보았으므로, 몰래 아버지를 등에 업고 도망가 바닷가에서 살며, 평생을 흡족해하고 즐거워하면서 천하를 잊었을 것이다."

桃應問曰: "舜爲天子, 皐陶爲士, 瞽瞍殺人, 則如之何?"
도응문왈　순위천자　고요위사　고수살인　즉여지하

孟子曰: "執之而已矣." "然則舜不禁與?" 曰: "夫舜惡得而禁之?
맹자왈　집지이이의　　연즉순불금여　　왈　부순오득이금지

夫有所受之也." "然則舜如之何?" 曰: "舜視棄天下, 猶棄敝蹝也.
부유소수지야　　연즉순여지하　　왈　순시기천하　유기폐사야

竊負而逃, 遵海濱而處, 終身訢然, 樂而忘天下."
절부이도　준해빈이처　종신흔연　낙이망천하

천하의 가장 넓은 거처, 인

맹자가 범范 땅(제나라의 작은 읍)에서 제나라로 가서, 제나라 임금의 아들을 바라보고는 감탄하면서 말했다.

"거처가 기운을 바꾸고 봉양이 몸을 바꾸니, 참으로 처한 환경의 영향이 크구나. 그도 사람의 아들 아닌가!

왕자의 궁실, 말과 수레, 의복은 대부분 다른 사람과 같은데도 왕자가 저러한 것은 처한 환경이 그렇게 만든 것이다. 하물며 천하의 가장 넓은 거처인 인仁에 살고 있는 사람은 어떠하겠는가?

노나라 임금이 송나라에 가서 질택垤澤의 성문에서 소리치니, 문지기가 말하길 '이자는 우리 임금이 아닌데 어찌 목소리가 우리나라 임금과 흡사할까?'라고 했으니, 이는 다른 것이 아니라 처한 환경이 비슷하기 때문이다."

孟子自范之齊, 望見齊王之子. 喟然歎曰: "居移氣, 養移體,
맹 자 자 범 지 제　망 견 제 왕 지 자　위 연 탄 왈　　거 이 기　양 이 체

大哉居乎! 夫非盡人之子與?"
대 재 거 호　　부 비 진 인 지 자 여

孟子曰: "王子宮室車馬衣服多與人同, 而王子若彼者,
맹 자 왈　　왕 자 궁 실 거 마 의 복 다 여 인 동　이 왕 자 약 피 자

其居使之然也; 況居天下之廣居者乎? 魯君之宋, 呼於垤澤之門.
기 거 사 지 연 야　황 거 천 하 지 광 거 자 호　　노 군 지 송　호 어 질 택 지 문

守者曰: '此非吾君也, 何其聲之似我君也?' 此無他, 居相似也."
수 자 왈　　차 비 오 군 야　하 기 성 지 사 아 군 야　　차 무 타　거 상 사 야

범范은 제나라의 성읍입니다. 거居는 '거처하는 지위'를 말하고, 양養은 봉양의 뜻입니다. 즉 사람은 자신이 처한 환경과 지위가 매우 크게 영향을 줍니다.

왕자도 사람의 자식이지만 지위가 남들과 다르고 봉양 받는 바가 다르므로 신체와 기운이 다르게 마련입니다. 그렇다면 세상에서 가장 넓은 거처인 인에 살고 있는 사람은 더 말할 필요가 없을 것입니다.

진심으로 공경하라

맹자가 말했다.

"먹이기만 하고 사랑하지 않으면 돼지처럼 접대하는 것이고, 사랑하기만 하고 공경하지 않으면 짐승처럼 사육하는 것이다. 공경하는 마음은 예물을 보내기 전부터 지녀야 한다. 겉으로 공경하면서 마음에 진실함이 없으면, 군자는 헛되이 거기에 얽매이지 않는다."

孟子曰: "食而弗愛, 豕交之也; 愛而不敬, 獸畜之也. 恭敬者,
맹 자 왈　　사 이 불 애　　시 교 지 야　　애 이 불 경　　수 휵 지 야　　공 경 자

幣之未將者也. 恭敬而無實, 君子不可虛拘."
폐 지 미 장 자 야　　공 경 이 무 실　　군 자 불 가 허 구

형상과 기색은 천성

맹자가 말했다.

"형상과 기색은 타고난 천성이니, 오직 성인의 경지에 오른 다음에야 형상과 기색을 온전히 쓸 수 있다."

孟子曰: "形色, 天性也; 惟聖人, 然後可以踐形."
맹 자 왈　　형 색　　천 성 야　　유 성 인　　연 후 가 이 천 형

삼년상은 줄일 수 없다

제나라 선왕이 삼년상을 단축하고자 하자 공손추가 말했다.

"일년상으로 하는 것이 폐하는 것보다 낫지 않겠습니까?"

맹자가 공손추에게 말했다.

"이는 어떤 사람이 자기 형의 팔을 비트는데 그 사람에게 '살살 비틀라'고 말하는 것과 같으니, 다만 그에게 효제를 가르쳐야 할 뿐이다."

한 왕자의 어머니가 죽자 왕자의 스승이 그를 위해 몇 달간 상례를 치를 수 있게 해 달라고 청했다. 공손추가 물었다.

"이러한 경우는 어떻습니까?"

맹자가 말했다.

"왕자가 삼년상을 지내려 해도 할 수 없는 경우이니, 하루를 더 한다 해도 그만두는 것보다는 낫다. 앞의 경우는 삼년상을 금하지도 않는데 지키지 않는 것을 말한 것이다."

齊宣王欲短喪. 公孫丑曰: "爲朞之喪, 猶愈於已乎?" 孟子曰:
제 선 왕 욕 단 상　공 손 추 왈　　위 기 지 상 유 유 어 이 호　　맹 자 왈

"是猶或紾其兄之臂, 子謂之姑徐徐云爾, 亦敎之孝弟而已矣."
시 유 혹 진 기 형 지 비　자 위 지 고 서 서 운 이　역 교 지 효 제 이 이 의

王子有其母死者, 其傅爲之請數月之喪. 公孫丑曰:
왕 자 유 기 모 사 자　기 부 위 지 청 수 월 지 상　공 손 추 왈

"若此者, 何如也?" 曰: "是欲終之而不可得也. 雖加一日愈於已,
약 차 자 하 여 야　왈　시 욕 종 지 이 불 가 득 야　수 가 일 일 유 어 이

謂夫莫之禁而弗爲者也."
위 부 막 지 금 이 불 위 자 야

이已는 지止와 같습니다. 진縗은 '포악하게 한다'는 뜻입니다. 공자가 말하길 자식은 태어나 3년 만에, 부모의 품에서 벗어난다고 했습니다. 일년상으로 줄일 것이 아니라 효제를 가르쳐 삼년상을 그만둘 수 없음을 스스로 깨닫게 해야 한다고 맹자는 말합니다.

군자가 가르치는 방법

맹자가 말했다.

"군자가 사람들을 가르치는 데 다섯 가지 방법이 있다. 때맞춰 내리는 비가 만물을 자라게 하듯 하는 방법이 있고, 덕을 온전하게 이루어 주는 방법이 있으며, 재능을 통달하게 하는 방법이 있고, 질문에 답해 주는 방법이 있으며, 사사로이 감화시키는 방법이 있으니, 이상의 다섯 가지가 군자가 사람들을 가르치는 방법이다."

孟子曰: "君子之所以教者五: 有如時雨化之者, 有成德者,
맹 자 왈　군 자 지 소 이 교 자 오　유 여 시 우 화 지 자　유 성 덕 자

有達財者, 有答問者, 有私淑艾者. 此五者, 君子之所以教也."
유 달 재 자　유 답 문 자　유 사 숙 애 자　차 오 자　군 자 지 소 이 교 야

해설

사람마다 성격과 상황이 다르므로 사람을 가르칠 때는 각자에게 맞는 교육을 해야 합니다. 성현들은 교육할 때, 각자의 재질에 따라 적은 사람은 적게 가르치고 큰 사람은 크게 되게 교육했습니다. 그래서 아무도 버리는 사람이 없었습니다.

큰 목수는 먹줄을 고치지 않는다

공손추가 말했다.

"선생님의 도는 높고 아름다우나, 하늘에 오르는 것 같아서 좀처럼 미치기 어렵습니다. 사람들로 하여금 미칠 수 있다고 생각하게 해서 날마다 부지런히 힘쓰도록 해주실 수는 없겠습니까?"

맹자가 말했다.

"큰 목수는 서툰 목수를 위해 먹줄을 고치거나 없애지 않는다. 명궁 예羿는 서툰 사수를 위해 활시위 당기는 기준을 바꾸지 않는다.

군자는 도를 가르칠 때, 활시위를 힘껏 당기지만 쏘지는 않고 튕겨 나갈 듯이 한다. 도의 한가운데 서 있으면 배울 수 있는 사람은 그것을 따를 것이다."

公孫丑曰: "道則高矣, 美矣, 宜若登天然, 似不可及也.
공 손 추 왈　도 즉 고 의　미 의　의 약 등 천 연　사 불 가 급 야

何不使彼爲可幾及而日孳孳也?"
하 불 사 피 위 가 기 급 이 일 자 자 야

孟子曰: "大匠不爲拙工改廢繩墨, 羿不爲拙射變其彀率.
맹 자 왈　대 장 불 위 졸 공 개 폐 승 묵　예 불 위 졸 사 변 기 구 율

君子引而不發, 躍如也. 中道而立, 能者從之."
군 자 인 이 불 발　약 여 야　중 도 이 립　능 자 종 지

천하에 도가 행해지지 않아도

맹자가 말했다.

"천하에 도가 행해지면 죽는 날까지 도를 실천하고, 천하에 도가 행해지지 않으면 자신을 희생해서라도 도를 지킨다. 도를 희생하여 남을 따른다는 말은 아직 듣지 못했다."

孟子曰: "天下有道, 以道殉身; 天下無道, 以身殉道.
맹 자 왈　천 하 유 도　이 도 순 신　천 하 무 도　이 신 순 도

未聞以道殉乎人者也."
미 문 이 도 순 호 인 자 야

해설

순殉은 순장殉葬의 순과 같은 뜻입니다. 죽음으로써 사물의 도를 따른다는 말입니다. 천하에 도가 있으면 나도 반드시 도를 행합니다. 반대로 천하에 도가 행해지지 않으면 나 자신만이라도 도를 지키고 도 없는 세상에서는 물러납니다.

군자는 뜻이 성실하지 않은 사람을 싫어한다

공도자가 물었다.

"등경滕更은 선생님의 문하에 있으니 예로써 대해 주어야 할 것 같은데 그가 물어도 대답을 안 하시는 까닭은 무엇입니까?"

맹자가 말했다.

"귀한 신분을 믿고 묻거나, 현명함을 믿고 묻거나, 나이 많음을 믿고 묻거나, 공훈을 믿고 묻거나, 가르치는 이와 연고가 있음을 믿고 묻는 것이 모두 내가 대답하지 않는 경우이다. 등경은 이 가운데 두 가지를 가지고 있다."

公都子曰: "滕更之在門也, 若在所禮. 而不答, 何也?"
공 도 자 왈　　등 경 지 재 문 야　　약 재 소 례　　이 부 답　　하 야

孟子曰: "挾貴而問, 挾賢而問, 挾長而問, 挾有勳勞而問, 挾故而問,
맹 자 왈　　협 귀 이 문　협 현 이 문　협 장 이 문　협 유 훈 로 이 문　협 고 이 문

皆所不答也. 滕更有二焉."
개 소 부 답 야　　등 경 유 이 언

등경은 등나라 임금의 동생으로 맹자의 문하에 와서 배우고 있었습니다. 그의 경우 귀한 신분과 현명함을 믿고 묻는 경우에 해당했습니다.

세 가지 폐단

맹자가 말했다.

"그만두어선 안 될 것을 그만두면 그만두지 못할 것이 없고, 후하게 대해야 할 사람에게 박하게 대하면 어떤 사람도 박하게 대하지 않는 경우가 없을 것이다. 나아가는 데 빠른 사람은 물러날 때도 빠르다."

孟子曰: "於不可已而已者, 無所不已; 於所厚者薄, 無所不薄也.
맹 자 왈　　어 불 가 이 이 이 자　무 소 불 이　어 소 후 자 박　무 소 불 박 야

其進銳者, 其退速."
기 진 예 자　　기 퇴 속

군자가 사랑하는 법

맹자가 말했다.

"군자는 만물을 아끼지만 인을 베풀지는 않고, 백성에게는 인을 베풀지만 친애하지는 않는다.

친지를 친애하고서 백성에게 인을 베풀며, 백성에게 인을 베풀고서 만물을 아끼는 것이다."

孟子曰: "君子之於物也, 愛之而弗仁; 於民也, 仁之而弗親.
맹 자 왈　군 자 지 어 물 야　애 지 이 불 인　어 민 야　인 지 이 불 친

親親而仁民, 仁民而愛物."
친 친 이 인 민　인 민 이 애 물

힘써야 할 일의 우선순위

맹자가 말했다.

"지혜로운 사람은 모르는 것이 없지만 마땅히 힘써야 할 일을 급선무로 여긴다. 인한 사람은 사랑하지 않는 것이 없지만 현자와 친해지는 것을 급선무로 여긴다.

요순의 지혜로도 두루 알지 못하는 것은 먼저 힘써야 할 일을 급하게 여겼기 때문이다. 요순의 인으로도 사람을 두루 사랑하지 못하는 것은 현자와 친해지는 것을 급한 일로 여겼기 때문이다.

삼년상은 지키지 못하면서 시마緦麻와 소공小功과 같은 상례를 살피거나, 또 밥을 마구 퍼먹고 국을 흘리면서 마시면서 마른 고기를 이로 끊어 먹지 말라고 따진다면, 이것을 일러 애쓸 바를 모른다고 하는 것이다."

孟子曰: "知者無不知也, 當務之爲急; 仁者無不愛也,
맹 자 왈　　지 자 무 부 지 야　당 무 지 위 급　인 자 무 불 애 야

急親賢之爲務. 堯舜之知而不偏物, 急先務也; 堯舜之仁不偏愛人,
급 친 현 지 위 무　요 순 지 지 이 불 편 물　급 선 무 야　요 순 지 인 불 편 애 인

急親賢也. 不能三年之喪, 而緦小功之察; 放飯流歠, 而問無齒決,
급 친 현 야　불 능 삼 년 지 상　이 시 소 공 지 찰　방 반 류 철　이 문 무 치 결

是之謂不知務."
시 지 위 부 지 무

제12편

진심 하 盡心下

차마 하지 못하는 마음, 기꺼이 하지 않으려는 마음

이 편에서는 성性과 선善의 본질적 부분에 대해 말하면서 인간의 본성이 원래 선하다는 점을 강조합니다.

참으로 불인하구나

맹자가 말했다.

"참으로 불인하구나. 양 혜왕이여! 인자는 자신이 좋아하는 것으로 자신이 좋아하지 않는 것까지 영향을 끼치고, 불인자는 좋아하지 않는 것으로 좋아하는 것까지 영향을 끼친다."

공손추가 물었다.

"그게 무슨 말씀입니까?"

"양 혜왕은 남의 나라 땅을 빼앗으려는 욕심으로 자기 나라 백성을 무참하게 죽이면서까지 전쟁을 했으나 크게 패했다. 그는 다시 전쟁하려 하면서 이기지 못할까 두려워 사랑하는 왕자까지 내몰아 죽게 했다.

이것을 '자기가 좋아하지 않는 것으로 좋아하는 것까지 영향을 끼쳤다'고 하는 것이다."

孟子曰: "不仁哉, 梁惠王也! 仁者以其所愛及其所不愛,
맹 자 왈　　불 인 재　양 혜 왕 야　인 자 이 기 소 애 급 기 소 불 애

不仁者以其所不愛及其所愛." 公孫丑曰: "何謂也?"
불 인 자 이 기 소 불 애 급 기 소 애　　공 손 추 왈　　하 위 야

"梁惠王以土地之故, 糜爛其民而戰之, 大敗, 將復之, 恐不能勝,
양 혜 왕 이 토 지 지 고　미 란 기 민 이 전 지　대 패　장 부 지　공 불 능 승

故驅其所愛子弟以殉之, 是之謂以其所不愛及其所愛也."
고 구 기 소 애 자 제 이 순 지　시 지 위 이 기 소 불 애 급 기 소 애 야

의로운 전쟁은 없다

맹자가 말했다.

"《춘추》에 의로운 전쟁이 기록되어 있지 않다. 저 나라보다 이 나라가 조금 나았던 것은 있었다. 정벌이란 윗사람(천자)이 아랫사람(제후)을 치는 것이니, 적대시하는 제후국끼리 서로 정벌해선 안 된다."

孟子曰: "春秋無義戰. 彼善於此, 則有之矣. 征者上伐下也,
맹 자 왈　춘 추 무 의 전　피 선 어 차　즉 유 지 의　정 자 상 벌 하 야

敵國不相征也."
적 국 불 상 정 야

해설

《춘추》에서는 제후들의 전쟁을 기술할 때마다 제멋대로 싸움을 일으킨 죄와 더불어 의에 맞게 이루어진 싸움이 없음을 지적했습니다. 그러나 저 나라보다 이 나라가 더 나았다는 비평의 말은 있습니다. 예를 들면 소릉綖陵의 군대 같은 것이 그러합니다.

제후에게 죄가 있으면 천자에게 일러 죄를 바로잡게 해야 하나, 그렇게 하지 못했으니 '춘추에는 의로운 전쟁이 기록되어 있지 않다.'라고 한 것입니다.

기록에 얽매이지 말라

맹자가 말했다.

"《서경》에 적힌 글을 그대로 믿는다면 《서경》이 없는 것만 못하다. 나는 〈무성武成〉편에서 두세 쪽만을 취할 뿐이다. 원래 인자는 천하의 누구도 대적할 수 없다. 지극히 인한 사람(무왕)이 지극히 인하지 못한 사람(주왕)을 토벌했거늘, 어찌 피가 흘러 절굿공이가 떠다니는 일이 있었겠느냐?"

孟子曰: "盡信書, 則不如無書. 吾於武成, 取二三策而已矣.
맹 자 왈　진 신 서　즉 불 여 무 서　오 어 무 성　취 이 삼 책 이 이 의

仁人無敵於天下. 以至仁伐至不仁, 而何其血之流杵也."
인 인 무 적 어 천 하　이 지 인 벌 지 불 인　이 하 기 혈 지 류 저 야

해설

맹자는 《서경》의 기록이 과장되거나 실제와 다를 수 있으므로, 역사서의 모든 내용을 무조건적으로 신뢰하기보다 올바른 뜻을 파악하는 것이 중요하다는 것을 강조하고 있습니다. 적힌 바에 얽매이게 되면 때로 바른 뜻을 해칠 수 있기 때문입니다.

인자의 정벌은 바로잡는 것

맹자가 말했다.

"어떤 사람이 '나는 진을 잘 펼치고, 싸움을 잘한다.'라고 말한다면, 그것은 큰 죄이다. 군주가 인을 좋아하면 천하에 대적할 이가 없으니, 탕임금이 남쪽을 향해 정벌을 가면 북쪽 오랑캐가 원망하고, 동쪽을 향해 정벌을 가면 서쪽 오랑캐가 원망하며 '어찌 우리를 뒤로 돌리는가?'라고 했다.

무왕이 은나라를 정벌할 때, 전차가 3백 대에 용맹한 군사가 3천 명이나 있었다.

무왕이 말하길 '두려워하지 마라! 나는 너희를 편안하게 해주려는 것이지 대적하려는 것이 아니다.'라고 했다. 그러자 백성들은 산이 무너지듯 머리가 땅에 닿도록 이마를 조아렸다.

정벌이란 바로잡는다는 뜻으로, 저마다 자기 나라를 바로잡아 주기를 바라니 어찌하여 전쟁을 하겠는가?"

孟子曰: "有人曰: '我善爲陳, 我善爲戰.' 大罪也. 國君好仁,
맹자왈 유인왈 아선위진 아선위전 대죄야 국군호인

天下無敵焉. 南面而征北狄怨, 東面而征西夷怨. 曰: '奚爲後我?'
천하무적언 남면이정북적원 동면이정서이원 왈 해위후아

武王之伐殷也, 革車三百兩, 虎賁三千人. 王曰: '無畏! 寧爾也,
무왕지벌은야 혁거삼백량 호분삼천인 왕왈 무외 영이야

非敵百姓也.' 若崩厥角稽首. 征之爲言正也, 各欲正己也, 焉用戰?"
비적백성야 약붕궐각계수 정지위언정야 각욕정기야 언용전

　군대의 항렬과 대오를 잘 짜는 것을 진陳이라 하고, 서로 무력으로 싸우는 것을 전戰이라 합니다. 탕임금과 무왕의 예를 들어 백성들이 인자를 좋아함을 밝힌 것입니다. 양兩은 양輛으로 수레의 수를 말합니다.

배움의 완성은 자신에게 달려 있다

맹자가 말했다.

"목수나 수레바퀴와 수레를 만드는 기술자는 남에게 그 방법을 가르쳐 줄 수는 있지만, 남으로 하여금 기교를 터득하게 할 수는 없다."

孟子曰: "梓匠輪輿能與人規矩, 不能使人巧."
맹 자 왈 　 재 장 륜 여 능 여 인 규 구 　 불 능 사 인 교

변치 않는 마음가짐

맹자가 말했다.

"순임금이 마른 밥을 먹고 푸성귀를 먹을 때는 평생을 그렇게 살다가 끝날 것 같았으나, 천자가 되어 수놓은 비단옷을 입고 거문고를 타며 요임금의 두 딸이 시중을 들자, 원래부터 누리고 있는 듯하였다."

孟子曰: "舜之飯糗茹草也, 若將終身焉; 及其爲天子也, 被袗衣,
맹 자 왈 　 순 지 반 구 여 초 야 　 약 장 종 신 언 　 급 기 위 천 자 야 　 피 진 의

鼓琴, 二女果, 若固有之."
고 금 　 이 녀 과 　 약 고 유 지

준 대로 돌려받는다

맹자가 말했다.

"나는 이제야 남의 집 부모 형제를 살해하는 것이 얼마나 중한 일인지 알았다.

남의 아버지를 죽이면 남도 내 아버지를 죽일 것이고, 남의 형을 죽이면 남도 나의 형을 죽일 것이다. 그러면 내가 직접 아버지와 형을 죽이지 않았더라도 그렇게 한 것과 다르지 않을 뿐이다."

孟子曰: "吾今而後知殺人親之重也: 殺人之父, 人亦殺其父;
맹 자 왈　　오 금 이 후 지 살 인 친 지 중 야　　살 인 지 부　　인 역 살 기 부

殺人之兄, 人亦殺其兄. 然則非自殺之也, 一閒耳."
살 인 지 형　　인 역 살 기 형　　연 즉 비 자 살 지 야　　일 간 이

해설

이제야 알았다고 말한 것은 어떤 사건으로 인해 깨달았다는 뜻입니다. 내가 한 대로 돌려받으니, 실은 나 자신이 아버지와 형을 해친 것과 다를 바 없습니다. 이를 알면 남의 아버지와 형도 존중하게 되고, 남도 나의 아버지와 형을 그리 대할 것입니다.

관문을 만든 이유

맹자가 말했다.

"옛날에 국경의 관문을 만든 것은 포악한 자의 침입을 막기 위함이 었는데, 오늘날 관문을 만드는 것은 백성을 가두어 포악한 짓을 하기 위함이다."

孟子曰: "古之爲關也, 將以禦暴. 今之爲關也, 將以爲暴."
맹 자 왈　고 지 위 관 야　장 이 어 포　금 지 위 관 야　장 이 위 포

도로써 하지 않으면

맹자가 말했다.

"자신이 도를 행하지 않으면 도가 아내와 자식에게 행해지지 않게 되고, 남에게 부리는 데 도로써 하지 않으면 도가 아내와 자식에게 행해지지 않는다."

孟子曰: "身不行道, 不行於妻子; 使人不以道, 不能行於妻子."
맹 자 왈　신 불 행 도　불 행 어 처 자　사 인 불 이 도　불 능 행 어 처 자

덕을 쌓으면 세상이 어지럽히지 못한다

맹자가 말했다.

"이익을 풍족하게 쌓은 사람은 흉년도 그를 죽게 하지 못하고, 덕을 두텁게 쌓은 사람은 사악한 세상도 그를 어지럽히지 못한다."

孟子曰: "周于利者, 凶年不能殺; 周于德者, 邪世不能亂."
맹 자 왈　　주 우 리 자　흉 년 불 능 살　주 우 덕 자　사 세 불 능 란

본심은 작은 데서 드러난다

맹자가 말했다.

"명예를 좋아하는 사람은 천승의 나라라도 사양할 수 있지만, 참으로 사양하는 사람이 아니면 밥 한 그릇, 국 한 그릇으로도 얼굴빛에 드러날 것이다."

孟子曰: "好名之人, 能讓千乘之國; 苟非其人, 簞食豆羹見於色."
맹 자 왈　　호 명 지 인　능 양 천 승 지 국　구 비 기 인　단 사 두 갱 현 어 색

정치의 요체 세 가지

맹자가 말했다.

"임금이 어질고 현명한 사람을 믿지 않으면 나라가 텅 비게 되고, 나라에 예절과 의리가 없으면 상하 관계가 어지러워지며, 정사를 돌보지 않으면 재정이 부족하게 된다."

孟子曰: "不信仁賢, 則國空虛. 無禮義, 則上下亂. 無政事,
맹 자 왈　　불 신 인 현　즉 국 공 허　무 례 의　즉 상 하 란　무 정 사

則財用不足."
즉 재 용 부 족

인해야 천하를 얻는다

맹자가 말했다.

"인하지 않으면서 나라를 얻은 사람은 있지만, 인하지 않으면서 천하를 얻은 사람은 없다."

孟子曰: "不仁而得國者, 有之矣; 不仁而得天下者, 未之有也."
맹 자 왈　　불 인 이 득 국 자　유 지 의　불 인 이 득 천 하 자　미 지 유 야

백성이 가장 귀하다

맹자가 말했다.

"백성이 가장 귀하고 사직은 그다음이며 임금은 가벼운 것이다. 그러므로 백성들의 마음을 얻으면 천자가 되고, 천자의 마음을 얻으면 제후가 되며, 제후의 마음을 얻으면 대부가 된다.

제후가 사직을 위태롭게 하면 천자는 제후를 바꾸고, 희생을 마련하고 곡식도 정갈하게 해 때맞추어 제사를 올렸는데도 가뭄이 들거나 홍수가 나면 사직을 옮겨야 한다."

孟子曰: "民爲貴, 社稷次之, 君爲輕. 是故得乎丘民而爲天子,
맹 자 왈　　민 위 귀　사 직 차 지　군 위 경　시 고 득 호 구 민 이 위 천 자

得乎天子爲諸侯, 得乎諸侯爲大夫. 諸侯危社稷, 則變置.
득 호 천 자 위 제 후　득 호 제 후 위 대 부　제 후 위 사 직　즉 변 치

犧牲旣成, 粢盛旣潔, 祭祀以時, 然而旱乾水溢, 則變置社稷."
희 생 기 성　자 성 기 결　제 사 이 시　연 이 한 건 수 일　즉 변 치 사 직

사社는 토지 신, 직稷은 곡물 신입니다. 나라를 세우면 사직단社稷壇을 세우고 담을 쌓고 제사를 지냈습니다. 무릇 나라의 근본은 백성이고 사직도 백성을 위해 세우는 것이므로, 임금의 존귀함은 백성과 사직의 존망에 달려 있습니다.

성인은 백 대 후에도 본받을 스승

맹자가 말했다.

"성인은 백 대 후에도 본받을 스승이니, 백이나 유하혜가 그러한 사람이다. 백이의 기풍을 들으면 탐욕스러운 사람은 청렴해지고, 나약한 사람은 뜻을 세우게 된다. 유하혜의 기풍을 들으면 야박한 사람은 돈후하게 되고, 편협한 사람은 관대하게 된다.

백 대가 지난 후에도 그 가르침을 들은 사람들은 감동하여 분발하지 않은 이가 없다. 성인이 아니라면 그렇게 할 수 있었겠느냐? 하물며 성인에게 직접 배운 사람은 어떻겠느냐?"

孟子曰: "聖人, 百世之師也, 伯夷柳下惠是也. 故聞伯夷之風者,
맹 자 왈   성 인 백 세 지 사 야 백 이 류 하 혜 시 야 고 문 백 이 지 풍 자

頑夫廉, 懦夫有立志; 聞柳下惠之風者, 薄夫敦, 鄙夫寬.
완 부 렴 나 부 유 립 지 문 류 하 혜 지 풍 자 박 부 돈 비 부 관

奮乎百世之上. 百世之下, 聞者莫不興起也. 非聖人而能若是乎,
분 호 백 세 지 상 백 세 지 하 문 자 막 불 흥 기 야 비 성 인 이 능 약 시 호

而況於親炙之者乎?"
이 황 어 친 자 지 자 호

해설

흥기興起는 '감동하고 분발한다'는 뜻입니다. 친자親炙는 의역하면 '직접 가까이서 배우고 감화를 받는다'는 뜻입니다.

인과 사람을 합치면 도

맹자가 말했다.

"인仁은 사람답게 하는 이치이다. 인仁과 인人을 합쳐 도道라 한다."

孟子曰: "仁也者, 人也. 合而言之, 道也."
맹 자 왈　 인 야 자　 인 야　 합 이 언 지　 도 야

해설

　인은 사람을 사람답게 하는 도리로, 인仁은 이理이지만, 인人은 실체입니다. 무형의 인을 실재하는 육신에 합하고 행하는 것을 이른바 도道라고 합니다.

나라를 떠나는 도리

맹자가 말했다.

"공자께서 노나라를 떠나실 때 '내 발걸음이 더디고 더디구나.'라고 하셨으니, 부모의 나라를 떠나는 도리였다. 한편 제나라를 떠나실 때는 물에 담근 쌀을 건져 들고 급하게 떠나셨으니, 남의 나라를 떠나는 도리였다."

孟子曰: "孔子之去魯, 曰: '遲遲吾行也.' 去父母國之道也. 去齊,
맹 자 왈　 공 자 지 거 노　 왈　 지 지 오 행 야　 거 부 모 국 지 도 야　 거 제

接淅而行, 去他國之道也."
접 석 이 행　 거 타 국 지 도 야

위아래의 교분

맹자가 말했다.

"공자께서 진陳나라와 채蔡나라 사이에서 곤란을 겪으신 것은, 두 나라가 위아래의 교분이 없었기 때문이다."

孟子曰: "君子之戹於陳蔡之間, 無上下之交也."
맹 자 왈　 군 자 지 액 어 진 채 지 간　 무 상 하 지 교 야

비난에 상심 말라

맥계貉稽가 말했다.

"저는 여러 사람에게 비난을 많이 받습니다."

맹자가 말했다.

"상심할 것 없다. 선비는 더욱 구설이 많은 법이다. 《시경》에 이르기를 '근심이 가득 차 소인배 무리의 노여움을 사는구나.'라고 했는데 공자께서 그러셨고, '노여움을 없애진 못했으나 명성을 떨어뜨리지는 않았다.'라고 한 것은 문왕의 경우이다."

貉稽曰: "稽大不理於口." 孟子曰: "無傷也. 士憎茲多口. 詩云:
맥계왈　계대불리어구　맹자왈　무상야　사증자다구　시운

'憂心悄悄, 慍于羣小.' 孔子也 '肆不殄厥慍, 亦不隕厥問.' 文王也"
우심초초　온우군소　공자야　시부진궐온　역불운궐문　문왕야

해설

맥貉은 성, 계稽는 이름으로, 자신이 여러 사람의 입에 올라 비난을 받고 있다고 하소연하고 있습니다. 이理는 뇌賴의 뜻이므로, 신뢰를 말합니다. 《한서漢書》를 보면 무리無俚는 방언이며, 이俚를 뇌賴라고 풀었습니다. 맹자는 선비가 되면 더욱 많은 입에 오르고 비난을 받는 법이라고 말합니다.

어리석음으로 남을 밝히려 하니

맹자가 말했다.

"현명한 자는 자신이 깨달은 밝은 도리로써 남을 밝게 하는데, 오늘날 사람들은 자신의 어리석음으로써 남을 밝게 하려고 한다."

孟子曰: "賢者以其昭昭, 使人昭昭; 今以其昏昏, 使人昭昭."
맹 자 왈　　현 자 이 기 소 소　　사 인 소 소　　금 이 기 혼 혼　　사 인 소 소

샛길도 오가면 큰길이 된다

맹자가 고자에게 말했다.

"산비탈의 좁은 샛길도 사람들이 잠시만 오가면 큰 길이 된다. 그러나 잠시라도 안 다니면 잡초가 자라 길을 막는다. 지금 잡초가 그대의 마음을 막고 있구나."

孟子謂高子曰: "山徑之蹊間, 介然用之而成路. 爲間不用,
맹 자 위 고 자 왈　　산 경 지 혜 간　　개 연 용 지 이 성 로　　위 간 불 용

則茅塞之矣. 今茅塞子之心矣."
즉 모 색 지 의　　금 모 색 자 지 심 의

우임금의 음악, 문왕의 음악

고자가 말했다.

"우임금의 음악이 문왕의 음악보다 더 낫습니다."

맹자가 되물었다.

"어째서 그렇게 말하느냐?"

고자가 말했다.

"종의 고리 끈이 헐고 닳았기 때문입니다."

맹자가 말했다.

"그것만으로 어찌 그렇다고 할 수 있겠느냐? 성문 아래에 수레바퀴 자국이 깊이 파인 것이 어찌 두 말이 끄는 수레의 힘만이겠느냐?"

高子曰: "禹之聲, 尙文王之聲." 孟子曰: "何以言之?" 曰: "以追蠡."
고 자 왈　우 지 성　상 문 왕 지 성　　맹 자 왈　하 이 언 지　　왈　　이 퇴 려

曰: "是奚足哉? 城門之軌, 兩馬之力與?"
왈　시 해 족 재　성 문 지 궤　양 마 지 력 여

해설

우왕은 문왕보다 천여 년 전에 있었습니다. 그러므로 종이 오래되고 끈이 낡아서 끊어지게 된 것입니다. 문왕의 종은 그리 오래되지 않아 끈이 온전한 것입니다. 그것만으로 음악의 우열을 논하면 안 됨을 말한 것입니다.

옛 명성에 기대면 비웃음을 살 뿐

제나라에 기근이 들자, 진진이 말했다.

"제나라 사람들은 선생님께서 다시 한번 당읍棠邑 창고의 곡식을 풀도록 건의해 주실 거라고 기대하는데, 다시 그러실 수는 없을 듯합니다."

맹자가 말했다.

"또 그렇게 한다면 나는 풍부馮婦 꼴이 될 것이다. 진晉나라 사람 중에 풍부라는 자가 호랑이를 잘 잡았는데, 훗날 훌륭한 선비가 되었다.

어느 날 그가 들에 나갔는데 사람들이 호랑이를 쫓고 있었다. 호랑이가 산모퉁이를 등진 채 버티고 서자 아무도 접근하지 못했는데, 풍부를 보고는 달려와 맞이했다. 이에 풍부는 팔을 걷고 수레에서 내렸다. 사람들은 모두 기뻐했으나, 선비들은 그를 비웃었다."

齊饑. 陳臻曰: "國人皆以夫子將復爲發棠, 殆不可復." 孟子曰:
제 기　진 진 왈　　국 인 개 이 부 자 장 부 위 발 당　태 불 가 부　　맹 자 왈

"是爲馮婦也. 晉人有馮婦者, 善搏虎, 卒爲善士. 則之野, 有衆逐虎.
시 위 풍 부 야　진 인 유 풍 부 자　선 박 호　졸 위 선 사　즉 지 야　유 중 축 호

虎負嵎, 莫之敢攖. 望見馮婦, 趨而迎之. 馮婦攘臂下車. 衆皆悅之,
호 부 우　막 지 감 영　망 견 풍 부　추 이 영 지　풍 부 양 비 하 거　중 개 열 지

其爲士者笑之."
기 위 사 자 소 지

본성의 운명의 차이

맹자가 말했다.

"입이 좋은 맛을, 눈이 아름다운 색을, 귀가 좋은 소리를, 코가 좋은 냄새를, 팔다리가 편안함을 구하는 것은 본성이나 이를 얻는 것은 운명에 달려 있다. 그래서 군자는 이것을 성性이라고 하지 않는다.

부자간에 인이 있고, 군신 간에 의가 있으며, 손님과 주인 사이에 예가 있고, 현자에게는 지혜가 있으며, 성인이 천도와 하나 되는 것은 운명에 속하지만 이를 행하는 것은 본성에 달려 있다. 그래서 군자는 이것을 명命이라고 하지 않는다."

孟子曰: "口之於味也, 目之於色也, 耳之於聲也, 鼻之於臭也,
맹 자 왈　구 지 어 미 야　목 지 어 색 야　이 지 어 성 야　비 지 어 취 야

四肢之於安佚也, 性也, 有命焉, 君子不謂性也. 仁之於父子也,
사 지 지 어 안 일 야　성 야　유 명 언　군 자 불 위 성 야　인 지 어 부 자 야

義之於君臣也, 禮之於賓主也, 智之於賢者也, 聖人之於天道也,
의 지 어 군 신 야　예 지 어 빈 주 야　지 지 어 현 자 야　성 인 지 어 천 도 야

命也, 有性焉, 君子不謂命也."
명 야　유 성 언　군 자 불 위 명 야

인물됨을 평가하는 기준

호생불해浩生不害(제나라 사람)가 물었다.

"악정자는 어떤 사람입니까?"

맹자가 말했다.

"선한 사람이며, 믿을 만한 사람이다."

"무엇을 선하다고 하고, 무엇을 믿을 만하다고 합니까?"

맹자가 말했다.

"하고자 할 만한 것을 선함이라 하고, 선함을 몸에 지니고 있는 것을 신실함이라 하며, 선함이 충만한 것을 아름다움이라 하고, 충만하여 밝게 빛나는 것을 위대함이라 하며, 위대하면서 저절로 감화시키는 것을 성스러움이라 하고, 성스러워 알 수 없는 것을 신묘함이라 한다.

악정자는 선함과 신실함, 이 둘의 중간에 해당하고, 나머지 네 가지(아름다움, 위대함, 성스러움, 신묘함)보다는 아래에 있다."

浩生不害問曰: "樂正子, 何人也?" 孟子曰: "善人也, 信人也."
호 생 불 해 문 왈   악 정 자 하 인 야   맹 자 왈   선 인 야 신 인 야

"何謂善? 何謂信?" 曰: "可欲之謂善, 有諸己之謂信. 充實之謂美,
하 위 선   하 위 신   왈   가 욕 지 위 선 유 제 기 지 위 신 충 실 지 위 미

充實而有光輝之謂大, 大而化之之謂聖, 聖而不可知之之謂神.
충 실 이 유 광 휘 지 위 대 대 이 화 지 지 위 성   성 이 불 가 지 지 지 위 신

樂正子, 二之中, 四之下也."
악 정 자 이 지 중 사 지 하 야

돌아온 자는 받아주라

맹자가 말했다.

"묵자의 학설에서 빠져나오면 반드시 양주의 학설로 돌아가고, 양주의 학설에서 빠져나오면 반드시 유가에게 돌아온다. 유가로 돌아오면 받아줄 뿐이다.

오늘날 양주, 묵자와 논쟁하는 사람은 도망친 돼지를 뒤쫓듯 하니, 이미 우리 안으로 들어왔는데도 다시 발을 묶으려 한다."

孟子曰: "逃墨必歸於楊, 逃楊必歸於儒. 歸, 斯受之而已矣.
맹 자 왈　도 묵 필 귀 어 양　도 양 필 귀 어 유　귀　사 수 지 이 이 의

今之與楊墨辯者, 如追放豚, 旣入其苙, 又從而招之."
금 지 여 양 묵 변 자　여 추 방 돈　기 입 기 립　우 종 이 초 지

해설

이단에 대해 매우 엄격히 거리를 두지만, 그들이 유가에 귀의하면 너그럽게 대해야 한다고 말하고 있습니다. 엄하게 거리를 두어 그것이 악함을 사람들이 알게 하는 한편, 너그럽게 대하여 바른길로 되돌아오게 하는 것이 지극한 인이고 철저한 의라 할 수 있습니다.

세금은 적정하게

맹자가 말했다.

"세금에는 직물에 대한 세금, 곡식에 대한 세금, 노동력을 부리는 세금이 있으니, 군자는 이들 중에 한 가지만을 부과하고 나머지는 늦추어 준다.

한 번에 두 가지를 다 거두어들이면 백성 중에 굶어 죽는 이가 생기고, 동시에 세 가지를 부과하면 아버지와 자식도 흩어질 것이다."

孟子曰: "有布縷之征, 粟米之征, 力役之征. 君子用其一, 緩其二.
맹자왈 유포루지정 속미지정 역역지정 군자용기일 완기이

用其二而民有殍, 用其三而父子離."
용기이이민유표 용기삼이부자리

제후의 세 가지 보배

맹자가 말했다.

"제후의 보배는 세 가지이니, 토지와 백성, 정사다. 주옥珠玉을 보배로 여기는 사람은 반드시 재앙이 몸에 미칠 것이다."

孟子曰: "諸侯之寶三, 土地, 人民, 政事, 寶珠玉者, 殃必及身."
맹자왈 제후지보삼 토지 인민 정사 보주옥자 앙필급신

재주만 믿고 도리를 실천하지 않으면

분성괄盆成括이 제齊나라에서 벼슬을 하고 있었는데, 맹자가 말했다.

"분성괄은 죽을 것이다!"

분성괄이 피살되자 제자가 물었다.

"선생님께서는 어떻게 그가 피살될 것을 아셨습니까?"

맹자가 말했다.

"그는 사람 됨됨이가 작은 재주가 있을 뿐 군자의 대도를 듣지 못했으니 자신의 몸을 죽이게 될 뿐이다."

盆成括仕於齊. 孟子曰: "死矣盆成括!" 盆成括見殺. 門人問曰:
분성괄사어제　맹자왈　　사의분성괄　　분성괄견살　문인문왈

"夫子何以知其將見殺?" 曰: "其爲人也小有才, 未聞君子之大道也,
부자하이지기장견살　　왈　기위인야소유재　미문군자지대도야

則足以殺其軀而已矣."
즉족이살기구이이의

가는 사람 안 붙잡고 오는 사람 막지 않는다

맹자가 등滕나라에 가서 별궁에 머무르고 있었다. 창문 위에 다 만들지 못한 신발이 놓여 있었는데, 별궁지기가 찾으려 해도 찾지 못했다.

어떤 사람이 맹자에게 물었다.

"당신을 따라온 사람 중에 누군가가 신을 숨긴 게 아닐까요?"

맹자가 되물었다.

"당신은 그들이 신발을 훔치려고 왔다고 생각하오?"

그가 말했다.

"아니겠지요. 선생님께서 수업을 하실 때 떠나는 사람을 붙잡지 않고, 오는 사람은 막지 않으셨습니다. 진실로 배우려는 마음을 가지고 오면 그를 받아 주셨을 뿐이지요."

孟子之滕, 館於上宮. 有業屨於牖上, 館人求之弗得. 或問之曰:
맹 자 지 등　관 어 상 궁　유 업 구 어 유 상　관 인 구 지 불 득　혹 문 지 왈

"若是乎從者之廋也?" 曰: "子以是爲竊屨來與?" 曰: "殆非也.
약 시 호 종 자 지 수 야　　왈　자 이 시 위 절 구 래 여　　왈　태 비 야

夫子之設科也, 往者不追, 來者不距. 苟以是心至, 斯受之而已矣."
부 자 지 설 과 야　왕 자 불 추　내 자 불 거　구 이 시 심 지　사 수 지 이 이 의

차마 하지 못하는 마음, 기꺼이 하지 않으려는 마음

맹자가 말했다.

"사람은 모두 차마 하지 못하는 마음이 있으니, 그 차마 할 수 있는 바에까지 이르면 그것이 곧 인이 된다. 사람은 모두 기꺼이 하지 않으려는 마음이 있으니, 기꺼이 하고자 하는 바에까지 이르면 그것이 곧 의가 된다.

사람이 남을 해치고 싶어 하지 않는 마음을 확충해 나간다면 인은 이루 다 사용할 수 없고, 사람이 능히 도둑질하지 않으려는 마음을 확충해 나간다면 의는 이루 다 사용할 수 없을 것이다. 사람이 남들에게 업신여김을 당하지 않으려는 마음을 채운다면, 어디를 가도 의가 아님이 없게 될 것이다.

선비가 말할 때가 아닌데 말한다면 이는 말로써 아첨하여 이익을 취하려는 것이고, 마땅히 말해야 할 때 말하지 않는다면 이는 침묵으로써 아첨하여 이익을 취하려는 것이다. 이들은 다 담을 뚫거나 넘어가 도둑질하는 부류이다."

孟子曰: "人皆有所不忍, 達之於其所忍, 仁也; 人皆有所不爲,
맹 자 왈　인 개 유 소 불 인　달 지 어 기 소 인　인 야　인 개 유 소 불 위

達之於其所爲, 義也. 人能充無欲害人之心, 而仁不可勝用也;
달 지 어 기 소 위　의 야　인 능 충 무 욕 해 인 지 심　이 인 불 가 승 용 야

人能充無穿踰之心, 而義不可勝用也. 人能充無受爾汝之實,
인 능 충 무 천 유 지 심　이 의 불 가 승 용 야　인 능 충 무 수 이 여 지 실

無所往而不爲義也. 士未可以言而言, 是以言餂之也;
무 소 왕 이 불 위 의 야　사 미 가 이 언 이 언　시 이 언 첨 지 야

可以言而不言, 是以不言餂之也, 是皆穿踰之類也."
가 이 언 이 불 언　시 이 불 언 첨 지 야　시 개 천 유 지 류 야

　측은지심과 수오지심은 사람이라면 다 가지고 있는 것입니다. 잔인한 것을 참지 못하는 마음과 부당한 짓을 하지 않으려는 마음이 바로 인의의 바탕입니다. 자기가 할 수 있는 바를 미루어 하지 못하는 데로 뻗고 도달케 하면 인의가 아닌 것이 없게 됩니다.

요구는 가볍게, 책임은 무겁게

맹자가 말했다.

"말은 친근하면서도 뜻이 심원한 것이 좋은 말이고, 지키기는 간단하지만 넓게 베풀어지는 것이 좋은 방법이다. 군자의 말은 일상적인 일에 대한 것이어도 그 가운데 도가 있다. 군자가 지키는 바는 자신을 수양하는 데 있으며, 이로써 천하가 평안해진다.

사람의 병은 자기 밭을 내버려두고 남의 밭을 김매는 데 있으니, 남에게 요구하는 것은 무겁게 하면서 자신이 책임지는 것은 가볍게 한다."

孟子曰: "言近而指遠者, 善言也; 守約而施博者, 善道也.
맹 자 왈　언 근 이 지 원 자　선 언 야　수 약 이 시 박 자　선 도 야

君子之言也, 不下帶而道存焉. 君子之守, 修其身而天下平.
군 자 지 언 야　불 하 대 이 도 존 언　군 자 지 수　수 기 신 이 천 하 평

人病舍其田而芸人之田, 所求於人者重, 而所以自任者輕."
인 병 사 기 전 이 운 인 지 전　소 구 어 인 자 중　이 소 이 자 임 자 경

해설

불하대不下帶는 직역하면 '허리띠를 내려가지 않는다'는 뜻으로 알아듣기 쉬운 일상적인 일을 말합니다. 옛사람들은 시선을 허리띠 아래로 하지 않았습니다. 허리띠 위는 눈앞에 보이는 가까운 곳을 말하고, 거기에 지극한 이치가 존재합니다. 그래서 말은 알아듣기 쉽고 뜻은 심원해야 한다고 한 것입니다.

법도에 따라 행하고 천명을 기다릴 뿐

맹자가 말했다.

"요임금과 순임금은 본성을 따른 분들이고, 탕왕과 무왕은 본성으로 되돌아간 분들이다. 용모와 행동, 몸가짐이 예에 맞는 것은 성덕이 지극한 것이다.

죽은 사람에게 곡하고 슬퍼하는 것은 산 사람에게 보이기 위해서가 아니며, 덕을 바르게 세우고 어기지 않는 것은 벼슬을 구하고자 해서가 아니다. 말과 행동을 미덥게 하는 것은 자신의 행실이 바르다는 것을 보이기 위해서가 아니다. 군자는 법도에 따라 행하고 천명을 기다릴 뿐이다."

> 孟子曰: "堯舜, 性者也; 湯武, 反之也. 動容周旋中禮者,
> 맹 자 왈　요 순　성 자 야　탕 무　반 지 야　동 용 주 선 중 례 자
>
> 盛德之至也; 哭死而哀, 非爲生者也; 經德不回, 非以干祿也;
> 성 덕 지 지 야　곡 사 이 애　비 위 생 자 야　경 덕 불 회　비 이 간 록 야
>
> 言語必信, 非以正行也. 君子行法, 以俟命而已矣."
> 언 어 필 신　비 이 정 행 야　군 자 행 법　이 사 명 이 이 의

해설

사람의 본성은 하늘로부터 받은 온전한 것이며 때 묻고 부서진 것이 아닙니다. 그러므로 새삼스럽게 닦고 가꾸지 않아도 지극한 성인의 경지에 이를 수 있습니다. 반지反之는 수양하여 본성을 회복하고 성인의 경지에 이르렀다는 뜻입니다.

제후들을 두려워하지 않았던 이유

맹자가 말했다.

"대인에게 유세할 때는 그를 가볍게 보고 그의 높은 위세는 보지 말아야 한다.

대인의 집은 높이가 여러 길이나 되고 서까래 길이가 여러 자이지만, 나는 뜻을 이루더라도 그렇게 하지 않을 것이다. 대인은 사방 열 자 넓이의 상에 음식을 차려 놓고 시중드는 여자가 수백 명이지만, 나는 뜻을 이루더라도 그렇게 하지 않을 것이다. 대인은 대판으로 즐기며 술 마시고 말을 달려 사냥하며 천승의 수레를 뒤따르게 하지만, 나는 뜻을 이루더라도 그렇게 하지 않을 것이다.

저들에게 있는 것은 모두 내가 하지 않는 바이고, 나에게 있는 것은 모두 옛 법도에 부합하는데, 내가 무엇 때문에 그들을 두려워하겠는가?"

孟子曰: "說大人, 則藐之, 勿視其巍巍然. 堂高數仞, 榱題數尺,
맹 자 왈　　세 대 인　즉 묘 지　물 시 기 외 외 연　당 고 수 인　최 제 수 척

我得志弗爲也; 食前方丈, 侍妾數百人, 我得志弗爲也; 般樂飮酒,
아 득 지 불 위 야　식 전 방 장　시 첩 수 백 인　아 득 지 불 위 야　반 락 음 주

驅騁田獵, 後車千乘, 我得志弗爲也, 驅騁田獵, 後車千乘,
구 빙 전 렵　후 거 천 승　아 득 지 불 위 야　구 빙 전 렵　후 거 천 승

我得志弗爲也. 在彼者, 皆我所不爲也; 在我者, 皆古之制也,
아 득 지 불 위 야　재 피 자　개 아 소 불 위 야　재 아 자　개 고 지 제 야

吾何畏彼哉?"
오 하 외 피 재

욕망을 줄이는 것보다 큰 마음 수양은 없다

맹자가 말했다.

"마음을 수양하는 데는 욕망을 줄이는 것보다 좋은 방법이 없다. 그의 사람됨이 욕망이 많지 않다면 선한 본성을 간직하지 못했더라도 그 잃은 것이 적을 것이고, 그의 사람됨이 욕망이 많다면 선한 본성이 간직되었더라도 그 얻은 것이 적을 것이다."

孟子曰: "養心莫善於寡欲. 其爲人也寡欲, 雖有不存焉者, 寡矣;
맹 자 왈   양 심 막 선 어 과 욕   기 위 인 야 과 욕   수 유 부 존 언 자   과 의

其爲人也多欲, 雖有存焉者, 寡矣."
기 위 인 야 다 욕   수 유 존 언 자   과 의

해설

욕欲은 이목구비와 팔다리의 욕망을 말합니다. 사람이 욕망이 없을 수는 없습니다. 그러나 절제하지 않으면 선한 본성을 잃게 됩니다. 그러므로 마땅히 깊이 경계해야 합니다.

증자가 고욤을 먹지 못한 이유

아버지 증석이 생전에 고욤(고욤나무의 열매)을 좋아했으므로, 증자는 차마 고욤을 먹지 못했다. 공손추가 물었다.

"육회와 구운 고기, 고욤 중 어느 것이 더 맛이 좋습니까?"

맹자가 대답했다.

"육회와 구운 고기일 것이다."

공손추가 물었다.

"그렇다면 증자는 어째서 육회와 구운 고기는 먹고 고욤은 먹지 않았습니까?"

맹자가 말했다.

"육회와 구운 고기는 누구나 똑같이 좋아하는 것이고, 고욤은 아버지가 유독 좋아한 음식이다. 이는 아버지의 이름을 피휘(군주나 조상의 이름에 있는 한자를 쓰지 않는 관습)하고 성은 피휘하지 않음과 같으니, 성은 공동으로 쓰지만 이름은 혼자만 쓰기 때문이다."

曾晳嗜羊棗, 而曾子不忍食羊棗. 公孫丑問曰: "膾炙與羊棗孰美?"
증 석 기 양 조　이 증 자 불 인 식 양 조　공 손 추 문 왈　회 자 여 양 조 숙 미

孟子曰: "膾炙哉!" 公孫丑曰: "然則曾子何爲食膾炙而不食羊棗?"
맹 자 왈　회 자 재　공 손 추 왈　연 즉 증 자 하 위 식 회 자 이 불 식 양 조

曰: "膾炙所同也, 羊棗所獨也. 諱名不諱姓, 姓所同也, 名所獨也."
왈　회 자 소 동 야　양 조 소 독 야　휘 명 불 휘 성　성 소 동 야　명 소 독 야

중도를 행하는 이와 함께할 수 없다면

만장이 물었다.

"공자께서 진나라에 계실 때 '어찌 안 돌아가겠는가! 내 고향의 선비들은 뜻은 크지만 행동은 미숙하고 진취적이나 근본을 잊지 않는다.'라고 말씀하셨습니다. 공자께서는 진나라에 계시면서 왜 노나라의 뜻이 큰 선비들을 생각하셨습니까?"

맹자가 말했다.

"공자께서 말씀하시길 '중도를 행하는 사람과 함께하지 못할 바에는 반드시 광견狂獧한 사람과 함께할 것이다. 광자狂者는 진취적이고, 견자獧者는 그릇된 일은 하지 않는다.'라고 하셨다.

공자께서 어찌 중도를 행하는 사람을 원하지 않으셨겠는가? 그러나 얻을 수 없으니 그다음 가는 사람을 생각하신 것이다."

萬章問曰: "孔子在陳曰: '盍歸乎來! 吾黨之士狂簡, 進取,
만 장 문 왈　　공 자 재 진 왈　　합 귀 호 래　　오 당 지 사 광 간　진 취

不忘其初.' 孔子在陳, 何思魯之狂士?"
불 망 기 초　　공 자 재 진　　하 사 로 지 광 사

孟子曰: "孔子曰, '不得中道而與之, 必也狂獧乎! 狂者進取,
맹 자 왈　　공 자 왈　　부 득 중 도 이 여 지　필 야 광 견 호　　광 자 진 취

獧者有所不爲也.' 孔子豈不欲中道哉? 不可必得, 故思其次也."
견 자 유 소 불 위 야　　공 자 기 불 욕 중 도 재　　불 가 필 득　고 사 기 차 야

뜻이 큰 광자, 원칙을 지키는 견자

만장이 말했다.

"감히 묻건대, 어떠한 사람을 광자라 합니까?"

맹자가 대답했다.

"금장琴張, 증석, 목피牧皮 같은 사람이 바로 공자께서 말씀하신 광자에 해당한다."

"어떻게 하는 것을 광이라고 합니까?"

맹자가 말했다.

"그들은 뜻이 크고 말이 과장되어 늘 '옛날의 성인이여! 옛날의 성인이여!' 하고 외치지만, 행실을 살펴보면 말한 바와 일치되지 않았기 때문이다.

그러한 광자도 얻을 수 없다면 청렴하지 않은 것을 달가워하지 않는 사람이라도 얻어 함께하고자 했으니, 이것이 곧 견자이고, 이는 또 그다음인 것이다."

"敢問何如斯可謂狂矣?" 曰: "如琴張曾晳牧皮者,
감 문 하 여 사 가 위 광 의　　왈　　여 금 장 증 석 목 피 자

孔子之所謂狂矣." "何以謂之狂也?" 曰: "其志嘐嘐然,
공 자 지 소 위 광 의　　하 이 위 지 광 야　　왈　　기 지 교 교 연

曰 '古之人, 古之人'. 夷考其行而不掩焉者也. 狂者又不可得,
왈　고 지 인　고 지 인　　이 고 기 행 이 불 엄 언 자 야　광 자 우 불 가 득

欲得不屑不潔之士而與之, 是獧也, 是又其次也."
욕 득 불 설 불 결 지 사 이 여 지　시 견 야　시 우 기 차 야

향원이란

"공자께서 '내 집 문 앞을 지나면서, 내 방에 들어오지 않아도 내가
유감으로 여기지 않는 사람이 있다면 오직 향원鄕原뿐이다. 향원은
덕을 해치는 사람이다.'라고 말씀하셨다."

만장이 다시 물었다.

"어떠한 사람을 향원이라 말할 수 있습니까?"

맹자가 대답했다.

"향원은 광자를 보고 '어째서 말과 뜻만 높고 큰가? 말이 행실을
돌아보지 않고, 행실도 말을 돌아보지 않으면서 항상 옛날 성인이
여! 옛날 성인이여! 하고 외치기만 한다.'라고 말하고, 또 '어째서 행
실을 외롭게 쓸쓸하게 하는가! 이 세상에 태어나 이 세상을 위해 살
고 선하면 그만이다.'라고 말하면서 속을 감추고 세속에 아첨하는 자
가 바로 향원이다."

"孔子曰: '過我門而不入我室, 我不憾焉者, 其惟鄕原乎! 鄕原,
　공자왈　과아문이불입아실　아불감언자　기유향원호　향원

德之賊也.'" 曰: "何如斯可謂之鄕原矣?" 曰: "何以是嘐嘐也?
덕지적야　왈　하여사가위지향원의　왈　　하이시교교야

言不顧行, 行不顧言, 則曰: 古之人, 古之人. 行何爲踽踽涼涼?
언불고행　행불고언　즉왈　고지인　고지인　행하위우우량량

生斯世也, 爲斯世也, 善斯可矣', 閹然媚於世也者, 是鄕原也."
생사세야　위사세야　선사가의　엄연미어세야자　시향원야

공자가 향원을 싫어한 이유

만장이 물었다.

"한 마을 사람들이 모두 진실한 사람이라고 칭찬한다면 어디에 가도 진실할 것인데, 공자께서 덕을 해치는 자라고 하신 까닭은 무엇입니까?"

맹자가 말했다.

"그들은 비난하려 해도 드러내 놓을 잘못이 없고, 공격하려고 해도 공격할 거리가 없다. 그들은 세상의 풍속과 동화하고 더러운 세상에 합세하여 가만히 있으면 충성스럽고 신실한 듯하고, 행동하면 청렴결백한 듯하니, 모두가 그들을 좋아하고 스스로도 옳다고 여긴다.

그러나 그러한 사람과는 요순의 도에 함께 들어갈 수 없다. 그래서 도덕을 해치는 자라고 말씀하신 것이다.

공자께서는 '비슷하지만 다른 것을 싫어한다. 강아지풀을 싫어하는 것은 곡식의 싹을 어지럽힐까 두려워서다. 아첨하는 자를 싫어하는 것은 의義를 흐리게 할까 두려워서다. 말 잘하는 자를 싫어하는 것은 신의를 어지럽힐까 두려워서다.

정나라 음악을 싫어하는 것은 바른 음악을 어지럽힐까 두려워서다. 자주색을 싫어하는 것은 붉은색을 어지럽힐까 두려워서다. 향원을 싫어하는 것은 그가 도덕을 어지럽힐까 두려워서다.'라고 말씀하셨다.

군자는 떳떳한 도를 회복할 뿐이니, 떳떳한 도가 바로 세워지면 일반 백성이 떨치고 일어나고, 일반 백성이 떨치고 일어나면 사특함은 없어질 것이다."

萬章曰: "一鄕皆稱原人焉, 無所往而不爲原人, 孔子以爲德之賊,
만 장 왈　　일 향 개 칭 원 인 언　무 소 왕 이 불 위 원 인　공 자 이 위 덕 지 적

何哉?" 曰: "非之無擧也, 刺之無刺也; 同乎流俗, 合乎汙世;
하 재　　왈　　비 지 무 거 야　자 지 무 자 야　동 호 류 속　합 호 오 세

居之似忠信, 行之似廉潔; 衆皆悅之, 自以爲是,
거 지 사 충 신　행 지 사 렴 결　중 개 열 지　자 이 위 시

而不可與入堯舜之道, 故曰德之賊也. 孔子曰: '惡似而非者:
이 불 가 여 입 요 순 지 도　고 왈 덕 지 적 야　공 자 왈　　오 사 이 비 자

惡莠, 恐其亂苗也; 惡佞, 恐其亂義也; 惡利口, 恐其亂信也;
오 유　공 기 란 묘 야　오 녕　공 기 란 의 야　오 리 구　공 기 란 신 야

惡鄭聲, 恐其亂樂也; 惡紫, 恐其亂朱也; 惡鄕原, 恐其亂德也.'
오 정 성　공 기 란 악 야　오 자　공 기 란 주 야　오 향 원　공 기 란 덕 야

君子反經而已矣. 經正, 則庶民興; 庶民興, 斯無邪慝矣."
군 자 반 경 이 이 의　경 정　즉 서 민 흥　서 민 흥　사 무 사 특 의

성인의 도를 이을 자 누구인가

맹자가 말했다.

"요임금, 순임금으로부터 탕왕에 이르기까지 5백 년이 경과했는데, 우왕과 고요는 직접 요순의 도를 보고서 알았고, 탕왕은 전해 듣고서 알았다.

탕왕에서 문왕에 이르기까지 5백여 년이 경과했는데, 이윤과 내주萊朱는 직접 탕왕의 도를 보고서 알았고, 문왕은 전해 듣고서 알았다.

문왕부터 공자에 이르기까지 또 5백여 년이 경과했는데, 태공망太公望(강태공)과 산의생散宜生(문왕의 신하)은 직접 문왕의 도를 보고서 알았고, 공자는 전해 듣고서 알았다.

공자로부터 지금에 이르기까지 백여 년이니 성인의 시대로부터 시간이 이처럼 그리 멀지 않고 성인이 사시던 곳과도 이처럼 아주 가까운데도 성인의 도를 계승한 사람이 아무도 없으니, 또한 아무도 없을 것인가!"

孟子曰: "由堯舜至於湯, 五百有餘歲, 若禹皐陶, 則見而知之;
맹자왈　유요순지어탕　오백유여세　약우고요　즉견이지지

若湯, 則聞而知之. 由湯至於文王, 五百有餘歲,
약탕　즉문이지지　유탕지어문왕　오백유여세

若伊尹萊朱則見而知之; 若文王, 則聞而知之. 由文王至於孔子,
약이윤내주즉견이지지　약문왕　즉문이지지　유문왕지어공자

五百有餘歲, 若太公望散宜生, 則見而知之; 若孔子, 則聞而知之.
오백유여세　약태공망산의생　즉견이지지　약공자　즉문이지지

由孔子而來至於今, 百有餘歲, 去聖人之世, 若此其未遠也;
유 공 자 이 래 지 어 금　백 유 여 세　거 성 인 지 세　약 차 기 미 원 야

近聖人之居, 若此其甚也, 然而無有乎爾, 則亦無有乎爾."
근 성 인 지 거　약 차 기 심 야　연 이 무 유 호 이　즉 역 무 유 호 이

　마지막 장에서 맹자는 성인의 도가 이어져 온 계보를 제시하고 공자 이후 그것이 단절될 위기에 처했음을 염려하고 있습니다. 그래서 맹자는 유가의 이념과 사상을 전하는 데 평생을 헌신한 것입니다.